我在美国讲老子

老子新说

吴 怡

著

花山文艺出版社

河北·石家庄

图书在版编目（CIP）数据

老子新说：我在美国讲老子 / 吴怡著. —石家庄：
花山文艺出版社，2020.8
ISBN 978-7-5511-2591-8

Ⅰ.①老… Ⅱ.①吴… Ⅲ.①道家 ②《道德经》—研究
Ⅳ.①B223.15

中国版本图书馆CIP数据核字(2020)第119283号

书　　名：**老子新说**
　　　　　——我在美国讲老子

著　　者：吴 怡

策　　划：张采鑫　崔正山

责任编辑：张采鑫　李 鸥

特约编辑：柯琳娟

责任校对：李 鸥

装帧设计：好天气工作室

美术编辑：胡彤亮

出版发行：花山文艺出版社（邮政编码：050061）
　　　　　（河北省石家庄市友谊北大街330号）

销售热线：0311-88643221/29/31/32/26

传　　真：0311-88643225

印　　刷：北京天宇万达印刷有限公司

经　　销：新华书店

开　　本：880×1230　1/32

印　　张：18.5

字　　数：380千字

版　　次：2020年8月第1版
　　　　　2020年8月第1次印刷

书　　号：ISBN 978-7-5511-2591-8

定　　价：75.00元

自 序

扫一扫，
进入课程

近二十多年来，由于我一直在美国教《老子》，同时也教《易经》，因此有很多新的体验。

我愈教《易经》，愈教《老子》，愈发现老子的思想不仅和《易经》可以会通，而且还是从《易经》中运用出来的。最近我曾著文，正本清源地确定《易经》为文王所作，是他把五十多年的治国方针和经验写成《易经》一书，包括六十四卦、卦名、卦辞，以及大部分的爻辞，因为爻辞当然有后人增改的部分。这本原始《易经》存于官府。后来由于为了帝王的容易运用，卜筮官便加上占卜的方法使《易经》变成卜筮之书，因卜筮易用而吸引人，喧宾而夺了主，使文王伟大的政治思想反而变成卜筮的附庸。老子是周代守藏室之官，当然深通《易经》，后来孔子访周问礼于老子，老子便把这部《易经》介绍给孔子，所以孔子在访周回鲁，也就是五十岁以后，才认识到《易经》的重要，而有晚年喜易，撰写"十翼"的成就。

我之所以叙述文王作《易经》和老子，还有孔子传承《易经》的关系，就是为了证明老子在《易经》哲学发展上的重要地位。

我们再看《老子》全书，几乎很多是从《易经》中变化出来的。

就以文字来说，老子讲损、益、兑等都是《易经》的卦名，而虚、徐等重要术语也是《易经》强调的方法。我在《易经应该这样用》和《易经新说》两书中，主张六爻中，初爻修德，不重有用，是老子的无为；第二爻重德和知，是老子的谦下；第三爻戒骄，是老子的知足；第四爻大臣不可功高震主，是老子的知止；第五爻讲君主要知常；第六爻太高了，要知功成身退。从这些对比都可看出老子的深通易理了。由于老子思想和易理的相会通，所以我的注易和解老都从两者的会通处来发明新意。譬如老子的"反者道之动"的"反"有二义，一是相反，一是复返。由此我注《易经》的第六爻，一般都作物极必反的负面意义，但第六爻也有正面意义的地方，我就采取复返，因为第六爻在天位，所以我强调返于天道。这是我得自于老子思想的。又如老子说"为学日益，为道日损"一句，一般人解老都把"为学"当作负面意思，因为老子说过"绝学无忧"，可是《易经》有损益两卦，损是损欲，益是益知，也是正面意思，因此我肯定了老子"为学日益"是正面的意思，只是在日益时，同时要有损欲的功夫，这是我由易理来解老子的。

本书称"新说"的用意，是我为了强调《老子》一书的思想是新的、是当前的。曾有学生说，他要研究古代的哲学——《老子》一书，我告诉他，《老子》一书在你面前，你要向他请教，他就在当前，不在古代。国内很多学者把《易经》和老庄等书当作国学，用"国学"两字好像老子只限于国内，只属于古代，不能走到世界上和当今的人心交流。以前欧洲的心理学家荣格曾表示，通过占卜的方法，我们可以和三千年前的《易经》作者交谈。本书之所以用"新说"一词，也因为在每章之后，都写了一段"新语"，这些新语和前面的文句解义不同，都是就一章中重要的术语和观点提出来加以分析，扣紧了现实人生，也是希望读者能借此和老子对话，打破了两千多年的时空间隔，让老子为我们解决问题。

吴怡

二零一九年十月一日于加州整体学研究院

扫一扫，
进入课程

目 录

第一章

扫一扫，
进入课程

道可道，非常道；

名可名，非常名。

无，名天地之始；

有，名万物之母。

故常无，欲以观其妙；

常有，欲以观其徼。

此两者，同出而异名，同谓之玄，玄之又玄，众妙之门。

语译

道是不能言说的，能用文字语言描写的道，已不是那个永恒之道。名是一种称谓，能用名词称谓的物体，已不是那个物体的永恒之名。天地的开端，是一个浑融不分的境界，可称为"无"；创生万物之母，是宇宙生化的原动力，可称为"有"。我们常本于"无"，去观照道体生物之妙。常本于"有"，去观照万物化生的规则。这"无"和"有"都是出于同一个道体。可是到了现象界，便产生"无"和"有"相对的名称，在道体的同源处，乃思想不可及的玄深的境界。在玄深之上，还有玄深。深到极处，又由本起用，而开出了万物生化的妙门。

要义

1. 本章论道的本体和作用。
2. 从无和有谈生化之妙。

开宗第一个"道"字

第一个道是名词。是指宇宙人生和一切造化的本体。这个道字，依据许慎《说文解字》所说："道，所行道也。从辵首，一达谓之道。"这是说一路直达而没有阻碍的就是道。这是落实的说法。在《老子》书中的道，都是指的天道。不过天道不离人生日用，所以这个道也是通上彻下、天人一贯的。如《易经·说卦》第二章上说："立天之道曰阴与阳；立地之道曰柔与刚；立人之道曰仁与义。"可见这个道是贯通了天、地、人的。

在《老子》书中的道，大约有以下七种意义：

（一）真常："道可道，非常道。"（第一章）

（二）创生："道生之。"（第五十一章）

（三）动力："反者，道之动。"（第四十章）

（四）周遍："独立不改，周行而不殆。"（第二十五章）

（五）规律："能知古始，是谓道纪。"（第十四章）

（六）准则："孔德之容，惟道是从。"（第二十一章）

（七）自然："道法自然。"（第二十五章）

本句第二个"道"是动词。有两种解释：

（一）作"言"字解：《庄子·知北游》："无始曰：'道不可闻，闻而非也；道不可见，见而非也；道不可言，言而非也。'"《淮南子·本经》："天下莫知贵其不言也。故道可道，非常道。"这两本书都是道家的经典，可见把这个"道"字当作"言语"来解是有所本的。

（二）作"导"字解：刘熙《释名》："道者导也。"河上公《老子注》："谓经术政教之道也。"这两种解说都是把这个"道"当作道的落实在现象界上来说，也就是变道。

由以上两种解释来说，前者平易，而且可以涵盖后者。但老子不用言和导，而用可道，还另有深意，就是说不要把道当作道，如果加上了你以为的道，就不是常道了。

什么是"常"

常道的这个"常"字，至少有三种意义，一是真常，二是恒常，三是平常。真常是指道的本真，恒常是指道的永恒不变。这都是道的特色。马王堆帛书本作恒，所以"恒常"一义，较符原文。至于平常两字，似乎不包含在此处所谓的常道之中，因为平常乃是可道之道。但平常如果是指万物的自然，却也正是常道的所寄。因为常道绝不离平常日用。这种思想到了后来的禅宗，更演变为

"平常心是道"。所以统括这三义，常道乃是指那个真实、永恒而自然的道。

"名"指的是什么

第一个"名"是名称，因物而有名，故名是物的代称。前面一句讲道，是讲宇宙造化的本体；而这一句讲名，乃是讲现象界的一切存在。如果用《易经》："形而上者谓之道，形而下者谓之器。"（《系辞上传》第十二章）这个名所指的就是器，就是器世界，或现象界。

第二个"名"是动词，是指一切的物质现象都可以用文字言语去称呼它们。但这些文字言语都是人的主观意识，并不能直指那些物体的自身。譬如我们称那个高起来的地形叫山。当我们创造了山这个名词之后，这个山便可以指称那些所有高起来的地形，但却失去了更丰富的实质意义。泰山有泰山的巍峨，黄山有黄山的秀丽，这一个山字又怎么能写得出它们不同的特色？再试想一想，山中的树木、生物、气象，那是一个多么奇妙而丰富的世界，又怎么能用一个概念的山字所概括？

常名的"名"字，是指的名称。名以指物，所以也是指的物体。名（物）和道的相对，正是现象界和形而上的相同。但老子在"名"之前加了一个"常"字，就把名或物提升到形而上的境界。所以常名，是真实、永恒和自然的物自体。套句禅宗的话，就是万物的自性。

"无"和"有"是道的双胞胎

本句依王弼注解，标点是："无名，天地之始。"古代版本都依此断句。直到王安石改为"无，名天地之始"后，现代学者多半依照王安石的说法。在本句中，这种差别尚无大碍，可是到了后面的"常无欲"和"常有欲"的断句不同，却影响了老子思想的一致性。这一点，我们放在后面再讨论。

本句的标点我们用"无，名天地之始"。理由有二：

（一）在《老子》书中单独用"无"和"有"的地方很多，如："有之以为利，无之以为用。"（第十一章）"天下万物生于有，有生于无。"（第四十章）可见"无"和"有"是老子思想中的两个很重要的术语。《庄子·天下》中便描写老子是"建之以常、无、有"。

（二）"无"可以涵盖"无名"，而"无名"不能涵盖"无"。因为说"无名"已经是就名相上来讨论，事实上"无名"也是一种名。而"无"却是就本源上来说的，所以"无"比"无名"更为究竟。

为什么用"无"来称呼天地之始呢？这个"始"字含有二义：一指本源，一指开端。本源是指天地以前的境界，这是无始之始。而开端是指天地形成之初，这是有始之始。然而无论是指本源还是开端，由"无"来称呼天地之始，乃是向本源处追溯，是返本归源的思路。

此处的断句和前句相应，乃是"有，名万物之母"。"有"和"无"的相对，往往会给人一个错误的感觉，就是以为"有"是存在，"无"是不存在。这样便把"有"和"无"变成了两个截然相反的概念。其实"有"和"无"都是一种名称。"无"是称呼向上对本源的探索，而"有"乃是向前在事物上的开展。如果用《大乘起信论》的一心开二门来借譬，"无"相当于真如门，"有"相当于生灭门。不过老子的"有"比生灭门更为积极，应该称为"生化门"。

为什么用"有"来称呼"万物之母"呢？就万物之母来说，显然是指创生万物的根源。也就是有了天地之后，才有万物化生的现象。用"有"来称呼这个现象，并不是指已经存在的事物。因为已经存在的是万物，它们又怎能为万物之母呢？所谓"万物之母"是指它的能生。所以这个"有"，乃使之"有"的意思，是一种使万物化生的动力。

"常无"和"常有"的妙用

本句依王弼注解和马王堆的帛书本，标点是："故常无欲，以观其妙。"但前面两句强调"无"和"有"，以及后面一句依王弼注："常有欲，以观其徼。"这里强调"有欲"和整个老子思想主张"无欲"不一致，所以我们改为："故常无，欲以观其妙。"

常无的"常"和常道、常名的"常"是同一意义。唯此处的"常"字有动词的作用，可解作"本之于"或"体法于"。这样一来"欲"便不是负面意义的欲念，而是动词的"想要"而已。

这个"观"字，颇为紧要，一般的"观"都是用肉眼去看、去察。而此处的"观"，乃是透过了精神去体验的。"观其妙"的"其"有两重身份，一是指"无"，一是指"道"。首先是观"无"，但"无"不是虚空，乃是从无以观"无"的妙。什么是"妙"，用《易经》的话来说："神也者，妙万物而为言者也。"（《说卦传》第六章）

这个妙是指神化生物之妙，也就是常道生物之妙。所以"观其妙"，乃是从"无"中体证天地生物的妙用。

本句依王弼注解，标点是："常有欲，以观其徼。"但"有欲"两字和老子的思想不合，所以我们依照前句的例子，改为："常有，欲以观其徼。"

"常有"是本之于或体法于"有"。然而如何去"本之"或"体法"这个"有"呢？在前面，我们曾说过，这个"有"不是指已具有形体的个物的存在，而是指"道生物"所赋予万物形体或万化发展的原理。从这个原理中，我们就能"观其徼"。

什么是"徼"？"徼"和"妙"相对。"妙"是"无"的"妙"，"徼"便是"有"的徼。这个"徼"字，前人的解释很多，如：

王弼："徼，归终也。"

陆德明："徼，小道也，边也。"

马叙伦："徼，当作窍。说文，窍，空也。"

顾实："徼者，因循也。"

又：敦煌本作皦，帛书本作噭。

从以上各注和版本来看，王弼的注是指的归于无，这和马叙伦的"窍，空也"意义相似。陆德明的"小道也""边也"与顾实的"因循"都是指道的用。至于皦是皎洁，也是属于道的用。如果我们把这些意义综合起来，可以看出这个"徼"是指从道发端，而为道用的。

我们再回到"观其徼"的问题。"徼"和"有"相关，"有"

是赋予万物形体的动力，那么"徼"便是万物形成和发展的轨迹。这些轨迹就是理则。这些理则因各物个体的赋性赋形而有差别相，这是科学上所谓的分类，《易经·系辞》也说："物以群分，方以类聚。"（《上传》第一章）所以"徼"是指物与物之间的区别，这和"无"的"妙"正好相对称。这种观"无"、观"有"、观"妙"、观"徼"的功夫，我们可以用以下的图来表示：

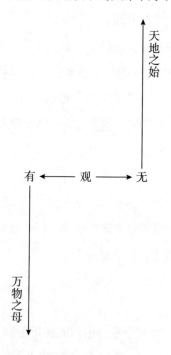

"无"和"有"同一个母亲

两者，是指"无"和"有"。同出是指它们出于同一个道体。事实上，在道体中，"无"和"有"是同一个本质，也就是没有"无"和"有"之分。一旦道落入现象，产生"用"之后，才有"无"

和"有"之分。仔细分析起来，道产生作用，似乎是先产生了"有"，有了"有"之后，便"有名""有欲"，于是我们再回观道体，才体验到"无"。因此如按道的现象的发展来说，是混融不分的体产生"有"。我们由"有"再去称那混融不分的体叫作"无"。这个道体的"无"，是"常无"。在现象界有了"有"之后，便产生和这个"有"相对待的"无"，这就是现象界的"无"。在现象界的"有""无"，我们就可以用名相来称呼它们，如"存在""不存在""物体""空间"等。但我们追溯这个现象界的"有"和"无"到根本处，仍然是混融的一体。

那么，这个相同的本体或本质是什么？这已是超乎名相之上，不是语言文字所能描写的。《老子》在开宗明义第一句，就称它为"常道"。这个"常"字写出了它的超越的真常性，万古如斯的恒常性。它是不落"有""无"，却又不离"有""无"的。

"玄"的两大妙用

"无"和"有"在根源上的不可分处，叫作玄。这个玄字，本指的赤黑色，在儒家的经典中，如《论语》《孟子》，都指颜色。到了《老子》书中，才由这个赤黑的颜色而引申为深远的意思。

老子用这个"玄"字去写"同"，可见"玄"不只是一个负面的形容词，而有其正面的意义。憨山大师在《道德经解》中说得好："同谓之玄，斯则天地同根，万物一体。"这样的境界，才是"有""无"所同出的本体。

老子用了一个"玄"字，已够了，为什么还要"玄之又玄"？当然从文字表面上来看，这只是加强描写玄的深之又深而已。但哲学家们则另有见解，如王弼说："而言谓之玄者，取于不可得而谓之然也。谓之然，则不可以定乎一玄而已。"王弼的意思是指"玄"是无法用文字来形容，如果只说一个"玄"字，这个"玄"便成了一个固定观念，所以要说"玄之又玄"，以表示无限的深远。关于这点，憨山大师在《道德经解》中有较深刻的见解："老子又恐学人功夫到此，不能涤除玄览，故又遣之曰：'玄之又玄'。意谓虽是有无同观，若不忘心忘迹，虽妙不妙。殊不知大道体中，不但绝有无之名，抑且离玄妙之迹，故曰：'玄之又玄'。"憨山大师的意思是第一个"玄"指"有""无"同根，而第二个"玄"字又扫去了执着这个同根的"玄"。他所用的方法，乃是中国禅宗惯用的一层层的破执。最后连佛之一字都要破，何况"玄同"？不过憨山大师的解释仍然是佛学的思想，所以他最后认为"功夫到此，忘怀泯物，无往而不妙"。其实《老子》的这两个"玄"字，第一个"玄"字的作用，是遮断读者的思路，告诉我们这个"有""无"同根的本体，不是名相所能及的。可是第二个"玄"字，表面上是强调第一个"玄"字，事实上是超越了第一个"玄"字，甚至否定了第一个"玄"字。这就如老子用第一个"玄"字去关掉了大门，挡住了我们的思路，使我们知道此路不通。接着用第二个"玄"字去开了一扇窗子，使我们由此而窥见了"宗庙之美，百官之富"。所谓"无中有路""柳暗花明"。

开门见万物

如果说由"无"去观道的妙，这个道应该只是一个道，又何来"众"妙？这个道是绝"有""无"的，又何来"门"呢？可见众妙不是道体的妙，而是道用的妙，是万物生化不已的妙。这个"门"有两重作用，一是向内观道体之妙，一是向外观生物之妙。这也是前面所说的，一是观无，一是观有。老子讲"无"，但最后，又从"无"中转出个"有"来，而造就了世间形形色色之妙。

新语

自老子在开宗明义第一句话中强调常道后，很多人又误执常道是唯一的，其他用语言文字表达的，或政治人生所运用的，都不是常道，而是变道，用二分法的切割，常道是真，变道便是假；常道是我们追求的，变道便该扬弃，这种想法正犯了老子思想所指的大病，只看到表相，而不能深体老子立言的主旨，试想老子说了五千字，不是言说吗？不是政治人生吗？不正是变道吗？如果这些都是假相，都是不合道的，老子岂不是自打嘴巴吗？那么老子第一句话"道可道，非常道"便犯了逻辑上的自相矛盾性，其实老子只是说"可道"之道不是常道，并没有否定可道之道。只是借常道来表达可道之道的变动性，"可道之道"，坏的方面，是尚有局限；好的方面，却是还有空间可以发展。事实上常道和变道有它们相辅相成的密切关系，我曾为它们写了四句话：

知变知常不稀奇，

反变归常乃智慧；

有变有常为真道，

转变为常是功夫。

知变知常，就如我们研究哲学理论，什么形而上学，现象论；什么理，什么气，都是对知识的探讨，没有特别之处。反变归常，就是在现实人生中，认清变化的道理，不执着于变，能在变中求通，以归于常理，这当然是智慧的洞见。老子所说的道，是宇宙人生的大道，有宇宙之常，也有人生之变，有天，也有人。所以是有常有变的。因为没有常的变，是乱变；而没有变的常，也只是一个空洞的概念。我们真正的功夫，乃是在现实人生中，面对一切现象，无论是好，是坏都能当时，当处，当面，当念，立刻转化为常道。如慧能的"烦恼即菩提"，有这种功夫，我们就能融合常与变为一体了。

第二章

扫一扫，
进入课程

天下皆知美之为美，斯恶已；

皆知善之为善，斯不善已。

故有无相生，难易相成，长短相较，高下相倾，音声相和，前后相随。

是以圣人处无为之事，行不言之教。

万物作焉而不辞，生而不有，为而不恃，功成而弗居。

夫唯弗居，是以不去。

语译

当天下的人都知道美是美好的，这样，不好之心便产生了。当天下的人都知道善是大家赞美的善德，这样，伪善之行便因之而起了。由于这个缘故，天底下的事物观念，"有"和"无"是相待而生的，"难"和"易"是相因而成的，"长"和"短"是相比而显的，"高"和"下"是相依而存的，"音"和"声"是相和而出的，"前"和"后"是相连相续的。所以圣人了解这个道理，他能以"无为"处理事务，以"不言"推行教化，使万物欣欣向荣，自己也参赞其中而不推辞。他生养万物而不占有，他作育万物而不恃才，他成就了功德而不居功自有。正因为他不居功，所以他的功德才能不朽。

要义

1. 本章借知美知善来说如何超越美善。
2. 超越的功夫在"不有""不恃""不居"。

美善的真相

美的相对是丑，这里不直接用丑字，而用"恶"字。可见并不是因为天下的人都知道美是美的，这个美就立刻变成了丑。当然古语的恶字也含有丑的意思。但这里应该是表示一种认识上的美丑观念，而非客观物体上的美丑。由于是主观的认识作用，因此当我们有了美的认识，同时也就有了丑的认识。有了美丑的认识之后，便有爱美和恶丑的念头产生了。所以这里"美之为美"是指爱好美的心念，"恶"是指厌恶丑的心念。

善的相对是恶，而此处不直接用"恶"字，而说"不善"两字。这"不善"两字，是由"善之为善"变化而来。善是一种实际的行为，而"知善之为善"，就把善变成了道德概念、教条礼节，于是就产生了很多伪善的行为。所以此处"不善"两字，并非指罪恶，而是指不好的行为而已。此处"已"字，帛书本作"矣"。上一句的"已"字，也可作"矣"字解。

现象界的相对性

在第一章中的"无"和"有"是指形而上的境界，是描写道的发用、或对道体的观照。而此处的"有"和"无"，却是就现象界来说，是指万物的存有和不存有。所以这里的"有"和"无"是相对的。

"有""无"的相生是指"有""无"的相依而生。譬如茶杯的质料是"有"，其中的空间是"无"，两者的存在是相互为生、相互为用的。

"难"和"易"并不是客观的存在，而是由于处理事物的态度、方法和知识的不同才形成的。所谓"相成"就是指难易没有不变的标准，而是相因以成的。如果掉以轻心，容易的事情会变难；相反的，小心应付，困难的事情也会变容易。

"长"和"短"没有绝对的标准，它们是互相比较而形成的。如果我们只画一条线，便无所谓长或短。我们说它短，是把它和长线比较；我们说它长，是拿它与短线比较。正是所谓"尺有所短，寸有所长"。此句王弼本作"相较"，河上公等本作"相形"，意义并无不同。

"高"和"下"是空间上的相对位置。"倾"是依靠的意思。这是指"高""下"是互相依靠的。没有"高"，就没有"下"；同样，没有"下"，也就没有"高"。帛书本"相倾"作"相盈"，"盈"是满，是指"高""下"相互依存而满足的意思。

"音""声"本为一体。勉强而分，"声"是初发的音，"音"是有所成的声。如《礼记·乐记》上说："感于物而动，故形于声。

声相应，故生变。变成方，谓之音。"孔颖达疏说："声为初，音为乐，为末也。"在《老子》所举的这六个例子中，其他的例子都是对比的，只有"音声"是一致的。如果我们把"声"解作初发的感，"音"解作外在的应，那么"音声"的相和是讲感与应的相和，意义便更为明显了。

"前"和"后"，不只是空间上的位置，也是时间上的次序，如果我们择定一个坐标，便有"前后"之分。前面讲"高下"已经从空间上来分析。此处"前后"似宜就时间上来观照。因为时间是一个不断的连续。时间之所以有前后，是把空间插了进去，以空间的立场来论时间，所以就时间本身来说，前后本是连续不断、不可分割的。

老子眼中的圣人

《老子》中提到圣人两字的共有二十三章、二十八次，可见圣人在《老子》书中地位的重要。我们可以说圣人是老子最高理想的境界。老子和孔子的思想都来自同一个源头，因此老子的圣人，也是指尧舜禹汤等圣王。不过老子没有指名道姓，这固然是他的行文使然，同时也是因为在这些圣人身上添加了许多老子个人的理想。

老子书中的圣人与孔子书中的圣人，在理境上并无不同，只是在政治运用和人生修养上实践的步骤有所偏重而已，统计老子书中的圣人，大约有以下四个方面：

（一）无为：第二、五、四十七、五十七、五十八、

六十三、六十四、七十三章。

（二）谦虚：第七、四十九、六十六、七十一、七十二、七十八章。

（三）无欲：第十二、二十六、二十九、七十七、七十九、八十一章。

（四）用朴：第三、二十八、五十八章。

以上只是大概的分类，其中当然有许多可以互相归并的。总之从这一分析中，可以看出老子眼中所谓圣人的功夫和方法了。

圣人有些什么功夫

"处无为之事"是说以无为的方法来处事。"无为"是老子思想的中心。归纳《老子》全书，约有以下六义：

（一）不争："圣人之道，为而不争。"（第八十一章）

（二）不生事："使夫智者不敢为也，为无为，则无不治。"（第三章）

（三）不逞己能："为而不恃。"（第二章）

（四）因物性："我无为而民自化。"（第五十七章）

（五）循自然："道常无为，而无不为。"（第三十七章）

（六）治于未然："为之于未有，治之于未乱。"（第六十四章）

从以上六点来看，老子的无为，并不是什么事都不做。相反的，却是以极为高明的方法来处理事务。这种方法有二：一是从德上，做到无欲、谦虚；一是从智上，把握事物的要点，解决问题于未然之前。所以他们虽然是"为"，但他们没有私欲，"为"得非常自然，"为"得非常简要，等于"无为"。

"行不言之教"，这里的"教"，是指的教化。教是教民，化是化物。"不言"的"言"，是指的语言。如《论语》里，孔子所说的"予欲无言"，"天何言哉！四时行焉，万物生焉！"（《阳货》）这指的是化物，圣人取法自然，不需言说，而万物自化。但在教化人民上，这里的"言"，可解作"政令"。如叶梦得所谓："号令教戒，无非言也。"这是指圣人不用外在的教条法令来管制人民，而是崇尚素朴，使人民无欲而自化。

"万物作焉而不辞"，"作"是产生、发展的意思。"不辞"两字，依据傅奕本、敦煌本、范应元本作"不为始"，另外在《老子》第十七章，王弼的注是："万物作焉而不为始。"《吕氏春秋·贵公》也说："万物皆被其利，而莫知其所由始。""不为始"的意思是不使万物知道这一切都是他创始的。可是《老子》第三十四章的原文是："万物恃之而生而不辞。"苏辙、吕吉甫、魏源等人都以不辞来解释，但此处的"不辞"并非不言，因为前面已有"不言"之教，此处不应重复。所以"不辞"的"辞"可解作推辞的意思，憨山大师《道德经解》说："天地以无心而生物，即万物皆往资焉。不以物多而故辞。"憨山说的是天地，而此处所指的是圣人。圣人效法天地，使万物生长，而不推辞。"不为始"是指不知所始，有不居功的意思，而"不辞"，却是直接参与万物的造化。这是一面承接了前面"无为""不言"的意思，表示了虽然"无为""不言"，但却与万物的生化共存，而绝不离弃万物。另一面又开出了下文"生而不有"的"生"和"为而不恃"的"为"，说明了他参与万物生化的作用。

"生而不有"的"生"是指创生和生养。就天地而言，是创生；就圣人而言，是生养。天地的创生万物，是自然而然的，也就是天地依照万物的本性而创生，所以天地无须占有万物。因为天地万物本是一体的。圣人的生养万物，一方面承天地造化之功，一方面顺万物之本性。因此他像一位接生婆，只是助成天地之化，而没有占有的必要。其实就天地和圣人来说，他们是永远的创生和生养万物。"不有"是"不有"其"生"。这是"生生"的功能，因为一"有"了之后，便有私心，便拘限于其所"有"，便会失去了这种永恒"生生"的功能。

"为而不恃"的"恃"是倚仗的意思，一般的解释是自恃才能。老子讲"无为"，这里却说"为"字。"为"不是乱干，而是要有才能，尽自己的才能去做，就是"为"，这也是儒家讲的"有为"。不过老子强调"不恃"，就是说尽自己的才能去"为"，而不要自恃才能。这是谦虚之德。

再深一层来分析，"为而不恃"是"不恃"其所"为"的意思。就像自然界的每一物体，都尽了它们所扮演的角色的功能，却没有标榜它们的伟大，如绿树的光合作用，维持了生态；枯叶的化作春泥，营养了万物。圣人体取生生之道，虽有为，而不恃其所为。使他的"为"因"不恃"，而变成"无为"之"为"、自然之"为"。

此处"功成而弗居"接前面两句，所谓"功成"是指"生"和"为"的成就。由于圣人是助成天地的生化，应顺物性而施为，所以这"功"，也是自然的成就。诚如王弼的注说："因物而用，功自彼成，故不居也。"

圣人之所以为圣人之道

圣人参与天地间的化育，心量广大，既无心于"居功"，也无求于"不去"。但对一般人来说，便很难有此心境，于是老子语气一转，由"弗居"而说"不去"，这是接引人的话，使我们了解圣人之所以能功盖天下，就是由于他不居功，自恃自有，才能与天地共化育。

新语

"天下皆知美之为美，斯恶已。"这句话，所有读老子书的人都解作天下的人都知道美是美的，就不好了，或最多强调说有了美的观念，就有丑的观念相对而生，甚至有道家学者以为真正的美，是超越的，所谓"至美无美"，这些说法，都太过理想化了，我们生活在现实人生，怎能没有美的欣赏？即使老子活在现代，他看到周围的事物难道没有美的感觉吗，锦绣河山不美吗？伟大诗人的作品，画家的山水画不美吗？至于说绝对的美根本不存在，我们都是凡夫俗子，又岂能无美的判断。所以老子本章的意旨不在指事物本身的美或不美，也不在说人们有没有美感。在老子来说，每件物体都是天造地设的，都是美的结晶，只是我们不用美去区别它们，天下人都知道美无可厚非，那么这句话又怎样解读呢？如果我们了解老子全书主要对象是君主，这话就迎刃而解了，因为它是指如果君主以一己之美，而要天下人都以此为美，例如北宋流行缠小脚，认为女子以小脚为美。楚灵王好细腰，朝中士大夫为了细腰饿得头昏眼花。齐桓公好美食，晋文公好恶衣，越王好勇士，等等。那就是君主心中有所偏好，而影响了天下人心，老子只是借大家最起码的美感而谈君主治国之道。所以本章在后段"圣人处无为之事"，也就是说君主不要以自己的美善观念加之于民，让人民无为而自化。君主如此，今天我们一般人，读到这一章，也应有所警惕，不要以自己的好恶观念加之于别人。

第三章

扫一扫，
进入课程

不尚贤，使民不争；

不贵难得之货，使民不为盗；

不见可欲，使民心不乱。

是以圣人之治，虚其心，实其腹；

弱其志，强其骨。

常使民无知、无欲，使夫智者不敢为也。

为无为，则无不治。

语译

治国的人，如果不崇尚贤能的名位，人民便不会产生争夺之心；如果不贵重难得的财货，人民便不会产生窃夺之心；如果不显露一己好恶之欲，人心就不会惑乱。所以，圣人的治道是：净化人心中的欲念，满足人民基本的生活需求；减弱人民好勇斗狠的意志，强壮人民的体魄。经常使得人民安于他们不逞知能、不贪嗜欲的素朴生活。这样，那些有才智的人才不敢乱用才智去争夺名利。像这样的无为而治，将使得所有的人都能过着和谐安乐的生活。

要义

1. 本章接着第二章的观念，而讲的是具体的治国的方针。

2. 本章有两个重点字"虚"和"弱"，这是老子治国和修养的两大功夫。

君主不可显露自己的好恶

"尚"是崇尚。"贤"，在儒家是指兼有才和德的人。而老子此处却是指具有才和德之名。章太炎解得好："老子之言贤者，谓名誉、谈说、才气也。不尚名誉，故无朋党；不尊谈说，故无游士；不贵才气，故无骤官。"（《国故论衡》）所以老子的"不尚贤"，并不是不重视德和才，而是不过分标榜德和才，因为一经标榜，"德"便会从实际的德行转变而为虚名，"才"便会变成了大家争夺的利器。

老子贵常道，"常"字有平常的意思。唯有最平常的事物，才能永恒。如日光、空气和水，这是最平常的东西，却是人生最宝贵的必需品。这些东西，大家都很容易得到，便不会你争我夺。相反地，难得之货，不是大多数的人所能拥有，如钻石、宝玉等，便成为大家抢夺的对象。

"见"是显现的意思。这里是指国君不强调可欲的事物。但前面的"贤"是指的名，"货"是指的利。这两者就是最大的可欲的事物。此处再言"可欲"，似乎《老子》之文，有重复之病。如果我们仔细分析，这里的"可欲"与前面的"贤"和"货"平列而对称，显然是另有所指，不能把它当作前两者的总括而已。

这句话，可能有两解：

（一）是指君主的好恶。如《韩非子·二柄》所说："故越王好勇，而民多轻死；楚灵王好细腰，而国中多饿人；齐桓公妒而好内，故竖刁自宫以治内；桓公好味，易牙蒸其首子而进之；燕子哙好贤，故子之明不受国。故君见恶则群臣匿端，君见好则群臣诬能，人主欲见，则群臣之情态得其资矣。"韩非的话是根据老子的思想来的，只不过韩非只就负面的关系来论述君主不见可欲，而臣子便无法控制君主；而老子乃是从正面的关系说明君主不见可欲，便能不干扰人民、影响人民，人民便会归于素朴。

（二）是指君主不强调任何可欲的事物："可欲"本为人人所需，是基本的欲望。君主应该设法满足人民的这种欲望。如食色等，告子甚至称之为性，如"食色性也"（《孟子·告子》）。所以这种欲望的需求或满足，是无可厚非的。但君主不应过分强调这种欲望，因为一经强调，这种欲望便会从基本的需要，而变为无厌的人欲。如夸张美食，便会整天追求酒食，以致伤身。渲染美色，也会整天追逐声色，以致丧神。

圣人之治的四句话

老子所谓"圣人之治"就是无为之治。既称"无为"，方法必然简易。第一个要点是虚心实腹。

这个"虚"字是老子修养方法上一个很重要的功夫。这与老子在形而上学讲"无",是体用一贯的。"虚"其心所虚的是这个"心"。在《老子》书中,提到"心"字的共有六章,如第三、八、十二、二十、四十九和五十五章。其中所谈的"心"都是一般意义的心,含有欲和知的作用。不像孟子的心有四善端,庄子有时谈真心。而老子所谈的心,都是泛指,而且有负面的意义,因此"虚"其心,乃是"虚"其欲、"虚"其知的意思。前者,如河上公的注:"除嗜欲";后者如王弼的注,认为"心怀智",因此要"弃智"。

这个"虚"字,由于对象的不同,而有两个层次:第一个层次,是指圣人的心境和个人的修养功夫,如圣人的"无为无思为虚"(《韩非子·解老》)及个人修养的"除欲"和"弃智"。第二个层次是治国的方法,也就是此处所谓"虚其心",乃是"虚"掉人民的心。如果"虚其心",是除欲、弃知,那么"虚"掉人民的心,乃是除掉人民的欲,去掉人民的知。这是愚民政策,岂不是一种十足的干涉政策,又怎能称为圣人的无为之治呢?所以此处的"虚"用得不当,"愚民"与"无为"混为一谈,便差之毫厘,谬以千里了。

我们要了解此处的"虚其心",必须承接前面三句话,就是君主的"不尚贤""不贵难得之货"和"不见可欲"。这是君主在本身上下功夫,不强调欲和知,而不是直接去向人民开刀,除欲去知。由于君主不强调欲和知,使整个社会归于素朴,而人心自然被净化了。

第三章

"实其腹"是指充实人民的胃腹，也就是填饱人民的肚子。这是指人民的基本欲望。这句话看似平淡，但关系很大，它和"虚其心"一语不可分。因"虚其心"是指除欲，而"实其腹"说明了所除的只是贪欲，而非基本的欲望。同时，反过来看，"实其腹"之后，人民满足了基本欲望，但人和其他动物不同，老虎吃饱了，便睡觉，可是人却不然，吃饱了之后，私欲便因之而起，所以必须"虚其心"，以化其欲。

"弱"，在老子哲学中是一个重要的方法。所谓方法，就不是目的，也就是说老子不是要我们变得衰弱，而是借弱的方法达到另一个目的。"弱其志"的"志"，在我们一般的用语里，都是正面的意思，所谓"立志""志气"。老子在这里把这个"志"贬低了，是有他的用意的。《老子》书中一再标榜圣人，如果我们立志要做圣人，老子哪有不同意的道理？问题是"弱其志"的"其"是指的人民，而大多数的人却并没有立志做圣人，而是要做有钱有势的人。要如何去"弱"他们的志，老子的意思也不是正面地去限制人民的"志"，这样又变成一种外力的干扰。此处的"弱其志"，仍然是扣紧了前面的"不尚贤""不贵难得之货"和"不见可欲"，君主如果不在这方面标榜，人民就不会野心勃勃地去争，不会好强斗狠地去夺。他们的"志"便会转化，由自我中心转化为和谐的德性。

"强其骨"，是指强健的体魄。这句也是跟着"弱其志"而来的，否则强健的体格供不羁的野性所驱使，便好强斗狠，永无宁日了。

如何使民无知无欲

这个"知"字在《老子》书中用得很多，大多是动词。作名词用的"知"有两种，一为"绝圣弃智"（第十九章）的知，一为"知者不言"（第五十六章）的知。前者指才智，后者指智慧。而老子此处所谓"无知"的知，是指才智。所谓"无知"，不是指无知无识，而是指没有争夺名利权位的聪明才智。

如何才能"常使民无知无欲"？老子绝不会鼓励愚民政策。使民无知，是无巧知之心；使民无欲，是无贪欲之念。所以王弼注："守其真也。"河上公注："反朴守淳。"这都是从正面上来说明，圣人不从知和欲上干扰人心，民德便会归厚。

"使夫智者不敢为"的"智者"并不是指有智慧者，而是指有才智者。因为老子用了"不敢为"三字。真正有智慧者，自然不为，而不是有所顾忌，而不敢为。所以王弼注："知者，谓知为也。"即是指有才智的人，因为君主"不尚贤"，所以他们也不敢逞其才智去争名夺利了。

无为才能无不治

"为无为则无不治"这句话是本章的总结，第一个"为"是指的"圣人之治"，并不是什么事都不做，而是有所为的。第二个"为"是指的"尚贤"的为、"贵货"的为、"可欲"的为。总之，就是逞知逞欲的为。"为无为"即是以不逞知、不逞欲的方法来治理国家，人民自能安于他们素朴的生活，不争不夺，所以整个国家社会自能太平无事了。

新语

这一章有三段，第一段讲君主本身的做法，即"不尚贤，不贵难得之货，不见可欲"，这是老子对君主的要求，老子之书，常被看作统治术和领导学（西方），这两者都告诉君主要如何统御人民，而没有对君主本身的要求。譬如，"尚贤"本是一般政治的要旨，如儒家、墨家都尚贤，可是为何老子却强调不尚贤？这主要还是对君主来说不要自己先立个贤的标准。同样不要自己贵重难得之货，不要自己表现喜好的欲望，这与前一章不自有美善的标准是一以贯之的。第二段，谈圣人之治的功夫，在一个虚字，一个弱字，这个虚字是道家的专用语，英文翻作 emptiness，西方学者常把空也翻成 emptiness，混在一起，不易分别。其实虚和空不同，如下表：

虚	道	心	与实相对	德	能生	功夫	虚而能有
空	佛	物	与真相对	缘	无生	理	空而入无

至于这个"弱"字，如老子"弱者道之用"这是老子运用的一个重要方法，下面在许多章中都有讨论。第三段归结至圣人之治，这个"使"字很吃紧，如何才能"使"民无知无欲，老子不是主张如暴君一样的高压，实行焚书坑儒，实行愚民政策。老子的这个"使"字的重点在前面三句，"不尚贤""不贵难得之货"和"不见可欲"，如果君主真能做到这三点，就能使人民自然的趋于不用知，不强调欲的境地了。

第四章

扫一扫，
进入课程

道冲而用之，或不盈。

渊兮似万物之宗。

挫其锐，解其纷，和其光，同其尘。

湛兮似或存。

吾不知谁之子，象帝之先。

语译

　　道是以冲虚为它的作用的，它时时保持冲虚，好像永远不会满溢。它看起来渊深不可测，却是万物的本源。在作用于万物时，它挫掉了锐利的锋芒去利物，解除了分别的意识去接物，以它适度和谐的光辉去照物，它寄身于形形色色的万物之中去和万物同化。它的作用又是如此的清澈，使我们感觉到它好像是存在不虚的。我不知道它的本源究竟是什么，这个本源只是象征它是天地的创始。

要义

1. 本章是讲冲虚。

2. 提出了政治人生的四个要点："挫锐""解纷""和光""同尘"。

"冲虚"如何运用

王弼注本作"沖"，河上公注本作"冲"。按"冲"为"沖"的俗字（简体字同为"冲"。——编者注）。许慎《说文解字》："盅，器虚也。从皿，中声。《老子》曰：道盅而用之。"《皿部》又"凡用冲虚字者，皆盅之假借。《老子》：道盅而用之。今本作冲是也。"（水部）可见"冲"是"盅"字，是器虚的意思。但如果把道解作空的器皿，是没有意义的，或者把道解作虚，也是有问题的。虽然"冲"的原字是盅，但老子此处用"冲"字，固然不违反盅的原义，可是却另有新义。

这句的断句是"道，冲而用之"。有的注解本作"道冲，而用之或不盈"。这是用"冲"来形容"道"。不是把道喻作空器皿，便是把道体解作空虚。前者太落实，后者又太虚无，都不是道的真面目。因为道体不是"有"，也不是"无"。所以这个"冲"字必须连下面的文字，是指的"用"，而不是道的"体"。

如果说"冲"是"虚"的话，那么老子为什么此处不用"虚"字，而用"冲"字，可见"冲"字除了有"虚"的意思外，还另有作用。在道家的术语中常"冲虚"连言。是冲气以为虚的意思。所以"冲"字当动词用，有使之虚的意思。所以此处的"冲"字，如解作"虚"字，也为动词，有"虚气而用之"的意思，也就是说"道"是以"虚"为用的。

这个"或不盈"的"或"字，貌似平淡，却大有作用。这个"或"字出现在《易经》的爻辞上很多次，多半在第三和第四爻，表示或进或退的意思，如乾卦九四："或跃在渊。"坤卦六三："或从王事。"所以这个"或"是疑惑之词，表示处境有可进可退的意思。同样，此处的这个"或"字，虽然不是在进退的处境，却是在"有""无"之间。"冲"字和"或"字互相呼应。老子此处不直接用"虚"字，而用"冲"字是暗示了道的存在，而在道的作用上，是有气，只是虚其气罢了。所以这个"或"字正表明了"有"，由于以"虚"来用"有"，所以时时保持了"不盈"。"盈"是满的意思，是过溢、过多、过甚，这在老子哲学是不好的现象，所以由"冲而用之"就不会有满而溢的毛病。但"不盈"并非空虚没有，而是"有"。由于"冲"虚了这个"有"，所以使得"有"发挥了真正的弹性和活力。这就是"冲"的伟大功用。

"渊"是有水的深谷。此处以"渊"为譬，含有三义：一是谷，二是深，三是有水。"谷"是虚的意思。在《老子》书中常用此字，都是指的虚。"渊"喻深的意思，这是通解，如《小尔雅·广诂》："渊，深也。"但有水这一点常被注家所忽略。因为大家都只注意到虚和深两义，这是从"无"的观点来解的。其实，老子讲"虚""无"，却始终不离"有"。尤其本章第一句的"冲"字，和水有关，而本句的"渊"字也和水有关。到了后面的"湛"字，又和水有关。虽然这并不意味着老子此处在强调"水"，但"水"是道的一种"有"、一种"用"。所以这里的"渊"字除了"虚"和"深"的意义，还有"水"的活泉。这样，才能成为万物之宗。这里的"似"字，和前一句的"或"字一样，是指这种作用的似有似无。由于虚而深，所以似"无"，但又为"万物"所宗，又似"有"。"宗"字是本和祖的意思。如《尚书·禹贡》："江汉朝宗于海。"也就是说，道的冲虚为用，乃是万物的源头。

道的作用

"挫其锐，解其纷"，此处和后面两句话，都是说明道如何冲虚而为用。这几句话中，最难把握的是这个不受注意的"其"字。历来注家都把这个"其"字混了过去。如果把这个"其"字当作道自身的话，那么"道"哪里有锐？哪里有纷？很多注解把"挫其锐"的"其"当作道自身，而把"解其纷"的"其"当作万物。这样便在同一个句式中的"其"字代表了两种身份，显然破坏了语法的一致性。这四句话中的"其"字是一贯下来的，不可能一下子做主人，一下子又变成了客人。如果就本章整体来看，这四个"其"字都是指"道"而言，但指的不是道体而是道用。

道用是指道在现象界的作用，这几句话重见于第五十六章，该处是以人为主，谈如何去修道，而此处却是以道为主，写道如何作用于现象界。"挫其锐"的"锐"是指的锐利。道本身并没有锐利，可是当它在现象界时，便形成了"有"，所谓"有之以为利"（第十一章），它生物，它利物，照一般的观念来说，能生、能利，必然会产生锐的一面。就像创物主一样，能生，也能杀。它赋予了我们生命，可是却只让我们活在极其有限的时间中，因此在我们的眼中，它是无上的权威。可是道却不一样，它的生物，不是直接赋予万物以生命，而是给予万物以生生的原理，万物顺此原理便能生，逆此原理便会亡。所以道的作用，是"利"而不"锐"，正如老子所谓"生而不有"（第二章），"利万物而不争"（第八章）。这是说道在它利万物的过程中，时时保持了它的"不锐"，使万物感觉不到它的锋利。

"解其纷"的"纷"字，王弼和河上公的注本，都作"纷"字，而景龙、罗卷和顾欢的版本作"忿"。"纷"和"忿"相比较，就道的作用来说，当然以"纷"字意义贴切而深入。因为"忿"是一个感性的词，不适于表述道的作用。

"纷"，是纷纭的意思。在《老子》第五十六章，此句重出，是作"解其分"。不论《老子》原文究竟是"纷"还是"分"，但这两个字放在一起，却更能道出老子的原意。当道作用于现象界，便形成了"有"。提到这个"有"，我们不应忘记《老子》第一章中"常有，欲以观其微"的"微"字。"微"有边际的意思，这不正是"分"的意思吗？有了"分"，就会变成"纷"。"分"是"道生一，一生二"（第四十二章）的"二"，再由"二"生三，三生万物，便是"纷"了，所以"纷"就是纷纭复杂的意思。在这里"解其纷"是说道的"接物"，虽然和万物的纷纭复杂打交道，但仍然保持它的纯一不杂，正如老子所谓"道常无名朴"（第三十二章），庄子所谓"道不欲杂"（《人间世》）。

"和其光"的"光"有两层意思：一是指光源自身所呈显的光辉；一是指光的照明作用。就道体来说，它的"光"是它的自发自显，并非有意去照耀万物。可是在现象界，万物却借着这种

"光"的作用而活动、而生长。譬如阳光，本是太阳自燃的光芒，可是这种光在自然界，却给予万物以热力，给予世界以光明。然而太阳的光芒要有适度的热力，一旦过强了，便会烧焦了万物。这种适度性就是"和其光"的意思。不过老子"和其光"里的光，也象征了智慧的光芒。智慧是道的本性，也是万物本具的德性。当道以它的智慧之光去"照物"时，并不是去照破万物，而是引发万物本具的智慧和德性。就像阳光所到之处，万物都反射了它们的五光十色。如果道的智慧的光芒太过强烈，非但不能引发万物的智性，反而使万物变成了白痴。

"同其尘"的"尘"是尘埃，是指有形的物质界。如《庄子·逍遥游》中所谓的"野马也，尘埃也，生物之以息相吹也"。野马是指奔腾的水汽，尘埃就是指浮动的尘粒。所以这个"尘"指现象界，当然也引申为尘俗或尘世。不过这和后来通俗所讲人欲横流的尘世不同，这里并没有这种极度负面的意义。因为"其尘"的语法，和"其锐""其纷""其光"一样，都是属于道的，只是在道作用于现象时产生的。所以"其尘"是指道的尘。可是道如何有尘？这是因为道在现象界的作用，必须透过了"有"来活动的，"有"了之后，就有形有质，这个形质就是尘。举个例子来说，水是有形质的，但道的作用是透过了水的形质来表现的，在《老子》书中的水，如第八章所描写的，都是道的一种作用。所谓"同其尘"的同字，是相同，也就是使自己融合于所寓托的有形物之中。这即是说道并没有把自己独立在万物之外，去支配万物、控制万物。而是使自己存在于所寄形的万物的德性之中，呈显了道的伟大功能。譬如"道"生万物，并不是道高高在上，去生万物。

而是道把生生之理赋予万物，因此母生子、鸡孵蛋、花草萌芽、雨露滋生，都是道所托的尘。

以上四句话，可以归纳为以下四个特色：

挫其锐——利物——去棱角，利物不争。

解其纷——接物——守纯净，污泥不染。

和其光——照物——绝圣智，平易近人。

同其尘——化物——除我相，与物同在。

道在上帝的前面

"湛"字和"冲""渊"字相似，都以水为部首，都是描写道的作用像水一样，是"冲"虚的、"渊"深的和"湛"清的。这个"湛"字意义很多。有隐没的意思，如《说文解字》段注："古书浮沉字多作湛。湛，沉古今字。"有深厚的意思，如司马相如《封禅文》："湛恩庞鸿。"有澄清的意思，如《文选·谢琨·游西池诗》："水木湛清华。"此处取澄清的意思。是因为前面的"渊"字，已有深的意思，而此处"湛"字对照"存"字，及后面一句的"子"字，都是指"有"、指"用"，所以借"澄清"来说明道的作用，虽然"挫锐""解纷""和光""同尘"，却仍然是历历分明的。

在《老子》中，子是指的用，母是指的体。如第五十二章所谓："既得其母，以知其子；既知其子，复守其母。"此处"吾不知谁之子"说明了只看到道之用，而见不到道之体。这句话实际上是希望从子以求其母，从用以明其体。于是便引出了下面一句：

"象帝之先"，这句话里较为难解的是"帝"字，王弼和河上公的注都是指"天帝"，这是有根据的，因为"象帝之先"的这个"象"，虽可译作"象征"或"好像"，但"象"是指天象，如《易经·系辞》："天垂象。"（《上传》第十一章）所以"象"是天象，"帝"便是"天帝"。不过这里的天帝并不是宗教里的上帝，因为老子提出这个"道"字就是要代替宗教里"上帝"的位置。如果在这里又夹杂了一个"上帝"的观念，便会使老子哲学的体系产生问题。所以把"帝"当作"天帝"，还是很容易被误解的，那么这个"帝"究竟是个什么角色呢？无独有偶，这个"帝"在《易经·说卦传》中也出现了一次，如："帝出乎震。"在《说卦传》里，用八卦来讲方位，震是指的东方。旭日升于东方，所以震是指创生的意思。这正和震卦，一阳在二阴之下，代表一阳初出，万物萌动，也是代表始生的意思。所以这里的"帝"可以解作创生、始生。如果我们用象征的说法，把"天帝"和"地母"作一对比的话，那么，这个母，是万物之母，这个"帝"，便是天地之始了。因此"象帝之先"一句，便是指道体是象征在天地始生之先的。其实，这样的答案，说了等于没说，因为天地始生之先，是语言所不及的。老子在这里并没有指出这个本源是什么，只是说它是一切创生的本源。如果执着语言文字之相，那么，这话等于白说。可是如果从思想上探索，这句话却有很大的作用。因为老子用这个"道"字本是去称呼天地之间的这种"使"其生化不已的作用。这就是道用，其实道体根本存于道用，没有道用，也就无所谓道体。但老子生怕大家只执着于用，而流为功用、实用，或相对性的用，而忘了这是道的用，因此故意去问"道之体"，而说"象帝之先"。

这是告诉我们在这一切的生化作用中，有一个恒常不易的原理，这个原理是先天地而生的，也就是说不受天地有形的左右或影响。所以"象帝之先"，不只是讲时间上的"先"，而是讲超时间的"真"。诚如王弼的注："锐挫而无损，纷解而不劳，和光而不污其体，同尘而不渝其真。"这正是就道用处，说道体的真不虚。

新语

本章的一个"冲"字是贯串全章的要点，是功夫字。"冲"字本是指宇宙大气在现象界的作用，我们常把"冲"用在"冲水"上，指冲水入杯中，要注意不能太满，否则便会溢出杯子，同样道冲气入现象界的"冲"乃是时时保持虚的境界，试看空气一直在我们的周围流动，说它有吧，又是空无的，我们用手抓不着；但说它无吧，又是有的，一口气吸进了身体，便能感觉到它的运动。当然冲的实际功夫是虚。能冲才能虚，能冲才使虚不会变成空，而能生有。所以这一章用一个"冲"字，扣紧了前一章的"虚"字，使我们活用了这个冲字，接着下面的四句修养的话，我们可以用一个冲字去运用，能冲气才能挫锐，能冲气才能解纷，能冲气才能和光，能冲气才能同尘。

至于我们在生活中如何用冲，我提供以下三点：

（一）当我们有怒气升时，需冲之使它冷静。

（二）当我们有怨气来时，需冲之使它消散。

（三）当我们有欲气盛时，需冲之使它减低。

第五章

扫一扫，
进入课程

天地不仁，以万物为刍狗；

圣人不仁，以百姓为刍狗。

天地之间，其犹橐龠乎？

虚而不屈，动而愈出。

多言数穷，不如守中。

语译

　　天地不讲有为的仁德，它把万物当作一般的生物一样，任它们自生自灭。圣人取法天地自然，也不自以为有仁德于人民，他们也是把人民当作一般生物一样，任他们去自生自灭。天地的中间，正像铸冶用的风箱一样。内部是虚空的，但不是死竭的，当它被鼓动时，风就不断地产生。以此来看人生，我们言论愈多，政令愈繁，也就愈会走入穷途，还不如把握而善用我们心中的虚静，以无为而无不为。

要义

1. 本章说一个"不仁"而导出自然无为的境界。
2. 以"不仁"的自然归于虚的工夫。

天地不仁

这个"仁"字是儒家的中心思想，自有其高超的理境。在《老子》中，这个"仁"的意义如何，却必须界定清楚，否则便无法了解他所谓"不仁"的真正意义，以及他是否对儒家思想有深入的批评。《老子》书中的"仁"字，除了本章外，出现在以下四章：

（一）"与善仁。"（第八章）

（二）"大道废，有仁义。"（第十八章）

（三）"绝仁弃义，民复孝慈。"（第十九章）

（四）"上仁为之而无以为……失德而后仁，失仁而后义。"（第三十八章）

由以上的几个"仁"字来看，老子所谓的"仁"是有为的，是人与人的相互关系，是人们失去了德性之后的道德规范。所以老子的"仁"是指人为的仁爱道德，就这一意义来讲"天地不仁"是非常贴切的，诚如王弼的注："天地任自然，无为无造。万物自相治理，故不仁也。仁者必造立施化，有恩有为。造立施化，则物失其真；有恩有为，则物不具存。物不具存，则不足以备载矣。"

王弼的意思是指天地无心爱物，一任自然，而仁人却有心爱物，因此有时往往施爱不够周延，而爱有所偏。

顺着天地自然的这一理境来说"不仁"，意义是非常明显的，因为天地不讲仁爱之心，这是事实。这样并无碍于天地的伟大，也不贬低"仁"的正面意义，而把"不仁"解作私心或冷酷。前者如苏辙的注释："天地无私，而听万物之自然，故万物自生自死。"（焦竑《老子翼》）这是把"仁"引申为私，而远离了仁的意义。后者如欧美的学者把"不仁"译作残忍无情（ruthless）（见 Arthur Waley 和 Gia-Fu Feng 与 Jane English 的译本）。

"刍狗"两字按照《庄子·天运》中所指，是一种用草结扎的牺牲品，如："夫刍狗之未陈也，盛以箧衍，巾以文绣，尸祝斋戒以将之。及其已陈也，行者践其首背，苏者取而爨之而已。"可是王弼和河上公的注，都只是泛指草和狗，并没有注意到那是一种尸祝用的祭品。为什么如此？可能的情形是"刍狗"既然是一种祭品，当然是为人所重视的，这与"天地不仁"的意思不合。至于祭过了之后，为人抛弃，为人践踏，却是《庄子·天运》中引申发挥的解释，而不是"刍狗"两字的原意。所以王弼和河上公的注没有从这方面去暗示。如果把"刍狗"当作牺牲品，用完了就烧掉，这就意味着残酷无情，所以也为王、河两注所不取。当然我们如果把"刍狗"当作牺牲品，可以有另一种解释，就是天地并没有过问"刍狗"的被尊奉、还是被践踏。"刍狗"之被尊，因为它在祭祀时；"刍狗"之被践踏，因为它在祭祀之后。所以这不是天地有意如此，而是"刍狗"所处时地的不同。同样，天地对于万物也和"刍狗"一样，听任万物的自生自灭，合乎生之理便生，合乎死之理便死。这都是由万物自己选择的，天地并没有做任何的决定。

王弼、河上公把"刍狗"解作草和狗，这是举万物中的最轻微者来作譬，犹如视万物为草芥，这并非有意轻视万物，否则又变成了冷酷无情。王、河两注只是指天地对万物无所关心，就像对草木动物一样，任其自生自灭而已。

圣人不仁

"圣人"和"天地"不一样，"天地"是自然的现象，因此说"天地不仁"是容易接受的。可是"圣人"是最高境界的人，怎么能说"圣人不仁"？尤其儒家的圣人是以仁德为内涵的。所以这句话的意思是承接前一句话而来，是说圣人效法天地的自然，虽然他仁民爱物，但不自以为那是他的仁爱。他"以百姓为刍狗"，并不是草菅人命，而是把百姓看作自然界的生物一样，不要横加修剪，而应顺着他们的本性去发展。

"天地不仁"是自然的现象，而"圣人不仁"乃是修养达到出神入化的境地。《庄子》说："大仁不仁。"(《齐物论》)又说："泽及万世而不为仁。"(《大宗师》)这些"不仁"正可作为"圣人不仁"的最佳注脚。说明了老子此处的"不仁"，把圣人由道德的范围提升到天地精神的境界。

天地之间的作用

"橐龠"，按吴澄的解释是："橐龠，冶铸所以吹风炽火之器也。为函以周罩于外者，橐也；为辖以鼓扇于内者，龠也。"(《道德真经注》）这就是指在冶铸时所用的风箱。老子进一步把天地比作风箱。前面"天地不仁"是静态的描写，是指天地自然的本色。此处把天地比作风箱，却是动态的作用，是描写自然的运化。

王弼注把"龠"解作乐器，也是取箫笛等乐器，其中空虚的意思，作用和风箱相似。

"屈"，王弼解为"穷"，河上公解为"竭"，意思相差不远，都是指穷尽、竭尽。也就是说，虽然天地之间是虚空的，但并不是真正的空洞无物。相反的，这个"虚"却为万物的生化预留了发展的空间，所以当生机一动，万物便纷纭竞生。

前面说"天地不仁"是从负面来描写，此处说"虚而不屈"却转入了正面的作用。以风箱和乐器作譬，还不足以写尽这自然生化的妙用。当我们验之于周遭的事物，将发现"虚"非但不是"无"，而且根本是"动"的前奏、"有"的先锋。当我们用力吐出了体内的浊气，紧跟着的必然是深深的吸入一口清新的空气。当一支乐曲突然由强转弱，几乎无声之时，紧跟着来的必然是万马奔腾，声势夺人。然而老子这个"虚"的妙用，乃是在它引发了"动"和"有"之后，它绝不会使这"动"变得过火，成了乱动，使这个"有"变得过强，而成了占有。所以它又"虚"而用之，使这个发展能够永恒。人奏的乐曲，有曲终人散之时，而天地的音籁，却绵绵不断。这就是因为天地的不仁、天地的无心。

舍多言而守中虚

"多言"有两解，一是指多话。说话就是表达自己的意见，多话就是过分强调自己的意见，所以必有穷尽之时，也就是俗语所谓不要把话说绝了。另外"多言"是指多政令。所谓为政不在多言，也就是指不要宣布太多的政令，干扰人民的生活。政令太多，反而没有效果。

"守中"的中，不是儒家"中正"的意思，因为"中正"是指道德的实践；也不是佛家"中道"的意思，因为"中道"是指超脱两边的执着。此处的"中"一般有两解：一是指"中"为"冲"的脱写（严灵峰《老子章句新编》），或"中"为"盅"的通假（余培林《新译老子读本》）。一是指"中"为身中的意思，如河上公："好德于中，育养精神，爱气希言。"魏源："近取诸身，则吾身一小天地也，返观默识，吾有中而自守之。"（《老子本义》）其实这两种解释可以综合在一起，因为这个"中"是承接前面的"橐龠"而来，是指"中空"的意思。最后两句话，是收归到自身来说，以己身比天地，所以这个"中"是指身中的虚空，也就是心中的虚空，正如《帛书老子》本作"不若守于中"。所谓"守中"的这个"守"字，并非一味地死守。这个"守"字在《老子》书中曾多次运用过，如"知其雄，守其雌。""知其白，守其黑。""知其荣，守其辱。"（第二十八章）"既知其子，复守其母。""守柔曰强。"（第五十二章）"侯王若能守之，万物将自化。"（第三十七章）从这几个"守"字看来，老子的"守"字都用在两种相对的情况下，一种是一般人所追求的外在的刚强的一面，而老子却要退守于内在的柔弱的一面。那么，相对于"中"的是多言。如果"多言"只是指个人的多言的话，"中"便是指心中的虚静。如果"多言"是指政令的繁杂的话，"中"便是指施政的简要。总之，"守中"不是固守心中的无思无虑，而是借"虚"的作用，使自己"少私寡欲"，清明在躬，以达到助成天地万物之大化。

新语

这个"仁"字是儒家最重要的一个字，一般来说，在孔子以前，就有这个字，都作爱民的"爱"字来解，当然是正面的意义，可是老子却用了"不仁"两字，这是老子所谓"正言若反"的表达方式，但老子说了"不仁"并非故作偏激之言，我们如进一步去看全章，就能发现他的"不仁"又落实到自然上。而他解自然又归在一个虚字上。

我们研读《老子》一书，要知道他的用语有三种性质，第一是自然语言，即"天地不仁"，这"不仁"是自然现象，不能以道德的"仁爱"来解读。第二是价值语言，如"天地有心"或"天地良心"这里的天地因它的有生生之心，便是有价值的，第三是功夫语言，如"圣人不仁"。圣人学天地的"不仁"，这是圣人的功夫。由于圣人学天地不仁的功夫，所以本文又归于一个"虚"字，天地的虚是自然如此，而圣人学天地的虚，便是一种很深的功夫。这个圣人功夫的虚有以下几种作用；

（一）是不盈满，即不求多。

（二）深入的体证。

（三）不伤人，即"挫其锐"。

（四）无心结，即"解其纷"。

（五）与万物相和谐，即"和其光"。

（六）与万物相同，即"同其尘"。

而这种种也是归于一个自然的虚。

第六章

扫一扫，
进入课程

谷神不死，是谓玄牝。

玄牝之门，是谓天地根。

绵绵若存，用之不勤。

语译

虚谷的神用是生生不已的，这叫作玄牝。玄牝的生化之门，是天地始生万物的根本。这种冲虚的妙用，玄牝的生化之道，是微妙而绵绵不绝的。它是有其用，而无其形的。去运用它的这种作用，是不会竭精劳神的。

要义

1. 承前章的天地不仁，本章说天地的根本。

2. 这个根本又由虚的作用，说天地生物的绵绵，而指出人生功夫的绵绵不断。

虚谷的神妙

"谷"，依照俞樾的说法："谷者，穀之借字。"（简体字均为"谷"。——编者注）（《老子平议》）虽然在此处把"谷神"当作穀神（简体字为"谷"。——编者注），代表生养万物之神，是解得通的，但这个"谷"字在《老子》书中的其他地方，都是指的空谷，代表虚的意思，如"上德若谷"（第四十一章），所以这个"谷"字还是以它的原字山谷的谷字较佳。

为什么称"谷神"？这两个字分开来看，"谷"是山谷或虚；"神"是神灵、神妙。如《老子》第三十九章："神得一以灵，谷得一以盈。"不过老子此处并非指谷和神两个观念。尤其在《老子》书中的"神"，都是神妙的作用，所以"谷神"两字可作虚谷的神妙作用，也就是"虚"的妙用。严复解得好："以其虚，故曰谷；以其因应无穷，故称神；以其不屈愈出，故曰不死。三者皆道之德也。"（《老子道德经评点》）其实这三者，都是指一种作用，就是虚的作用，也就是道的作用。

"谷神"为什么不死？因为有生必有死。有生就有形体，有形体就会朽坏。而虚的作用，却是没有形体的，自然不会死亡。

"谷神"不死，只是反面的说法。其实正面来说，乃是永恒。可是如何才能保持不死或永恒？只有生生。因为唯有不断的生生，才能绵延不绝。所以老子在这里称呼这种生生不已的功能为"玄牝"。牝是雌、是母。为什么要加一个"玄"字呢？因为普通的雌性、或母性都只是生产有形的个体，因此有生必有死。而玄牝不是直接生物，而是以虚无的妙用，使万物化生。因为它是虚无的、无形无象、深不可测，所以称为"玄"，因为它能使万物化生，所以称为"牝"。

天地生化的根源

这里的"门"和第一章的"众妙之门"相对照，都是指使万物生化之"门"。"天地根"就是"天地之始"。不过第一章里的"天地之始"是返观天地始生的本源，而这里的"天地根"，却是指天地生物的根源。虽然在第四章中，老子曾描写过道体是一切创始的源头，应该在有形的天地之先，但玄牝之门的作用，却是存在于天地万物的生化和发展中，这一点可证之于《老子》第三十九章，把"神"和"谷"放在"天"和"地"之后。也就是说有了"天""地"之后，在天地之间的万物化生都是出于"玄牝"之门。

"玄牝"之门所以为"天地根"，并不是它的直接化生万物，而是在于它的冲虚的妙用，使万物的生化不流于僵死，而能绵延不绝。如果用一个现象界的比喻来说，就是"玄牝"之门为我们开出了一个生存发展的空间。在自然界，按照达尔文的进化论，虽然有物竞天择的残酷事实，但自然界中却有一股无法抵御的力量，使得万物不断地生长。老虎凶悍，固然在物竞中占尽风头，可是兔子弱小，却仍然有其生存的本领，而且比老虎更能繁衍。一般人只看到外在强的一面，而看不到弱更有它赢过刚强的一面。这是自然的微妙处。它虽然不讲仁德，任物自生自灭，但冲虚的妙用，给予万物同样的生存的空间，使得它们都能生存发展。这就是"玄牝之门"之所以为天地万物生化的根本。

绵绵的妙用

由于"玄牝"的生养万物是以虚无为用，也就是说不是强烈的生，不是控制的生，而是铺好了万物诞生和发育的温床，以辅助万物的生化。譬如大地的生长万物，这是有形的生。"玄牝之门"却是使大地不是主动地生，而是被动地生。这也就是说大地没有选择之心、歧视之意。种瓜得瓜，种豆得豆，完全是对应外在所播入的种子，因此它的生养的能力是无尽的，但又是无心的。由于无心，所以无形无象，微细不可察。但由于无尽，所以是永恒的。这就是所谓的"绵绵不绝"。说它是"有"，它却是无心无意、无形无象，是看不见的；说它是"无"，它却使天地有生、万物有命。

"用之不勤"一语有两种解释。依据河上公的注是："用气常宽舒，不当急疾慰劳。"这是就炼气养神来说，河上公的注为后代道教所宗，因为他的注解都从这方面立论。有许多学者也认为这一章承接前一章的"守中"，来谈"守中"的方法（张扬明《老子斠证译释》），如吴澄、魏源都从气化来说"谷神"，也都提到养生专气之术。如果仅就这章来说，这种解释自无不可。但老子的哲学重圣人的治道，由圣人之治再返观天地自然之气，而讲无为。个人修身养性也以自然无为为主。纵然也有谈到个人修身养气，但也都以自然为归，不宜过分强调，以流为后代道教吐纳之术。我们试观下一章，老子讲"长生"，却纯由无私立论，而不谈养神长生之术，可见老子哲学之大本大源。

这句话依王弼的注是："欲言存邪，则不见其形，欲言亡邪，万物以之生，故绵绵若存也。无物不成，用而不劳也，故曰用而不勤也。"王弼是就天地自然、和道体无为来解释的。把这个"勤"字解作"劳"字，还有吴澄的注。其余各家都解作"尽"字的意思。"用而不劳"是指道体自然；"用而不尽"是指道用无穷。所指不同，意义并无不合。因为唯其不劳，才能无尽。

问题是如何才能"不劳"？如何才能"无尽"？因为"用"必有心、有意、有力、有结果，便会劳，便会尽。其实，以老子来看，这只是小用、有形的用，而不是道的大用。道的大用，不是道高高在上，去指挥、命令万物。道只是把生生的原理赋予万物，任万物去自生自长。母亲诞生婴儿是劳累的、有尽的，可是大地的生长万物却不然。只要植下种子，便会发芽。大地是无心的、不劳的，而万物却通过了它而滋生成长。由于它的无心不劳，所以它这种生长万物的能力，也就无穷无尽。这就是"谷神""玄牝"的生化之门。

新语

本章的重点在两个字，一个是神，一个是绵绵。神字常被一般人当作神祇或上帝，其实我们把这个神字常常结合成复合词，如神灵，神明，神妙，以老子思想来说，神的作用就在一个虚的功夫，就在后面说的"绵绵"两字，如果神不能虚，则神灵便成为权威的灵，神明便成为统御的明，神妙便成为不可知的妙了。

这个虚不是空，不是无，而是空中妙有，是无中生有，它的功夫就在于它的绵绵的作用。我们说细雨绵绵，如雨势急，便成暴雨而伤害生物，细雨绵绵乃是不断地把雨丝注入土地中，使万物能生生变化不息。如我们常说情话绵绵，情话不是大声呼叫，让别人惊心，男女的情话只有男女两方咬耳细语，共许自知，不能让人听到，绵绵者表示不断，不断则情意永恒。我们打太极拳，每个拳架间都不能停顿，必须一个接一个，气势相连，所以说架势绵绵不断。我们禅坐，虚云和尚的指示，就是我们的呼吸必须细到绵绵不断，如果一粗，便表示念头突起，不能使心安于平静。我们的友情也必须友谊绵绵，酒肉朋友，或以利害相交都是暂时的，都是小人之交浓如蜜的，只有君子之交才能淡如水，才能绵绵不断，永恒如斯。

所以这个"绵绵"才是我们致虚的功夫。

第七章

扫一扫，
进入课程

天长地久。

天地所以能长且久者，以其不自生，故能长生。

是以圣人后其身而身先，外其身而身存。

非以其无私邪？故能成其私。

语译

    天地绵延长久。天地之所以能够绵延长久，乃是因为天地不以它们自己的存在为存在，不以自己的生命为生命，所以它们能生生不已。因此，圣人效法天地，把自己放在别人的后面，谦虚不争，反而受别人的推崇，变为万民的模范。把自己放在一边，而不执着自己的存在和利益，反而自己的存在和利益能够在大我的存在和利益中，得到肯定和发展。这不正是因为他没有一点私心，才能真正成就了自己吗？

要义

1. 本章承前章的绵绵，说天地的长久。
2. 从天地的不自生，说自我的不自私。

天长地久的原因

龙兴碑，魏源本作"天地长久"。其实此处长和久都是指时间的。但老子为什么以天地来比喻，而不直接写道呢？因为道是无形的，本无时间的长久观念。而天地是现象界中最持久的形象，所以用天地来写长久。

老子以天地说长久，只是以大家所熟悉的现象来作譬，但在这里却涉及一个在哲学上常被讨论的问题，就是时间和空间的关系。今天我们的时间观念是因空间而形成。如果没有空间，就无所谓时间的长短。古代计时的漏刻和现代计时的钟表，都是以空间的标准来计算时间。即使没有这些器具，我们还有自然界日出日落的东西方位来计时，还有自身的生死的历程来计时。所以时间不离空间。反过来说空间是否能离开时间呢？如果空间只是指空空洞洞的一无所有，那么也就无所谓空间，无所谓时间了。我们心目中的空间，乃是有了天地之后的空间，也就是有形的空间，而不是一无所有，连天地也没有的空间。有了天地，便有形体；有了形体，便有生灭，因此便很自然地有了时间。所以空间也不能离开时间。

《老子》一句"天长地久"，我们把它引申出空间与时间的观念之辩，这是老子所始料不及的。但老子在"天长地久"的这个时空交错的现象中，却有另一种体验，这就是下文他所谈到的"自生"和"长生"的问题。

天地既然有形，有形便有生灭，便不能永恒。这里说长久，显然是相对的。比起现象界的一般物体来说，天地是较长且久的。

为什么天地能如此，因为它们能做到"不自生"。"不自生"一语，可以有三种解释：

（一）无争心，如王弼："自生则与物争。"

（二）不追求自己的生存，如成玄英："不自营己之生。"

（三）不以自己的生命为生命，如憨山："不自私其生。"

其中最后一条可以包括以前两条。这是说天地没有自己的生命，它们是以万物的生命为生命的。因为我们所谓天地，并不是指那个空无所有的苍天，也不是指那个广漠无边的大地，而是指天地间的一切。也就是说天地间的万物的生命就是天地的生命。万物虽然有生有灭，但灭而又生，所以天地之间，万物生生不息，只要有万物的存在，天地就有生命。这不正说明了天地不以自己的生命为生命，反而能借万物的生生不已而长存吗？

在第五章老子讲"不仁"，此处讲"不自生"。前后一贯，都是强调天地无心于万物，而任万物自生自长。可是万物的自生自长，并不是漫无秩序，混乱一片，如果这样整个宇宙的生机就不能平衡发展，天地也就不能长存。所以天地的"不仁""不自生"

只是其虚的一面，而万物的滋生发育，如"鸢飞戾天，鱼跃于渊"，一切又是如此活泼而井然有序，必然有其生存发展的道理，这就是老子讲的"道"和"德"。如第五十二章所谓"道生之，德畜之"。这也就是说，天地虽然不自生，而万物却能顺着道而生，依着它们的德而发育。因此天地也就能与万物共生。

"故能长生"一句，敦煌本作"长久"。虽然"长久"是承接前文"天长地久"而来。但长久只是形容时间之久而已。而"长生"则较有深意。不过"长生"并非指形体之不变或长存，如后代道教的长生不死的思想。而此处的"长生"是指生生不已的发展。譬如个体的生命虽然有生有灭，但整个人类的发展却是生生不已的。

圣人的无私

接着谈圣人如何效法天地的"不自生"。因为天地是自然的现象，本没有意识去维持它们自己的生命。可是人却不一样。有了这个身体，这个身体便代表了我的全部，要想突破这个躯壳去把别人或万物当作自己的存在，的确是非常不易的，所以需要圣人的修养才能有此造就。

"后其身"，是把自己放在别人的后面，表示谦逊不争的意思。"而身先"是指受到大家推崇，反而成为官长或领袖。但我们要注意：不是说后其身，便一定能身先。不要忘了这句话的主词是圣人，必须有圣人的功业，然后谦逊不争，才会为人所推崇。一般人虽无圣人的功业，虽然有点儿成就，也应谦虚不争，这样至少可免除许多麻烦。所以对一般人来说，"身先"可以解作他们的向前发展。

"外其身"就是说把自己的身体放在一边。这就是圣人效法天地的"不自生"，不以自己的存在为存在，而以万物的生命为生命。这样自己真实的生命反而能与万物长存。当然圣人伟大，有此境界。一般人来说，自非易事。不过老子的教训，虽然以圣人为模范，但绝非高推圣境，而且也是说给一般人听的。对一般人来说，"外其身"有两种意义，一是指不要太执着自己身体的存在，因为有生必有死，如果我们放得开、想得破，不为形骸所拘，反而使自己的存在更合乎自然的发展，故而能长寿。另外是指不要太斤斤于自身的利益，应多为别人造福，这样小我的利益便能存在于大我之中，而得到更好更大的发展。在这里，我们必须注意的是"外其身"不是徒然的舍弃自己，而是要有更高的修养功夫去超越自己。

无私反能成其私

这句话乍看起来，容易使人误解老子的思想在助人"成其私"，而且是用权谋的方法，故效法作"无私"状而"成其私"。

首先从这个"私"字来说，《老子》中只出现了一次，就是在本章中，"私"的意义是承接了前面的"生"和"身"而来，显然是指的自身，而不是自私。所以"成其私"是成就自己，而不是满足私心。尤其前面一句已说了"无私"，又岂能再有私心？所以不能把"无私"当作权术，以达到个人的私欲，这绝不是老子的本意。如果后人以此为用，却正犯了老学的大忌。私其生，反而不能长生。

新语

　　本章借天地与圣人的对比，而说到人心。天地是自然的，不自生，而任物自化，圣人效法天地，也后其身，外其身，反而被尊为圣人。最后两句是就人心来说的，人心不能无私，这也是自然的，老子很懂人心，他就把握这个自私之心，而借天地圣人的例子来说明不自私反而能成其私，这个成其私并不是过分高调，要求人人都没有私心。老子是在借这个私心而达到无私的目的。举个例子，儒家讲孝道，好像是完全无私的，是孝养父母之道。其实孝的推行中也寓有私心，只是儒家不明言而已，这个私心就是我孝养自己的父母，同时也是教训自己的儿女，将来也必须孝养自己，所以在孝道中，一般人所想到的"积谷防饥，养儿防老"也是一种私心。也是二千多年来孝道在中国社会里能推行的潜在动力。老子在本章中没有提出道德言教，却直指一个"私"字，借此托出无私的境界。

第八章

扫一扫，
进入课程

上善若水。

水善利万物而不争，处众人之所恶，故几于道。

居善地，心善渊，与善仁，言善信，正善治，事善能，动善时。

夫唯不争，故无尤。

语译

上善之人的德行像水一样。水，善于利益万物而不与万物相争。它自处于大家不喜欢的卑下的地方。所以水的德行可说非常接近于道的。

上善之人的德行像水一样，他的所居，善处卑下的地方。他的用心，善于冲虚为用，而生生不绝。他的施与万物，善尽仁爱之要德。他的运用语言，善于表达实情。他的追求正道，善于使万物平治。他的处理事务，善于发挥才能。他的进退变化，善于顺乎天时。

在具有这一切善德才能之后，尤其在于他的谦让不争，才真正使他能纯然至善，而毫无一点儿过患。

要义

1. 本章特别讲水的功能以喻水的德性。
2. 最后以水的无争强调无争之德。

上善若水的德行

"上善"是指最高的善。河上公注为"上善之人",憨山注为"不争之德"。无论此处"上善"是指的人或德,总之,这一个"善"字已落于现象界,所以用"水"来做比喻。

"水"在《老子》书中是一个很重要的德性的象征。除了本章分析"水"的各种性能之外,还有柔弱,如:"天下莫柔弱于水,而攻坚强者莫之能胜。以其无以易之。"(第七十八章)可见"水"在《老子》中的重要性。《韩非子》说:"道譬诸若水,溺者多饮之即死,渴者适饮之即生。"(《解老》)《韩非子》以道比喻水,固然不当,因为老子明明以上善喻水。至于以"溺者多饮之即死"来喻水,已值得商榷;如再来喻道,更有偏差,因为没有人多行道会死的。不过韩非子的比喻,倒能引发我们对于水和道之间的关系的深思。

水和天地一样都是自然界的存在。本无心于万物,所以可说"天地不仁",同样,水也无所谓善与不善。韩非子指水能溺人,也能活人,并非水有意如此,而是人的自为。但天地形成之后,却有利万物的生育发展,而在天地之间,水便负有这种使万物生育发展的功能。而水之所以有这种功能,就是由于道的生化万物的作用。当然，水有时候，会变成洪水，淹没了人畜，造成了灾害，就像天地一样，有时候也会产生狂风骤雨或地震的现象，如《老子》说："希言自然。故飘风不终朝，骤雨不终日，孰为此者？天地。天地尚不能久，而况于人乎？"（第二十三章）这就是自然。

自然界的现象就是如此，说不上"善"与"不善"。但自然界的大化流行，却是生生不已的，这种生生不已的动力就叫作道。尽管自然界也发生了一些似乎违反"生生"的现象，但这只是一些短暂的偶发事件，很快地又投入了"生生不已"的大洪流中。就像长江黄河的不断向东流，其中偶然有些回转，但最后又都归入了大海。

用"善"与"不善"来评论这些自然现象，已是透过了人的立场和智慧。就以水来说，它只是自然的现象，本无心为善，更无意为恶。但就万物的生化来说，它和阳光、土地都是缺一不可的因素，所以我们需要它、感谢它、赞美它，这也就是为什么本章以"上善"来称呼它。所以"上善"若水，也就等于"水"是上善的。

"水善利万物而不争"，此处的"善"字当作动词用，是"善于"的意思。所谓"善于利万物"，就是指"水"能多方面地利益万物，而且是"利而不害"的，如果是害多于利，或利害参半，就不叫"善利"。然而水的利万物只是水的自然属性。它可以上天，而为雨露，调节了生态的发展；它可以入地，而为水分，滋养了一切植物；它可以进入动物体内，促进血液循环，而维护了生命。这是它的多样功能。由于它对动植物和生态有这样大的功能，所以称它为"善"，这是它的第一个特性。

在自然界中，有很多元素，也有多种功能。如火可以煮物，可以取暖，但火势却具有摧毁力。"水"却不一样，最为柔软，最富有弹性；可以上天，可以入地。小杯酌之，可以浅饮；大水聚之，可以灌溉。它入方，变方；入圆，变圆。这种多样性的变化，正可以作多样性的运用。就人的立场来说，"水"不像"火"那样具有威胁性，"水"是那么的柔软，绵绵不断地把它自己施舍给我们，而绝不和我们争功，所以"水"代表了不争之德，这是它的第二个特性。

"众人之所恶"，王弼注："人恶卑也。"人的心理，都是向高处爬、往好处争。没有人喜欢自处低下的地方。"所恶"并不是做了坏事，十手所指，为大家所厌恶，而是指地位的低下。然而水的向下流，这是水性的自然，而人的自处低下，岂不违反了人的正常心理，又哪有德性可言？

让我们再回到水的向下流注来看，河上公说："众人恶卑湿垢浊，水独静流居之也。"这句话中的垢浊两字颇能发人深省。因为就自然现象来说，"垢"和"浊"都是积聚在低下的地方。就拿火的炎上来说，它把灰烬留在下面；就以水的下注来说，也还是积了一些沉淀物。然而由于水的不断向下注流，因此又逐渐的冲走了这些沉淀物，譬如长江黄河的沉泥，时时积聚，时时又被冲走。这就得归功于水的不断往下流的自性。所以水的自居卑下，并不是变成一潭死水、一池污泥。而是由于不断地下注，反而冲走污泥，使死水变成活水。正如朱熹的诗："半亩方塘一鉴开，天光云影共徘徊。问渠那得清如许，为有源头活水来。"这个源头活水之所以活，就是因为它不嫌垢浊，一直向下流注。这就是水之所以为善的第三个特性。

这个"几"字大有文章，"几"是近的意思。为什么说近于道，而不说等于道呢？王弼的注："道无水有故曰几也。"这是以"无"和"有"来说"道"和"水"的不同。后来苏辙也说："(水)既已丽于形，则于道有间矣，故曰几于道。"(《道德真经注》)这样的解释并不算错，但把"道"往"无"或"无形"处推，等于用"玄学"封杀了这个问题，使得"道"永远躲在"无"或"玄"之中，而失去了它的真精神。

关于这个问题，我们在"上善若水"的解义中已经说过了。"水"是自然界的一种现象，是无心而为的。以水的特性来喻人的德性，这是以人的眼光来衡量，这已是借喻，所以用了"上善若水"的"若"字来说明其相似而已。而"上善"也是落在现象界来说的，所以无论"上善"还是"水"都不等于"道"。"道"是宇宙间永远生生不已的功能。它不躲在"无"中，因为它寄形于万物的生化；它也不局限于"有"中，因为它以虚无为用，才能保持生生不已的发展。"水"乃是它在自然界的生化的一种作用，"上善"乃是它在人间世的一种维护万物生化的作用。总之，它们都是"道"的作用，所以说"几"于道。

水的功能

以下所举七事，是"水"的七大功能，但同时，也是上善之人的七种德性。这七个句子中的"善"字都和"水善利万物"的善字一样，当作"善于"解。

先以"水"来说，它所处都是低下之地，这是水性的自然。但就"人"来说，宁愿处在低下的位置，这不一定是自然的，而是他们的德性使然。善于居低下之地，是谦卑的意思，是不争之德。但"地"的意义，还不止于此。它代表了基础、根本、生养万物等各种特性。所谓"善于"地的意思，不只是善于居"地"，而且是善于用"地"。所以本句就"水性"来说，是善于处谦卑之地，就人的德性来说，是效法地的性能。

"渊"字在《老子》书中有两层意思：一是指的空，一是指的深，而这两层意思也是相关的。唯其虚空，才能玄深。就拿"渊"来说，上面是谷，代表虚空的意思，谷底有水，沉静渊默，代表深不可识的意思。在《老子》中，除了此处的"渊"字外，只有第四章的"渊兮似万物之宗"。此处的"渊"，也同时有"空"和"深"的两层意义。

"心善渊"一语，就"水"来说，本为无心，所谓"决诸东方则东流，决诸西方则西流。"（《孟子·告子上》）所以"水"的心像"渊"一样虚空。但"渊"的底部，有一溪流水，或一池深水。正如庄子在《应帝王》一文中描写三种"渊"。一为止水之渊；一为流水之渊；一为大鱼深藏之渊。所以"渊"也代表了深水之中，有无尽的生机，正如《中庸》上说的："今夫水，一勺之多，及其不测，鼋、鼍、蛟、龙、鱼、鳖生焉。"（第二十六章）

上善之人也像"水"一样，用"心"如"渊"。一面是"虚其心"，也就是减除欲望、执着、成见、私心。一面又是"虚而不屈，动而愈出"。至善的生机，不断地从心中涌出。像那渊底的一溪流水，绵绵不绝。

这个"与"字有两种意思，一是指的"施与"；一是指的"相与"。这两层意思在这里都讲得通，因为"仁"是人与人相交之德，也是爱人、助人之德。但这里的"仁"字有的版本，如王羲之、傅奕、景龙等作"人"字，其实古语仁和人可以通用，如严可均："人仁古通。"可是这里，仍然以"仁"字为佳。有些学者认为老子讲"天地不仁"，讲"绝仁弃义"，好像对"仁"字都是批评的。其实在第三十八章中，老子讲"上仁为之而无以为"，对上仁也是相当推崇的。至于这里的"仁"只是指"施与"和"相与"之德而已。因为本章讲"上善"已是落在现象界来谈德行了，所以提出"仁"字也是很自然的，和老子的一贯思想并不冲突，相反的，这一点还值得我们深思。

就"水"来说，它的施与万物，是一视同仁，而没有一点分别之心，没有一点计较，更没有一点求报之意。如苏辙所谓："利泽万物，施而不求。"但在这里值得我们注意的是"天地不仁"，那么，"水"也应该不仁，为什么此处却以"水"为仁呢？其实就"水"的体性来说，本无有意于为仁，这正是上一句所谓的"心善渊"，也就是其用心本没有任何的"仁"与"不仁"之意。但就它与万物之关系来说，万物都蒙受它的利泽，所以说是"仁"。

上善之人像"水"一样，施不望报。"与善仁"，是指善于为仁。也就是善于以仁爱之德来对待万物。

"言"是内心的一种表达。"水"本无言，但它的表达却是至诚之言。我们可以从它的照物和应境两方面来看。河上公说："水内影照形，不失其情也。"这是指水的照物，纤毫不差。苏辙说："圆必旋，方必折，塞必止，决必流，善信也。"这是指水的顺应外境，与物宛转。这两方面都表现了"水"的对外反应，诚信真实，值得我们信赖。

上善之人的言语和"水"一样，真诚不假。所谓"修辞立其诚"。不过在这里，值得我们玩味的是"言善信"，这完全是指人的言语行为，可是为什么要以"水"为譬呢？在《老子》中的"言"都有负面的意思，如"多言数穷"（第五章）"希言自然"（第二十三章）"知者不言"（第五十六章）等，这是因为言为心声，可是心中有欲，所以言为心役，而所言不实。因此老子以水为喻，说明心中纯净，心无成见，所以言语便能发挥它诚信的功能。

"正"字，王弼、河上公本都作"正"，而傅奕、景龙、魏源等本，都作"政"字。虽然"正""政"可以通用。但就"水"来说，以"正"字较贴切，因为"水"性无关政治，而"正"字有求正的意思，这是"水"的称物平施的功能。即是所谓的"水平"，可以作为量度万物的准绳。

上善之人，追求正道，或从事政治，他必须善于治理万事。这不是诉诸特殊的方法或外在的标准，而是像"水"一样，它本身具有"持平"之理，才能使万物平治。就"水"来说，它的"善于治"是无为的，同样，上善之治，也是无为而治的，如第五十七章所说："我无为而民自化；我好静而民自正；我无事而民自富；我无欲而民自朴。"

"事"指的做事。就"水"来说，它擅长于各方面的才能。譬如，它能清洗污垢，它能滋养万物。人类也可用它来载舟通有无，也可以用它来灌溉和发电。只要有需要，它都能充分发挥它的性能。

上善之人对于从事任何工作，都必尽其才能，这是非常普通的行为规范，为什么要以"水"来做比喻呢？因为"水"的善尽其能，是本性使然，完全开放，彻底贡献，而无一点私心、一丝保留，这是至善的表现，是上善之德。

"动"指变化运动。就"水"来说，它的变动合时可从三方面看出：一是春夏涣散，秋冬结冰，一本乎时，如河上公注说："夏散冬凝，应期而动，不失天时。"二是指江水东流，与时俱行，如苏辙注说："不舍昼夜，盈科后进，善时也。"三是指海潮进退，守时不爽。

上善之人的应物变化，一本于时。他之所以取法乎"水"，可以从三方面来看：第一，他的做事，能屈能伸，完全顺乎时。第二，他的求道，不舍昼夜，完全依时而行。第三，他的从政或修身，可以仕则仕，可以隐则隐，完全是进退不失其时。

不争之德

"夫唯不争，故无尤"是本章的结语，也是最重要的转折语。因为就以上所举的七个例子来说，除了"居善地，心善渊"是老子思想所强调，至于其他各点，如"与善仁，言善信，正善治，事善能，动善时"，非但不是老子常提到的德行，相反的，还被视为儒家的思想。可是在本章中，却都被老子所推崇，其原因可以分为以下四点：

（一）本章一开首便标明"上善"，我们已说明"上善"已落在现象界，已是一种善德，所以中段讲"仁""信""治""能""时"，这都是上善之德行，前后一贯，本无不合。问题是我们须把"上善"和道或圣人分开。有许多注把此处的"上善"和圣人混成一谈，于是便产生了矛盾，因为"圣人不仁"，而此处又讲"与善仁"。如果我们把上善和圣人分开之后，便不会产生这种矛盾。

（二）老子虽然讲自然、讲无为、讲不仁，但都是就圣人的最高境界来讲的，虽然也批评圣、智、仁、义，但都是就一般的观念和德目来批评。至于实际上，真正的"爱人"之仁、诚实的"信"、社会安乐的"治"、为人服务的"能"，以及进退合宜的"时"，老子也承认它们是善德的。

（三）由于这些善德，是属于现象，可能被误用、被误解，所以本章以水为喻，这是要我们运用这些德行时，效法"水"的功能。尤其这七个例子中的前两个例子标明了"善地""善渊"，这正是水的德性。

（四）最后一句结语是全章的关键，点明了即使我们做到了"仁""信""治""能""时"，如果一有争心，就全盘皆错。唯有"不争"才使得这些行为和才能变成了至善。憨山大师的注便把握住这不争两字，如他一开首便说："此言不争之德，无往而不善也。上，最上，谓谦虚不争之德，最为上善。"最后又说："为政不争，则行其所无事，故善治。为事不争，则事无不理，故曰善能。不争，则用舍随时，迫不得已而后动，故曰善时。不争之德如此，则无人怨，无鬼责。故曰：'夫唯不争，故无尤矣！'"

第八章

67

新语

　　《老子》一书最特别，和世界其他哲学家不同的是，他在这一章完全地赞美水的功能和德性，水在《易经》中似乎是负面的意思，如大川代表危险，而象征水的坎卦也的确是凶险之象，但老子受《易经》的影响很深，因为老子是周代藏室史，代表的是周朝的文化，自然是推行文王《易经》的微言大义，他从坎卦中发掘出了正面的意义，就是水的正面的德性，如坎卦卦辞的"有孚，维心亨，行有尚"。九五的"坎不盈，祗既平，无咎"。这种行有尚，水之平，都是正面的意思。孔子继承了这种思路，在他的《象辞》中说："不失其信"，"行有尚"，以及"王公设险以守其国，坎之时用大矣哉！"都是发挥了水的正面意义。所以老子在这章中讲"言善信""正善治""事善能""动善时"等，都是强调水的功能。最后才由不争归结到道家的不争之德。

第九章

扫一扫，
进入课程

持而盈之，不如其已。

揣而锐之，不可长保。

金玉满堂，莫之能守。

富贵而骄，自遗其咎。

功遂身退，天之道。

语译

过分地求多求满，以致倾溢，还不如提早就适可而止。刻意营求，以致锋芒太露，必然影响自己，无法长保。金玉满堂，而想永远地拥有，是不可能的。既富且贵，还要骄傲凌人，这是自找灾祸。当我们在功德圆满之时，便应该知道谦退，这才合乎天道的自然。

要义

1. 本章先讲知止、挫锐、不贪和不骄的德性。

2. 最后归于天道的谦退之理。

知止不骄之理

"持"是持有的意思。本句有两解：一是指持有了，要求更多，如以杯盛水，装得太满，必至溢出，因此不如适可而止。另一是"持""盈"连言，是指保持其盈满的意思。也就是说把杯子装满了水，希望它不溢出来是不可能的，还不如装得浅一点，使其不盈。

《荀子·宥坐》有段故事说："孔子观于鲁桓公之庙，有欹器焉，弟子挹水而注之，中而正，满而覆，虚而欹。孔子喟然而叹曰：'吁，恶有满而不覆者哉。'"这段话和本句的意思相互发明。这个倾斜的容器，不装水会倾斜，装满了水也会倾覆，只有恰到好处才能保持它的正直。由这段话来看老子的意思，也就是要我们不可求满。所以本句也引申指不要过分自满的意思。

"揣"字是捶击的意思。孙诒让说："揣当读为捶。《淮南子·道应训》云：'大马之捶钩者。'高注云：'捶，锻击也。'《说文解字》：'揣，量也。一曰捶之。'盖揣与捶声转字通也。"（《老子札记》）"棁"字，河上公本作"锐"，而王弼的注也作锐解，如"锐之令尖"，所以宜作锐字。

本句是指捶铁成刀，更要使其刀锋锐不可当，则它的锋芒必然不能长保。因为刀锋尖锐，容易折损。人的锋芒太露，也容易遭忌。

"金玉满堂"是人们所希冀的、羡慕的，可是钱财为身外之物，谁也没法永远拥有它们。注意这句话中的"满"和"守"字。老子告诫我们的是不要求满，不要去守满。至于金玉本身并无罪恶，像唐代的庞蕴居士宁愿把金玉珠宝沉入湘水，也不愿施舍给穷人，认为金玉易起争端。这既不是佛家的教义，也不是道家的精神。

子夏说："死生有命，富贵在天。"（《论语·颜渊》）富贵既然在天，由不得自己。那么出生在富贵之家，或命运注定了拥有富贵，这也无可厚非。问题不出在富贵，而出在一个骄字上。由于骄其富贵，才会"自遗其咎"。

对于以上的几句话，刘师立曾说："盈则必虚，戒之在满。锐则必钝，戒之在进。金玉必累，戒之在贪。富贵易淫，戒之在傲。"（见焦竑《老子翼》）这些话里的一个"戒"字正说出了老子本章的用意，就在于劝我们要戒盈、戒锐、戒满、戒骄。

功成身退之道

陆德明说："功遂，本又作成。"遂和成意义相同。唯河上公版本为："功成，名遂，身退，天之道。"很多其他版本与河上公相似。而帛书本也无"名遂"两字。究竟《老子》原书是否有"名遂"两字，虽然我们无确实的证据，但就老子思想的旨趣和哲学理论的观点来看，以没有"名遂"两字为佳，理由有以下四点：

（一）老子思想一直在破除名的执着，如"道常无名朴"（第三十二章），"吾将镇之以无名之朴"（第三十七章），"道隐无名"（第四十一章），而此处讲"名遂"显然与他对"名"的看法不一致。

（二）老子讲"功成"，是指实际工作上的成就。在第十七章中曾说："功成，事遂"而不说"名遂"。因为"事"也是指实际的事务。老子对实际工作上的努力和为民解决问题是肯定的。至于"名"乃是外在的虚饰，是多余的。老子一再说："功成弗居"（第二章）、"功成不名有"（第三十四章），都是直接说"功成"之后的"身退"，而没有插入"名遂"的观念。

（三）如果在"功成"和"身退"之间插入了"名遂"的观念，那么是否也暗示了在"功成"之后，还不能"身退"，必须等到"名遂"之后，才身退呢？当然有许多情形，是功成之时就有大名，但也有许多例子，只有"功成"而无"名遂"，如母亲的抚育子女，使子女变成有用之才，这不能不说是"功成"，但却并不一定"有名"。世界上很多的事物都如此，当他们尽了天赋的功能或他们应尽的责任，这就是功成。他们都会很安然地退下来，或把接力棒交给下一代，这是多么神圣的功能。加上了一个"名遂"的观念，便完全世俗化了，而毫无深意。

（四）注意老子此处言"功遂、身退"是以"天之道"来说的。王弼抓住这一点，而注说："四时更运，功成则移。"试看四时更运，没有"功成"，又哪有"名遂"？圣人取法"天地不仁"，连"仁"字都不愿沾，又岂会念及"名"之遂？

交代了"名遂"的问题之后，再让我们从本章中老子的旨趣，来看这句话的结论。前面老子一再强调，不可求盈，不可求锐，不可求满，不可自骄。这就是说，在我们功成之后，不可求名，不可恋位，因为名不能贪，位不能执。否则，非但无功，反而有祸。

在这里，我们必须注意两点：

（一）就自然的现象来说，太阳照了白天，便退下来，让月亮司夜，这是自然的循环，唯有这样，太阳之功才得以发挥。否则太阳如强占了昼夜，反而无功。所以有时"身退"反而是"功成"的一大条件。能知"身退"才是真正的成功。

（二）"功遂"之后，才能身退。很多年轻人学老子，只看到"身退"两字，便消极懒散，不知努力。殊不知功成之后，才有退路。就像一幅山水画，着墨之处是"功"，预留的空白空间是"退"，如果用墨涂满了画纸，而没有空间，那便变成了漆黑一片，整个画便是一片涂鸦。相反的，一笔不着，便是一片空白，画就不成其为画。我们用了这个不伦的比喻，也只是为了说明，先要有功于世，才能安然的"身退"。

新语

一般老子的笔法，都是先讲天地，天之道，然后再由天道而说人生的运用，但本章却先说人生的经验，由于不能知止（知已）、挫锐、不贪及谦逊，而得到相反的结果。这是我们自己的经验，也是我们周围其他人的事变，对这些变化处理的方法就是"功成身退"。不要占有，这是天道的自然变化。老子说到这里，把它们的变化都推给了天道。好像以天道来把这一切定理化了。可是我们在这里还要就人生的立场来问一句：为什么功成一定要身退？我画蛇添足，再补说几个原因：

（一）功成之后，物极必反，一定有变动，而这个变动，一定会走下坡。

（二）功成之后，必为众所瞩目，一言一行都被监督。

（三）功成之后，居功遭忌，而为他人所毁谤。

（四）功成之后，立在孤危之地，反而不能下来。

（五）功成之后，志得意满，流于自见自是。

（六）功成之后，使自己成功的智力，反而成为前进的一种障碍。

（七）功成之后，如能身退，则给自己更多的空间，可以另有更新的发展。

第十章

扫一扫，
进入课程

载营魄抱一，能无离乎？

专气致柔，能婴儿乎？

涤除玄览，能无疵乎？

爱民治国，能无知乎？

天门开阖，能无雌乎？

明白四达，能无为乎？

生之，畜之。

生而不有，为而不恃，长而不宰，是谓玄德。

语译

我们拥有精神和形体，守冲虚之气而为一，能够使它们永远不分离吗？我们无欲地任运体内的真气以达到心身的柔和，能够像婴儿一样的柔软吗？我们净洗那玄妙的心体，能够使它的照物没有一点瑕疵吗？我们爱民治国，能够做到放弃讲究政术的小知吗？玄牝和五官之门一开一阖，推动生化时，能够没有含育万物的"雌"德吗？我们的睿智洞察一切事物时，能够返本于自然无为吗？我们用冲虚的和气使万物生长，使万物发育。虽然万物因此而生，我们绝不占有它们；万物因此而成，我们绝不居功自有；万物因此而发展，我们绝不自以为是他们的领导。这种修养功夫，乃是推动了一切生化的玄妙之德。

要义

1.本章提出老子的最重要思想"抱一""致柔""涤除玄览""无知""为雌""无为"。

2.最后这些观念归结到圣人修养的"不有""不恃""不宰"的一个"虚"字。

如何抱一运气

"载"字主要有三种注解：

（一）与"哉"字相通：孙诒让说："《册府元龟》载：唐玄宗天宝五载诏云：'顷改《道德经》载字为哉，乃隶属上句。'"这是因为"载"字难解，而把它改为"哉"字，而放在上一章的末尾。这样的做法并没有确实的根据，因为所有的版本都是"载营魄抱一"。

（二）作语助词用：陆希声说："犹夫也，发语之端也。"因为许多诗篇中"载"字常作助词用，如："载欣载奔"（《归去来辞》）、"载用有嗣"（《诗·周颂》）（见张扬明《老子斠证译释》)。

（三）作"乘"字解释：《老子翼》中说："载，乘也。"这是就"载"字的意义，而引申为乘载的意思。

就这三种解释来说，以第三种较佳，因为这是就"载"字本身的意义来说。唯"载"字宜作"负载"解，更符合老子的意思，如《老子》第四十二章有"万物负阴而抱阳"，也是"负"和"抱"对言。不过此句用"载"不用"负"，是因为"载"字意义比"负"字要广，"负"字指肩负或背负，而"载"字是指我们的形体像车子一样，载有"营"和"魄"。

"营魄"的"魄"，指的是形魄，所有注家都无异议，唯"营"字至少有四种不同的解释：

（一）作不定解：焦竑说："营如经营、怔营之营。《白虎通》曰：'营营不定貌'是也。"这是指不安定的形体。

（二）指灵魂：河上公注："营魄，魂魄也。"刘师培说："《楚辞·远游》：'载营魄而登遐兮'，王注：'抱我灵魂而上升也'，以抱训载，以灵魂训营魄，是为汉人故训。"（《老子斠补》）

（三）指精神：苏辙注说："魄为物，魂为神也。《易》曰：'精气为物，游魂为变。'"

（四）指阴血：朱谦之注说："《礼运》有'体魄'，《郊特牲》有'形魄'。又魂为阳为气，魄为阴为形……《素问·调精论》：'取血于营。'注：'营主血，阴气也。'又《淮南子·精神训》：'烛营指天。'知营者阴也，营训为阴。"（《老子校释》）

以上四种解释各有根据。大致可分为两类，第一和第四条都是把"营魄"当作形魄或形体。第二和第三条都是把"营魄"分作精神和形体。就前者来说，"载营魄抱一"是指载形体抱一。如把营魄解作阴气，则此句和"万物负阴而抱阳"是一致的。那么这里的"一"便可解作阳气。就后者来说"载营魄"是指载魂魄，如把魂魄解作阳气和阴气，则"载营魄"即和"负阴而抱阳"相同，那么"抱一"便可解作"冲气以为和"的冲气。基于这一分析，无论把"营魄"解作形体，或解作精神和肉体，均无不可。问题重心是在"抱一"两字，而工夫也就在如何"抱一"。

"抱一"的"一"在《老子》书中是个相当重要，可是却颇为含糊的字。全书讨论到"一"字的共有三章：

（一）"少则得，多则惑。是以圣人抱一为天下式。"（第二十二章）

（二）"昔之得一者，天得一以清，地得一以宁，神得一以灵，谷得一以盈，万物得一以生，侯王得一以为天下贞。"（第三十九章）

（三）"道生一，一生二，二生三，三生万物。"（第四十二章）

第一条中的"一"是承"少则得"而来，是象征简朴或少欲的意思。第二条中的"一"，相当于道，是象征道的作用。第三条中的"一"是指在道的生化万物过程中的最早的阶段，也可说是从无到有的"始生"，或"创生"的作用。因此我们把这三条中的"一"作一综合，可以把"一"解作由道的生化万物的作用，说得再具体一点，也就是"冲气以为和"的作用。这句话中的"冲"是虚，"和"却是生。也就是由虚气而生生不已。所以"抱一"就是"抱"道的虚气以生生的作用。

由这一分析，再回到原句，虽然可解作使自己的形体怀抱虚气以生，但更好的解释，还是指精神和形体同时怀抱虚气以生。精神"抱一"，则清明空灵，而无欲念，即所谓"神得一以灵"；形体"抱一"，体法自然，而无执着，即所谓"万物得一以生"。

这个"抱"是功夫语。像母亲怀抱婴儿一样，是那么关爱的、柔和的，把婴儿视作她身体的一部分，密不可分。所以本句结尾说"能无离乎"？就是指"抱一"并不是从外面硬抱一物来塞在胸口，而是指抱者和所抱者，根本是一体不可分的，有如母亲和婴儿的连心同体。

在心理学上，我们说一个人有病，就是指他的精神和形体分裂，精神不能照顾形体，形体也不听精神使唤。心理治疗家的方法就是使他的精神和形体相合。但要达到这种相合，不是硬性地、直接地从外面把两者加以撮合。如果依照老子的说法，先从精神上去解除他的心结，这就是冲虚之用，也就是"抱一"。再由精神上的"抱一"，虚灵不昧，清明在躬，使形体重新回到精神的怀抱，而和精神合一，有如下图：

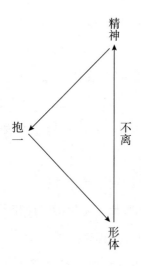

所以"营魄"的"抱一"，是精神上的体道而行，怀抱冲虚的和气，使得形体和精神合一，绵密无间，生机不断。

前面谈"抱一"，虽然"一"被解作"冲虚的和气"，但这个"一"毕竟是象征道始生万物的作用，而并未明言是气，因为"一"仍属形而上的范畴。此句言气，已完全落在现象界，来谈如何养气。"专气"的"专"字，王弼注为："专，任也。"河上公注为："专，守。""任"是指顺任自然，而不加控制。"守"是指精神专注，常守不放。这两者表面上好像是相反的，其实是相辅的。这就是如何"专气"的微妙功夫。它一方面是精神专注于气上，使得心无杂念；另一方面是接着顺任气的发展，使气不受心的干扰，而舒放自如。由心无杂念，心能跟着气走，心也就自然的纯净无欲了。

可是这个"气"又是什么呢？在中国哲学里，这个"气"是非常微妙的、复杂的。它既是抽象的而看不见的，如它为宇宙的原质；又是具体的而可以捉摸的，如它为人体中的气息。在孟子、庄子和张载的著作中，这个"气"都占有极重要的分量。现在我们撇开这些不谈，专就《老子》书中来看看这个"气"字。《老子》书中谈"气"的地方不多，共有三处，除了本句之外，还有"万物负阴而抱阳，冲气以为和"（第四十二章）和"心使气曰强"（第五十五章）。老子对于"气"虽无深论，但就这两章看来，前者是指宇宙万物化生的原理，而后者是指人体内的气息。把这两者合起来，正可看出老子的"气"是从道的始生万物的生化之"气"，到赋予人体之内的形质之"气"。那么前一句的"抱一"，讲"冲虚的和气"是就人的精神形体与天道的生气合一。而这一句的"专气"乃是精神内敛，关注形体内的形质之气。

然而，如何去"专"这个"气"，后代的道教神仙之学把它发展成一套专门的修炼功夫。但老子在此处却并没有那么复杂。尤其老子重视自然、素朴，因此我们不必从这方面去强调。就老子此处的"专气"来说，是精神和形体之气合一的。就形体上看，这个"气"是指我们的气息，也就是呼吸之气。呼吸的深浅，虽然是生理的作用，但也关涉欲望的深浅，如庄子曾说："古之真人，其寝不梦，其觉无忧，其食不甘，其息深深。真人之息以踵，众人之息以喉。"（《大宗师》）所以老子此处由"专气"而使"气"达到极度柔和的境地。气的柔和，也代表了心的平静，所谓"平心静气"。

"婴儿"在《老子》中也是一个重要的象征。它象征了柔软，如"含德之厚，比于赤子……骨弱筋柔而握固。"（第五十五章）也象征了无欲，如"我独泊兮其未兆，如婴儿之未孩。"（第二十章）由形体上的柔软，到精神上的柔和，而达到德性上的无欲，这就是"专气"的一套修养功夫。

如何洗心无知

"玄览"两字，王弼注为："玄，物之极也，言能涤除邪饰，至于极览。"河上公注为："心居玄冥之处，览知万事。"都比较虚玄。高亨注说："按览读为鉴，'览''鉴'古通用。玄者，形而上也。鉴者镜也，玄鉴者，内心之光明为形而上之镜，能照察事物，故谓之玄鉴。《淮南子·修务训》：'执玄鉴于心，照物明白。'太玄童：'修其玄鉴。'玄鉴之名，疑皆本于老子。《庄子·天道》：'圣人之心，静乎天地之鉴，万物之镜也。'亦以心譬镜。"这个解释非常清楚。以心镜来说玄览，不仅《庄子》书中还有很多例子，如"至人之用心若镜"（《应帝王》)，尤其禅宗神秀的偈子："身是菩提树，心如明镜台，时时勤拂拭，勿使惹尘埃。"（《六祖坛经·自序品》)和本句用意完全相合。

老子此处言"玄览"，虽然是指修心的功夫，但不只是限于"虚其心"，或净其欲而已。这个"览"字和第一章中的"观"字有相同的作用。"玄览"就是玄观，是指能玄妙而深微地去观照一切。所谓"常无，欲以观其妙；常有，欲以观其徼"（第一章)，这就是"玄览"的功夫。所谓"无疵"是指这种观照作用的没有毛病。前句讲"专气"，在气定神闲之后，这个清明的真心，便没有任何妄想偏见，因而能深入精微，洞烛一切。

此处"无知"两字，有的版本，如景龙碑及《老子翼》等作"无为"。王弼、河上公注都作"无知"。其实"无知"两字本合

老子思想，如："以智治国，国之贼；不以智治国，国之福。"（第六十五章）

"爱民治国"，一般来讲，除了要有真正的爱心之外，当然也需要正确的知识。可是老子为什么要讲"无知"呢？王弼注说："任术以求成，运数以求匿者，智也。"任术运数就是应用技术和法理，这是王弼所谓的"知"。大致说来，也是老子所批评的"知"。但我们不能忽略这句话的正面意义，因为本章从"抱一""专气""涤除玄览"以来，都是讲的修养功夫，因此顺着这种思路，此处讲"爱民治国"，还有超乎"知"的层次，就是"德"。能"无知乎"的正面说法，就是能"以德乎"。这和本章末尾的"玄德"正好可以呼应。

如何为雌无为

"天门"，王弼注："天门谓天下之所由从也，开阖，治乱之际也。"似乎太玄。河上公注："天门，谓鼻孔。开谓喘息，阖谓呼吸也。"似乎专就吐纳之术来说。高亨注说：《荀子·天论》：'耳目口鼻形能，各有接而不相能也，夫是之谓天官。'《淮南子·主术》：'目妄视则淫，耳妄听则惑，口妄言则乱。夫三关者不可不慎也。'老子谓之天门者，天同于荀子之天，门犹之淮南子之关……《庄子·天运》：'其心以为不然者，天门弗开矣。'天门亦同此义，言心以为不然，则耳目口鼻不为用。"把天门解作五官，是易懂的解释。唯老子不明言五官，而说"天门"，显然有他的用意。

在《老子》中的"门"有两处，一是"众妙之门"（第一章）。

一是"塞其兑，闭其门"（第五十六章）。前者指玄妙之门，后者指五官。所谓"天门"可以综合以上两门，一面是玄妙之门，也就是前面的"玄览"的向外观照；一面是五官之门，是意识和外物的相接。

"能无雌乎"一句，王弼、河上公的注本作"无雌"，而傅奕、范应元及《老子翼》所集各注，都作"为雌"。虽然有"无雌""为雌"的版本不同，但所有的注解，都是认为"天门开阖"必须要守雌，能顺任万物，而不为万物主导。唯文廷式的注不然，他说："《老子》书皆言守雌，独至天门开阖之时，应机一发，不为万物制，故以无雌为训；各本作'为雌'者误。"就以上诸解，似乎以"为雌"的解释较为平实，易为一般人所接受。然而"为雌"两字无异斩断了"天门"上一截的"玄妙之门"，而缩小到"五官之门"。对于这点，张扬明曾说："倘易'为雌'，则是有意造作，勉强行事了。范应元并引'知雄守雌'为证，殊不知'知雄守雌'，系明知其雄，而不作雄飞，自甘雌伏。故'雄'为体，而'守雌'则为用。正是'弱者道之用'之意。盖守者，静以顺应自然也。如'为'，则系主动，系造作矣。故'为雌'实非老子本旨。"

至于文廷式的见解，虽然从上一截的"玄妙之门"着眼。但只谈"不为万物制"，易令人误解他的说法，是在强调不用"雌"，而用"雄"，不为万物制，而要制万物了。

其实，我们想了解"无雌"两字，还必须回到"天门"上去忖度老子为什么不直接讲"五官"，而要说"天门"的真正用意。历代注疏家常用的方法就是当他们发现该书的某一处难解时，便立刻从别处搜集了一些证据，然后立刻像法官审案似的，判定此处有错误。他们很少直接从此处去想想作者为什么如此写的原因。譬如把"天门"直接解作"五官"，固然可以找到一些其他方面的证据，而把这句话很容易地交代过去。可是老子的更深一层的意义，也许就被断送了。

老子的"天门"承接了"玄览"而来。老子用一个"天"字，用一个"玄"字，可见老子是有意去表达天道玄妙的生生作用。而这个作用是来自"冲虚"，来自"玄牝"。所谓"天门开阖"，就是指生机之门的开阖。开阖是阴阳的作用，也是生化的枢机。所以老子说："天门开阖，能无雌乎？"这个"雌"字就是"冲虚"、就是"玄牝"。很多学者看到前后文讲"无疵""无知""无为"，因此就把"无雌"的"雌"和"疵"、"知"和"为"一样，看作是被老子否定的。殊不知这句话不是说"能够做到无雌吗"？而是说"能够没有雌吗？"也就是说"天门开阖"是不能没有"雌"的。因为这个"雌"是玄牝，是天地之根，是生化之门。这不仅和老子整个思想是一致的，而且与本章前面几句话的意思也是相承的。"爱民治国"不用"知"，也就是说要用"德"。那么此处"天门开阖"就是顺着这个"德"来讲生生。"雌"便是生养万物的代表。至于把"天门"当作"五官"来讲顺应万物，这一层意义也包含在"生养"万物的德性中。不过用"生"来释"雌"字，比用"顺"来解"雌"字，更具有积极和正面的意义。这和后面的"生之""畜之"更是前后相接、思路一贯的。

"明白"指对外物的深彻了解，"四达"指通达四方，无不周延。这是指的"知"，可是王弼的注本却说"能无为乎"。王弼的注说："言至明四达，无迷无惑，能无以为乎？则物化矣！"这是说，明白四达是真知。真知之用，乃是顺物性之自然，而不用一己之知去干扰万物，这也就是无为。老子说："使我介然有知，行于大道，惟施是畏。"（第五十三章）施就是施为，这句话正可作为本句的注脚。

河上公和其他的一些版本，写作"能无知乎？"这和"爱民治国，能无知乎"的"无知"产生了雷同。于是有的版本又把"爱民治国"的"无知"改为"无智"或"无为"。这样的东改西补，于原义并没有什么发明，还不如维持王弼的原文，更能说出"真知"和"无为"之间的深切关系。

玄德的无为之道

从"生之"以下的五个句子，重出于第五十一章，因此有的学者认为该五句与前文不一致，拟予删除（如高亨、王淮）。其实，我们如果深体老子说以上各句的真意，便会发觉以下几句是必要的。因为老子讲这些修养的方法，不只是为了个人的心身锻炼而已。而是由"冲气以为和"，达到万物相融相生的境界，所谓"爱民治国""天门开阖""明白四达"都是顺着"冲虚""柔和""清明"的德性，来讲"生生不已"的大用。

"生之"的生字，王弼注："不塞其原也。"这是用间接的方法来解说，注得非常精彩，深合老子的旨趣。因为老子讲"生"，不是像母亲生孩子似的，直接赋予形体。而是像大地一样，敞开了所有生机之门，让万物都能顺着它们自己的德性而滋长发育。《老子》第一章中说："无，名天地之始。"这个"无"用得真好。"无"不是说"天地之始"是什么都没有，而是不愿追究，也不愿说破这个始生万物的本源。因为当我们一描写这个本源，它便有形有质，便影响或控制了万物的生存发展。即使宗教上用了一个极为空灵的"神"或"上帝"，仍然不免有所规定，使得万物不能毫无限制地任性而生。这是老子"无"的真意。从"无"字去了解"生"，也许能使我们看出老子的全体大用。

"畜之"，王弼的注是："不禁其性也。"这个"畜"必须承接上面的"生"的意义而说。因"生"是"不塞其原"，使万物在源头上没有被限制，都是平等的、独立的，因此"畜之"就是"畜"其生，能顺着他们的生而发展，所以"不禁其性"。这个"畜"不像我们畜牛羊一样，依照我们的观念和价值来畜养它们，而是像大地一样，提供给万物一个很好的温床，使得万物都能遂其生、顺其性而滋长。

"生而不有""为而不恃"两句话在第二章中已谈过，不过此处重复，乃是针对前面的"生之""畜之"来讲的。既然"生之"是"不塞其原"；"畜之"是"不禁其性"，我们所做的，只是让他们能自然地发展而已，所以根本是不能占有，不能恃功的。

"长而不宰"的"宰"字，是指主宰的意思，也就是说当我们帮助万物生成发展之时，不可自以为是他们的主宰，而加以控制。

"玄德"，王弼的注说："凡言玄德，皆有德而不知其主，出乎幽冥。"王弼的意思是指"生之""言之""为之""长之"之后，因为"不有""不恃""不宰"，所以虽然有德于人，人们却不知道是谁做的。不过王弼以"幽冥"来注"玄"字，就字义来说是

第十章

不错的，但一个"玄"字往往会塞住我们的思路，也往往会误导我们走入漆黑一片的境地。这一点，在第一章"玄之又玄"的注中，已有说明。在这里我们有必要把"玄德"又从"玄"中再提出来，解说得更明白一点。

一般的道德往往都是相待性，或有意识性的，大约可分为三种情形：

（一）我对别人有道德，别人也会以道德对我，所谓："爱人者，人亦爱之；敬人者，人亦敬之。"这种道德观念演变到后来，往往为了别人对我的敬爱，我才敬爱别人。正如墨子的"兼相爱"，往往以"交相利"为基础。

（二）我对别人有道德，但并不一定要对方知恩图报。因为我可能在别的方面得到补偿，如积功德，有善报。这种善报不在当时，也许在未来；不在己身，也许在后代。

（三）我的实践道德，加惠别人。即使别人不知道，或没有其他方面的回报。但道德是好的，我实践道德，就是完成我的人格。

《老子》此处的"玄德"显然是要超越以上三种道德的观念。因为"有德而不知其主"就是不让别人知道我的德行，当然是不会指望别人的回报了。不仅如此，自己还不以这种德行为"德"，所谓"上德不德，是以有德"（第三十八章）。所以连自己也不知道那是什么了不起的德行。只是不由自主地行之于自然罢了。因此对一般的道德来说，它是"玄"了一点，但真正的功夫，却在于其自然无为，没有一点"玄"味。这才是无玄之"玄"，才能称之为"德"。

老子在本章最后，提出了这个"德"字，非常重要。我们之所以不赞成由于最后五句重出，而把它们删掉，是因为没有这五句话，前面的六句话，都只是反问之词，彼此之间缺乏一贯的线索，好像是不同的格言连缀在一起似的。有了最后五句，便使前面的六句有了结论。尤其最后的这个"玄德"更贯串了所有的句子，而成为本章的重心。

新语

本章可以说概括了老子所有的思想方法，看起来每一句都可以写成一篇大文章，而这些思想观念的多样性，如何能统括成老子的思想功夫呢？庄子《人间世》说"道不欲杂"，这些并陈的观念是否有点儿多元性的"杂"呢？其实不然，这些思想观念可以归结为老子的一个"虚"字的功夫，能虚则能"抱一"，能虚则能"致柔"，能虚则能"涤除玄览"，能虚则能不用知，能虚则能守雌，能虚则能无为而无不为，能虚则能不有其生，能虚则能不恃其功，能虚则能不主宰万物，最后这个玄德，就是以虚为德。

这个"虚"字我们前几章都已谈过，但我们只知道虚其心，可是要如何虚其心，并不是把心中的一切都挖掉，如慧能在《坛经》中所批评的"空心静坐"。但禅宗的佛家尚可以虚掉心中的一切欲望，而老子讲圣人之治，老子所指的人们不能不对世事有所交涉，因此虚必须从"无"中出来，与"有"相处。

本章所涉及各种政治上的、人生修养上的思想观念正可作为"虚"再回归到"有"上的运用，这点我们可以用朱子在《中庸》注中的话："放之则弥六合"和"卷之则退藏于密"来比喻，本章即放之于人生实用，有各种不同的方法运用，卷之于心，则一个"虚"字而已。

第十一章

扫一扫，
进入课程

三十辐共一毂，当其无，有车之用。

埏埴以为器，当其无，有器之用。

凿户牖以为室，当其无，有器之用。

故有之以为利，无之以为用。

语译

车轮的三十根辐条，共凑聚在一个轴上，当轴中有空隙处，才产生了车子转动的作用。陶匠糅合泥土，做成了各种器皿，当这些器皿中有空洞处，才能有盛物的作用。木匠开凿门窗，建造房室，当这些房室中有空间处，才能有住人藏物的作用。所以使万物具有形体，这是使它们有功效；在有了形体之后，我们如能把握运用它们的空间，才能尽量发挥它们的大用。

要义

1.本章借生活上的各种事物，有"形"之利，也有"无"之用。

2. 最后两句说"有""无"的不同，也表达了"有""无"的相依。

万物的用无

辐，河上公注："古者车三十辐，法月数也。"是指车轮中的三十根直木，通向轴心。毂，《考工记》说："辐所凑，谓之毂。"是指这三十根辐所凑集的圆心，该圆心当中是空的，而轴便是通过这圆心的空处。老子这里所要说的就是这圆心的空处。因为它的"空"，轴才能通过它，这个轮子才能转得动，于是车子才能产生作用。注意此处的"无"字是指的空间，与第一章中的"无"不一样。一为现象界，一为形而上；一是作用，一是本体。

"埏"是糅合，"埴"是泥土。河上公注："埏，和也；埴，土也。"《荀子·性恶》："故陶人埏埴而为器。"这是指糅合黏土，制造成器皿。当陶匠制造器皿时，必须使器皿内有空处，才可以有盛物之用。

"户"是门，"牖"是窗。当工匠开凿门窗，建筑房室时，房室内必须是空的，房室才有住人藏物之用。

有无相依之用

这里的"有"和前面"生而不有"的"有"，当然不同。"生而不有"的"有"是指占有，而这里的"有"乃是指万物的"存有"。前者是私欲的，虽然"有"，却没有真实的存在，只是心念的作用，或外在的关系。譬如我们想占有我们的身体，可是百年后，身体仍然会毁坏；我们想占有财物、爱情、名誉，然这些东西随时都会离我们而去。关于这一点，佛教的道理讲得很多，庄子的思想中也发挥得不少。可是一般人总不易接受，总认为自己能占有一切，所以老子才说"生而不有"。

此处的"有"乃指实际的"存有"。这和前面占有不同的是，前者是来自私欲和意识的，这里的"存有"是客观的，譬如，同样是我们的身体，它的"存在"是客观的，即使长寿者，能活一百岁，或夭寿者，只活十几岁，但这一百岁或十几岁的存在，无论或长、或短，却是真真实实的存在。可是"占有"却不同，这是意识的作用，即使我们活到一百岁，仍然会大叹"百年苦短"，长恨"此生非我有"。所以"占有"，事实上是永远的不满足，所要获得的是那虚幻的感觉而已。这个"存有"的"有"，乃是现象界的真实存在。虽然印度佛学认为万物的"存有"是虚幻的，可是受中国哲学灌溉的中国佛学，却认为这些"存有"也是真实的，如僧肇《物不迁论》认为万物在它们生存的这一段时空中，却是永恒的，后来的禅宗，更认为"青青翠竹莫非法身"。这都说明了万物的"存有"都是真实的。

那么，这里的"有"既然是真实的，它与第一章中的"有"又有什么关系呢？第一章中的"有"是"道"生万物的"有"，是永恒如斯的"有"。用哲学上的术语来说，就是形而上的"有"，但形而上是无形无象的，所以这个"有"，也可称为"无"，所以就道体来说，这个"有"和"无"是相同的。但中国哲学的形而上并不是完全离开现象而独立的，它又是存在于现象界的，所以这个"有"和万物的"存有"是不可分的。就万物"存有"的真实来说，是形而上的"有"；就万物"存有"的形质来说，是现象界的"有"。我们可以用下图来表达：

存在的有形，是万物形体的存在，是有生、有灭的，而存在的真实，却是指万物在它们单位时空的永恒存在，又是形而上的。

　　然而如何去运用万物的"存有"，就是一个"无"字。"无"是因"有"而生，因"有"而为用的。"无"的作用有两条路线，一是用"无"来发挥"有"的作用，也就是利用"空间"来使"存有"有用。另一是体法"无"来超越"有"的执着，也就是以冲虚为用，使我们不为"存有"所拘绊，而能返归于道体。这两条路线可以用下面的图来说明：

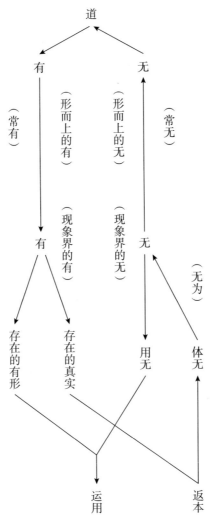

　　本章中所论的"有"和"无"乃是指万物的存有，以及如何以"无"去用"有"。所以都是谈现象界的"有"和"无"的作用。

　　然而为什么"有"是"利"，"无"是"用"呢？如果就现象界来说，老子前面所举的几个例子已很清楚，如车辐、器皿和房室，都能供给我们以实利。而我们真正运用这三者的利益，却是在于它们的"空间"。这样的结论就本章来说已是非常明显了。不过就老子整个思想来说，还有值得我们体味的两点：

（一）必须注意老子此处用"有之"和"无之"。这里的"有之"和"生而不有"的"占有"不同。这里实际上指的是"生之"。但不是"生"万物那样的更深一层的意思，而是指制物造器的"生"，这种"生"乃是"有之"。老子对"万物"的"有"并不反对，相反的，还认为我们应该去创造万物。本来，道的"生"万物也是"有"。只是落于现象界，便是形体的"有"。相对这个"有之"的，便是"无之"。"无之"在实质的有形来说，就是"空间"。也就是在制作器皿的时候，便设计了"空间"，去运用器皿。另外"无之"的较深一层意思便是在运用时，时时保持其"虚无为用"，如杯子盛水，不可求溢。或时时保持杯内的虚空，可以有各种不同的用处，如可以盛水，也可以盛果汁或咖啡。

（二）"利"在本章中，或就物质器皿来说，虽然没有不好的意思，但就老子整个思想，或人生修养来说，却有负面的意义，因为老子一再强调要"挫其锐"（第四章、第五十六章）。而就"利"和"用"两字来说，"利"又多半指实利、浅利、有形的利，而"用"，却是指原则的用、无限的用和无形的用。在这样一个对比中，在"有之"以后，便要以"无之"来超越"有之"、化解"有之"。也就是从"有之"去体验"无之"。以返归于道体，这是"无"的大用。

新语

本章结语虽然只说"有之以为利，无之以为用"，我们引申出两点看法，一是我们把无和有做了一个对比，如：

有	利	物质	暂时	空间	色相	局部
无	用	心灵	持久	时间	性体	全部

二是从历史上看，很多学者都强调"无"，甚至有过分强调者，说道就是"无"，如何晏说："夫道者，惟无所有者也。"(《无名论》)王弼说："道者，无之称也。"(《论语释疑》)虽然后代学者，加以修正，认为道的"无"不是等于零，但研究老子的学者都以"无"为立论的重点，而忽略了"有"。其实"无"不能离开"有"，我们对于这个"有"不能视而不见，这一点我们可以从佛学中得到印证。一般研究佛学都强调这个空，认为缘是暂时的聚合，它的本体是空，因而把缘看作负面的，加以忽视，其实缘是我们生活中不可避免的聚合，它虽无自性，但我们存在时就不能离开缘，缘跟空一样重要，甚至我们重视缘超过空，因为没有缘的话，空有什么可谈？所以空是由"缘"而有的。以此例来看，老子的"无"和"有"，我们更应注意"有"，我们的功夫应做在应付"有"上，不要落于"无"而流于"空"。

第十二章

扫一扫，
进入课程

五色令人目盲；

五音令人耳聋；

五味令人口爽；

驰骋畋猎，令人心发狂；

难得之货，令人行妨。

是以圣人为腹不为目，故去彼取此。

语译

过分贪恋色彩的绮丽，使我们的视觉变麻木了，反而失去辨色的能力；过分追求音声的娱乐，使我们的听觉变迟钝了，反而失去知音的能力；过分讲究美食的享受，使我们的味觉变不灵敏了，反而失去品味的能力；纵情于骑马、追逐野兽的游戏，使我们玩物丧志，以至于精神错乱。羡慕那稀有的金玉珍宝，往往使我们的行为走入偏差。所以圣人的修养，要像"腹"那样的无欲无知，易于满足，不像"目"一样的多欲多求，贪得无厌。也就是说要断除向外的追求，而返归内心的恬静。

要义

1. 本章先举人们欲望的迷心乱性。
2. 最后提出"为腹不为目"的修养。

多欲多惑

"五色"，《释文》："青、赤、白、黑、黄也。"这里的五色并不限于这五种颜色，而是泛喻颜色之多。"目盲"并不是指眼睛瞎了，而是指颜色太多，使视觉受刺激，以致麻痹，失去了辨色正确的功能，即所谓"视而不见"。美国聋盲女作家海伦·凯勒在《假如给我三天光明》一文中，描写她如果有三天的光明，让她的眼睛能看见这个世界，她将会如何仔细地去欣赏花的美丽，可是我们这些眼睛能视的人，又有几个真正去享受上天为我们创造的颜色，每天我们所看到的各种五光十色的物体，我们都是一晃而过，没有一点深切的感觉，我们岂不比海伦女士还要目盲？

"五音"，《释文》："宫、商、角、徵、羽也。"这里的五音，并不是只指这五种音调，因为它们是中国古乐构成的基因，不会令人耳聋。这里的五音是指由这五音构成的音乐。这些音乐的极端发展，使我们的耳觉遇到无尽的刺激，以致麻痹，失去了听音清晰的功能。这一点，在古代，孔子的批评靡靡之音，墨子的非乐，虽和老子对五音见解并不完全相似，但对于音乐的泛滥，迷惑人心，却是一致的。再证之于今天，夜总会里的噪音喧天，老子的"五音令人耳聋"虽为比喻，却一点也不夸张。

"五味"，《释文》："酸、咸、甜、辛、苦也。"这里的"五味"，不是单指这五种味道，而是指由这五味所调制成的各种菜肴。如果，我们整天贪嗜美味的食物，我们的味觉一定会麻木，反而不能辨别食物的真味。"口爽"，王弼的注："爽，差失也。"河上公的注："爽，亡也。人嗜五味于口，则口亡。言失于味道也。"虽然俞樾曾说："河上、王弼并未得爽字之义。爽者，口病之名。故《庄子·天地》云：'五味浊口，使口厉爽。'《淮南子·精神训》云：'五味乱口，使口爽伤。'疑古语然也。"但本章中的"目盲""耳聋"都是比喻，而不是真病，所以口爽解作口舌失味，也是合乎事实的。

"驰骋"是骑马，"畋猎"是打猎。这两者所指是一件事情，就是骑着马，追逐鸟兽。这和一般猎人的打猎不同，因为后者是为了生活所需，而前者，却是以追逐为游戏，甚至以杀生为娱乐。在古代，骑着马打猎是贵族的娱乐方式。《易经》比卦辞便有"王用三驱，失前禽，邑人不诫，吉"（《比卦·九五爻辞》）的说法，唐魏征《谏太宗疏》也有"思三驱以为度"的劝告。可见这些畋猎的游戏容易玩物丧志。也有人把畋猎比之于今日的运动，可是许多运动走了极端，如跑马、赛车等，都变质而成了赌博、赌命。所谓"心发狂"就是指他们疯狂的追求，而失去了理性。

"难得之货"在本书第三章中已经提及，是指金玉珠宝等财物，这不是一般人能容易获得的。如果想得到它们，便极易采取不正当的方法去追求。王弼注说："难得之货，塞人正路，故令人行妨也。"这"塞人正路"四字说得好。"正路"就是正当的途径。普通人循正当途径所赚的钱财，最多也只能维持一个舒适的生活而已。当然特别善于经营的人，也许能变成百万富翁。我们不能说他的"百万"财富不是出于正当的途径；可是当他们把这"百万财富"换成了金玉珠宝之后，辛苦所付出的代价，便变成了欲望的象征。于是人人只看到欲望的象征，而见不到正当途径的努力。所以说"难得之货"，妨碍了我们的正路。

为腹养己

在这里"腹"和"目"是两种不同的象征，王弼注说："为腹者，以物养己；为目者，以物役己。故圣人不为目也。"所谓"以物养己"是指真正生存的需要，在第三章中，曾说："实其腹"，也就是指最基本的需要，如食物等。对于这种需要，老子是给予正面肯定的。所谓："以物役己"，是指自己变成了物欲的奴隶。因为目向外视，心神便跟着它向外追逐了。

腹与目的对比，还有以下三点意义的不同：

（一）满足与不满足：李约说："目无厌，圣人不为；腹知足，圣人为之。"腹包括了胃。当我们饿了，只要吃几大碗饭，胃便饱了。尽管山珍海味列于前，我们的胃也无动于衷。相反的，"目"却不然，看到了好看的，还要更好看，永远也无法满足。

（二）无知与有知：吕吉甫说："腹无知者也，目有见者也。"腹在我们的体中，除了饿时之外，它都安静地在那里，我们几乎没有感觉到它的存在。可是"目"却代表了知识，因为它是传递知识的门户。外物的印象由它而向内输入，便构成了知识，内在的心念由它而向外攀缘，便构成了意见。

（三）养气与泄精：河上公说："（腹）守五性，去六情，节志气，养神明。"又说："（目）目不妄视，妄视泄精于外。"这是以腹喻气海或丹田，这是养气的温床。而"目"却是欲漏，把我们的精神向外流散。这也即是后代道教炼丹所强调的"守腹"和"闭目"的功夫了。最后的"去彼取此"，"彼"是指"目"，"此"是指"腹"。同时"彼"也象征向外的追逐，"此"象征返归于内心的安静。

新语

本章理路很清楚，都在说明人心的欲望就在求多，求官感之欲。最后归结在"为腹不为目"乃是本章的重点。我们把为腹和为目做一比较：

为目	向外追求	欲望难填	六尘之色	佛学之大戒	有知见
为腹	向内归静	基本需求	丹田虚气	道家之修炼	无知见

为什么这里讲圣人，如果我们把这句话对应第三章的"圣人之治，虚其心，实其腹"来看，"虚其心"就是"不为目"，"实其腹"就是"为腹"，所以这里的"为腹不为目"是个人的修养，也是圣人的治国之道。

第十三章

扫一扫，
进入课程

宠辱若惊，贵大患若身。

何谓宠辱若惊？

宠为下。得之若惊，失之若惊，是谓宠辱若惊。

何为贵大患若身？

吾所以有大患者，为吾有身，及吾无身，吾有何患？

故贵以身为天下，若可寄天下；

爱以身为天下，若可托天下。

语译

"宠辱若惊"是说：受宠和受辱都是一样的使我们惊惧不安。"贵大患若身"是说：我们要谨防这些大患，就像我们谨慎自己的身体一样。为什么"宠辱若惊"呢？因为"宠"不是一件好事，当我们得到它的时候，我们会吃惊，为什么别人要宠我们。当我们失去它的时候，我们更为惊惧，因为耻辱会不旋踵而来。这就叫作"宠辱若惊"。为什么"贵大患若身"呢？因为我们之所以有大患，就是因为我们念念不忘这个身体，如果能升华这个身体，不再念念不忘它，那么我们还有什么大患可惧呢？所以说，如果真正珍贵自己的身体，以它来肩负天下万物的生存，而为天下万物之所寄，哪里还有个人宠辱之可及？如果真正爱惜自己的身体，以它来助成天下万物的发展，而为天下万物之所托，哪里还有个人受患之可言？

要义

1. 本章借"宠辱若惊""贵大患若身"表达有身之患。

2. 最后用"贵以身""爱以身"又把己身转化到为天下的大公无私。

宠辱和有身的大患

"宠"是受宠于人，"辱"是受辱于人。照一般人的心理，都喜欢受宠，而生怕受辱。为什么此处却"宠"和"辱"并言，都是"若惊"呢？王弼的注说："宠必有辱。"苏辙说："古之达人，惊宠如惊辱，知宠之为辱先也。"吕吉甫说："宠者，畜于人者也，下道也，宠而有其宠，则辱矣。"这些话都是说"宠"会演变成"辱"。然而在这里有一个问题，就是"宠"演变成"辱"是必然的，还是或然的。先就或然来说，任何快乐的事，都有可能会变成悲哀的事。这只是"可能"，还不值得使我们把它看作"辱"一样。但依照王弼的说法"宠必有辱"，可见这是必然的关系。既为必然，一定"宠""辱"之间，有必然的连带关系，使"宠"的结果，一定走向"辱"。这个关系有以下三个原因：

（一）控制在人：由于"宠"是受宠于人，所以完全为别人的喜爱及利害所控制。在根本上是委身于人，是一种耻辱。

（二）自我的贪欲：我们之所以喜欢受宠于人，是由于自我虚荣心的作祟。这里已埋下了"辱"的种子。当这种虚荣心过度膨胀，便变成了无厌的贪欲，岂有不会自己招辱之理。

（三）名不副实："受宠"是被人捧高了，而不是我们应得的名誉。我们有多少的"实"，得多少的"名"，这是名实相合，不是"宠"。既然"宠"是离了实，因此也就名不副实，所享的只是虚名、虚誉而已。所以得"宠"便是"受辱"。正如《孟子》所说："有不虞之誉，有求全之毁。"（《离娄上》）

既然"宠"像"辱"一样不是好事，因此我们"受宠"便像"受辱"一样使我们"受惊"。这个"惊"是一种惊惧，也是一种自省。"贵"字有三种不同的解释：

（一）重视：河上公注："贵，畏也。"苏辙注："贵之为言，难也。"焦竑注："贵，重也，谓难之也。"这些解释都是把"贵"当作动词用，指重视的意思。

（二）尊贵：吕吉甫注："贵者，畜人者也，上道也。贵而有其贵，则有患矣。"憨山注："崇高之位曰贵，即君相之位。谓世人皆以贵为乐，却不知贵乃大患之若身。"这是把"贵"当作"尊贵"，与"大患"相对，正像"宠"和"辱"的对立。

（三）衍文：高亨注："此句义不可通，疑原作'大患有身'，'贵'字涉下文而衍。王弼注：'故曰：大患若身也。'是王本原无'贵'字。"这是近代学者常用的方法，就是当他们发现该句难解时，便设法干脆把某些字当作衍文、错置等，除掉它们。其实，"贵"字在该句并非"义不可通"，而以王弼的注解来证《老子》原文的错误，这是倒果为因的做法。所以这种把"贵"当作衍文而删之的见解，我们不敢苟同。因为本书解义的方法是尽量就其原文去体证老子的用意，除非原文矛盾，不可解，才采取考据家们的观点。

在以上两种解释中，以第一种解释较合适。因为把"贵"和"大患"作对比并不贴切。"贵"不像"宠"一样的邀宠于人，在第九章中的"富贵而骄"，麻烦出在"骄"字上，天生富贵，也是自然的，恃贵而骄，才是祸源。至于"大患"两字也是泛指的。其实本句和前面一句是相连的，虽然老子在后面把它们分开来解释，但文气、意思却是相承的。这两句话的要点在一个"身"字上。因为本章，开头讲"若身"，中段讲"无身"，而结论又讲"贵以身""爱以身"，可见"身"是本章的重心，有贯串整章的意义。

如果本句承接了上一句，那么这里的大患，就是指的"宠辱"。"宠辱"使我们"有惊"，我们"惊"此大患，乃在于我们重视我们的身体。所以这个"贵"字一面扣紧了"惊"，一面又直贯到"身"字上。说"贵大患"是指"宠辱若惊"的解释，就文气语势和意思上都是讲得通的，而把"贵大患若身"解作"贵大患若贵身"，也是很自然、很合理的。

对于这两句话，陈柱、余培林都认为是老子引证的古语。对于这种看法，我们并不反对。但我们并不一定接受他们所持的理由，如认为老子讲无欲，就不该"若惊"，老子讲无身，就不该"若身"。其实，老子思想是融和了各种思想，尤其流传的许多经验和智慧，因此他随手拈来，引证了许多古语，这在《老子》书中不乏其例。如第四十一章的"建言有之"，第六十九章的"用兵有言"。至于此处一开端引了两句话，也是很自然的。

不过在这里，我们要注意两点：

（一）这不是分开的两句话，而是连在一起的一句话。所以它的意思是相承的，观念是一致的。而老子引用它，乃是为了引出一个"若身"来，这是要点，"宠辱若惊"一句只是譬喻罢了。

（二）这两句话中是讲的"若身"，也就是注重"身"，到了中段，又演变到讲"无身"，最后，又归结到"贵以身""爱以身"。这个思路的发展，是由转折，而一层深似一层。关于这一点，我们在结论中再详加分析。

宠不是好事

河上公版本作："辱为下。"陈景元、李道纯本作："宠为上，辱为下。"于是俞樾归结而说："疑王本、河上本均有夺误。陈景元、李道纯本作'何谓宠辱若惊？宠为上，辱为下。'可据以订诸本之误。"大致近代学者多依俞樾之说而改订。事实上河上公的"辱为下"大家都知道，说了等于没说。至于改为"宠为上，辱为下"，但既然"宠为上"，为什么"得之若惊"也欠缺解释。因此还不如王弼本的"宠为下"，因为这是老子解释

"宠辱若惊"一语，老子说"宠为下"就是直接批评"宠"不是好东西，因为邀宠于人，是把自己委身于别人的喜爱，当然是使自己辱下的做法。这种解释，意义很显然，正表示出老子对"宠"的判断。

由于"宠为下"，当我们得"宠"的时候，应该心存惊惧，尽量回避，否则当失"宠"时，耻辱祸患便跟着而来。《韩非子·说难》中有段故事，正可作为"宠辱若惊"的最佳注脚。卫灵君之嬖丈夫弥子瑕，在得宠时，曾为了母病而借用君车，曾为了关怀君王，先尝桃子。当时卫君却说他孝母，说他爱他。可是后来失宠，却因窃用君车，献给君王吃剩了的桃子的名义而治罪。同一事实，"宠辱"不同。可见"宠"不是好事，得"宠"时，要惊惧；失"宠"时，更令人惊心。

大患在有身

依据开端两句话的意思，是指我们要警戒"宠辱"的及身，因为是"宠辱"把大患带给了我们。所以为了保护我们的身体，便应该远离"宠辱"。照这样说来，老子是重视这个"身体"的，可是为什么此处的解释，又在大谈"无身"？尤其"无身"的观念很容易被误解为一种消极的、对生命厌弃的思想。

其实，老子此处的"无身"，非但不是扬弃这个"身体"，相反的，却是帮助这个"身体"，使"宠辱"不及，"大患"不来。我们一般人爱护自己的身体，大约都走以下两条路线：

（一）拼命地想占有这个躯体，或延长自己的寿命。可是愈想占有，愈占有不住；愈想延长寿命，反而弄巧成拙，加速了走向死亡。

（二）拼命地想用财富和名誉去堆砌自我、膨胀自我。殊不知这些都是外在的空壳。它们聚积得愈多，自我反而愈空洞。

老子之所以说"无身"者，就是要我们不以上面两种假相的"身"为我们的真身。所谓"无身"就是"无"掉这种欲望的执着。老子这种思想，早在第七章中已说得很明白："天地所以能长且久者，以其不自生，故能长生。"用这话来证"无身"的真义，乃是"无身"而后无大患；无大患之后，我身才能长存。也即是"外其身而身存"（第七章）的意思。

贵身爱身之道

然而"无身"并不只是消极的避大患而已，还有积极的意义存在。前面的"贵大患若身"和"及吾无身，吾有何患"都是从消极处来说的。所以在结尾，老子又转而谈"可寄天下""可托天下"，把"无身"转入积极的一面。

如何才是"贵以身为天下""爱以身为天下"？《庄子》书中曾有诠释这两句话的两段故事：

> 故君子不得已而临莅天下，莫若无为。无为也而后安其性命之情。故贵以身于为天下，则可以托天下，爱以身于为天下，则可以寄天下。（《在宥》）

尧以天下让许由，许由不受。又让于子州支父，子州支父曰："以我为天子，犹之可也。虽然，我适有幽忧之病，方且治之，未暇治天下也。"夫天下至重也，而不以害其生，又况他物乎！唯无以天下为者，可以托天下也。(《让王》)

这两段话出自《庄子》的外、杂篇中，而且以许由等避世之士为喻，已非正解。同时庄子偏重个人的生命性灵，和老子的时时不忘圣人之治毕竟有根本上的区别。可是后来的学者顺着这一思路发展，只重"贵身"的观念，如焦竑注说："如不转以身为天下者，天下反可寄；惜以身为天下者，天下反可托，则知不有其身，而其身反可保。……夫王子搜恶为君，而越人愈迫欲得之，则不有其身而身可有也，复奚疑哉！"王子搜的故事也见于《庄子·让王》中，都是避世的隐士思想。这与杨朱的贵己学说是同一路线的。如果我们只往这方面去强调，往往会把老子在本章中所含有的正面意义作成反向的误导。

老子提出"宠辱若惊，贵大患若身"两句话的目的，就是不希望宠辱所引出的大患及身，这是保身的思想，但这种保身不是一味地讲究身体的保养，所以他又讲"无身"。所谓"后其身而身先，外其身而身存"（第七章）。但"无身"绝不是抛弃这个身体，不顾这个身体，而是一种心性上的修养，而是把一己对身体的执着，升华入更高的境界。《庄子·大宗师》上说："夫藏舟于壑，藏山于泽，谓之固矣，然而夜半有力者负之而走，昧者不知也。藏小大有宜，犹有所遁，若夫藏天下于天下而不得所遁，是恒物之大情。"这里的"藏"就是藏身，就是贵身和无身的意思。而"藏天下于天下"也就是把自己藏之于天下，实际上，是一无所藏，一切还归天下。这和"贵以身为天下""爱以身为天下"的意思是相同的。老子这两句话的用意乃是指我们真正的"贵身"和"爱身"，不是自私地想把自己藏起来，永远的不死。相反的，乃是把自己纳入了天下万物之中，和万物一起生存发展。这是第七章所谓的"以其不自生，故能长生"，也是第四十九章所谓的"圣人无常心，以百姓心为心"。如果我们有这样的境界，为天下的生存而生存，还有什么个人的宠辱之可惊？还有什么个人大患之可畏？

总之，《老子》本章前一节"宠辱若惊，贵大患若身"似在谈"贵身""贵己"和"贵生"，这是道家的一般思想，后来《列子》和《淮南子》中的许多"为我"思想便是这种思想走偏了的代表。接着第二节"及吾无身，吾有何患"是一种方法，它表面似乎否定了前面的"贵身""贵己"和"贵生"，实际上是对前者的一种扬弃和超越。而最后一节的"贵以身为天下""爱以身为天下"乃是综合了"贵身"和"无身"的思想。使"无身"不致落于虚无的窠臼，而转出了"为天下"的境界。《礼记·儒行》中有一句："爱其身而有为也。"虽然这个"有为"是儒家的思想，但"贵以身""爱以身"而为天下却是老子讲"圣人之治"的主旨。这是老子思想积极的、正面的意义。所谓"寄天下""托天下"是指为天下万物所寄所托，这说明了我们的身体和天下万物连成一体。我们的"贵以身""爱以身"，不是膨胀自我去干扰天下，相反的，是把自己纳入了天下万物之中而和它们息息相关，所以天下万物也在我们的怀抱之中。

新语

本章很多读老者常会强调"若吾无身，吾有何患"，认为老子强调无身，这与佛家的无我相通。其实佛家视这个身为臭皮囊，要舍弃它，而老子的道家却重视这个身，要好好保养它，用它去长生不死。当然佛家真正的意思也是爱身，只是要不执我相，在这一点上，老子也有相同的看法，在本章中老子一面要我们不可把自己寄托在别人的宠爱，或推重，所以才说"宠辱若惊"，才要我们"无身"，即不执着这个靠外在推重的身。另一面，在本章中讲"贵以身为天下"和"爱以身为天下"，把己身转而"为天下"，这是把己身提升而与天下人民结合在一起，这一点似乎和孟子的推己及物相似，但真正的精神仍然不同，老子法天地自然，在圣人"为天下"之后，这个"自我"便与天地万物融成一体，与万物同化，便无个人己身的得失祸患了。

第十四章

扫一扫，
进入课程

视之不见，名曰夷；听之不闻，名曰希；搏之不得，名曰微。

此三者，不可致诘，故混而为一。

其上不皦，其下不昧，绳绳不可名，复归于无物，是谓无状之状，无物之象，是谓惚恍。

迎之不见其首，随之不见其后。

执古之道，以御今之有。

能知古始，是谓道纪。

语译

用眼看不到的，叫作"夷"，用耳听不到的，叫作"希"，用手抓不到的，叫作"微"。这"夷""希""微"三者都是描写我们的感觉官能无法探索宇宙生化的本质。因为这个本质是浑然的一体的境界。由于是浑然的，所以在外没有光亮可以识别；由于有真体的存在，所以在内又不是昏暗不明的。这个生化的本质，微妙如丝，绵绵不绝，无可名状，好像回归于没有物质的本然境界。它是没有形状的形状，没有物质的形象，可以称为若有若无的"惚恍"。我们面对它，却看不到它的前面；追随它，却看不到它的后面。尽管如此，如果我们真能把握道的作用，也就能运用万有的一切。如果我们真能知道自古以来道的作用，也就能实证道的原理。

要义

1. 本章前段写道的不可捉摸，也就是道体的不可知。

2. 后段讲道在现象界的作用，是有纪有律，有理路可循，有方法可用。

混而为一的本体

"夷"，《广雅》释："夷，灭也。"河上公注："无色曰夷。"而根据《老子》第四十一章："夷道若纇。"此处的夷，又作"平"的意思。综合起来，"夷"是没有形象色泽的意思。这是描写宇宙生化的本体是肉眼所不能见到的。

"希"，河上公注："无声曰希。"在《老子》书中也说："希言自然。"（第二十三章）"大音希声。"（第四十一章）这句话是指宇宙生化的本体不是耳觉所能听到的。

"搏"，《说文解字》手部："索持也。"也就是用手去抓取。"微"，河上公注："无形曰微。"这是说宇宙生化的本体是用手抓不住的。

"此三者"是指"夷""希""微"。河上公注："不可致诘者，夫无色、无声、无形。口不能言，书不能传，当受之以静，求之以神，不可诘问而得之也。"虽然河上公用无色、无声、无形来注"夷""希"和"微"，但这三者不是真正的"无"，只是说不能用"色"求，不能用"声"听，不能用"形"取而已，但这三者仍然是有体的，而且是同一个体，所以说"混而为一"。公孙龙有一个著名的论题，叫作"坚白石"。究竟坚白石是一个实体呢？还是三个观念呢？公孙龙的答案却是二。就是坚石和白石，因为手触之得坚，目视之得白。这两种感觉不能同时存在，所以是二。这是名家的诡辩，但也说明了一个现象，就是由不同感觉官能所认识的物体，是支离的，并不能洞达物体的大全。《金刚经》上也说：不能以色相、音声见如来。

所谓"混而为一"是指这三者，"夷""希""微"既然是无色、无声、无形，便混而不可分。这不可分处就是"一"。"一"是"有"，是有体，但"一"在形色之上，又是"无"。实际上"一"是万物生化时由"无"到"有"的发展。

道外暗而内明

"其上不皦，其下不昧"可以有三种解释：

（一）指上下不分："上""下"和"皦""昧"都是相对之词。"皦"是光亮，"昧"是黑暗。这两句话承接前面的"混而为一"。既然是"混"，是"一"，那么便无所谓"上""下"和"皦""昧"的分别了。

（二）指外暗内明："上"是指外面，也就是从外面来看，"不皦"就是看不清楚，这就是"混"。"下"是指内在，也就是内的作用。"不昧",是指并非真的黑暗混浊,而是纯然清明,这就是"一"。

（三）指体无用有:"上"是指形而上,是指本体,"不皦"就是"无"的境界;"下"是指形而下,是指现象,"不昧"就是"有"的作用。

比较以上三种解释,第一种只是描写"混"的状态,无关义理。而后两种却可归纳为一个意思,就是指宇宙生化本体虽非形色可见,却是真真实实的存在。由于它非形色可见,所以我们用"无"来称呼它,这是就本体而言的。由于它有真实的存在,所以它是"有",这个"有"在现象界的作用,又是历历分明的。这就是它之所以虽不皦,但却又不昧。

道貌不岸然

"绳绳",河上公注:"动行无穷极也。"陆德明注:"无涯际之貌。"憨山注:"绵绵不绝之意。"这都是就"绳绳"两字所代表的意思来说的。王淮说:"老子'绳绳兮不可名',自河上公以下,两千年来无的解,拙作《绳绳考》引高鸿缙先生《中国字例象形篇》:'玄,即"绳字之初文"之说,证明"绳绳"即"玄玄"。'"这是就"绳"字的本身意义来说的。这些注解都不离"绳绳"在此处所代表的意思。唯我们进一步探讨,为什么《老子》此处不直接用"玄"字,而用"绳"字呢?也许前文谈"混而为一",这个"绳"字是"一"字的形象而来的。因为"一"像一根绳子,就其延伸来看,是绵绵不绝的;就其向本源的探索来说,又是玄之又玄的，因为"一"正连接了"无"和"有"，也综合了"无"和"有"。

就"连接了'无'和'有'"来说，这是指由"体"起"用"，最早的阶段是"一"，所谓"道生一"（第四十二章），所以从"有"以窥"无"，我们便碰见了这个无色、无声、无形的体，这是我们用感觉作用之所不能及，而必须由"常无"去"观其妙"。

再就"综合了'无'和'有'"来说，这是指本体在现象界的作用，它时时呈现了"有"，却又时时以"无"来超化了"有"，这就是所谓的"抱一"。这个"一"一面是"有"，一面又是"无"。

由于这个"一"在"有""无"之间有这样的作用，所以是"不可名"的。因为一有了名，便会有色、有声、有形，便会有所染着，而无法绵延不绝。所谓"复归于无物"并不是落入虚无之中，而是回到本体的"无物"的境界。但在这里，我们必须注意的是，所谓"复归"并不是退回到原始点，而是在进行中，时时保持"无"的境界。这就是冲虚为用的意思。

"无物"并非真的一无所有，而是无状、无象而已。"无物之象"一句，高亨说："无物之象，苏辙本、林希夷本、董思靖本并作'无象之象'。"这一字之改，无关义理。但无状之状，必有本；无物之象，必有质。诚如憨山说："杳冥之内，而至精存焉。故曰无状之状。恍惚之中，而似有物焉，故曰无象之象。"

"迎"是指向上的探索，即追求生化的本源。"随"是指跟在后面探索，即研究生化的作用。"不见其首"的首有两义，一是前面，一是开始；"不见其后"的后也有两义，一是后面，一是末尾。说前后，这是就空间来论；说始末，这是就时间来论。所以这两句是描写宇宙生化之体的超乎时空。

道用在有纪

从以上的描述，可见这个生化之体是：无色、无声、无形、无名、无物、无状、无象、无首、无后。记得禅宗里有一个相似的故事：

> 祖（慧能）告众曰："吾有一物，无头无尾、无名无字、无背无面，诸人还识否？"师（神会）乃出曰："是诸法之本源，乃神会之佛性。"祖曰："向汝道无名字，汝便唤作本源、佛性。"

我们暂且不论禅宗里所谈的和老子所说的是否是同一个东西，但他们用这个"无"字来显体的方法却是相同的。慧能直斥神会称呼"无头无尾、无名无字、无背无面"为诸法本源，同样，我们如果直接把"无物""无状""无象""无首""无后"当作生化的本体，也和神会犯了同一的错误，因为"无"不是生化之体。这些"无"字只是用来形容生化之体的精妙而已。

这两句话语气一转，从前面的"无"转到了"有"。注意全章写到这里，才点出了一个"道"字。"道"是用来代表生化之体的，但"道"同时又是生化之用。"执古之道"里的道，显然是指生化的作用。因为前面已说得明明白白，生化本体是无法捉摸的，那么这里可执的当然是它的作用了。能把握它的作用，就可以"御今之有"。"御"是驾驭，也就是运用的意思。"今之有"

是指现象界的一切事物。由于我们了解生化的作用后，我们顺着这种作用而发展，自然能和万物同化。

"道"是不可知的，而"古始"却可知。什么又是"古始"呢？王弼注："上古虽远，其道存焉。虽在今，可以知古始也。"这里的"道"是指道的作用，因为道的作用，是存在于现象界的，是从古到今一直作用着的，所以我们能从今以知古。河上公更注说："言人能知上古本始有一，是谓知道纪纲也。"这是把古始解作"一"，因为"一"是道从"无"到"有"的起用。所以"一"也是道的作用之始。

那么这个"纪"又是什么？河上公解作"纪纲"，憨山接着说："纪，纲纪，谓统绪也。"意思大致不差。至于韩非解为："道者万物之始，是非之纪也。"（《主道》）过分偏于治理，而吴澄解为"道纪者，德也"，又失之空泛。

我们通观本章的文意，前面都是描写"道体"的不可捉摸，所以讲"混而为一"，讲"惚恍"。直到最后几句话才是全文的结论，尤其"道纪"一语正是全文的眼目。"纪"字按《说文解字》注："纪，别丝也，从纟己声。"段注："别丝者，一丝必有其首，别之是为纪。"这是说"纪"就是一缕缕的丝。"道纪"中的纪是针对"始"而来，有了"始"之后，便有发展，"纪"便是这些发展的轨迹。这个"纪"就像"记录""记载"一样，不过"道纪"不是人去记录，而是道的生化作用所留下的规则。有了这个"道纪"，尽管我们看不见、听不到、摸不着道体，但我们却可以依于"道纪"而行，而和天地万物的生化同发展。这也是前面说的"其内不昧"，不昧就是它作用的历历分明，可以为万世所取法。

新语

本章的一句关键语是"其上不皦，其下不昧"，因为前一句是针对上文，道的不可知，不可闻，不可触，混而为一，所以是"不皦"，这是老子常用的"玄"字，至于下一句是针对最后一段的"能知古始，是谓道纪"，道纪就是道走过的路子，也即道的作用，却是清清楚楚，有轨迹可寻。

就道的"不皦"来说，我们取法于道，就要不自以为知，禅宗赵州和尚说："至道无难，唯嫌拣择，才有语言，是拣择，是明白，老僧不在明白里。"（《碧岩录》第二则）所谓"不在明白里"就是不自以为有智慧，能洞察，能分辨。这是一种无知的功夫。再就道的"不昧"来说，道的作用是有因有果，自然而条理不紊的，我们效法道的作用，就是所作的一切都顺乎道的作用。道的作用又是什么？落实来说，如物极必反，柔弱胜刚强等等，都是我们可以取法，可以运用的。

第十五章

扫一扫，
进入课程

古之善为士者，微妙玄通，深不可识。

夫唯不可识，故强为之容：

豫兮，若冬涉川；犹兮，若畏四邻；俨兮，其若客；涣兮，若冰之将释；敦兮，其若朴；旷兮，其若谷；混兮，其若浊。

孰能浊以止，静之徐清，

孰能安以久，动之徐生。

保此道者，不欲盈。

夫唯不盈，故能蔽不新成。

语译

古来，善于修道的人士，他们都有致精微、寓神妙、体虚玄、通事理的功夫。是那么的深入，而不易认识。正因为不易认识，所以在这里，我们勉强地就外面来加以描写。他们的态度，谨慎小心，好像在冬天去渡河；犹疑不决，好像四面八方都是危险；他们的处事，严肃的时候像客人一样的被动，而热情焕发的时候，又像初春的冰释，一片和气。他们的心性，纯洁得像一块未经人工雕琢的木块，谦冲得像深谷一样虚无，而又生机毕现。他们的与物相交，混然一片，不免看起来像浊水。谁能够使这池浊水澄澈呢？他们的功夫，乃是用一个"静"字，使他们的心逐渐地归于清明，不因物欲而混浊。清明之后，谁又能使清明永在呢？他们的功夫，乃是自然的运作，保持清明之心与万物之化，徐徐地相融相生。在这相融相生的发展中，他们又时时保持"不求过度、过多"的心理。遮掩住他们的才智和光辉，不求那些急功和小成。

要义

1. 本章写行道之士的态度心性。
2. 有道者的运用在于一个"徐"字。

有道之士的深不可识

王弼、河上公等版本作"善为士"，傅奕及近代许多版本改为"善为道"。其实，这里所谓"善为士者"，乃是"善为道之士"。所以一字之改，无关义理。

"微妙玄通"是本章的重点。很奇怪，王弼没有加注，而河上公注得很粗。后来的学者，也都是就字的表面来解释，如苏辙说："龉尽而微，微而妙，妙极而玄，玄则无所不通。"唯近代学者，如王淮、张扬明等对这四字特别重视，如王淮说："微妙，喻其'体'之无为，玄通，喻其'用'之'无不为'……是故'微妙玄通'四字乃所以喻修道者之全体大用，故下文曰：'深不可识。'老氏拈此四字岂轻易为之者，而历来注家皆等闲视之，以为随便形容之语句，亦可谓不善读老氏书者矣！"

这话说得极是，唯这"微妙玄通"四字还可以四分法像易乾卦的"元亨利贞"四字，代表四德。我们之所以把这四个字分开来讲，有两个原因：

（一）这四字中，除了"通"字外，其他三字，都单独使用过，而有其特殊的意义，如："玄之又玄"（第一章），"众妙之门"（第一章），"搏之不得名曰微"（第十四章）。"玄"是指虚玄，"妙"是指生化之妙，"微"是指无形色的表现。所以这四个字都可以单独来解释。

（二）单就"无为而无不为"来说，并没有构成"深不可识"的条件。而此处提出"微妙玄通"，必与后文所描写的各种态度、行为、心性和处事的方法相关。因此，单说"无为而无不为"未免太笼统了一点。

如把这四字分开来，去解释下面所描写的一切，也许更能前后呼应，从而息息相关。

因此如果把这四个字和后面的描述配合来解，"微"是指思想的精微不可知，"妙"是指心的生化之妙，"玄"是指性的冲虚玄深，"通"是指事理的通达无碍。由于这四方面都表现得非常深入，因此是不容易认识的。

"强"是勉强的意思，因为既然修道之士的精神是深不可识的，所以不容易了解，此处只能勉强地加以描述而已。也就是说只能从外面来形容。

有道之士的态度和心性

"豫"，按《说文解字》："豫，象之大者。"这是豫的本字，后来引申借用而为迟疑、逸乐和准备等义，此处是形容表面上小心谨慎的样子。"冬涉川"，当然更须留神，否则便有失足之患。《易经》中有一卦叫作"豫"，该卦第三、第四两爻都劝人不要迟疑犹豫。可见这个"豫"字和迟疑犹豫有关。这是从负面来解说的。而正面的意思，乃指要有诚正之心，才能渡河涉险。

"犹"，按《说文解字》："犹，玃属。"这是犹的本字，是属于猿猴类，性多疑，畏人。"犹"字引申为犹豫不决的样子。"若畏四邻"就是描写他对四周环境的心存戒惧。在《易经》中也有一卦叫"震"，是描写震惊之来时的那种戒惧之情，在第六爻上，也谈到"邻"字，象辞便说"畏邻戒也"。也就是指"畏四邻"的戒惧之情。

这两句话是描写修道之士在外貌上的态度，好像犹豫不决、畏首畏尾的样子，如"建德若偷"（第四十一章）。其实，真正的意思是指他们的思入精微，洞烛机先。这是他们在思想上精微的表现。

"其若客"，王弼本作"容"，而河上公、傅奕等各种版本都作"客"。"容"字抽象，"客"字具体，此处各句都是从外在来描写，所以我们依从多数版本，改作"客"字。

"俨兮"是指严肃的意思。"客"是主客相待的客。第六十九章说："用兵有言：吾不敢为主而为客。"所以"客"是不为主动的意思。这和《老子》中的"雌"相通，即指不为万物主导，而能顺着自然而化。

"涣兮"是指涣发的意思。"冰之将释"是譬如春天的阳气，使冰冻解封，使得万物滋长。

这两句话乃是描写修道之士的待物之心，似乎把万物都当作主人，顺着它们而走，不自以为是万物的主子，而任意控制、宰割万物。这个"俨"字，写出他们态度的肃穆，但这只是他们无心的一面，另一面，他们又如三春的暖气，使万物都能受到他们的感应而化。"俨兮其若客"就像冬天的潜藏、含蕴，"涣兮若冰之将释"就像春天的萌芽、发育，这就是生化之妙。

"朴"，河上公说："敦者，质厚。朴者，形未分。"也就是指未经人加工的素木。在《老子》中，它是一个重要的术语，专指心性纯朴的境界。如"见素抱朴"（第十九章），"无名之朴，夫亦将无欲"（第三十七章），"我无欲而民自朴"（第五十七章）。

"旷"和"谷"，按河上公注说："旷者宽大，谷者空虚。不有德，功名无所不包也。"所以"谷"是象征冲虚之德，也即是"生而不有，为而不恃，长而不宰"的玄德。"玄"字一般都被解作神秘、深奥的意思，其实，从此处"玄德"所指来看，却是"无执""无为"的意思，也是"朴"和"谷"所象征本性纯朴冲虚的意思。

"混"和前一章"混而为一"的意思相同。是指从外面来看，我们看不清他们的底细，所谓"深不可识"，也就是"玄"的意思。在这里，我们看出"玄"有两层意思，就内在来说，玄是本性的纯朴和冲虚，是一种德；而从外面来看，却是"深不可识"，所以也是指玄深的意思。但本句不说"玄"而说"浊"，因为是以水为譬，如"冬涉川""冰之将释""其若谷"都是关于水的，这里也用"水"的浊，来说明修道之士的混然一片，不可捉摸。

另外，此处之所以不用"玄"，而用"浊"，还有一个理由，因为讲"玄"往往使人从深处去探讨，而讲"浊"却使人往用处去思想，这也就是接着这个"浊"字，引出了下面两句，如何由"浊"而"清"，如何由"体"起"用"。

清静安动之法

这两句话考注家都有不同说法，譬如王弼注中有"夫晦以理物则得明"一句，后代学者，如易顺鼎、陈柱等，便多加一句，补入原文。但这句话较抽象，不若原文由"混兮其若浊"，接下去便谈"孰能浊以止"，文气较顺，理路明畅。而王弼之夹入此句，也许是他的解释，未必一定是注释，何况其他版本多无此语，我们实在没有必要多增一句，平添麻烦。

再就这两句原文来说，王弼和河上公版本相同，都是"孰能浊以静之徐清，孰能安以久动之徐生"，文句不甚相称。据道藏的河上公本，在"以"字下有一"止"字，和下句的"久"字对称，所有版本都有"久"字，唯永乐大典本无"久"字，因此近代学者，如王淮、张扬明等，索性把"止"与"久"都删掉了。但我们觉得，既然诸本都有"久"字，存之较妥。再增一"止"字，无关义理，而在文气上也较顺适，所以我们就依照道藏河上公本而补。

"孰能浊以止"是承接前面的"浊"字而来。这个"浊"固然是指修道之士的深不可识，但它毕竟是一个负面意义的字，也就是指混浊的意思。混浊如何产生？是因为接于物，而念动，而欲生。但这里的"念"和"欲"并不一定是指不好的"私念"和"人欲"，只是"意"和"气"之动而已。王阳明曾说："彼此但见微有动气处，即须提起致良知话头互相规切。"（《与黄宗贤书》）这里"微有动气处"就是"浊"的现象。在《老子》中，第三十七章也说过："化而欲作，吾将镇之以无名之朴。无名之朴，夫亦将无欲。不欲以静，天下将自定。"第三十七章中所说的是政治的道理，而本章所谈的是修道之士的心性功夫。但对于这个"浊"和"欲"的化解之道，却都是一个"静"字诀。

在我们的心性接于物，而意念动时，就像一盆浊水，我们不能用激烈的方法，使它清澈，因为越搅反而越浊。最好的方法，就是使它静下来，顺乎自然。注意我们这里所谓"顺乎自然"，有点不同于"任其自然"，因为后者往往会流于不管不问，而前者却是顺着自然而走。这个"徐清"的徐字很重要，正写出了自然的精神，是徐徐而清的。像那溪谷的泉水，绵绵不绝。

前一句，点出了一个"静"字，但"静"不是死寂，不是停止。"静"是在"动"之中的，所以接着老子说："孰能安以久，动之徐生。"又拈出一个"动"字。为什么下一句，要提到"安"和"久"？这两个字，乃是从上一句的"清"字而来，"清"是指精神的清明。这个"清明"不是昙花一现，如何才能保持它的安久呢。功夫乃在"动之徐生"。"动"不是激动、乱动，而是精神的清明，推动了万物的生长。因为此处是修道之士的心性和万物的相接，由"浊"而"清"，由"清"而"生"。如果他们只想保住自己心性的清明，是永远保不住的，只有把自己纳入万物中，和万物一起生生不已。所以"动之徐生"，乃是融入万物之中，和万物同化，这是本章开端所说的"微妙玄通"的通字。许多学者的注，都把"徐生"接合在"通"字上，如苏辙说："知灭性之非道也，则动之。动之而徐自生矣！《易》曰：寂然不动，感而遂通天下之故。"王元泽说："有道之士所以物莫能浊者，以其静之徐清，归于寂定。感而遂通，故徐徐以生。"所谓按照《易经》上所说是"通天下之志"（《系辞上传》第十章），也就是通达天下万物之心，和他们共生共长。

自此以下两句是全章的结论。本句先归结到"不欲盈"三字。"不欲盈"是承接了"徐清""徐生"而来的。老子的哲学，讲"无"，不是空无，讲"有"，不是顽有；讲"静"，不是死静，讲"动"，不是蠢动，这一个"徐"字就把整个"无"和"有""静"和"动"贯串了起来。贯串在"徐生"上，天下万物就是那么似无似有、若静若动地徐徐而生。看那大地上的一棵草花，好像一动也不动的，事实上，它却无时无刻不在生长。看那深谷的一溪流水，不断地向前奔注，却又永远地躺在那里休息。这是静中有动，动中有静。所以看起来无动静，却都在徐徐地生生不已。这就是道。

"保此道者"，这几个字看似普通，却很重要。因为这句话不是指一般的修道者，否则单单"不欲盈"三字，太过笼统而软弱，归结不了前面所叙述的各层深义。所以"保此道"，乃是指"修道之士"已在修养这个道，最后再强调如何去保养这个"修道"的方法。如果我们参照禅宗对于修和悟的关系，有所谓悟前的修和悟后的修。那么此处的"保此道者"就是悟后的修。也就是在与万物共化共长的"徐生"时，始终要保持住"不欲盈"的心理。不要求过快、求过多。否则便会犯了有心控制道，又变成了"浊"而不清。

此句，王弼、河上公本作："蔽不新成。"淮南、大典本，"蔽"写成"敝"字。近代学者，如易顺鼎、马叙伦等，据《老子》第二十二章有"敝则新"，因而认为"不"字为"而"字的形误，于是改为"敝而新成"。

《老子》第二十二章虽有"敝则新"之说，但就王弼本，此处的"蔽"和"敝"不同。就河上公本，第二十二章是"弊"，也与此处的"蔽"不同。所以就同一个版本来说，该两章所用的字，已不是同一个字，因此其所指，当然不同。再就意义来说，"敝则新"所讨论的是相对概念的问题，而此处讲的是修养功夫。所以两者所论的主旨也不同。再者"敝则新"的新，和"新成"的新字所指也不同。前者只是泛指"新"的事物。而后者联结了一个"成"字，便有成就、成功的意义，已犯了老子"盈"字之病。

我们仍旧依照王弼注的原文，不仅解得通，而且前后还有呼应。这个"蔽"，王弼注"覆盖也"，河上公注"愿光荣也"，都是就道家的修养来解释的。所谓"挫其锐，解其纷，和其光，同其尘"（第四章）就是"蔽"。所谓"不自生"（第七章），"不争"（第八章），"不如其已"，"身退"（第九章）也是"蔽"。而在本章中，这个"蔽"正是"不欲盈"的功夫。"不欲盈"是我们的心理态度，"蔽"就是实践的方法。譬如我们要做一件事业，我们当然希望它成功。所谓"不欲盈"并非要半途而止、功败垂成。而是在成功之时，要遮蔽我们的光芒，使它不致让别人难受。所谓"不新成"，就是不求新成，不夸新成。这是照应"徐生"而说的，一切都是顺乎自然而生。即使有所成就，也是自然的成就，哪有"新成"之可言？

全章发展到"蔽不新成"，正可和前面的"深不可识"前后对照呼应。修道之士之所以"深不可识"并非由于他的太过高深或故弄玄虚，而是他的谨慎小心，冲虚为用，性体纯朴，顺乎自然，而又时时遮盖他的成就，不夸耀于人。所以他才真正能够"微妙玄通"，和万物合一。

新语

本章承前章的"不皦""不昧"，一面写行道之士的"若冬涉川""若畏四邻"是指他的谨慎小心，不以己见为是，这是"不皦"，即不夸耀自己。另一面写心性的"冰之将释""其若朴""其若谷"，又是内心的清明自在，这是"不昧"。

要达到这种境界，本章最重要的两句话是"静之徐清""动之徐生"。而这两句话的功夫就在一个"徐"字，这个"徐"也紧扣在第六章的"绵绵"。曾有学生问我，在今天竞争激烈的社会，对于决策的事情，必须当机立断，如果徐徐做决断，便会错失良机。其实做决断的时候，也许是快速地一击，但这里的"徐"不是指这需要当机立断的一击，而是指这一击的前和后，这一击并不是突如其来的，否则便是一意孤行，在这一击前必须有深厚长远的经验，这些经验的累积都是徐徐而成，"徐徐"或"绵绵"才有深度，才有功力。有智慧才能判断这一击是否恰当。在当机立断推行起来，也要徐徐地推动，因为徐徐地推动，有三点好处：一是有机会，有时间不断地慢慢修正；二是在新的政策的推行中，也是新的经验，也需在徐徐中慢慢地累积；三是徐徐就是空间的延伸和增添，所以徐徐地推行，可以给自己更多的空间可用。

我们今天的企业界常讲投机，好像这个"机"突然而来，我快速地抓住它，但并不是人人都可投机，外面有"机"，而自己也有成熟的经验智慧可以去投。这个经验智慧都是需在"徐徐"中获得的，最好的例子，禅宗也讲投机，即抢禅机，如某禅师三十年的功夫都在禅坐，坐破了好几个垫子却未顿悟。有一天，雨过天晴，他打开窗帘时，见到外面的雨后清明现象，突然而悟，他这顿悟虽然是打开窗帘的突然一刹那，但三十年的禅坐却是"徐徐"的。所以老子和禅宗说到功夫处时，是一致的。

第十六章

扫一扫，
进入课程

致虚极，守静笃。

万物并作，吾以观复。

夫物芸芸，各复归其根。

归根曰静，是谓复命。复命曰常。

知常曰明，不知常，妄作凶。

知常容，容乃公，公乃王，王乃天。

天乃道，道乃久，没身不殆。

语译

修养心性，由虚而达纯一的境界，由静而达真笃的地步。再看现象界，便能从万物的纷纭竞逐中，深观到"复"的原理。万物纷纭复杂，最后都回归到它们的根本。回归到根本，叫作静的境界。这里所谓的静，是指万物都回到自然的大生命中。万物回到自然的大生命中，便是万化生生不已的常道。了解这个生生不已的常道，我们的心便彻悟而不迷。否则不知常道，便会违反自然，而招致不幸。了解常道，我们的心，便能开放而容纳一切。

能容纳一切，便大公无私，而无差别相。大公无私，便能像王道一样为万物所归。为万物所归，便能和天道同行。和天道同行，便能和道合一。和道合一，便能和万化共长久，便能超诸形骸，生生不已。

要义

1. 本章强调修养的两大功夫："致虚"和"守静"。

2. 从致虚守静的内心清明，再观照万物变化之常，来告诉我们如何守常之道。

致虚守静以观复

"致虚"和"守静"是修心的功夫。为什么在"致虚"之后，加一个"极"字，"守静"之后，加一个"笃"字呢？王弼注说："言致虚物之极笃，守静物之真正。"王弼已注意到"极"和"笃"两字的存在意义。唯以"极笃"和"真正"来作解，仍然不够具体。

先说"致虚极"的功夫。"致虚"是虚其心，也就是虚掉心中的观念执着。但这个"虚"并不只是把整个心空掉，因为这样便会落入了顽空的境地。在老子思想中，这个"虚"，是用，也是我们前面常提到的冲虚为用的意思。那么"虚"何以跟着一个"极"？这个"极"并非通常所指语的"极度"，而是哲学用语上的"极境"的意思，如太极、无极、人极和"君子无所不用其极"（《礼记·大学》）的极字，都代表最高的境界。所以"致虚极"乃是说由虚而达到这个极高的境界。这个境界，可以用老子的

"一"来说明。因为"一"是"有"之极，"虚"就是"虚"其所有。"虚"到最后，不是什么都没有，而是"虚"掉了一切对物质的"有"和观念的"有"的执着，而使这个"有"变得纯然无杂，这就是"一"。所以就修心来说"致虚极"，就是由虚而达到精神上的纯一的境界。

再说"守静笃"的功夫。"静"字在《老子》的书中是指"无欲"的意思。如第三十七章所谓"不欲以静"。就是说"无欲"，则此心便归于静。所以"静"不是死寂，不是一点念头都没有，而是没有私欲。没有私欲，则此心归于纯朴。这个"笃"是"笃实""真诚"，也是精神纯一的境界。

由此可见"致虚极，守静笃"的"极"和"笃"都是归于纯一。荀子有一句话最能表达这个境界，他说："虚一而静，谓之大清明。"(《解蔽》)也就是由"虚"、由"静"而达到心的最清明纯净的境界。这种境界，就像镜子一样，它本身明净无疵，却能如实地照物无遗。

"并作"指万物的纷纭发生和成长。一般人只看到万物发展的现状，有的高，有的低；有的好，有的坏。就是同一个人的十个手指也有长有短，这就是所谓现象界的差别相，但有道之士不从差别相中去分高低、别好坏，而要看它们的"复"。

老子这句话中有两个重要的字，就是"观"和"复"。这个"观"字在第一章中曾用过，如"常无，欲以观其妙，常有，欲以观其徼"。此处的"观"和第一章中的"观"是同一种作用。因为"致虚""守静"和"常无"的功夫相同。这就是说在我们由"致虚""守静"，使得心智达到纯一不杂的清明境界，然后我们才能有深入了解天地造化之妙的"观照"作用。

这个"观照"作用，所观的是万物之"复"。那么什么又是"复"呢？王弼注说："以虚静观其反复。凡有起于虚，动起于静。故万物虽并动作，卒复归于虚静，是物之极笃也。"王弼此处解释这个"复"字是紧扣前面的"致虚极，守静笃"而来。把"复"解作归于虚静，归于极笃。虚静是"无"，极笃是"一"。

在《易经》中也有一卦叫作"复"，王弼以老子的思想去注这个复字，说："复者，反本之谓也。天地以本为心者也。凡动息则静，静非对动者也。语息则默，默非对语者也。然则天地虽大，富有万物，雷动风行，运化万变，寂然至无，是其本矣。故动息地中，乃天地之心见也。若其以有为心，则异类未获具存矣。"王弼这段话是注《复卦·象辞》的"复其见天地之心"的。虽然用"静"来释"复"不是《易经》的原义，后来程伊川曾对此加以反驳。但就老子思想来说，王弼把"复"解作反本，把静当作万物的根本，认为静不是动的相对语，而是动的根本，却是非常精到的见解。

不过在《老子》书中，这个"复"字有两层意思，一是"复归"，一是"复反"。"复归"是指归于根；"复反"是指返于道。这两层意义在本章中都有交代。而此处的观复，就是要从"归根"观到"返道"。

归根复命以知常

"芸芸"是指纷纭复杂、繁华茂盛的意思。这是现象界的差别相。"各复归其根"的根字，王弼注说："各返其所始也。"河上公注说："言万物无不枯落，各复返其根而更生也。"一般来说，叶落归根，都是指树叶的枯死，这是自然界的片面现象。所谓片面就是指局限于某一形体的生死。这是我们用肉眼之所见，私欲之所执，而不能见大全。要见大全，必须透过"致虚极，守静笃"的功夫，使我们的精神眼，能超越片面的生死，而悟解到万物复于根，而能再生的生生不已。

王弼注"根"为"始"，河上公注"根"为"更生"，都是一针见血地指出了"根"是生机之所归，也是生机之所发。正如《老子》第六章所说："玄牝之门，是谓天地根。"这是生天生地的根，也是化生万物的根。

道的作用像根，它像一个含藏了无限潜能的充电器，当万物的能量逐渐用光时，便归返于它，经过它的充电，又带着充沛的能量再发展。它能化腐朽为神奇。这是道的妙用，也是根的妙用。"观其复"就是要深入的观照，万物如何回到这个根，再由这个根而发芽，以参与天地生生不已的化育。

"归根"的根是指植物的根，这是一个象征。就植物来说，叶落归根，它们必须凋谢之后，化作春泥，然后再被吸收入根里。可是就人生来说，我们不能等到死了以后，化作泥土，再托形于其他物体以新生。在我们有生之年，必须修养自己，使自己持续不断地新生。为了这点，老子在接着"归根"之后，立刻说"归根曰静"。也就是说：归根不是死亡，而是归于"静"。"静"也不是死寂，而是"无欲"的境界。就万物的现象来说，"归根"是回到大地中，当然是进入静的世界。但这只是我们用肉眼来看，其实，万物进入大地之后，是否静止呢？绝对不是，它们仍然在动，大地何曾静止过？"静"只是我们对感官不易觉察的现象的一个称呼而已。再就人生的修养来说，"归根"就是回到我们的本心来，回到纯然无欲的境界中。所谓"静"就是前面"守静笃"的静。由于我们的心能"守静"，以致纯然不杂，因此我们观照外物，才能由动中体验到它们静的一面。诚如程明道的诗句："万物静观皆自得。"有此心境，再看万化，则必能如僧肇所说："旋岚偃岳而常静，江河竞注而不流，野马飘鼓而不动，日月历天而不周。"（《物不迁论》）这里所谓的"常静""不流""不动""不周"都不是静止，而是自性的境界。所以老子接着"归根曰静"，便说"是谓复命"。

为什么称"归根曰静"为"复命"。照现象界来说，叶落归根是叶的凋谢，这是失命，为何反称为"复命"呢？这个"命"字在《老子》书中只用到两次，另一次是"夫莫之命而常自然"（第五十一章），这是当作动词用的。所以作名词用的"命"只有本章一处。这个"命"字一般来说有四种意义：是指天命、运命、生命、慧命。慧命是佛家语。在儒家中也有所谓德命。但这种用法，只是强调慧和德。"命"只是一个添加语，只是强调其智慧生命，或道德生命而已。老子此处，当然不是谈慧命或德命，也不是谈运命。这里的"命"可以兼有"天命"和"生命"的两层意义。不过这里的"天命"也不是宗教意义上的天命，而是指自然所赋予的生命。因此这里所谓"复命"乃是复归自然的生命。如果说"归根"对于有形的个体来说，是躯体生命的结果，那么，"复命"便是个体的生命又回归到自然的大生命中。如果说在我们生命的发展中，我们"归根"，就像我们在欲望的追逐中，突然醒觉，回过头来，"见素抱朴，少私寡欲"（第十九章），重新

第十六章

返归自然的怀抱，而获得真实的生命。

这个生命，来之于自然，又回归于自然。老子称之为"常"。"常"和"自然"只是同一个本体的两个面。这相同的本体就是"道"。老子此处，不称"道"和"自然"，而称为"常"，这是因为"常"正说明了生命的川流不息，生生不已。

前面是写"观"，观万物归根复命的常道。此处是说"知"，知万物归根复命的常理。"观"和"知"的不同是："观"是体验，"知"是了解。由"观"而"知"才能真正了解事物发展的必然之理。这个"明"是悟解、是智慧。在这里老子的修养好像和佛家的观照功夫相似，其实却不然，佛家的功夫乃是透过禅定或其他的修持，使得内心的智能产生，而照破愚痴，看破外界的一切虚假。也就是说佛家的智慧是建立在打破外界的执着上而来的，基本上佛家认为万象都是虚假的。《老子》在本章中，讲"致虚""守静"和佛家的功夫无甚差异，但对外物的"观复"却是认为外物都是自然界的真实存在，都是道的流行作用。个体的生命并不虚假，只是短暂的一部分而已。老子的功夫就是把这部分的生命融入自然的大生命中，合而为一。所以《老子》此处的"明"是悟万物川流不息、永恒常住的真理。有此悟解，便能顺乎自然，而不会妄求妄执。

知常之道

"容"，王弼注："无所不包通也。"河上公注："去情忘欲，无所不包容也。"这都是指心量的广大，无所不包容。唯须注意的是"知常容"和前面"致虚""守静"的呼应。因为两者都是描写这个"心"的修养功夫。"致虚""守静"是去执舍欲的修心功夫，其目的在使心纯净。而此处"容"乃是经过了"观复""知常"之后，这个纯净的心又接纳了万物。前者是"虚"的功夫，此处是以"虚"容"有"的功夫。这个以"虚"容"有"的功夫，乃是心和万物的交涉，个体和自然的相融。

能"容"则大，所以"容乃公"。王弼注说："无所不包通，则乃至于荡然公平也。"可见"公"乃是指没有差别心。"公"是"私"的相反，也是指没有私心，没有我执。也就是说尽管万物千差万别，而此心却等量齐观，不做分别。这也正是庄子《齐物论》的境界。

能"公"则能"王"。由于这个"王"字和君王的"王"相同，因此后代学者都以为"王"在此处不甚相类，而设法改变它的形象。其实王弼、河上公、傅奕、景龙等本都是作"王"字。但近代学者以为不然，如马叙伦说："弼注曰：'荡然公平，则乃至于无所不周普。无所不周普，则乃至于同乎天也。'盖王本'王'字作'周'。周字坏脱成'王'。读者以王字不可通，故龙兴碑改王为'生'耳。"又劳健说："此二句'王'盖即'全'字之讹。'公乃全，全乃天'，'全、天'为韵，王弼注云：'周普'是也。"这都是有意要把"王"字改为"周"或"全"字。他们的立论都是根据王弼注"周普"而来的。他们既然强调王弼的注，却又否认王弼的注所根据的《老子》原文，这似乎是倒果为因的做法。因为注和原文不一定是同一个字，或意义极相同的字，否则又何须"注"来解说。就拿这个"王"字来说，本含有周普的意思，所以王弼才用"周普"来释"王"字，现在因王弼的"周普"，而把"王"改作"周"或"全"，岂不是以老子去注王弼了吗？注疏之学的危险，莫过于此。我们说"王"字本有"周普"之意，这是有字源上的根据的，许慎《说文解字》："王，天下所归往也。董仲舒曰：'古之造文者，三画而连中谓之王，三者，天地人也，而参通之者，王也。'"所谓"天下所归往"，正如老子所谓的"执大象，天下往"（第三十五章），这是儒家的王道，也是老子的圣王之治。所以这个"王"是圣王的"王"，本有周普天下的意思。再说董仲舒解"王"字的字义是贯串了天地人的意思，这和此处的"王"字也可相通，因为这里的"王"，是人道，而"公"是公平无私如地道，接着而上通于天道。总之，把此处的"王"，看作王道或圣王的"王"，并无任何不可通之处。尤其《老子》第二十五章尚有"道大、天大、地大、王亦大。域中有四大"之句，也是把王和地、天、道连在一起的。如果改动本章的"王"字，势必也要更改第二十五章的"王"字，这样一来，更平添了许多葛藤。

由于"王"是指天下所归往，也就是指自己无私心于万物，万物也就自然地归向自己。这是老子之所以用江海为百谷王来比喻这个"王"。所以此处的"王"乃是指此心和万物的相融相洽。

接着老子又在"王"字之上，说一个"天"字。因为这里的"王"并不是指具体的君王或圣王的人物，而是指为万物所归，或沟通天人的境界，所以"王乃天"是说能有这种为万物所归的境界，便能和天道合一。这个"天"字在《老子》中，有时指自然界的存在，如"天长地久"（第七章），有时指自然界的法则，如"天之道，其犹张弓与"（第七十七章）。但都和创生的观念有关。所以我们把此处的"天"字解作创生的意思，较能符合老子的原意。尤其本章和第二十五章都把"天"字放在"道"字之下，可见"天"是攻于"道"的境界，而"天"又和"地"是对立的。如果我们用《易经》的道理，"天"（乾）是创生的，"地"（坤）是助成的，也和此处的"天"相通。所以"王乃天"，可以解作当万物归向之后，我们便能达到像"天道"一样的，生养万物。不过"天"的生养万物，是给予万物生存发展的原则，使万物能自生自长。同样，修道之士，通过了知常、能容、能公、能王之后，和天道合一，也就能和万物共生共长。

"天"已是一个很高的境界，为何在"天"之上，又加了一个"道"字？固然有形的天地也是因道而生，但这并不是意味着道高高在上，像母亲生子，或上帝创造万物一样，创生了"天""地"。"天"之上加了个"道"，只是说明"天"的生物原则是循道而行的。这个"道"是什么？若勉强用文字来描述，就是自然。所以"天乃道"乃是指能和万物共生共展，便能一切循乎自然，与道合一。

"道乃久"，道是永恒的，本无所谓"久"和"暂"。这里用"久"字是从人的眼光来看。我们能与道合一，便能与道共长久。事实上，人的生命有限，不可能与道共长久。然而如何转不可能为可能？先从现象界来看，所谓"没身不殆"的解释是："没身"是指终其一生，"不殆"，就是没有危险。也就是说一切合乎自然之道，我们终身便能安顺，而无危险。但从形而上来看，"没身"可解作身死或归根，"不殆"可解作不尽，也就是归根复命，而回返到大自然的生命之流中，与万化共永恒。

新语

本章揭出了老子很多重要的功夫字语，如"虚""静""观""复""命""常""容"等，其中最重要的三个字是"虚""静"和"常"，我曾归纳说老子有三知，即"知常""知足"和"知止"。此章提出"知常"两字，这和首章的"常道"可以贯通。本章一开始提出"致虚"和"守静"，这也可以看作"知常"的两个功夫。虚是指气，"致虚"是致气之虚。气本是道在现象界的作用，"道生一"的"一"，有解作气的，本来气是纯然无杂的，所谓"冲虚之气"，如张横渠说"太虚无形，气之本体"（张载：《正蒙·太和篇》）。所以气本来是虚的，可是气到了人身，有重浊之气，即欲望；有清明之气，即精神。所以老子的"致虚"，是涤除重浊的气质，而达清明的本虚的境界。再说"静"是对欲而说的，周濂溪替他的"主静"自注说："无欲故静。"这即承自老子的"静"的思想，静的相对是动，动是躁，是欲望的鼓动。所以能无欲，便归于静。由于这一虚一静，使我们的心归于清明而能"观复""复命"，而知生命的常理。这一思路我们可以下图来表达：

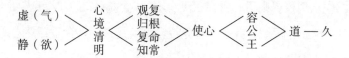

最后我们说"知常"即知常道之理，为常理，即前面说的"道纪"，也即道在现象界的作用，也就是知道如何顺着道的脚步而走。

第十七章

扫一扫，
进入课程

太上，下知有之；

其次，亲而誉之；

其次，畏之；

其次，侮之。

信不足焉，有不信焉。

悠兮其贵言。

功成，事遂，百姓皆谓：我自然。

语译

"太上"之君的治道，使得人民只知道有那么一位君主的存在，而不感觉和他有任何的关系，大家各行其道。次一等的君主，行仁义，立制度，有意为民，而人民也得以亲近君主，赞美君主。再次一等的君主，专重刑法，使得人民惧怕严刑酷法，而不敢胡作非为。最下一等的君主，欺骗人民，残害人民，使得人民铤而走险，群起反抗。这说明了在上位的君主，如果没有诚信之德的话，在下的人民便不会以诚信来对待他。所以真正实践"太上"

之君的治道，要处身无为之事，行不言之教。在默默中，完成天下太平的大功，及使人民各安其居的大业。而人民却不知君主之所赐，反以为一切都是自然而然的。

要义

1. 本章叙述政治的四个层次。
2. 最后归结到"自然"两字。

太上之君的自然无为

"太上"，王弼注："太上谓大人也。""大人"两字见于《易经》，虽然境界很高，却和老子此处意旨不符。河上公注："太上谓太古无名之君也。"这是指在儒家所推崇的尧舜等圣君之前的无名之君。就此处的"太上"来说，河上公的说法是合乎老子意旨的。但在这里，我们又遇到了另一个问题。在《老子》中一再提到"圣人"，又是何所指？《老子》中的"圣人"与"太上"是同是异？与尧舜等圣君又是同是异？

先从后者来说，吾师张起钧教授曾谓《老子》中的圣人是指古代的圣王如尧舜等，这是从源流上来说，儒、道都是从同一个中国文化的源流中出来的，那么儒家所指的圣王，也必为老子所推崇。只是儒家重视礼乐制度，所以都从外在的事功来讲，也就是从尧舜等具体的人物来树立标准。而老子是从内心的修养来讲，因此不提尧舜等人物，而以"圣人"两字笼统称呼，以标出这是一种理想的人物。但这种理想人物并没有远离尧舜等圣王。

那么，为何老子此处说"太上"而不说"圣人"？其实，"太上"和"圣人"都是《老子》中理想的境界或人物。说"圣人"，犹偏于无为的治道；说"太上"，则重在无为的境界。尤其在后面的第十九章，老子特别强调连圣智等名相都要超脱，所以此处不谈圣人，而说"太上"就是有意指出无为的最高境界。

"下知有之"，王弼、河上公注本作"下"，而吴澄、永乐大典本作"不"。虽然有一字之差，但本意都是指太上之君，处无为之事，和人民好像没有关系似的。因此有的人根本不知道他的存在，有的人即使知道有那么一位君主，也好像没有似的。正是所谓："日出而作，日入而息，凿井而饮，耕田而食，帝力于我何有哉！"（帝尧时的《击壤歌》）无论这首歌是否真的是尧时的作品，但它所描写的理想正是老子"太上"的境界。

"亲而誉之"，是指次于"太上"的境界，王弼注说："不能以无为居事，不言为教。立善行施，使下得亲而誉之也。"这是指有为的君主，以仁义礼乐来治理国家。他们对人民有恩有惠，人民自然亲近他们、赞誉他们。就这一理想来说，显然是儒家所标榜的圣君。在本章，和老子整个思想来说，此处的圣君，和前面的"太上"是两个层次。对于"太上"的境界，这是老子政治的最高理想，当然不容我们怀疑。问题在此处"亲而誉之"的境界，老子对它的态度究竟如何？在这里，我们却不得不加以分辨，因为稍有误解，便会扭曲了老子的真义。因为"太上"是最高的理想，是绝对无为的境界。可是"亲而誉之"却有不同的层次。为人民立德、立功、立言，自己却不以为这是功德、至言，可是人民却感受这种功德、至言，这是一种"亲而誉之"。另外，为人民立德、立功、立言，自己有意为之，而人民也感受其恩惠，这又是一种"亲而誉之"。所以最高的"亲而誉之"，可以达到"太上"的境界，如尧舜等圣王，稍次的"亲而誉之"，也是儒家的理想圣君，如文武、周公。再等而下之，历代颇有治绩的君主，如汉的文景之治、唐的贞观之治，也是一种"亲而誉之"。所以在本章中老子虽把"亲而誉之"放在次一等，但我们要了解其中的层次，尤其要认清在真实的政治上，"亲而誉之"已是难能可贵了，"太上"只是老子标出的一个理想。我们说它为"理想"，并没有意味它是虚构的，或是不可能的。其实"太上"的境界是内心的、是至德的。一个"亲而誉之"的君王，如果真能"生而不有，为而不恃，长而不宰"，也就是说不执着他的成就，而能顺物自化，他就是心中有了"太上"的境界。因此我们认为在本章，虽把"太上"和"亲而誉之"分作两个层次，但在真正的实践上，"太上"却可以落实下来，变成了"内圣"，而"亲而誉之"可以推展开去，成了"外王"。

再次一等的君主，不崇尚仁义礼乐的德治，而专任刑法，使人民畏惧。如王弼注说："不复能以恩仁令物，而赖威权也。"河上公注说："设刑法以治之。"王注所谓威权当然与刑法有关，因为君主如果没有生杀的大权，便不能凸显他的威权。可是就刑法来说，在一个"亲而誉之"的良政中，并不是没有刑法。在《尚书·尧典》中便说："象以典刑，流宥五刑。"尽管《尧典》一文的著成年代，学者多有不同的意见，但其中所载都为古事，至少自尧以后，到周代，都有明文规定。可见在尧舜时的圣王之治，刑法仍然是很严的。因为这五刑，即墨、劓、剕、宫、大辟，便是重刑。所以本章"畏之",不只是设刑法而已,而是专任刑法。所谓专任刑法,就是不讲德治,而以严刑酷法,达到使民畏惧,不敢为非的目的。显然这是法家的政治理念。

王弼、河上公本作"其次,侮之",纪昀说:"大典:'侮之'上无'其次'二字。"于省吾说:"按作'其次,畏之侮之'是也。"虽然"其次,畏之""其次,侮之"都是老子所反对的政体。但"畏之"和"侮之"仍然有层次的不同。"畏之"是指的以刑法使人民畏惧。但法虽严,犹有法可循。尤其君主如真能依法而行,尚可以致治。可是"侮之"却不同,这是指君主根本不遵守法度,一意孤行,欺骗人民,草菅人命,弄得民怨沸腾,群起反抗。这是暴君的作为,无政治可言。

信与自然的关系

"信不足焉,有不信焉"这句话是对应前两句的"畏之""侮之"而来。"信"是诚信。君主不讲诚信,也就是说不以诚信修己,不以诚信待人,那么人民便不会相信他。整个国家便是尔欺我诈,祸乱不已。这正是孔子所说的"民无信不立"了。

接下来的"悠兮",王弼注本作"悠兮",河上公注本作"犹兮",而孙登注本作"由"。这三个字义相较,以"悠"字为佳。因为"悠"字含悠闲、悠长两义,都用以描写天地的悠悠。此处形容"太上"境界的悠闲、深长,可说是非常恰当的。如《老子》第七章的"天长地久"便是指天地的悠长。第二十三章的"希言自然"也是指天地自然的希言。正和这里的"悠兮其贵言"相通。"贵"是重视,引申为不轻易、不随便。"贵言"和"希言",意思是相同的。

"功成，事遂"是指使天下太平的功，使万物自化的事，都完满达成了。在这里可见"太上"之君并非无所事事，而是在默默中，化育万物。他是顺着百姓的愿望而发展，所以百姓感觉不到任何的干涉和压力，好像一切都是他们自己如此的。

"自然"两字是道家思想的中心旨趣，此处第一次出现在《老子》书中，一般的解释都是就字义来分析，"自"就是自己，"然"就是如此。"自然"就是自己如此。这样的解释很偷巧，却极不负责。因为就字义来说，是绝对不错。但什么又是"自己"呢？却把这个难题交给了读者自己。固然"自己如此"，进一步的解释多半是指没有上帝的意旨命令自己，没有道德教条限制自己，甚至没有任何外在的条件约束自己。可说是完全由自己而发，绝对的自由意志。然而这样的解释，只是文字的转注，说了等于白说，因为令人不解的仍然还是这个"自己如此"的自己。好吧！举个例来说，"山自高兮，水自深。"（《洞山〈良价〉诗》）固然是"自己如此"的自然，而达尔文的"弱肉强食""物竞天择"又何尝不能称其为"自己如此"的自然。再就人类社会来说，有的人生性多欲，或来自遗传，如科学家的研究，或来自过去的业，如佛家的理论，这也可被称之为"自己如此"的自然。因为这个"自己"太模糊了，所以"自然"两字变得不知所云，而又人云亦云了。

事实上，就"自然"两字的意义来说，只是"自己如此"，非常简单。但就其内容，或如何达到自然的方法，却是相当复杂的。例如《老子》书中提到"自然"两字共有五次，除了本章的"百姓皆谓我自然"外，另有：

> 希言自然。（第二十三章）
> 道法自然。（第二十五章）
> 莫之命而常自然。（第五十一章）
> 以辅万物之自然，而不敢为。（第六十四章）

这些章中的"自然"都是指天地万物的本性如此，不着人为，意义非常明显。可是我们如果进一步去推敲这个天地万物的自然的内容，便产生了许多问题。这个"自然"至少有三种不同的意义：

（一）是物理现象的自然：如四时的交替、万物的化育，这是自然。可是有时飘风骤雨、洪水地震，这也不能说不是自然。所以这种自然是物理现象，是不属于道德范围的，也就是不能以是非来判断它。尽管如此，人生长在这样一个环境中，是可以凭着他们的智慧加以改善的。

（二）是人为环境的自然：这句话里的"人为"和"自然"是冲突的，可是为什么连在一起呢？因为人住在这个大自然的环境，却不断地以他们的理智加以人为的改造，这些改造有好的，也有坏的。好的方面，如储水灌溉，使植物常青；坏的方面，如工业的产物，污染环境。我们对坏的方面，常责之以"人为"，而加以批评，可是对好的方面，却完全接受它，久而久之，也就变成自然。当我们坐车经过乡间，看到了那一大片绿油油的麦田果园，我们常会不知不觉地赞叹大自然之所赐了。

（三）是人类本能的自然：告子说："食色性也。"这里的性就是本能的自然。这是人类与生俱来，而自然发展的。西方心理学家提出一个"自我"（ego）来解释这种本能的发展。印度佛学也拈出一个"我识"来说明这种本能的活动。

以上三种是我们一般常指称的自然，却不是老子所谓的自然。当然老子的自然，是和以上三种自然有部分的关系。如自然环境和本能物性等。但老子的自然至少建立在两个基础上：一是虚，一是德。所谓"虚"不只是像一般的"自己如此"，去摆脱掉外在的约束，而且连这个执着"自己"的自我意识也要虚掉，这才是真正的自然。所谓"德"是指的至德的修养，唯有通过心性的功夫，达到无为的境界，才能动而皆自然。离开了这两个基础的自然，恐怕都不免会把老子误解为物理的自然现象，或本能的自然主义，甚至纵欲的自由主义了。

本句最后的"自然"两字和本章最前面的"太上"两字前后呼应，托出了一个"太上"无为的自然境界，但却不可忘了"功成，事遂"，原来其间还有很多功、很多事要做的，否则百姓便不会说自然了。

新语

本章首段所列政治的四个层次，最上的"太上"和"其次，侮之"正好对比，"太上"是无为政治，在它之下的三者"亲而誉之""畏之""侮之"是有为的政术，一层层往下降。老子所强调的当然是"太上"无为之治，无论是"下知有之"或"不知有之"都是指人民根本不感觉有政治在左右他们，所以"百姓皆谓我自然"。

在要义中已叙述"自然"的四种意义，此处老子第一次提"自然"两字，而且没有给"自然"任何价值的定义，只以"百姓"的想法而言，这一点也说明了老子的"自然"两字的素朴本质，我们读老庄，往往把"自然"两字抬得很高，甚至神秘化了。此处以"百姓皆谓我自然"把"自然"两字下降到百姓的最简单的想法，即《击壤歌》所谓"日出而作，日入而息，凿井而饮，耕田而食。帝力于我何有哉！"这不正是本章的写照？这不正是"自然"两字最好的注脚吗？

第十八章

扫一扫，
进入课程

大道废，有仁义。

慧智出，有大伪。

六亲不和，有孝慈。

国家昏乱，有忠臣。

语译

当整个国家社会的人们，废弃大道而不行的时候，贤哲们便提出了仁义等道德观念，来匡正人心。当一国的君主崇尚知识，以聪慧智巧来治国时，人民便忘了素朴的本性，相习伪巧，钩心斗角。当人类至亲的伦常关系发生了问题后，于是贤哲们便订定孝慈的礼制来约束人心。当整个国家已经到了昏乱、危亡的时候，才出来一些忠谏之士，希望挽狂澜于既倒。

要义

1.本章提出大道与仁义智慧的不同。

2. 本章所强调的是实际的行为而非道德观念。

仁义是在大道被废后才出现的

这里的"大道"和第一章里的"常道"虽然所指都是同一个"道"，但用法却略有不同。"常道"是指宇宙中的那个永恒如斯的造化的本体，它是生生不已的。也就是说不会有生和灭、兴和废。因为生灭兴废是现象界的变化。这里既然说"大道废"就不是指的常道，因为常道又如何会废？这里的"大道"，使我们想起《礼运·大同》中所谓的"大道之行也，天下为公"。大道之行和大道废，正好相对称。"大道之行"是指的大道的实行于人间，也就是人们都能遵大道而行。相反的，"大道废"，就是大道的不能实行于人间，也就是人们不能由大道而行，或自弃于大道。所以此处的"大道"是指人们实行的"大道"。

当人们自弃于大道时，于是哲学家们便提出了仁义等道德观念来引入回归于大道。河上公的注说："大道之时，家有孝子，户有忠信，仁义不见也。大道废不用，恶逆生，乃有仁义可传道。"这里把孝子、忠信、仁义分开。孝子和忠信都是指实际的行为，而仁义乃是指的道德观念。

此处，老子把"大道"和"仁义"分成了两个层次，固然对应了前一章的"太上，下知有之"和"其次，亲而誉之"的两种治道。但值得我们注意的是，"大道"何时而废？为什么而废？这有两种解释：一是退化史观的看法，认为太古的社会，圣人无为而治，人们生活于大道之中，安乐和谐，根本不知道什么叫道德。到了后来，人欲泛滥，于是贤哲们不得不提出仁义等道德规范来匡救时弊。这种说法在《庄子》书中谈得很多，在《老子》书里也时有提及，如第十七章和第三十八章所描写的层次，常被学者们当作历史事实来分析。

另一种是治道层次的说法，认为君主应该把握大道，让人民自化，否则便要落入强调仁义的第二等治道。事实上，老子写书的当时，已是"大道废"，已是"仁义"之言泛滥，而老子所面对的君主，都是第三、第四等的讲刑法或行暴政的君主，根本上连"仁义"之政都谈不到，所以老子此处的话，乃是强调两个较高层次的治道，说明大道废之后，才讲仁义。仁义之治，并非最高的理想，因为"仁义"是道德观念，如果不能向上提升，便会下滑而为虚伪的文饰。

王弼注本作"慧智"，河上公注本作"智惠"，傅奕、吴澄、魏源注本作"智慧"。究竟原文是"慧智""智惠"或"智慧"并不重要，重要的是它们都代表同一个意思，就是聪慧智巧之心。所以此处的"慧智"和佛家的智慧正好相反，是差别意识，是有欲之心。王弼注说："行术用明，以察奸伪。趣睹形见，物知避之。故智慧出，则大伪生也。"河上公注说："智惠之君，贱德而贵信，贱质而贵文，下则应之以为大伪奸诈。"以上两注都是指君主的用智治国。这是由"仁义"之治，再下落而为"法术"之治。也即是前一章所谓的"其次畏之""其次侮之"。因为君主用智去对付人民，视人民如罪犯，那么人民也以谎诈来应付君主，正是所谓"信不足焉，有不信焉"。

实际的亲情和忠臣是回归大道

六亲，王弼注："父、子、兄、弟、夫、妇也。"依照老子的

第十八章

155

意思，六亲是人类的至亲，本该和睦，父自然慈，子自然孝。这时候，根本不需要孝慈等道德观念来约束。可是不幸的是，人类的私欲增强，以致六亲不和，伦理失调，于是才有孝慈等道德观念和礼制规范。如果人伦的根本已被破坏，而只重外在的约束，也许只能防范于一时，礼制便会和刑法一样的僵化，把人们带入虚伪不实的地步。

显然，老子此处的"孝慈"不是指实际的孝子和慈父，而是代表一切伦理观念和制度。老子所处的时代，不只是"父不父，子不子"的伦理失和，连维系伦理的一套礼制也变得僵硬，而失去作用，所以老子才对"孝慈"等观念制度产生怀疑。

河上公注说："政令不明，上下相怨，邪僻争权，乃有忠臣匡正其君也。"可见老子此处的忠臣，并不是指尽忠职守的臣子，而是冒死劝君的谏臣。如果一国的君臣都能做好自己分内的工作，国家便不致昏乱。等到国家昏乱之后，才靠一些忠谏之臣来劝谏，这已是亡羊补牢的不得已之法了。

老子此处并不是对"忠臣"的强烈批评，而是指出治国之道，要在无为。如果一国之君，能少私寡欲，能以百姓心为心，社会自能安定，伦理必然和谐。如果只寄托一两位忠臣来挽救时艰，这显然是舍本逐末。何况在历史上，又有几位直谏的忠臣，是被昏君所接纳的？试想一个国家之所以昏乱，是由于君主的昏乱。而君主已经昏乱了，又哪里能辨得清忠奸？所以历史上有多少忠臣，只成就了自己的忠臣之名，对当时的国家安定，人民幸福，并没有直接的贡献。老子的感慨，是有深意的。

新语

本章给我们提供了一个想法，就是道德观念与实际的道德行为不同。我们常骂人说：满口道德仁义，一肚子男盗女娼，这虽然有点偏激，这个例子也许较特殊，但道德观念只是语言文字，当然与实际的行为不同。

这个不同还不只是它们的并行不相交而已，有时道德观念太超过，反而会妨碍了道德行为，因为很多人只谈道德，或只推崇道德，就以为自己有道德，这样反而使人误认道德只是观念名相而已，只是口说，而无实行。

第十九章

扫一扫，
进入课程

绝圣弃智，民利百倍；

绝仁弃义，民复孝慈；

绝巧弃利，盗贼无有。

此三者，以为文，不足。

故令有所属：

见素抱朴，少私寡欲。

语译

君主如果能超越了自以为"圣"，扬弃了自以为"智"的心态，人民便会受利百倍。君主如果能超越了"仁"，扬弃了"义"等道德观念，便会使人民回复到实际的孝和慈的行动中。君主如果能超越了"巧"，扬弃了"利"等功利思想，便消除了盗贼产生的原因。这"圣智""仁义"和"巧利"三者，只是治国的一种外在的粉饰，不足以作为根本的原则。所以君主应该使这三者归属于更高的治世理则，那就是使自己和人民，在心性上达到纯净朴实、少私寡欲的境界。

要义

1.本章不仅承前章指出慧智与仁义非实际行为，甚至连"圣"字的名号也要超越。

2.最后强调实际行为在于少私寡欲。

圣智、仁义、巧利要超越

"弃智"两字容易理解，因为老子一直反对智巧、才智，要我们"无知"。可是《老子》中自始至终都在强调"圣人之治"，提到圣字共有二十六次之多，为什么此处又要"绝圣"呢？这是因为"绝圣"的圣字是指圣贤的名号，而"圣人之治"是指实际的治道。就像孝慈的道德观念，和实际的孝子、慈父之间的不同一样。

所谓"绝圣"就是圣人无为而治，不执着于圣人的名号。也就是"功成，事遂"，真正做到使人民安居乐业，人民却以为自然而然，不知圣人之所为，也不会因此为圣人歌功颂德。

为什么"绝圣弃智"而能"民利百倍"呢？因为君主如果自以为圣智，一味地用自己的意见，逞自己的才能去施为，反而变成了干涉政治，使人民不能顺性自化。这句话，河上公注说："绝圣制作，反初守元。五帝垂象，苍颉作书，不如三皇结绳无文。"憨山德清注说："中古圣人，将谓百姓不利，乃为斗斛权衡符玺仁义之事，将利于民，此所谓圣人之智巧矣。"这两家注都是把圣智当作圣人的制作。虽然老子对于有为的制作不予肯定。但把"绝圣弃智"解作有意破坏这些制作，又不免走了极端，如《庄子·胠箧》上说的："故绝圣弃知，大盗乃止；擿玉毁珠，小盗不起；焚符破玺，而民朴鄙；掊斗折衡，而民不争。殚残天下之圣法，而民始可与论议。"这种偏激的做法，又哪里是自然？又哪里是无为？所以老子的"绝圣弃智"不是对圣智的破坏或唾弃，而是在有了圣智，或运用了圣智之后，又超越了圣智，或由圣智而往上提升。由于这样，才不致使自己的圣智过分膨胀，而妨碍民性的发展。人民才能真正生活在纯朴的自然境界中，适性而游。

这里的"仁义"是指的道德观念。而孝慈却是指的实际的孝子、慈父。所以此处"民复孝慈"与前一章的"六亲不和有孝慈"不同。一是正面的意思，一是负面的意思。因为一是实际的行为，一是观念意识。

为什么"绝仁义"之后，"民复孝慈"呢？在这里，千万不可误会是"仁义"使得人们不孝不慈的，这是倒果为因的说法，因为是人们不孝不慈之后，贤哲们才提出"仁义"的道德观念来加以匡正的。虽然在老子的眼中，"仁义"是"大道废"之后，才产生的道德观念，是事后补救的方法，而不是根本。如果我们不能把握根本，执着于仁义，有时候，"仁义"反成了欺世盗名的工具，使人心变得更为虚伪巧诈，所以老子才说了这句话，目的是要君主注意到"仁义"不是究竟，要能超越"仁义"，使人民真正回复到"孝慈"的实际境界中。

"巧"是指的巧妙，"利"是指的利益，这两者并无不好，为什么老子要"绝巧弃利"？而"巧利"和盗贼又有什么关系？

"巧妙"是大家所喜欢的。艺术的成就、文学的境界和文明的制作，都是由人类的巧思和巧手上来的。对于这些成就，老子没有理由反对的。后代很多学者，认为老子是自然主义。自然主义就是不主张人为，于是便用"自然主义"四个字，把老子逼入了盲目反对一切人为的破坏主义，反而使老子变得不近人情地违反了真正的自然。譬如《庄子·天地》中的那位老者，他宁可凿隧入井提水，也不愿用木制的机械汲水，因为他认为"有机械必有机事，有机事必有机心"。当然庄子的故事是另有所指的，但老者的行为却不是真正的自然。我们试想老子面对一幅真正伟大的艺术作品，是否无动于衷，或责之以人为的技巧，而将其撕毁，丢入字纸篓中。如果是这样的话，老子还有什么智慧可言？

再说"利益"两字，当然是大家都追求的。问题是什么样的"利"，是大利，或小利？是公利，或私利？是无形的利，或有形的利？"利"字在《老子》书中，常带有负面的意思，如"不可得而利，不可得而害"（第五十六章），但就在本章第一句"绝圣弃智，民利百倍"，这个"利"是人民全体的大利，这显然也是老子所强调的——"太上"之君所注重的。所以"弃利"，绝不是把所有对人们有好处的利益都摒除了，如果是这样的话，那还有什么治道可言？

那么老子此处所要"绝巧弃利"的巧利又是何所指呢？这有两种解释：一是指的"偷巧"和"私利"。也就是此处把"巧"和"利"，专指在私欲上，所以是引起盗贼的原因。另一种是指过分强调"巧"和"利"，而忽略了德性，就如孟子见梁惠王时的那段话："王何必言利，不亦有仁义"，因为整个社会，把巧利放在第一位，则人心便会好私，人情便会淡薄了。

老子此处所以要"绝巧弃利"，就是劝君主，不要把巧利放在第一位。要在巧利之上，还有更根本的东西，值得我们重视。

"此三者"是指"圣智""仁义"和"巧利"等三种。"文"是指文饰，也就是指表面上的粉饰。老子思想是重朴、重质的，所以认为"文"是不够的、浅薄的。

少私寡欲之德

由于前三者只是文饰，不足以治国的，所以我们不能只强调这三者，而必须把握住更为根本的原则。这个原则就是："见素抱朴，少私寡欲。"

这里的"见"是"现"的意思，"见素"是指显现纯净的本性。"朴"是未经雕琢的原木，"抱朴"是指保持自然的本性。"少私"是减少私心，"寡欲"是降低欲念。所以这两句话所指的乃是心性纯朴自然的境界。

为什么前三者，要属于后两者呢？因为前三者是文、是末；后两者是质、是本。如果没有这个根本，前三者便失去原则，而反成为祸乱之源。王弼注得好："圣智，才之善也；仁义，行之善也；巧利，用之善也。而直云绝，文甚不足，不令之有所属，无以见其指。故曰：此三者以为文而未足。故令有所属，属之于素朴寡欲。"王弼此注颇有见地，因为他注出了老子并不是偏激的完全否定了"圣智""仁义""巧利"的价值和功用。只是认为单单强调和运用"此三者"，是不够的，而且还会有副作用的。所以必须先在心地上做功夫，达到素朴寡欲的境界，这样，即使再运用"圣智""仁义"和"巧利"也不会流于虚伪权诈之途。

因此综合本章大意，在运用上，就君主本身来说，不要只强调"圣智""仁义"和"巧利"等治术，君主应先修养自己，达到素朴寡欲之境，才能无为而治。就教化人民来说，君主也不应用"圣智""仁义"和"巧利"等作为治道的最高标准，应先使人民归于素朴和寡欲的生活，他们便能无为而自化。这才是治道的根本。

新语

本章最末一句"少私寡欲"是特别强调"寡欲"，如将此与第三章的"常使民无知无欲"的"无欲"进行对比，颇值得推敲。因为很多人读老子只看到"无欲"两字，以为老子只要人民无欲，可是生为人身，必有需求之欲，爱美好善之欲，岂能完全无欲？所以无欲只是没有贪得无厌的欲，而不是一般的基本需求。老子的方法不是立刻断除欲望，即使贪欲也要逐渐地断。这里"寡欲"也在一个"徐"字，即慢慢去减少不必要的贪欲。老子的思想不是宗教上的断欲，而是以人性人情为主。他的"绝圣弃智""绝仁弃义""绝巧弃利"也不是一蹴而就的。很多人常把这几句话误为老子的偏激之言，是反对道德仁义的，其实老子以为这三者有其存在的必要，只是它们都属于"文"，是一种文饰，根本之道在"见素抱朴，少私寡欲"。如果有这种素朴的本质，圣智仁义就可以转化为实际的行为了。

第十九章

第二十章

扫一扫，
进入课程

绝学无忧。

唯之与阿，相去几何？

善之与恶，相去何若？

人之所畏，不可不畏。

荒兮其未央哉！

众人熙熙，如享太牢，如春登台。

我独泊兮其未兆，如婴儿之未孩。

儽儽兮，若无所归。

众人皆有余，而我独若遗。

我愚人之心也哉！

沌沌兮，俗人昭昭，我独昏昏；

俗人察察，我独闷闷。

澹兮其若海，飂兮若无止。

众人皆有以，而我独顽且鄙。

我独异于人，而贵食母。

语译

超脱于世俗知识之学，游心于无为无忧之境。世俗的知识是相对的，试看，恭敬的回答"唯"和怠慢的回答"阿"，其间的差别有多少？大家赞美的"善"和大家讨厌的"恶"，其间的不同又在哪里？一般人所畏惧的，我们修道的人，更应该戒惧。一般人所畏惧的太多太多了，没有一个原则，也没有了期啊！一般人熙熙攘攘地往来奔波，都是为了追求丰盛的大酒宴，以及像春天登台的游乐，而我却淡泊得没有一点欲望的意兆，好像初生的婴儿，还不知道嬉笑呢！我好像漫游的旅客，没有一个目的地。一般人都是有了，还要求更多；而我好像空空的，如有所失。我不正像那些愚人的心一样吗？是混混沌沌的！一般的人聪明光耀，而只有我好像昏昏沉沉，不识不知；一般的人观察仔细，而只有我好像闷然闭塞，不言不语。我的心淡泊无为，好像海一样的广大而幽深。我的精神自由自在，好像高空中的风，飘无所止。一般人都自以为有用有为，而只有我冥顽不灵，好像没有接受教育的村夫野人。我就是那么地与一般人不同，因为我所重视的，乃是以道为我的生养之母。

要义

1. 本章一面指出外在的知识观念都是相对的、表相的。
2. 另一面也是本章的主旨是回归自心，回归于道。

绝学何以能无忧

这四字，王弼、河上公、傅奕、景龙、吴澄、魏源等注本，都在本章之首。易顺鼎认为应改在上章（第十九章）之首，胡适认为应在上章之末。这只是章句上的移植，意义上并没有更改。而且后两者的看法，也只是一己的臆测，并无确实证据，所以我们还是顺从古代大多数注本的原貌。

这句话的重点在一个"学"字上。但这个"学"字在老子思想中，必须有所界定，否则便无法了解"绝学"的真正用意。就"无为"来说，"学"是有为；就"无知"来说，"学"是求知。所以从这两个老子思想的中心观念来看，这个"学"是被老子所否定的。然而问题并非如此简单。如果我们真的不学，"无为"便流于虚无，"无知"也变成了愚昧，又岂是老子绝学的真义。在《老子》书中另有两次提到"学"字的："为学日益，为道日损"（第四十八章）和"学不学，复众人之所过"（第六十四章）。就前者来看，为学虽与为道相对，似有负面的意思，但全章并没有直接对为学批评，只是为学与为道的路子不同而已。从后者来看，"不学"的"学"固然是负面的，但要"学"不学的"学"仍然是一种"学"。只是所"学"的对象不同而已。

由此可知，此处的"绝学"不是断绝一切的"学"，把自己变成了白痴；而是超越了那些使我们痛苦烦恼的"学"。这种"学"大致有三层意思：

一是差别现象的知识，如是非、美丑等。

一是不满足已有，而追求外在的知识，如标新立异的小智小慧。

三是争斗工具的知识，如求名、求利。

能超越了这种知识之学，我们的心才能处于无为，而不受欲望烦恼的影响。

"唯之与阿"和"善之与恶"，"唯"是应诺之声，表示恭敬的意思；"阿"也是应诺之声，却显示怠慢的意思。而"唯"与"阿"声音相去不大，但态度却截然不同。我们都喜欢恭敬的态度而不喜欢怠慢的态度，可是由于"唯"与"阿"声音的相似，却使得恭敬和怠慢容易混淆，所以此处说"相去几何"。但这与前一句的"绝学"的学又有什么关系呢？因为恭敬和怠慢，是外在的态度，也是处世的礼节，这是我们要学的。但老子认为这种礼节都是虚文，如果我们斤斤计较于此，便会把自己的忧乐决定于别人的敬与怠。为了要斩断这种烦恼，老子要我们不必计较"唯"与"阿"，因为它们相差不大，都是虚文。

"善""恶"是两个极相反的观念，左右了我们的思想。无论是哲学、宗教、伦理、政治、心理学，都离不开这两个观念。所以"善""恶"当然是我们追求知识的主题。可是这两个观念虽然极端相反，却是纠缠不清，又极易混淆。因为什么是善？什么是恶？并没有绝对的标准。国与国之间，人与人之间，都有他们自己的善恶标准，凡是对自己有利的是善，对自己不好的就是恶。不仅如此，即使是同一国、同一人，由于时间的变化，善恶的观念也会递变，如《老子》说："正复为奇，善复为妖。"（第五十八章）由于善恶没有最高标准，如果我们缺乏真切的了解，而固执不化，便会流于偏见、迷妄，而自陷于痛苦、烦恼。所以老子要我们超越这种善恶相对观念的追求。

"人之所畏，不可不畏"，这句话，王弼的注是："故人之所畏，吾亦畏焉，未敢恃之以为用也。"也就是说别人畏惧的，我也同样畏惧。这是和光同尘的意思。这扣紧第一句的"绝学无忧"，也是解得通的，因为要"绝学"，就不要希圣希贤，而只要做一个和一般人相同的普通人就够了。可是这种解法，到了后文，又产生两个问题：一是后文中，一般人都是好享乐，好自以为知，那么我们和一般人相同，是否也和他们一样呢？可是在后文中，老子的做法却和俗人不同。第二是这样的做法，由"和光同尘"，便会流于"同流合污"。这又岂是老子立言的本意。

如果我们"和光同尘"而不流于"同流合污"的话，可以把王弼的注做进一步的解释。虽然"人之所畏"，我们也"不可不畏"，这表明了我们并不掉以轻心，而是注意常人的经验，如一般人怕死，我们也怕死，但我们对待死的方法却不同，一般人只是忧虑死，或用许多方法以延长寿命，如吃补药、练神功等，可是我们却顺道而行，一切合乎自然，如日常的食物、合理的作息。总之，我们并不标新立异，自以为高，而忽略了常识经验，但我们处理常识经验的方法却和一般人不同。这一不同就是本章后半段所强调的人生态度和修养方法。

大致说来，古代的注，如《老子翼》中的集各家注解都是依照王弼的注，可是却缺乏进一步的解释，说明我们虽然所畏和人同，方法却与人异。这种解释，不仅可以使我们不致"同流合污"，而在方法上有本章后面一大段话的我与人做法的不同。同时也扣紧了前面两句话。因为我们和一般人一样的"畏"别人轻视我，"畏"恶行的污辱我，但一般人只是忧虑，只是要求别人，可是我们的方法却不一样，要"绝学"，要在心地上超越这种相对观念的执着。因此是非善恶便不会带给我们如此大的困惑了。

另有一解是把"人之所畏，不可不畏"当作条件句法，也就是说："假如一般人所畏，我们也跟着他们不得不畏的话"，这句话语气没有完毕，还须接着下一句的"荒兮其未央"，把这句话解作"那么这样的畏惧就没有止境了"。这种解法很通俗易懂，好几本英文翻译都作如此解释。

还有一解是把"人之所畏，不可不畏"解作"一般人所畏的，我也不得不为他们而畏"，也就是说一般人所畏的是荣辱、善恶、生死等，他们的畏惧一个接一个的，没有休止的一天，我也深以为惧，希望自己能超越一般人的畏惧。所以此处"不可不畏"并非跟着一般人作同样的畏惧，而是畏惧一般人的畏惧，以期自己能够超拔。

以上三种解释，各有特色。王弼的注有深度，但必须加以阐释，否则仅就文字来看，是看不到他注解的深意的。第二种解释，很浅显易懂，但和前后的贯串却不甚明显。第三种解释，可以综合以上两种注解，而且具有承先启后的作用。因为"人之所畏"是由于被相对的观念所苦，而我畏"人之所畏"，便必须绝凡俗之"学"，超相对之"知"，从心性功夫上去做个真正无为无忧的求道之人。

"荒兮其未央哉"，这句话很空灵，因此意义很模糊。可作负面的意义来解，如王弼注："叹与俗相返之远也。"河上公注："或言世俗人荒乱，欲进学为文，未央止也。"也可作正面的意义来解，如吕吉甫注："未央者，以言其大而无极。则不独畏人之所畏而已。何则？人之所畏，不可不畏，所以同乎人也。荒兮其未央哉！所以同乎天也。"有把这句话，连前文而读的，也有把这句话连后文而读的。连前文而读，多作负面的意思。"荒"是指"人之所畏"是那么的荒乱，或那么的空洞，或那么的漫长。"未央"的央是指中央或止境。也就是说这种"畏惧"是没有意义，也没有终止的。连后文而读，多作正面的意思。"荒"指广大、超脱，"央"也是指中央或止境，也就是指我的做法和功夫，和一般人不同，是那么的广大、超脱，没有止境。

老子真有愚人之心吗

由于众人畏不如意事常十之八九，因此有乐时，尽情地纵欲，如《列子·杨朱》所谓："为欲尽一生之观，穷当年之乐。唯患腹溢而不得恣口之饮，力惫而不得肆情于色。""熙熙"是和乐的意思，但此处的"熙熙"可解作"熙熙攘攘"，即往来奔波，如《史记·货殖列传》所谓："天下熙熙，皆为利来，天下攘攘，皆为利往。""太牢"是指牛、羊、豕三牲，这即是口腹之欲。"春登台"是指春天登高台而游乐，这即是声色之娱。这都是一般人所追求的快乐。中国世俗观念所谓"十年寒窗苦"，所"学"的是为了什么？为的是将来"金榜题名乐"，能享受一切的荣华富贵。这是一般人追求享乐的心理。

这里的"我"虽然是老子以著书者的口气来说的，但也可作求道之士来解。王弼注说："言我廓然无形之可名，无兆之可举，如婴儿之未能孩也。""泊"字本为船停泊于岸，是止息的意思。引申为淡泊，如《正字通》谓："泊，淡泊，恬静无为貌。""兆"字是灼龟甲占卜的意思，引申为征兆。所以"泊兮其未兆"是指淡泊无为，没有一点意欲之动。"婴儿"在《老子》书中是个常用的术语，它是象征柔弱、无欲的境界。"孩"，据《说文解字》的解释："小儿笑也。"也就是指婴儿开始有笑的行为，也就是有自我意识的时期。这两句话是形容淡泊无为、素朴无欲的心境。

"儽儽兮"，王弼注本作"儽儽"，河上公注本作"乘乘"，傅奕本作"儡儡"。按《说文解字》："儽儽，垂貌。""儡，相败也。"而"乘乘"可能为"垂垂"之误（朱谦之）。综合这三种不同的字义，都有"垂"的意思。又据《说文解字》："儽儽，垂貌，一曰懒懈。"所以此处的"儽儽"正可和前文的"熙熙"相对照，指表现得漫不经心。

"无所归"是指没有归向。本来这个"归"是指的回归、或归宿，应该是正面的意思。但此处的"归"是指的目的地。也就是说懒懒散散，好像没有一个目标。然而"若无归"只是表面上的没有浅薄的目标，因为一般人的目标，只是求名求利，而修道之士，以道为归。可是道是永恒的、广大的，因此好像没有一定的归向。

"余"是多余的意思，既然是多余，就不是该有的。可是人们的心理，就是不知足。有了，还要求更多。"遗"是遗失的意思。是本来有的，却遗失了。这对一般人来说，当然是不喜欢的。可是什么又是"本来有的"？我们从虚空而来，本无所有。既然本无所有，也就本无所遗。"若遗"只是从表面看来，好像有所遗失罢了！如果我们抱着人生必有所遗的心情来处世，正是所谓退一步海阔天空了。

老子这两句话就是批评一般人执着外在的知识欲望，王弼便是从这方面来注的，如他说："众人无不有怀有志，盈溢胸心，故曰皆有余也。我独廓然无为无欲，若遗失之也。"

"愚人"两字是我们生活中的常用词，往往都是批评别人为"愚人"。其实，所谓"愚人"大约有两种情形，一种是生性单纯，知识不够，因此有时会做出愚笨的行为。另一种是聪明伶俐，有知有识，可是有时为欲望所迷，也会做出愚不可及的事。其实前者是小愚，后者才是大愚。两者之所以为愚，都是由于行为的不当。如果没有愚笨的行为，两者都不是愚人。老子此处是指愚人之"心"，而不是愚人之"行"。因此愚人之"心"并不是真正的"愚"，而是未经雕琢的素木，也就是没有接受知识教育前的纯净的本性。一般人都指这一境地为愚蒙，老子却以它来比喻自己的愚钝。关汉卿有一首曲说："南亩耕，东山卧。世态人情经历多，闲将往事思量过。贤的是他，愚的是我。争甚么！"这不是真正的愚，而是有了真知，而看透一切知识的愚昧之后的还归于素朴的心境。

"沌沌"是紧接着"愚人之心"而来，描写这个"心"的浑沌的境界。也即是《庄子·应帝王》描写那个没有七窍的"浑沌"，当七窍一开，知欲一显，"浑沌"便死了。这是寓言。"浑沌"只是描写心的素朴境界而已。王弼注说："无所别析，不可为明。"用佛学的话来说，就是没有分别心的智慧境界。

"昭昭"和"昏昏"相对。前者是指一般人好用自己的聪明，显耀自己的光彩；后者是指修道之士自处昏暗，表面看起来是糊涂，其实却是深不可识。

"察察"是指分析清楚，观察仔细。这本无不好，但如果只凭自己的知识去观察万物，非但不能达万物之真、万物之全，而且以己度物，流于偏见执着。"察察"还有一个毛病，如果过分使用的话，便变成不信任别人。这个社会中，如果大家都以"察察"相对待的话，大家便都会以欺骗相应付。处这样的社会中，实在太累了，所以老子要强调"闷闷"。"闷"和"察"相反，是深藏于内、无声无识的意思。

功夫的高深

"澹"，王弼注本作"澹"，河上公注本作"忽"。《说文解字》："水摇貌。"又作安静、淡泊的意思。水波摇动和安静淡泊是两个不甚协调的概念，如何能放在一起来描写心境"若海"呢？就海来说，当它风浪大作时，怒潮汹涌，惊涛拍岸，可是当它平静时，才是水波摇曳，一望无际。所以此处的"澹"虽然是水摇貌，但对海来说，却仍然是安静的境界。海之所以能如此，是因为它的广大和幽深，才能使动和静合一，也动也静。譬如当海的表面安静时，而海的内部却是热闹得很，如《中庸》所谓："今夫水，一勺之多，及其不测，鼋、鼍、蛟龙、鱼鳖生焉。"（第二十六章）这也就是说，修道之士在外面显得非常宁静，但内心仍然是活活泼泼的。

"海"在《老子》中，也是一个非常重要的象征。它除了象征最低下的地方，为众流之所归，这是谦卑之德。同时它也象征心体的广大和幽深，能兼容万物，也听任万物自化，这又是无为而无不为的境界。

"飂"，王弼注本作"飂"，河上公注本作"漂"。按《说文解字》："飂，高风也。"高风和上一句的海相对称，所以王弼注本的"飂"字较佳。如以对称来说，此句似宜作"无止兮若飂"，或"漂兮若飂之无止"。但这只是字句的考据，在意义上已很清楚。

这句话里的"无止"，表面上是指的不停，或无休止。但深一层的意义，似和《金刚经》中的"应无所住而生其心"的"无住"两字相通。《金刚经》中的这句话，是六祖慧能悟道的句子，意义当然很精深。大意是指我们的心是永远的作用，但不会停留在某一个现象上。所以"无住"，在佛学上，就是"无执"。老子这里的"无止"，必须本于"无执"，才有深刻的意义，因为老子"无之以为用"，就是指点我们在用"有"时，须时时能守一个"无"字。所以"无止"，也就是我们的心不停留在任何一个欲念上。

"飂"是高风，这个"高"字很重要，是功夫语。如果风不高的话，吹入了市区，为密密麻麻的屋舍、器物所挡，便不得停，岂能"无止"？所以"风"必须在高空中吹，才能自由往来，不为物所阻。老子这话是指我们的心境，如要绝对的自由自在，必须像高风一样，能超拔于物欲之上，不留一丝执着。

以道为母

"有以"，王弼注："以，用也。皆欲有所施用也。"河上公注："以，有为也。"这是指一般人都以为自己有用、有为。"顽"是冥顽不灵，"鄙"是鄙野不文，这是指修道之士，念念于道、于德，不和别人争名逐利。在世俗的人眼中，反笑他为顽固、为鄙夫。

"食母"，王弼注："食母，生之本也。"河上公注："食，用也；母，道也。"苏辙注："譬如婴儿，无所杂食，食于母而已。"这句话是全文的结语，必须扣紧前文。王纯甫便是贯串全文来注的，他说："盖所绝者，世俗之学。而所贵者，食母之学也。母者何也？德者，万物之母。而道，又德之母。则圣人所谓母，兼道德而言之也。食者，味之以自养也。道德而自养则无为而无不为，而其乐不可量矣！又奚暇为彼俗学以自取忧也。"这段话已说得很清楚。但我们还须特别强调的是，绝学之所以无忧，并不是由于不学或无知，而是由于"贵食母"。因为我们以道德为贵、为本，自然地会超脱于一切俗学之上；我们能孕育于道德之中，自然地会无忧无虑了。本章结尾不直言"道德"，而以"食母"为譬，就是因为"食母"的亲切具体，为人人所不能离。谈道论德，反而容易被人误用，而转为知识之学了。试想，婴儿躺在母亲怀中，吸食母乳的那幅画面，是多么的安详、天真，因为他正在吸食着生命之泉。人和道的关系，正是如此。

新语

这一章是《老子》中相当长的一章，它包括了老子的许多修养功夫，由"绝学"，到"我愚人之心"直归于"贵食母"整个修养的看法非常完整。

我们先谈"绝学"两字，老子用绝学的真正用意，本书要义中已说了很多，但在这里，我们要强调的是超脱外在的一切欲求和执着，如达摩诗的"外息诸缘"接着外在的学超脱掉了，是否归于无知，所以本章提出一个"愚"字。"我愚人之心也哉"很多人常以此说"大智若愚"，以为是老子的思想，其实老子没有说过这话，因为老子根本没有自认为大智，哪里来若愚？老子此处的"愚"并不是表示于外，让别人认为自己为愚，而是自己自认为愚，也就是虚掉自己的一切，而很谦虚地觉得自己并没有一点值得赞许的，但自愚不是自卑之感，老子的自愚是不和别人相比，尽管别人"昭昭察察"，自己却"昏昏闷闷"，这也即达摩的"内心无喘"。然而老子的愚不是真的懵懂无知，他外虽不皦，内却"不昧"，因为他心中有一个道。

第二十一章

扫一扫，
进入课程

孔德之容，惟道是从。

道之为物，惟恍惟惚。

惚兮恍兮，其中有象；

恍兮惚兮，其中有物。

窈兮冥兮，其中有精；

其精甚真，其中有信。

自古及今，其名不去，以阅众甫。

吾何以知众甫之状哉！以此。

语译

大德的内容，完全是根据道而来的。道在现象界的作用，是恍惚不定的。在恍惚不定中，它显现了使我们知听取法的大象；在恍惚不定中，它也呈显了它创生万物的体性。这种生物的体性，是甚深而微妙的，在这甚深而微妙中，它含有能生养万物的元精，这种元精是真实不虚的。它是诚于中而信于外。使万物都能据此而信实以行。所以自太古到今天，道的名字，永远留在世间，和万物的本源及根源相交感、同发展。我之所以能知万化的源流与究竟，就是由于这个道的性能和作用。

要义

1. 本章一面指道之不可知，而提出德之可实行。
2. 另一面讲人的诚信可以和道相通。

德是跟随道走的

"孔德"，王弼注："孔，空也。惟以空为德，然后乃能动作从道。"河上公注："孔，大也。有大德之人，无所不容。"照一般的字义，"孔"是大，"容"是容貌。王弼以"空"释"孔"，是就德的本质来说，河上公以"无所不容"释"空"，是就德的内容来说。总之，这句话是指大德的表现。

在《老子》第十章中，已提出"玄德"一词，此处的"孔德"和"玄德"并无差别。唯值得注意的是在此处，"德"和"道"形成了对称。"道"是指的天之道，"德"是指的人之德。"道"是真常的、普遍的；"德"是变化的，是通过个人而实践的。"道"是超越有无，而又包含有无的，"德"是以无用有，由有以归无的。总之，在天谓之道，在人谓之德。道是主，德是从。所以说大德之容，惟道是从，也就是说"大德"是完全跟着道而走的。

这里标出"孔德"，可见大德是"惟道是从"，小德就不是如此。因为"德"是现象界的，是属于个人的，由于时空的不同、个人经验背景的相异，对于"德"的了解和实践，也有很大的差别，往往会像墨子所说的"一人一义，十人十义"（《尚同中》），也就是说每个人的道德标准不同，这就是相对性的道德观，是小德、是下德，而不是老子所强调的"德"，因为老子标榜的是孔德、上德，或玄德。它们是以道为内容，完全顺着道走的。

道是有精有信的

"道之为物"并不是说道是物质性的东西，而是指道在现象界的物象。由于道是超越了现象，而又不离现象的。就超现象来说，它是没有形象的，可是就不离现象来说，它又是似有所存的，所以说"惟恍惟惚"，似有若无、似无却有。

"象"是形象、现象。但这个"象"不只是表面的显现而已。就拿"孔德之容"的"容"来说，是外面的形容，也是里面的内容。同样的，这个"象"是外面的显现，也是内在本质的向外的表现。这一点，老子的思想与佛学不同，佛学上的"象"，就是"相"，因为物本身都是因缘所造，因此所有的"象"或"相"都是幻化的、虚假的。可是老子的思想却不承认外在的物都是虚假的。老子事实上，也是讲"有"的，也是承认宇宙万物是实有的。既然是实有，那么这个"象"便不是虚假的。所以老子也说："执大象，天下往。"（第三十五章）这个"大象"就是"道"的"象"，也就是"道"在现象界的表现。

老子此处的"象"，和佛学的"相"不同，却与《易经·十翼》里讲的"象"有关系。《系辞传》说："天垂象，见吉凶，圣人象之。"（《上传》第十一章）可见这个"象"不是粗糙的物象，而是与天道有关。当然老子不像《易经》一样去讲占卜之象。但这个"天垂象"，就是"道"的象。如果没有这个"象","孔德"又如何能"惟道是从"？

从外面来看，这个"象"似有若无、似无却有，是恍恍惚惚的，但正因为如此，却必须去"观"象，从这个"象"直探上去。

从"象"上再探索，便触及了"物"。这表示"象"不是虚象，而是实有其"物"的。那么这个"物"又是什么？王弼注说："以无形始物，不系成物。万物以始以成，而不知其所以然，故曰：'恍兮惚兮。'"王弼把握住道的始物，但他又从道的不拘系于万物上，在"恍兮惚兮"上作文章，对于这个"物"字始终没有交代清楚。在这点上，河上公比较具体，他说："道唯恍惚，其中有一经营主化，因气立质。"他认为在恍惚中，道有一个生物的本体存在。河上公的注解是从王弼的"始物"上立说。有许多注解，把此处的"物"当作万物，便过于落实了。

在西洋哲学上，柏拉图和亚里士多德都谈到构成现象界存在的两个元素：一是"形式"（Form），一是质料（Matter）。"形式"是指万物作用的表现，而"质料"乃是构成万物的物质。如桌子的构造和用处是"形式"，而木料便是它的"质料"。把西哲的这种"形式"和"质料"与老子的"象"和"物"对比，颇有相似之处。但不同的是，西哲是现象界的观念分析，而老子却从生化的体用来说的。所以老子此处的"物"并不是质料，而是产生质料的体性。

前面的"象"和"物"都是从现象和体性上来说的，如再进一步去探索，便会触到更深处的本质了。所以此处说"窈兮冥兮"。前面的"恍兮""惚兮"是指来回摇动的样子，若有若无，看不清楚。而"窈兮冥兮"却是深入其中、又远又暗的意思，如王弼注说："窈冥，深远之叹，深远不可得而见，然而万物由之。其可得见以定其真。"所谓"万物由之"就是指生生的本体，它是万物之所出。老子称之为"精"。"精"，普通来说，如《易经·系辞》所说的："天地绷缊，万物化醇。男女构精，万物化生。"(《下传》第五章）这里的"精"是指男女相交、万物化生的"精"。再进一步，较为抽象的，便是"精气"的精，如《易经·系辞上传》说的"精气为物"，及《管子·内业》上说："精，气之极也。精也者，气之精也。凡人之生也，天出其精。"这里的"精"是指天地生物的精气。无论男女的媾精，还是天地的精气，总之，这一句里的"精"是含有生物的本质的。

在西洋哲学中，讨论到宇宙万物的根本，有所谓原子，或元素，它们也是化生万物的原质，但它们和老子此处的"精"不同的是，它们都偏于物质性的。在印度佛学，尤其唯识宗的哲学，讨论到宇宙万物的根本，是第八识，或称藏识。但在一般佛学的哲学里，"识"毕竟是虚妄的，这和老子的"精"又有不同。此处老子特别强调说："其精甚真。"这个"真"字写出了这个"精"不是幻识，而是真实的。接着老子又说："其中有信。"这个"信"字有两重意义，一是指"诚信"于内，即是指的"真"，一是指"信验"于外，就是指它的作用可以征信，使人确信不疑。

这个"信"字的重要，乃是把"道"从"恍兮惚兮"的物象中超拔了出来，从"窈兮冥兮"的神秘中落实了下来。这个"信"是道与万物交感的桥梁。没有"信"，"孔德之容"又如何能"惟道是从"？

道本无名，可是此处却说"其名不去"，岂不是矛盾了吗？王弼试图解释这个矛盾，他说："至真之极，不可得名。无名，则是其名也。自古及今，无不由此而成，故曰：自古及今，其名不去也。"王弼以"无名"为名，未免过于虚玄。"道本无名"，但在语言上，"道"毕竟也是一种称呼。所谓"其名不去"就是指"道"这个名称不会离开人间，因为"道"的作用永远留在人间。

"阅"是阅历。焦竑注说："阅，自门出者一一而数之。言道如门，万物皆自此往也。《汉书》：'此自传舍，所阅多矣。'"甫，通父和始。王弼注："物之始也。"俞樾注："甫与父通，众甫即众始也。"所以这句话是说道为万物之源，也就是说万物的创生和发展都是通过了道的。

在这里，我们要注意"阅"和"信"的关系。由于"道"有信于万物，所以它是永远地开放自己，永远地对应于万物，也就是比喻它一直张开眼睛，注意着万物。但我们曾说过"道"不是高高在上，超乎现象界，在那里冷眼旁观万物，"道"的"阅"是把自己纳入万物中，一起发展。因此这个"阅"，又有"历"的意思，是指"道"从万物开始，一直和万物在一起，随时随地和万物交感。

"众甫"的"甫"，如果只是"始"的意思，那么此处为什么不说"众始"，而说"众甫"？可见"众甫"还有它的特别用意。如果按照俞樾的说法，"甫"是父的意思。那么"众父"，并不只是指"众始"，而是有"根源"或"究竟"的意思。所以"道"不只是万物开始时的"本源"，而且也是万物发展的"根源"。

"众甫之状"是指万物的本源和根源。王弼注作"状"，而河上公注作"众甫之然"。如果把这句结尾的话，和前面"孔德之容"对应，那么"众甫"之状，便有它的特殊意义。因为"德"是道的作用。"众甫"是万物的根源，也就是指的"德"。所以"众甫之状"，也就是"孔德之容"。"以此"就是指"道"的作用。

新语

本章第一二两句，把道和德并列，为了进一步说明它们的不同，我画表分析如下：

道	天	形上	主	体	普遍	可随	永恒
德	人	形下	宾	用	个人	可修	日新

《老子》全书讲的道都是不可知，不可闻，不可捉摸，而德却是每个人都可以有的，但德的最高境界就是随道而行。因此我们可以说《老子》全书的作用就在一个"德"字。老子所谈的"德"不是外在的道德仁义的德目，而是内心的德性，即我们曾强调老子的三知：知常，知足，知止，以及我们讲老子的功夫，如虚，静，寡欲等。

在本章中，只提到一种德，就是信。一般来说，儒家重信，如孔子说的"民无信不立"，这都是指君主的立信于民。至于本章的"信"，却是指道的信，虽然道本身不可知，不可闻，不可捉摸，但道的作用却是真实的，可证验的，这个"信"不是外在的道德言语，而是内心的，行为的，是沟通道与人之德行间的桥梁，人不能凭自己的五官去认识道，但只要真真实实的去践行，凭这个"信"，就可以沟通天人，沟通道与人了。

第二十二章

扫一扫，
进入课程

曲则全，枉则直，洼则盈，敝则新，少则得，多则惑。

是以圣人抱一为天下式。

不自见，故明；

不自是，故彰；

不自伐，故有功；

不自矜，故长。

夫唯不争，故天下莫能与之争。

古之所谓曲则全者，岂虚言哉！

诚全而归之。

语译

能曲折才能周全，能绕弯才能伸直，能虚空才能求满盈，能敝旧才能有新生。少欲则有得，多求则迷惑。所以圣人怀抱冲虚之气为一体，作为天下万物的准则。不自以为有见，你的见识才能显明；不自以为是真理，你的思想才能昭著；不自夸成就，你的功德才会被肯定；不自骄才能，你的事业才能发展。唯有不争

老子新说

184

自我的名利，天下之人才没有办法和你去争。古人所谓"曲则全"，并不是空言。实实在在的，你如果真能实践，必能归于大德之全。

要义

1. 本章先举现象的"曲则全"等为例子。
2. 最后归于"不自是""不自见"的修养。

相反而成的自然现象

老子的思想虽然都是讲治国和修身的道理，但这些道理并不是来自他一己的想象或研思，而是得自现象界的事实。从这些事实中，他撷取经验，提炼成许多理则。本章开端所举的这些例子，一方面是自然界的现象，另一方面又是人生运用的原则。

就自然界来说，"曲"是曲线。唯有曲线，才能成圆周。就人生运用来说，能知曲，则能绕弯子去想、去做。不和对方正面冲突，因此容易处事周全。

就自然界来说，"枉"是指木的不直，但盘根错节，枝桠错综，这正是树木的本性，也正是它天生的"直"。如果木匠把它刨平了，反而伤害了它的本性。在人生的运用上，"枉"是指的受冤，或怀才不遇，但我们如果能自我检讨、反省，不仅"人不知而不愠"，而且任劳任怨地做自己应该做的事，这样"枉"反而变成了"直"。

就自然界来说，"洼"是低凹的地方，正因为低洼之处有空间，所以才能储水养鱼。这低凹之处，如空谷可以孕育万物，如房舍可以供人使用。就人生的运用来说，低洼之地有两个象征，一是指低，一是指空。我们处身低卑的地方，也就是态度谦逊，这样反而会赢得别人的赞美。我们保持内心的空虚无欲，我们的心将会更加开放，头脑会更加清晰。

王弼注本作"敝"，河上公、景龙等注本作"弊"。在观念上，和"新"相对的，以"敝"为佳。因为"敝"是旧的意思。

就自然界来说，万物都离不了新陈代谢的命运。在表面上，是新的淘汰了旧的，而事实上，也是旧的转化成新的。在整个宇宙的大化来说，无所谓新旧。诚如《庄子》所谓的"其分也，成也；其成也，毁也。凡物无成与毁，复通为一"（《齐物论》）。就人生运用来说，我们如果了解宇宙间无所谓新旧，我们便不会喜新而厌旧；我们如果发现新的都从旧的中转化而来，我们便会在敝旧中多下功夫，所谓"温故而知新"。

这两句话讲"得"、讲"惑"，不是就自然界来说的，而是就人生运用来说，因为在自然界，无所谓"得"，无所谓"惑"。

"少"和"多"固然可指外在事物的数目，所谓"五色""五音"，都是指外物的五光十色，愈多愈令人迷惑。然而真正迷惑的还是自心。"少"和"多"都是来自欲念的贪执。如果我们拥有不多，但我们不以为少，便能知足常乐；相对的，我们已拥有很多，可是不知足，也就永远地不满足。"贫"和"富"，只是自己的感觉，而"得"和"惑"，也是完全在于自己如何自处。

"抱一"两字已见于第十章，"载营魄抱一，能无离乎？"是指抱道的虚气，所以此处王弼注说："一，少之极也，式犹则也。"事实上，"少之极"，就是指的无欲，圣人"抱一为天下式"，即是以无欲为天下人民的法则，使大家都能以无欲为德。

不要执着自我

"自见"就是自以为有见识，以自己的看法去衡量一切事物，即所谓戴着有色的眼镜，不能真正看清楚外物的实相。

"自是"就是自以为是，认为自己永远站在真理的一边，正是庄子所批评的"故有儒墨之是非，以是其所非而非其所是。"（《齐物论》）这样，凡事都以自己的道理为真理，于是真理反而被许多歪曲的理论所蒙蔽了。我们试看西洋哲学史上，不知出现了多少的哲学家，他们都以追求真理为终生的目标，他们都以为自己的方法是正确的，可是真理又在哪里？读他们的著作，往往令人愈读愈迷惑。不仅西洋哲学，印度哲学、中国哲学也有这种毛病，只是五十步笑百步而已。就拿印度和中国所共有的佛学来说，三藏十二部，不知有多少的理论。这些理论本是帮助我们去知真理、见实相的，可是这些理论却在半空中，挤在一起，形成了既浓又密的云层，反而使我们迷失了，看不到真理，看不到实相。这不正是太多的自以为是的理论，反而使真理"不彰"的道理吗？怪不得，后来，中国的禅宗要"不立文字"。可是到了最后，禅宗自己也犯了同样的毛病，多少的公案，多少的语录，又一层层地把真理包围住了。老子这话说得很浅显，可是以它来反观学术界，怎能不令人感慨呢！

"伐"，此处作"称赞"的意思。如《左传》："小人伐其技以冯君子。"（《襄公十三年》）这里的"伐"是"自称其能"。但这个"伐"，原有侵伐的意思。所以这种"自称其能"，有过度膨胀之嫌。本来，你的成就是属于你的，可是一经自赞，便产生两种情形，一是你以此自赞，可见你不是真正地想为人服务，何功之有。二是你的自赞，引起别人的不满，反而不把功归给你。

"矜"，有两个主要的意思，一是怜惜，如《小尔雅·广言》："矜，惜也。"一是骄矜，如《正字通》："矜，骄矜自负貌。"这两层意思在此处都可以解释，而且可以相通。自怜就是自爱，但这里的自爱与第十三章的"爱以身为天下"不同。这里的"自爱"是一味地爱怜自己，即使自己犯了错误，也会找许多借口，原谅自己。这样的人永远不知道自反，而改进自己。所以说"不长"，此处的"长"是动词，是指生长、发展的意思。由自怜自爱的孤芳自赏，再变为自尊自大的刚愎自用，这样的心态，做任何事情，都会一意孤行，妨碍了正常的发展。

不争之德

前面四句话里的"自见""自是""自伐""自矜"都是以"自"为中心，所谓"自我中心主义"。本来，每个人都有一个"我"，这是必然的。问题在如何运用这个"我"，提升这个"我"。儒家的方法，乃是正面的发展这个"我"，透过了"忠恕"之德，以达到"己欲立而立人，己欲达而达人"的仁道。道家则不同，以曲折的方法，首先消解了对"我"的欲望执着，透过了"虚"的心境和"无"的运用，把真我呈现出来，和万物同游，和大化共存。所以儒家的方法是由小我而变成大我，道家的方法乃是由无我而显现真我。

这句话里的"争"是来自于"自我"的欲望和执着，所争的是自以为有见解，自以为是真理，所争的是自以为有功，自以为有能。我们所不争的，就是这些以自我为中心的观念。这一点，就老子思想来说，是很明显的，容易理解。可是重要的是"天下莫能与之争"。很多学《老子》的人，往往只看到《老子》上半句的"不争"，而忽略了下半句的"天下莫能与之争"。流弊之所及，便养成了一般人的以无"见"为不争见，以无"是"为不争是，以无"功"为不争功，以无"能"为不争能。事实上，单单"不争"，并不能使"天下莫能与之争"，往往是天下根本不屑与之争。所以先要有"天下莫能与之争"的实质，才是真正的"不争"。然而在这里更不能误会，是使自己的权势扩张到使别人无法与他争。因为一扩张权势便是争，而自己的权势也就成为别人争的对象。所以真正的"不争"和"天下莫能与之争"乃是修德。如果自己专心于修德，别人如何与他争德，因为别人要争的话，只有他自己去修德。彼此修自己的德，又有什么可争的？所以真正"天下莫能与之争"的是修自己的德性。老子虽然没有明言，但"抱一"就是"致虚""守静""见素抱朴，少私寡欲"的修德。能有这种境界，自然是不争，也就自然的"天下莫能与之争"。

此处老子指明"古之所谓"，可见"曲则全"的这一套思想不是老子个人的发明，乃是中国固有智慧的结晶。老子思想的伟大，并不是他一个人关起门来，想出一套思维的原则，而是综合了各学派中有关自然的思想，及世俗流行的人生体验，再加上他自己的创造精神，而提炼成的一套处世的智慧。

"诚全而归之"的"诚"字，只有景龙本作"成"，一般的版本，如王弼、河上公本都作"诚"。这个"诚"字在《老子》中，只出现了这么一次，可见在《老子》中并不是一个重要的术语。其实，这个"诚"字在战国以前的经典，很少出现，而且都当作助词用。到了战国时期的子书，如《中庸》《孟子》《庄子》《荀子》等书中，才变成了一个非常重要的哲学术语（详见吴怡《中庸诚的哲学》）。尽管在此处"诚"字当作助词用，但为什么偏偏在这里用这个"诚"字呢？显然是顺着上一句的"虚言"而来，表示了"实实在在"的意思。

"全而归之"的"全"虽然是由前一句的"曲则全"而来，可是它的意义却不限于"曲则全"的"全"字。老子在此处只是以"曲则全"为例，其实，这里的"曲则全"是包括了所有"枉则直""洼则盈""敝则新""少则得"以及"不自见故明"等道理。所以"全而归之"就是指归于大德之全。在这里，我们把"全"解作大德，是因为"曲则全"并非故意用曲道去求全，这是纵横之术。"曲则全"的本质是一种德，而《老子》本章强调的"抱一"是德，"不争"是德，"天下莫能与之争"也是德。所以全章的重心，就在于这个不争之德，和万物同归于全的大德。

新语

本章中，"抱一"是关键语。"抱一"两字在第十章中已提到过，但那只是指身体上的营魄，即身体与精神的相合，意思较单纯。而此处的"抱一"是指"圣人抱一"，就要深切多了，尤其到了后来的道教，"抱一"变成炼丹成仙的重要功夫。所以我们在此章中，必须对"抱一"有个符合老子原意，且平实而深入的看法。

本章的"圣人抱一"是承接前文的"少则得，多则惑"而来，也即是扣紧前文"少则得"的"少"字，因为这个"一"字正是少的代表。但"一"是一个数目，如何抱法？既然是最少之数，也就是心中不求多，而自处于少。如何自处于少？有两种情形，少到极处，便是虚无。把这个"一"当作气，当作气之虚，所以"抱一"是"虚其心"，这也是合乎老子的思想。另一就是少的境地，一即是低，也即表示谦虚的意思，这也是连接在虚上的。这一点正可连接下文的"不自见""不自是"而归结到"不争之德"，这也是"抱一"的一种运用。

第二十二章

第二十三章

扫一扫，
进入课程

希言自然。

故飘风不终朝，骤雨不终日。

孰为此者？天地。

天地尚不能久，而况于人乎？

故从事于道者，道者同于道；

德者同于德；

失者同于失。

同于道者，道亦乐得之；

同于德者，德亦乐得之；

同于失者，失亦乐得之。

信不足焉，有不信焉。

语译

很少用语言声教来表达的，这是自然的原理。由于自然的作用，所以暴风不能刮上一天，疾雨不能下个整日。是谁产生暴风疾雨呢？是天地。天地产生了暴风疾雨的强烈变化，尚不能持久，何况人类的诸多激烈的行为呢？所以我们从事学道的人，有的人真正体道，而能完全学道的无为；有的人切实修德，而能完全谨守不争之德。但也有些人把握不住道德的真义，而走上了与道德相反的路。由于自然的原理，合于道的人，自然道和他同在。修养德的人，自然德归向于他。失道德的人，也有自然不道不德的结果等着他。这是自然的感应，你自己诚信不够，别人自然不会相信你的了。

要义

1. 本章先举自然界的异常变动为例。
2. 最后归结到一个"信"字。

自然界不用语言来表达它的变动

各家版本都作"希言"，唯傅奕本作"稀言"。其实"希"可以包括"稀"字的意义，而且《老子》书中还有两次用过"希"字，都与音声有关，如"听之不闻，名曰希"（第十四章）和"大音希声"（第四十一章）。就这两次的"希"看来，是指道的声音是不易听到的。这并不是说道很少说话，因为道根本是无声的。声音是用来表达思想观念的。道没有思想观念，因此不需要借声音来表达。道的存在、道的作用本身就是一种表达。要从这个层面来看"希言自然"。在第十七章中，我们曾说明《老子》书中的"自然"不只是指环境的自然，而是指万物自然而然的原则，说得明白点，就是道的作用。这里的"自然"，一方面包括了"天地"

的物理现象，一方面又含有天道自然的原理。就自然现象来说，或天地来说，不是少言，根本是无言的，因为它所呈现的是事实，不需要言辞。而天地运作背后还有一个永恒的原理，它是道，它的作用，就是自然。所以自然以天地来呈显它的功能，它也是无言的。诚如孔子赞叹的："天何言哉！四时行焉，百物生焉，天何言哉！"(《论语·阳货》)

可是，自然既然无言，为什么此处不说"无言"，而说"希言"。如果说"无言"，显然是截断式的语气，不容我们再去探讨，相反地说"希言"，表示了自然之言是不易听到的，这却暗示了我们自然有另一套的语言，也许不能用耳去听，而可以用心去观。

此处是以物理现象来说自然。飘风是暴风，如《诗经》毛传："飘风，暴起之风。"(《小雅·何人斯》)骤雨就是突如其来的疾雨。这两者都是随起随灭，不能长久的。但它们毕竟都是现象界的事实，所以说是天地所为，也就是天地的自然。

然而在这里，我们如果仔细地想一想，也许可以发现有两种自然：一是飘风和骤雨的产生，这是物理现象的自然，是天地自然之所为。科学家可以解释它们形成的原因，但这毕竟是属于物理的现象。至于飘风的不能终朝，骤雨的不能终日，虽然也是属于物理的现象，但它们之所以不能"终"，却是由于自然的"理"。这个"理"，科学家称它为自然界的法则，哲学家称它为自然的原理。在老子思想来说，就是道的作用。道是永恒的，而道的作用，在现象界却有生有灭。自然的本质是永恒的，而自然所托以呈显的物质变化，却是有久有暂的。

"天地尚不能久"是顺着前面的文句，认为像飘风骤雨都是天地之所为，尚不能持久，何况人为的许多激烈的做法？其实，飘风骤雨虽然也属于自然界的现象，但不是常态，而是变态。道是以常为体的，自然也是以常为本的。飘风骤雨的变态虽然也存在于自然界，但毕竟违反了自然生生的原则，所以它们不能持久。同样把飘风骤雨来比喻人为的做法，在政治上，就像许多苛政酷法，不合人情，不符人心，所以也不能持久。在人生上，就像狂热的争名逐利，或过分的延年益寿，这都违反了常态，而变成了病态，所以都不能持久。

自然的反应信实不虚

"故从事于道者"的"故"字，一面是承上一句的"而况于人乎"？说明"人"要能持久，必须"从事"于道。另一面也远承第一句的"希言自然"，它和"故飘风不终朝"的"故"字相并行，都是说明"自然"，一是物理现象的自然，一是人世行为的自然。

"从事"的"从"，如"孔德之容，惟道是从"（第二十一章）的从。"事"，如"治人事天"（第五十九章）的事，所以"从事"是指人的顺从于道。这是说明人和道的关系必须顺之于自然。"故从事于道者"这句话是承先启后的，是总说自然在人和道上的关系。接着老子从"道""德""失"三方面来解释。

"道者同于道"的道者，王弼、河上公的版本相同，而俞樾却说它是衍文："按王本下'道者'二字，衍文也。本作'从事于道者，同于道'，其下'德者'、'失者'蒙上'从事'之文而省，犹云：'从事于道者，同于道；从事于德者，同于德；从事于失者，同于失也。'《淮南子·道应训》引《老子》曰：'从事于道者，同于道。'可证古本不叠'道者'二字。"俞氏的用意，是把"从事于"三字，贯串在"道者""德者"和"失者"之上。因此以第二个"道者"为衍文，虽然可以讲得通，但"从事于失者"一语在意义上毕竟不甚妥帖。因为没有人是"从事"于"失"的。

如果我们把"从事于道者"一语当作泛指人和道，就像人和自然的关系一样。接着老子先提到"道者，同于道"，就是说行道的人，他的所作所为都合于道的理路，也就是顺着道而走。如何才能顺着道而走，老子在这里没有特别说明，王弼注说："道以无形无为成济万物，故从事于道者，以无为为君，不言为教，绵绵若存而物得其真，与道同体，故曰：同于道。"其实道的体性在生生，不过道的生物乃是无为的，也就是把生生之理赋予万化，任万物自生。因此"道者同于道"即同于无为的生物，也就是任万物的自生。

德和道不同，道是自然的本体，是宇宙的法则；德乃是合自然的作用，是个人的修养。总括来说，道是天之道，德是人之德。天道是生生不已、纯然无为的。至于人之德不能不有为，但却有上德、下德之分。如第三十八章上说："上德不德，是以有德。下德不失德，是以无德。"上德虽然有为，却不执着于所为。如第十章上说："生而不有，为而不恃，长而不宰，是谓玄德。"所谓"德者同于德"的德，是指的上德、玄德，也就是说，修德的人，以上德、玄德为主，做到为而无为，也就是德性的自然。

这里的"失"指的是失道和失德，但这里只用一个"失"字，乃是包括了一切的"失"，如第三十八章："故失道而后德，失德而后仁，失仁而后义，失义而后礼。"这个"失"字，乃是一直失落下去，"失"到最后，变成了"忠信之薄，而乱之首"（第三十八章）。所谓"失者同于失"就是指失落了道和德的人，他们缺乏了向上提升的力量，被那股人欲一直往下拉，而走入了"失"的不归路。魏源说得好："道者、德者、失者，统言世上从事于学之人，有此三等也。全其自然之谓道，有得于自然之谓德，失之自然之谓失。"这是把"道者""德者""失者"，都看作学道之人的三个等次，但为什么学道之人会变成了"失者"？这是因为他们虽然有心学道，却不了解道和德的真义，而走上了相反的路子。譬如后代道教中的神仙炼丹之学，他们的本意未尝不是求道，可是误解了老子的自然之义，而走上了违反自然之路，如辟谷和炼精等方术，这是学道反而失道的明证。

这三句话表面上好像是前面三句话的重复强调，其实它们是另有深意的。前三句话的主语是学道之人，是指他们的合自然或反自然的行为。而此处却是以自然为主体，说明人们如果合道德，道德便乐于和他们同在，如果失道德，那么失道德的结果便会跟随他们。这是自然的力量。为什么这三句话有特殊的深意？因为前面三句话，只是说明我们要合乎自然，一切是顺乎自然。这只是肯定我们的努力。而这里三句话却是点出了自然本身的动力，它能使"飘风"不终朝，"骤雨"不终日。这种动力来自于自然，也就是说并不来自一个外在的上帝，或超自然的存在，而是来自万物本身的发展，产生了这种动力。也就是说在"道者同于道，德者同于德，失者同于失"的同时，即已种下了"道亦乐得之""德亦乐得之""失亦乐得之"的结果。在佛家的理论上，往往于其间，创造了一个"业"的说法，来说明因果的相连。可是老子此处只用"自然"来解释，似乎比较简单而直接。因为佛教中"业"

的理论是非常复杂的，而且当我们制造了"业"之后，这个"业"往往控制了我们。譬如此生我们虽然修道，但前世的"业"却仍然使我们痛苦，但老子的"同于道者，道亦乐得之"的自然却没有这么多枝节，只要我们一念合道，这便是道；一心修德，这便是德；否则便是失道失德，这种感应是非常自然的。

这句话重见于第十七章中。在该章中是指最低层次的君主，胡作乱为，不能以诚信待民，而人民也报之以不信。我们如果把这两句话与第十七章和本章连接在一起，那么本章的旨趣则更为明显。试看：

（一）第十七章最后一句是"皆谓我自然"，而本章第一句是"希言自然"，可见这两章都是以"自然"为中心思想。

（二）第十七章的"太上下知有之"相似于"道者同于道"；"其次亲而誉之"相似于"德者同于德"，而"其次畏之，其次侮之"相似于"失者同于失"。

（三）第十七章说："悠兮其贵言"，而本章则说："希言自然"，可见对"言"的态度是一致的。由这些相似之处，我们更确信本章是以"自然"之道，来批评"飘风""骤雨"的暴政是不能持久的。

新语

今天我们常把"自然"两字当作自然界，其实"自然"两字虽多见于《老子》一书，但《老子》中的"自然"并非指自然界，自然界指现象界的一切变化。《老子》中的"自然"是指自然界的一种自然律，是自己如此，自然而然的。这个自然律不是上帝所创，而是万物发展之所以能生生不息的一种规则，这种规则不是天意，也不涉人为，而是自己如此的。

老子要我们顺乎自然，如何顺法？如果我们把自然律当作一个在上，或在外的模式，或标准，而一味地去顺它，于是自然律又成为上帝的化身了。又如何能使自己真正地顺乎自然？老子看到了这一点，所以他说，"道者同于道""德者同于德""失者同于失"，这就是说道不是高高在上的，德不是在自己之外的，失败不是事物变迁的必然，一切都是自己造成的。所以本章最后说一句，"信不足焉，有不信焉"，这是归咎于自己的"不信"，才有不被信的结果。

这个"信"字在第二十一章中曾说到道的"其精甚真，其中有信"，而此处的"信"是指个人的信。这个"信"是每个人都可以有的，只要他能心念一致。本章老子把"希言自然"的"自然"归结到一个简易可行的"信"字，这是老子思想的平实处。

第二十四章

企者不立，跨者不行。

自见者不明，自是者不彰，自伐者无功，自矜者不长。

其于道也，曰：余食赘行，物或恶之，故有道者不处。

语译

垫起脚跟，有所企求，是站不稳的；大步而走，以求速达，是走不远的。这两者都是由于自我欲望在作祟。所以自以为有见解的人，反而没有真知；自以为什么都对的人，反而不能彰明真理；自己显耀功劳的人，反而无功；自己夸大成就的人，反而不长远。这四种自我观念，对于道来说，都是多余的食物，不该有的行为。人们都会讨厌别人的"自见""自是""自伐""自矜"，而自己又会常犯这种毛病。所以修道的人，特别留心，而不犯这种毛病。

要义

1. 本章先举有欲者的不能立不能行。

2. 再承前章讲"不自是""不自见"的修养。

有欲者站不稳行不通

"企",《说文解字》:"举踵也。"也就是提起足跟。当然提起了足跟，脚便站得不稳，这是现象的事实。老子在这里只是借譬来说明。因为提起足跟，就是为了抬高我们的头，可以看得更高更远。所以"企"从提足跟引申出了企望、企求的意思。如果我们心中有所企望、企求，便不能得稳、得安。正如王弼说:"物尚进，则失安。"

"跨"，是阔步的意思。迈着大步走，本为了求速，但却走得不远，甚之，根本走不到目的地，所谓"欲速则不达"。《老子》的哲学重在一个"徐"字，即使讲"静"，也要"徐清"；即使讲"动"，也要"徐生"（第十五章）。因为求"静"太快，便会"躁"（第二十六章）；求"生"太速，便会"益生"，反而早死（第五十五章）。以上两句话，一求高，一求速，都是就现象上的例子来说明"自我意识"的过分膨胀，反而使自己不能立、不能行。因为在人生的行为上，"企者"是理想太高，"跨者"是野心太大。这两者都是由于对自己的肯定太过，所以才接着下面四句的"自我"夸大，而不合大道。

"自见者不明"这几句话和第二十二章的"不自见故明"等四句话相似。但"不自见故明"是讲的"曲则全"的道理，而此处的"自见者不明"是直接批评"自见者"的不对，要我们戒绝"自我"的膨胀。接着下面的三句:"自是""自伐""自矜"都是同样的毛病。

"赘行"的"行"，有许多注本都当作"形"字，如王道注说："行当作形，'赘形'，形之附赘者，骈拇之类。""行"和"形"，古书本可通用，而《庄子·骈拇》也说："附赘县疣，出乎形哉，而侈于性。"所以把"赘行"当作"赘形"，就文字的意义上来说，也是讲得通的。然而就"行"字来说，可能更符合老子的原意，如王弼的注："本虽有功，而自伐之，故更为肬赘者也。"这几句话是直接就本章的主旨和老子的思想来说的，此章和第二十二章的"自见""自是""自伐""自矜"，以及第二章、第十章的"生而不有，为而不恃"等，都是讲的有功而不自以为功。否则便是"赘行"，也就是多余的行动，不必要的言行。因为我们有能力，就尽我们的能力去做，如果做了之后，便加以自夸、自恃，即使有一些成就，这种自以为成就的行为也是多余的。

在这里，我们从"赘行"和"赘形"，来谈谈老子的注解工作。把"赘行"解作"赘形"，虽然就《老子》的文义并没有多大不同，但"赘形"，只是一个比喻，而"赘行"却是老子自创的语言。很多注疏家花了精力，把"赘行"解作"赘形"，非但没有发掘出老子的深意，反而把老子的理路支离了。所以这样的注疏，可说是多此一举，不是以老子的语意去解《老子》，而是以注疏家的考证去解《老子》。结果是考证了那么多，意义却并无不同，甚至有时还变得不伦不类，如高亨把"赘行"当作"赘衣"，这是为了迁就"衣"和"食"的对称，而说"行"和"衣"是形近而讹。这完全是拿自己的想法去更改老子的原意了。实际上老子只是写他自己所想写的，哪里有兴趣去为"考证家"们写一本可以推敲语言文字的作品。

有道者必须先要无我

"物或恶之"，"物"指万物，当然包括了人。这个"或"字颇有文章，因为如果说"万物恶之"，为什么要加一个疑惑、不定之词？这个"或"字，在第四章"道冲而用之，或不盈"中，我们曾讨论过。

但这里的"或"字也有文章，吕吉甫注说："夫道处众人之所恶，而曰：'物或恶之，故有道者不处'，何也？盖卑虚柔弱者，众人之所恶而去之者也，故有道者处之。见是矜伐者，众人之所恶而争之者也，是以不处。则或处或不处，其为不争一也。"

这段话已抓住了这个问题，不过"众人之所恶"与"物或恶之"似有不同。"众人之所恶"是指一般人的心理，都不喜欢卑下的地方。而"物或恶之"的"物"却是泛指一般的万物，都不喜欢别人的"自见""自是""自伐""自矜"。诚如《易经·谦卦·彖辞》说："天道亏盈而益谦，地道变盈而流谦，鬼神害盈而福谦，人道恶盈而好谦。"此处特别用一个"或"字，指出两种不同的现象，人或争之，物或恶之，所以有道者不与人争，而与物一致。因为人之所争是反自然，而物之所归是自然。

另外还有一种现象，人们虽然喜欢"自见""自是""自伐""自矜"，却讨厌别人的"自见""自是""自伐""自矜"，所以这个"或"字，也写出了人的矛盾心理。

所以有道者，不处这种为众人所讨厌的行为。

新语

本章主要讨论"不自是""不自见",和前一章完全相同,本章是否多余的? 然而我们细比较其间的差别,在前一章举飘风骤雨的自然世界的现象来说自然律,而本章承前章末尾的一个"信"字,把理论转到人事上来,所以一开头便说"企者不立,跨者不行","企者"是有所期待,"跨者"是有所欲求,这代表我们心中有求、有欲,便不能站得正,走得稳。这也是进一步发挥前一章"失者同于失"的意思。

第二十五章

扫一扫，
进入课程

有物混成，先天地生。

寂兮寥兮，独立不改，周行而不殆，可以为天下母。

吾不知其名，字之曰道，强为之名曰大。

大曰逝，逝曰远，远曰反。

故道大、天大、地大、王亦大。

域中有四大，而王居其一焉。

人法地，地法天，天法道，道法自然。

语译

有一个混然一体的东西，在天地产生之前就早已存在。它是如此的空寂无形，它的本体超然于万物，而不与万物迁变；它的作用又是周流宇宙，而生生不息。它对万物的孕育之功，可以算作万物之母。我不知道如何称呼它，就叫它为"道"吧！勉强地形容它，就称它为"大"。它的"大"是一直向前的。它的一直向前是没有止境的。它的没有止境不是一去不返，而是周流不息在大化之中。所以说道是大的，天是大的，地是大的，圣王之道也是大的。在这宇宙中，有四大，圣王之道是其中之一。我们人，应以"地"的谦卑为法，"地"也以"天"的智慧为法，"天"也以"道"的生化为法，而"道"乃是以它所流行的自然原则为法的。

要义

1. 本章先写道的独立性、周行性。
2. 最后一句"道法自然"，把道和自然融合成一体。

道为天下母

"有物混成"，"有物"的"物"，并不是指物质性的东西，而是描写宇宙间有一个生化的本体。说它"有"，却看不见它的形体；说它"无"，却又和我们息息相关。所以它是"有"和"无"的"混成"。

"混"是指的不可分，如第十四章的"混而为一"。"一"是混然的整体，是"有""无"的合璧。"成"是完成。一方面是指这个整体的完成，一方面也是指成就万物，如王弼注说："混然不可得而知，而万物由之以成，故曰混成。"所以"混成"不只是指生化本体的完成，而是和万物共化的完成。

"先天地生"，这个"混成"的生化本体，是存在于天地创生之前的，正如第四章所谓"象帝之先"。"帝"是天地之始，所以这个生化的本体乃是在天地之始的前面，换句话说，也就是天地的创造主。"天地"是有形的，但在现象世界中，"天地"是最早的二象。有天地，然后有万物。如《易经·系辞》上说："天尊地卑，乾坤定矣。卑高以陈，贵贱位矣，刚柔断矣。方以类聚，物以群分，吉凶生矣。在天成象，在地成形，变化见矣。"（《上传》第一章）可见万物聚合和变化，都在天地的成象成形之中。

这个生化的本体，不只是"先天地生"，而且是天地赖它而立，万物因它而成。所以在天地的成象成形之后，这个生化的本体，仍然一直发展下去。

"寂兮寥兮"，河上公注："寂者，无音声；寥者，空无形。"王弼注："寂寥，无形体也。""寂"是无声，但有空寂无形的意思；"寥"是无形，但有空洞无边的意思。合起来，这两字，一面是指这个生化本体的空虚无形，另一面也是指它的永恒不绝。如"万古长空"（大珠慧海禅师）一语，一面是"空"，一面又是"长"。所以"寂寥"并非只限于无声无形，而是在无声无形中，那个生化的本体却在那里造化，在那里绵延。

"独立不改"，河上公等注本作："独立而不改。"王弼注说："无物之匹，故曰独立也。返化始终不失其常，故曰不改也。""无物之匹"是指不与物相对待，也就是不依靠物。由于不依靠物，它便不会随物而变迁。"返化始终"是指由万物的变化去看这个生化的本源，是永恒不变的真常。

然而所谓"生化"，它所生所化的是万物，它必然与万物一起变化，又怎能"独立"于物之外？又怎能不改它的真常呢？要回答这个问题，让我们再转回前面两句，老子之所以要强调"先天地生"，并不只是从逻辑上来论，先有理，然后再有物。而是因为天地也是物，天地不能直接生物，而且天地也不能自生。所以必然有一个东西超然在物质之外，它才能维持万物的生生化化。

第二十五章

207

否则它自己在生化之中，它自己便有生有灭，如母亲以她的形质生育儿女，她自己的形质便受生灭的限制，不能永生。所以道的"独立不改"是说道的超乎万物生灭的现象之上，是永恒不灭的。

"周行而不殆"，"周行"，王弼注："周行无所不至。"这是指生化的作用，是普遍周延、无所不达的。这就同《周易》的"周"字，除了周朝的意思外，另一个意义就是"周遍"。但"周"字还有一个意义是"周而复始"，如憨山注说："且流行四时，终古不穷，故曰周行而不殆。"四时之所以不穷，就是因为四时的变化是周而复始的，《易经》的道理是如此，老子所谈生化的作用也是如此。

"殆"是危险的意思，如《释文》："殆，危也。"但"殆"又借为"怠"的意思，如马叙伦说："殆，借为怠。《论语·为政》：'思而不学则殆。'《释文》：'殆，本作怠。'此殆、怠通假之证。"此处的"殆"字，如解作"危"，不甚妥帖，因为生化的作用，没有危险可言，因此宜解作"怠"，指它的生生不已，而不会倦怠、或休息。梁武帝时的傅大士有一首偈子便完全是根据以上四句话而写的："有物先天地，无形更寂寥；能为万象主，不逐四时凋。"

"可以为天下母"，"天下"是指的万物。"可以"为天下母，可见不是真正像母亲诞生婴儿一样的直接关系，或上帝创造万物一样的主客关系。从上面四句话，我们只看到这个生化本体自身的"独立"和"周行"，那这与万物的母子关系又是如何建立的？这是因为生化本体的"周行"，就像大气的流行，为万物培养了一个温床，使它们能够滋长、发育。所以说它可以作为天下万物之母。

道是一个假名

这个生化的本体既然是先天地生，当然没有名字。圣人们称它为"道"，可见"道"也是一个称呼，是用来表现这个生化的本体。为什么不称它为上帝或神呢？因为上帝或神都是人格化了的创造主，都与万物的生命有控制的关系，而"道"却没有这种特色，它显示的是一种无为的造化作用。

然而既然称之为"道"，为什么又名之为"大"，岂不是画蛇又添了足？的确，这是有点多余的，所以老子说"强为之名"。也就是说不得已，勉强地来描写它。为什么不得已？因为在现象界我们总需要用文字来形容它。所以只能称它为"大"。

道的运行

"大曰逝"，这里的"大"，是"独立"的"大"，是"周行"的"大"，而不是与"小"对待的"大"。因为与"小"对待的"大"，这个"大"反而被"小"所限定了，变成一个相对性的观念。而此处用来形容生化本体的"大"，却是绝对的"大"。

"逝"，一般都作消逝解，但就生化的作用来说，却没有消逝的意思，尤其老子用这个"逝"去描写"大"，王弼注得好："逝，行也。不守一大体而已。周行无所不至，故曰逝也。"王弼把"逝"解作"行"甚合原意。"逝"是我们普通用语中的"去"字，"去"有过去的意思，但也有前去的意思。最好的例子是《论语》中孔子临川而叹："逝者如斯夫，不舍昼夜。"（《子罕》）有些学者把此处的"逝"解作光阴的消失，以为这是孔子的伤感之叹。其实孔子乐以忘忧，不知老之将至，而且"七十而从心所欲不逾矩"，又哪有这种伤时的感叹。所以伊川和朱子都把这个"逝"，解作道的奋进。老子此处的"逝"正是描写这个生化作用的"大"，乃是生生不已的。以"逝"去释"大"，正如王弼所注的"不守一大体而已"。因为如果只说一个"大"字，这个"大"便会固定化，变成了一个形象，有了形象，便会落入相对，而不是真正的"大"。所以"大曰逝"的"大"，是不留滞于一处。

"逝曰远"，"逝"是不留滞于一体，其实就是变的意思。但这个变不是乱变，不是短暂的变，所以说一个"远"字，王弼注说："远，极也。周无所不穷极，不偏于一逝，故曰远也。"什么叫"不偏于一逝"，王弼的注不够清楚，意思应该是不执着一个方面的变，因为执着一个方面的变，必然是有限的、有尽的，譬如我们肉体的生命是随时在变，如果我们只执着这一段的生命，那么这段生命是有限的、有尽的，因此这段生命的"逝"，便是消失的"逝"，而不是向前发展的"逝"。所以这个"远"字把"逝"扩延到无穷极，便成为永远的发展，譬如《易经》讲的"生生"，不是肉体的单方面的生，而是包括了生死、死生所构成的无穷尽的生。

"远曰反"，这个"反"字，有二义，一是相反的"反"；也包括了反复的"反"；另一是回归的"返"。就现象界的变化来说，任何事情的变化都会从一面变到与其相反的一面，这是相反的"反"。那么，什么又是反复的"反"呢？就现象的一个方面的变化，必然会变成相反的一面，如由小变到大，由生变到死。但就这相反的两面来说，又是反复的变化，这在佛家，说是无常，在易理，说是循环。不过在这里我们须注意的是，一般我们听到循环两字，就会错误地认为这是周而复始，又回到原来的状态，好像四时的更替一样，由春到冬，最后又由冬回到春。其实，循环只是一气的周流，只是日月的交替而已。在其间活动的万物，却是永远向前发展。

这一永远发展的流变，是不随个体物的消逝而消逝。而这些个体物虽然有个体的生死，但最后又都归入这永远发展的大化中，这就是回归的"返"。诚如王弼所注："不随于所适，其体独立，故曰反也。"这个"返"于独立的"返"，就是返于自然、返于生化的本体。

道法自然

"道大、天大、地大"，这是容易理解的，因为道是生化的本体，而天、地正是生化作用的场域。至于王为什么也大呢？王弼注说："王是人之主也，虽不职大，亦复为大，与三匹，故曰王亦大也。"这里的"王"字，傅奕、范应元等注本，都为了下面的"人法地"而改为"人大"。当然人是天地之灵，说"人大"，并无不妥。但这个"大"是承袭了前面的"独立不改，周行而不殆"的，因此说"人大"和前文不甚对照，所以不如"王大"更为妥帖。当然此处"王大"并不只是指"人之主也"，因为单单是"人之主"，反而把意思变得狭窄了，和前文的"独立""周行"不类。这里的"王"和第十六章的"王"应该是同一意思。它是指的"圣王之道"，是指王道周普的意思。而王道的周普乃是来自圣王的无私心，能够"生而不有，为而不恃，长而不宰"（第十章），似地大、天大、道大。

"域中有四大而王居其一焉","域",王弼解作"无称不可得名曰域也",这是把"域"当作"无"之境。其实"域"是有,应该是"有"之境,也就是说"域"是万物流行的场所。"天""地""王"固然是属于现象界,而"道"的作用,也必然是在于现象界。所以"域"是指宇宙之内。

李约等注本为了对应前文,把"人法地"改成了"王法地"。当然这里的"人"也包括了"王"。不过前文指的"王"是为了写"大",所以用含有周普意思的"王"来作代表。而此处是强调这个"法"字,所以用较基本、较普通的"人"来概括,也是顺理成章的。

"人"为什么要"法地"?这个"法"字,如果照一般语义解作取法或学习,在"人法地"上可以解得通,但在"地法天,天法道,道法自然"上,便不甚妥帖。尤其在"道法自然"上,可能还会产生矛盾。王弼为了避免这一层困难,把"法"解作"不违",他说:"法谓法则也。人不违地,乃得全安,法地也。""法"是法则,"法地"是以"地"的特性为法则。但王弼把这个动词的"法"解为"不违",颇费心思。因为这样一面可以避免把"法"解作取法或学习,另一面更进一步写出了"人"和"地"的自然相和相合。

"地"的特性是什么?在《老子》书中,除了天地连言外,另有两次单独提到"地"字的,如:"居善地"(第八章),"地得一以宁"(第三十九章)。前者是指"地"的谦卑居下,后者是指"地"的安静柔和。当然"地"还有其他的特性,如滋养万物,但这个特性，与"天"和"道"是共有的，所以还是以前面两个特色"谦卑"和"安静"较为妥当。《易经·系辞》上也说"卑法地"（《上传》第七）。就这两个特色来说，"地"的谦卑、安静代表谦虚不争之德。这正是圣王的无为之道，和人的能与万物和谐相处的德行。

有很多注本认为"人法地，地法天，天法道，道法自然"，即是"人法地，人法天，人法道，人法自然"的意思。当然就意思来说，并无不妥。但老子之所以说"地法天"，而不说"人法天"，也许有他的用意，我们不能想当然地一笔带过。

"人法天"与"地法天"不同，前者是直接地法天，而后者是通过了"地"的法天而法天。"地"的法天是因为"地"的谦卑而顺承天。王弼说："地不违天，乃得全载，法天也。"这是说"地"以谦卑载物，必有得于"天"的特性，才能"全"载，而不至于穷竭。譬如"地"的养物之所以能无尽，就是有得于"天"的健行不息。

那么什么又是"天"的特性呢？在《老子》书中除了"天地"连言，表示宇宙，"天下"连言，代表万物外，提到这个"天"字的有以下各章（除了本章）："功遂，身退，天之道。"（第九章）"天门开阖，能无雌乎？"（第十章）"王乃天，天乃道。"（第十六章）"天得一以清……天无以清将恐裂。"（第三十九章）"不窥牖，见天道。"（第四十七章）"治人事天莫若啬。"（第五十九章）"天将救之，以慈卫之。"（第六十七章）"是谓配天古之极。"（第六十八章）"天之所恶，孰知其故？……天之道，不争而善胜。……天网恢恢，疏而不失。"（第七十三章）"天之道，其犹张弓与！……天之道损有余，而补不足……"（第七十七章）"天道无亲，常与善人。"（第七十九章）"道法自然"，"天之道，利而不害。"（第八十一章）从以上各章中的"天"字看来，我们可以综合成两个特色：

（一）天和道连言：在《老子》书中不说地道，却常说天道。为什么"天"和"道"连在一起。这一点，我们在下文的"天法道"中再谈。

（二）天具有智性、动力和标准的特色。如天之"清""所恶""善胜""无亲""疏而不失""利而不害""损有余而补不足"，都是智慧的作用。如"天将救之""天门开阖"都是动力的表现。如"事天""天网""配天古之极"都代表最高的标准。

由这一分析，可以看出《老子》书中的"天"，是象征智慧性的动的作用。"地"的法天，就是以谦卑而顺承智慧以发展。《易经·谦卦·彖辞》说得好："谦尊而光，卑而不可踰。"唯有"地"之能法"天"，才能"尊而光"，才能"不可踰"。

"天法道"，"天"在一般的用语上，除了指和地相对的天空外，它也被用来当作上帝或神明的代称。在哲学上，它也代表自然和理则。就老子思想来说，如前文的分析"天"是象征智慧、动力和标准。由于老子的"天"和一般信仰的"上帝"或"神明"是同一个"天"字；同时，又和一般用语的"天空"是同一个"天"字，于是这个"天"便容易"过"或"不及"。所谓"过"就是权力过度膨胀，而变成了无所不能、无所不管的"神"；所谓"不及"就是失去了任何性能，只是一个空空洞洞的苍空。老子为了避免这种偏差，才特别强调"天法道"。王弼注说："天不违道，乃得全覆，法道也。"王弼用这个"覆"字去写"天"的作用，可见这个"天"乃是从天空的覆盖万物而取象。但唯有"天"不违离道的原则，才能"全"覆万物，这个"全"字写"天"的覆育万物而不遗。否则像第二十三章所说的"飘风""骤雨"虽然也是天地之所为，却不是"法道"的，所以"天法道"就是以道去诠释"天"，使"天"负有道的作用，成为生化中最重要的一环。

"道法自然"，"道"是生化的本体，已是最高的境界。如果在"道"之上，再安一个"自然"，说"道"是取法自然的，显然是说不通的，所以历来注《老子》者，都把"自然"当作"道"的自身的法则，如："道性自然，无所法也。"（河上公注）"道不违自然，乃得其性。法自然者，在方而法方，在圆而法圆，于自然无所违也。"（王弼注）"道之所以大，以其自然，故曰法自然。非道之外，别有自然也。"（吴澄注）"道法自然"一语有三层意思：第一，对上而言，道是"自本自根"（《庄子》语），在它之上，没有另外一个存在指使它、发动它。所以它是以自己为法。第二，就道自身来说，它是以虚无为用，它没有意识，没有欲念，它只是生化的流行，是自然而然的。第三，对万物而言，它绝不干涉万物、控制万物，它是任万物的自然发展。

事实上，道即自然，为什么却说"道法自然"？关于"自然"两字，我们在第十七章中曾分析过。由于一般人提到"自然"就会想到外界的自然环境。但自然环境是在天地之间的，因此必然是有了天地之后的。可是本章一开始就说"有物混成，先天地生"。可见这个道是先天地而生的，那么"道"所法的"自然"，必是在天地之先，而不是物理现象的自然。所以从"道法自然"一语，可以看出"自然"就是生化本体的法则，这个法则是先天地的，可是有了天地之后，这个法则，又通贯天、地、人，而及于万物。但当自然的法则通贯到万物之后，表现出来的乃是万物的物理现象。由于万物有形气的局限，因此表现出的自然现象有时不免有缺陷，如生死等。我们不能由此去论断自然原则的不够周延，人之所以要"法地"，再由"地法天""天法道"而"道法自然"，就是人要从物理现象的一步步提升中，去体验"道"的那个自然原则。唯有这样，人才能真正的"法道""法自然"而和天、地、道同其大。

新语

本章先说有一个东西是"独立不改""周行而不殆"的，这究竟是一个什么东西？如果它不是上帝，不是神，那它就是自然本身了。它既然为天下母，而天下是指万物，它既为母，当然不是万物了。所以老子此处乃是指自然本身，却又是万物生化的本源。这样的一个东西，本无名字，老子就替它取名为"道"。"道"也是一个假名，不得已的称呼，所以老子在本章最后要说"道法自然"了。

"道法自然"一语常为人所征用，可是往往忽略了它是在"人法地，地法天，天法道"之后的"道法自然"。很多人把这句话的"自然"当作自然界，因此他们常举自然界的残酷处，如海啸的淹没一切人畜，而说"天地不仁"，或看到生物界的弱肉强食，而怀疑"道法自然"的不可行。

就老子的"道法自然"来说，它的前提是法地、法天、法道之后。"人法地"不是概括承受地的一切，如地震，而是法地的能生养万物；"地法天"并不是法天的高高在上，而是如坤卦的顺乾，法天的生物性能；"天法道"，不是法道的伟大，而是法道的无所不在。由于道的无所不在，因此道又下降到自然界，但道取法的不是自然的现象，如生物进化论的物竞天择与适者生存，而是法自然的生生不已的性能。这里"道法自然"的"自然"，说穿了，即"道"就是"自然"本身，是自然生生不已的名称而已。

第二十六章

扫一扫，
进入课程

重为轻根，静为躁君。

是以圣人终日行不离辎重。

虽有荣观，燕处超然。

奈何万乘之主而以身轻天下？

轻则失本，躁则失君。

语译

"重"可以作为"轻"的根本，"静"可以作为"躁"的主宰。所以圣人在整天的行旅中，必然不离开装载有衣物器用的辎重之车。他虽住在极为富丽的宫殿中，但平居生活，他的心却恬淡无欲。

万乘大国的君主，又岂可逞一己的欲望或才能，而轻率地操纵天下万物？因为这样地轻率而为，就会失去你自己的德性，这样的急躁而动，就会失去你无为而治天下的智慧。

要义

1. 本章先写物理的现象：重在下，轻在上，静在下，躁在上。
2. 最后归结君主以静的无欲为主，不要躁动。

圣人燕处超然

就物理现象来说，重的物质往下沉，轻的物质在上浮。所以重可以作为轻的根。"根"也是本。所以在人事运用上，"重"是本，"轻"是末。中国人的心理往往推崇"重"，而贬抑"轻"，如稳重象征有德，轻浮象征失态。

"躁"是动的意思，但此处不言"动"，而言"躁"，是因为"躁"的动，是急速的动、不安的动。这个"君"字含有能为主、能管束的意思。也就是说唯有静才能使"动"不流于"躁"。关于前面两句话，韩非曾注说："制在己曰重，不离位曰静。重则能使轻，静则能制躁，此之谓也。"韩非的话虽然是从法家运用之术来说的，但却指出了"重为轻根"，并不是重能生出轻来，而是重可以运用轻。同样"静为躁君"，并不是说躁来自静，而是说静能约束躁。

"辎重"指载重的货车，焦竑注说："古者凡吉行乘乘车，师行乘兵车，皆有辎车在后。辎车衣车，前后有蔽，所以载行者之衣食器械；以其累重，故称辎重。"此处"辎重"的重虽然是对照第一句中的"重"，但"辎重"的真正意义不在重，而在于它所载的是衣食等用品，这也就是说生命所需的东西。所以这句话是描写做任何事情都不要离开根本，这个根本是德性，也是道。

"荣观"，是指美丽的景观，但在这里是指荣华的宫殿，因为本章的圣人，也就是指圣王。"燕处"是指安居。这句话描写圣王虽然所住的是富丽的宫殿，可是他生活起居，却平淡简朴，不沉迷于物质享受。

圣人不看轻天下万物

古代战车，四马拉一车叫一乘，万乘就有一万辆战车，这是指的大国。大国的君主如何治天下，老子在第六十章中曾说："治大国若烹小鲜。"就是说治大国不能大动干戈，急于求进，更不能自逞才知，一意孤行。所谓"以身轻天下"就是呈显一身之能，轻率地去治天下。老子在第十三章中也说："贵以身为天下，若可寄天下。"也就是说要贵重自己的身体，就同贵重天下一样，相反的，自己的身体轻率躁动，也就是视天下为轻率易为。在第十三章中，我们也强调过，此处的贵身，并非执着己身，而是保养此身，不把己身寄托于外面的宠辱。否则自己就没有重心，就是"轻"。因别人的宠而喜，因别人的辱而怒，这就是"躁"。所以真正的"不以身轻天下"，说浅了，就是稳重；说深一点，就是无为。

此处"失本"两字为王弼注本。河上公作"失臣"，永乐大典王弼本作"失根"。焦竑注本改作"失根"，近代学者都从之，如俞樾说："窃谓两本（王弼、河上公）均误。永乐大典作'轻则失根'，当从之。盖此章首云：'重为轻根，静为躁君。'故终之曰：'轻则失根，躁则失君。'言不重则无根，不静则无君也。王弼所据作失本者，本与根一义耳；而弼不晓其义，以失本为丧身；则曲为之说矣。至河上公作失臣，殆因下句失君之文而臆改耳。"

这段话，就考据注疏来说，四平八稳，毫无问题。尤其"根"和"本"两字，根本相通，把根写成本，不算错，再把本改成根，也绝不会错。可是问题就在这表面上似乎没有差别时，却有微妙的不同。先看王弼的注："轻不镇重也，失本为丧身也，失君为失君位也。"这足证王弼所注的版本是"失本"，俞樾说："本与根一义耳，而弼不晓其义，以失本为丧身。"这话未免太欺侮王弼了，试想又有哪一位敢于注疏的学者，不知道"根"与"本"意义相通？我们说两个字相通，而不说相同，因为其间仍然是有差别的，王弼在下注时，早已有此意识，譬如他在"重为轻根"的注中是以"根"来注"重"，在"不离辎重"的注中便说"以重为本故不离"，便显然是以"本"来注"重"了。在本章中"根"和"本"的细微差别，乃是第一句"重为轻根"是以物理现象为喻，譬如树木，根重而枝轻；而最后的"轻则失本"，很明显的是以人事运用来作结论，而且是承接了前面一句"以身轻天下"的，所以这里的"本"不是指"身"便是指"天下"。王弼的注，一点也不错。王弼所看到的版本，就是"轻则失本"，他没有理由去把"失本"改成"失根"，反而变得不够通顺，今天马王堆的小篆本，也作"轻则失本"，足证王弼没有看错。

这一场"根""本"之争，本来是不必要的。尤其如果依照俞樾把"本"改作"根"，那么最后两句话只是前面两句的重复强调，"根"即是指的"重"，"君"即是指的"静"，并没有什么深意。可是如果我们依照"轻则失本，躁则失君"，那么这两句结论，便和最前面两句的比喻稍有不同。因为"失本"的"本"便有很多寓意，不只是"重"而已。王弼注为"身"，是合理的，但这个"本"也可象征德性或天下。如第五十一章："万物莫不尊道而贵德"，所以德也是贵重的。又如第二十九章："天下神器，不可为也。"可见天下也是贵重的，不可以轻为。至于"躁则失君"一语虽然是"静为躁君"的反面说法，但即使是同一"君"字，意义却有广狭的不同。"静为躁君"的"君"字被"静"所限定了，所以这个"君"字是"静"能为"躁"的主宰，可是"躁则失君"的"君"字，却没有被"静"所限定，因此它可以有较多的含义，王弼注为"君位"，即是一例。但注作"君位"，又落实在政治上。试想老子的"圣人"又岂为"君位"而在意？如果我们顺着"以身轻天下"的前文，那么"失本"的本可解作"修身之德"，而"失君"的君可解作"治天下的王道"，这样与老子整个思想就是一致的。

新语

本章使我想起了太极拳法，每一步都不离重心，不可轻浮为人所夺；每一动作，心都归于静，不可以欲念分心。就本章主旨来说，是借君主要不离辎重，即根本，要"燕处超然"，心念无欲而静。所以本章结语两句"轻则失本，躁则失君"，这是君主治国对自己的要求，也就是今天讲的领导学，对领导者自己的修养"轻则失本"强调的是"重"字，"躁则失君"强调的是"静"字。君主或领导者治国处事，就是要把握这两个重点。

重点在君主或领导者，要听人民的意见，但人民的意见可能各有不同，一个做领导的人，如果只随着人民意见而走，便是盲目地乱跟，而无自己的判断。

至于这个"静"字，是指作为领导者必须能平心静气，不要随自己的欲念而乱动，这个"静"字，使他的心清明，判断正确，推行政策能一步步徐徐地解决问题。

第二十七章

扫一扫，
进入课程

善行无辙迹，善言无瑕谪，善数不用筹策，善闭无关楗而不可开，善结无绳约而不可解。

是以圣人常善救人，故无弃人；

常善救物，故无弃物。

是谓袭明。

故善人者，不善人之师；不善人者，善人之资。

不贵其师，不爱其资，虽智大迷，是谓要妙。

语译

一个善于处事的人，顺事理的必然，因此不会留下一点扞格不达的痕迹。一个善于说话的人，把握事情的要点，因此不会留下可以挑剔的语病。一个善于了解万象理数的人，不用算盘筹码等去计谋一切。一个善于防邪杜奸的人，不用那些外在的门闩重锁，恶人也不得其门而入。一个善于和万物相交的人，即使不用绳索契约，万物也不会和他分离。所以说：圣人的善于救人，能顺人之性，而没有一人被遗漏；他的善于救物，能任物之性，而没有一物被遗弃。这是在于他能承顺天道的明智。由于这种明智使他知道，善人是不善之人的师法，而不善之人，也是善人关怀的对象，如果不能重视善人以为师，不能关怀不善之人以为用，那么他空有其智，也是离道失德的，这就是道的精要微妙之处。

要义

1. 本章列举人事上各种自然无为的作用。

2. 归结到圣人如何用自然领导群生。

自然的天衣无缝

"善行无辙迹"，"行"字有二义：一是行路的行；一是行事的行。"辙"是车行过所留下的痕迹。关于这句话，前人的注，都有点玄，如河上公注："善行道者，求之于身，不下堂，不出门，故无辙迹。"王弼注："顺自然而行，不造不始，故物得至而无辙迹。"其实这句话的道理很明显，先拿行路来说，善行的人，顺着正路，当然不留痕迹，相反的，一个不善行的人，常常走岔路、踩泥泞，如普明禅师的《牧牛图颂》说："一片黑云横谷口，谁知步步犯佳苗。"这样的人，哪有不留辙迹的？再就行事来说，一个善于行事的人，把握要点，以简驭繁，自然行所无事；相反的，一个不善于行事的人，一味蛮干，弄得焦头烂额，到处留下痕迹。

"善言无瑕谪"，"瑕"是玉的毛病，"谪"是责难的意思。这个"言"字，在《老子》书中都有负面的意思，如："行不言之教"（第二章），"多言数穷"（第五章），"希言自然"（第二十三章），"知者不言，言者不知"（第五十六章），"美言可以市"（第六十二章），"必以言下之"（第六十六章），"不言而善应"（第七十三章），"信言不美，美言不信"（第八十一章）。从这几处的"言"字看来，都是指语言和声教，都是劝我们尽量少言。另外有几处虽然没有直接批评"言"，却另有所指，如："言善信"（第八章），"悠兮其贵言"（第十七章），"言有宗"（第七十章），"正言若反"（第七十八章）。从这几处，可见《老子》的"善言"不是无言，而是"慎言"（贵言），是"言"对内表达心中的诚信，对外合于事理的必然（言有宗），而是以柔弱谦卑，达到正面的目的。所以老子的"善言"，是由内在的真诚，合外在的真理的。由于是发乎至真，当然是没有毛病，别人也无法责备了。

"善数不用筹策"，"数"，是计数。"筹"和"策"是筹码，都是用来计数的。这句话的表面意义是指善于计数的人，了解数字间的诀窍，可以用心算，不必用有形的筹码。但这句话的深一层意思是，这个"数"字也指理数，一个真正了解宇宙人生间的理则的人，他不必存计算之心，便能顺理而行，迎刃而解。

"善闭无关楗而不可开"，"楗"，傅奕、景龙等版本作"键"。其实这是指门上的木闩，所以用木旁的"楗"字为妥。《说文解字》门部："关，以木横持门户也。"木部："楗，距门也。"范应元说："横曰关，竖曰楗。"所以关楗乃是锁门的木闩。

这句话的表面意思是指一个善于关闭门户的人，可以不用门闩，别人也无法打开。这个说法有点费解，因为在现象界，好像没有这样的事实。如果我们进一步推敲，一个真正"善闭"的人，使得门没有缝隙。既然没有缝隙，当然不需要门闩，外人也不得其门而入。但如何才能"善闭"呢？"门"是用来通内外，也是别内外的，"关楗"却是用来防盗贼的，如果我们能做到内无引诱偷盗之物，外无贼乱之行，那么门虽设而常开，正如《礼记》所说："盗窃乱贼而不作，故外户而不闭。"（《礼运》）所以这句话的重点，乃是指明"关楗"不是善闭的方法。"关楗"越求牢固，代表外面的问题越严重，这个防盗的"门"也越危险。

"善结无绳约而不可解"，"结"是捆结。用绳束来捆一件东西，最牢固的结也会被人打开。其实我们为一件东西打绳结的时候，就意味着当我们任务完成后，会解开这个结。即使打的是死结，也只是为了增加它的牢固性而已，最后还是需要解开的。再说，如果把两件东西捆在一起，无论绳束如何牢固，这两件东西仍然是可分的。所以真正使两件物体结合，必须使它们自然地融合，不能依赖绳束来勉强地撮合。

在人事上来说，这个"结"正代表了人与人之间的关系。如果这个关系，只靠外在的金钱、权势来维系，只是暂时的，最后必然会破裂。再进一步说，这个关系如果单靠制度、礼教来约束，也是表面的，终究会产生问题。所以这个"结"，必须系在至性上，如父母与儿女的关系是天生的，永远也无法分割。因此最好的"结"，就是没有外在的"结"，顺任自然，也就永远无法分解了。

圣人如何常善救人救物

在本章中，这句话是重点，前面五句都是比喻。这句话中老子说"救人"，却没有说出如何救人，因此我们必须从前面五句话中去探求这个答案，王弼对于前面五句的注解都是指"顺自然""顺物之性""因物之数""因物自然"。其实"顺自然"，就是"顺物性"。能够顺物之性，与万物合一，所以才不会有"辙迹""瑕谪"，才不用计算的"筹策"，不用外在约束的"关楗"和"绳约"。因此真正的"救人"，乃是从"人性"上着手。在这一点上，儒家和道家是相同的，不过，在方法上却有差别。无论孟子讲性善，还是荀子讲性恶，他们都是用道德礼教来改善人性，他们都着重在善和恶的分辨上。在老子的眼中，儒家的方法，都离不了用"筹策""关楗"和"绳约"，都是不够根本的。依照老子的看法，真正的"救人"，不能先树立一个标准去救他们，因为一有了标准，便有了善恶好坏的分别，这样，无形中已把很多人打入了"恶"和"坏"的牢狱，这已在人性的根本上用外在的标准加以分割了，又如何能一视同仁地去救所有的人呢？王弼注得好："圣人不立形名以检于物，不造进向以殊弃不肖，辅万物之自然而不为始，故曰无弃人也。不尚贤能，则民不争；不贵难得之货，则民不为盗；不见可欲，则民心不乱；常使民心无欲无惑，则无弃人矣！"

王弼这段话有两部分，第一部分是强调圣人不建立道德标准、刑名制度来约束人民；第二部分是引证第三章所说以无为的方法，使人心归于无知无欲。总结起来，圣人的"救人"，不是救某些人，而是救所有的人，要救所有的人，首先便不该有分别心，去强调谁是谁非，谁善谁恶，谁穷谁富。这样的话，只能救一部分人。而救一部分人，相对的，就遗弃了另一部分人。譬如佛学上有三种布施：一是财施，二是法施，三是无畏施。以财物做布施是有限的，所以它的层次最低；用佛法去布施，虽然比较深入，但仍不免有文字语言的执着；至于无畏施乃是使人在精神上达到无畏的境界，这才是真正超脱生死的彻悟。同样老子的"救人"，也是救人的"精神"，所谓"虚其心""弱其志"。这种方法是适合于所有的人，而没有一个人是例外的。因为无论是善人、恶人，富人、穷人，都需要"虚其心""弱其志"。这正是王弼以第三章来注释这一句话的精到处。

《老子》中常提的"万物"两字，当然是包括了"人"的。不过在这里，老子却把"人"和"物"分开，不仅要"救人"，而且要"救物"。一般的理论，为了"救人"，常常牺牲"物"、利用"物"。但在老子看来，人和物同属于自然的一部分，因此圣人也必须"救物"。如何"救物"，老子没有明言，王弼没有注释。河上公说："圣人所以教民顺四时，以救万物之残伤。"这是说顺乎自然，使万物都能生生的发展。这正是老子思想的主旨，如第十章的"长而不宰"，第三十四章的"万物恃之而生而不辞"，都是这个意思。

然而在理论上，顺自然而救物，似乎很简单，但在现象界、在事实上，老子的"救物"，却遇到两个难题。先说第一个难题，当我们走到野外，看见一片美好的风光，山高水深，花红草绿，一切都顺乎自然。可是突然跑来一只兔子，吃掉了一片绿草，但我们并不介意，觉得这也是自然。但是突然间闯进了一匹野狼，扑杀了兔子。对于这一血淋淋的现象，我们不能不吃惊，因为它打破了万物生生的美丽的画面。对于这一事实，我们可以解说，那只是物理的自然界，就像飘风、骤雨一样，不是和谐的自然、德性的自然。《老子》中没有明言这种事实，但依据老子的"救物"，我们可以想象，老子是希望万物都能和谐地共存，绝不能杀生以自养。

于是在这里又遇到了第二个难题。牺牲万物以自养，这本是人类生存的一种方法。人类播种五谷，就是为了要食用五谷。五谷是没有意识的生命，因此还可以说得过去。但人类畜养家禽，最后又都烹杀而食之。这岂不是"生之""畜之"，而又"杀之""食之"了吗？又岂能说是"长而不宰"呢？在《老子》中虽然没有讨论这个问题，道家也没有素食的要求，但就整个老子思想来看，老子是主张人和万物共存共长的。如第五十五章说："含德之厚，比于赤子。蜂虿虺蛇不螫，猛兽不据，攫鸟不搏。"毒虫猛兽攫鸟的不害人，是因为人不害它们，所以才能与人和平共处。这是老子的理想境界。现实社会做不到，因此他才说："常善救物，故无弃物。"真正能救所有的物，就必须使得物与物之间没有残酷的争夺之心，而回归于德性的自然。

"袭明"是什么意思

"袭"字有二解：一是遮蔽，一是承继。就遮蔽来说，这个"明"是指个人的才智。一个真正善于救人救物的圣人，是顺物自化的，所以他们要"绝圣弃智"，遮蔽了自己的光芒。这种解释和老子的思想并无不合。不过这个"明"字在《老子》中多作正面意义，如："知常曰明"（第十六章），"是谓微明"（第三十六章），"明道若昧"（第四十一章），"见小曰明"（第五十二章）。这些"明"都是指一种彻悟的智慧。所以"袭明"的"袭"字当作承继解。可是承继什么呢？所谓"知常曰明"，就是承继自然的常道，也就是天道。这一点，也可以从《庄子》中得到旁证。

在《齐物论》中，庄子强调是非不用，一连有三处说"以明"。这个"明"字，用庄子的话，就是"照之于天"，即指不要执着是非的相对观念，而一本于天道之明。这正同老子所谓的"袭明"，即顺承天道之明。天道之明是光照大千，而无一人遗漏，无一物遗弃的。这是老子用"袭明"两字点出了本章的眼目，使我们理解这一切的"善行""善言""善计""善闭""善结"都是归本于自然的常道，都来自天道的明彻。

在这里，我们还须对这个"袭"字多说几句话。如果"袭"是承继的意思，为什么不直说顺承，偏偏要用这个"袭"字？而且"袭"字毕竟有遮蔽和暗地的意思。老子之所以用"袭"字，可能有两层意思：第一层是遮蔽的意思，这和第三十六章中的"微明"是相似的，因为这种智慧的光明来自希言的自然，它不像阳光那样强烈、是非分明；它的作用是微妙的、曲折的，因此唯有善体自然的曲成之道，才能证得这种智慧。把这个"袭"字和前面的"无辙迹"等语作一对照，更可看出这个"袭"字写出了冥冥中暗合天道的那种自然的、天衣无缝的作用。第二层是藏的意思。《易经·系辞传》中"藏诸用"（《上传》第五章）一语极为精要，这个"藏"字是写道体深藏于万物之中，默默地发挥作用。同样老子此处的"明"，也不是高挂在天上的，而是蕴藏在万物之中。任何人、任何物都可以受到照被。统括以上两层作用，前者是由暗致明，去深体天道；后者是由明入暗，去善用天道。

圣人无分别心

这是由暗致明，去深体天道。这里所谓"善人"，应和第八章的"上善"一致，是指"利万物"，而"不争"的上德。所以老子所谓"善人"是指真正有道德的人，而不是以道德自耀的人。不善之人的师法善人，事实上，是师法善人的行道。

这是由明入暗，去善用天道。天道没有分别心，它的照被万物，是不分善恶的。因为善恶的观念是人为的标准。当我们用了善恶去分类之后，往往会推崇善的，舍弃不善的。这样的话，不善之人便永远流于不善，而无法改变，所以老子说："不善人者，善人之资。""资"字，王弼注作"取"，河上公注作"用"，也就是说取以为用的。这句话正是劝我们不要厌弃不善之人，不善之人正是我们关心的对象。如果天下都是善人，那么也就无所谓善了，正由于有很多不善之人，才使我们的善有对象去发挥。

在这里，老子并不是强调"善人"和"不善人"的对立，或"不善之人"的重要，相反的，却借着不要舍弃"不善之人"，而求超越善恶的相对观念。

"虽智大迷"，王弼注说："虽有其智，自任其智，不因物于其道，必失。"河上公注说："虽自以为智，言此人乃大迷惑。"这里的"智"和"绝圣弃智"的"智"是一样的，是指的聪明才智。具有聪明才智，并不为过，但如果不能谦冲自牧、师法善人，这个"智"便不能提升上来，而化为德。同时，如果自逞其智，不能关怀不善之人，这个"智"便成了伤人的利器，反而变成了恶。所以这样的"智"，是完全和道背离的。

最后，总结为"要妙"两字。"要"是精要，"妙"是微妙。这是指道的精要微妙。"要妙"两字对应"袭明"两字。"袭明"指天道之明的光被万物而无遗漏，"要妙"是指圣人在事实上对

"善人"与"不善之人"的一视同仁，照顾无遗。

新语

本章列举人事上许多例子来说明自然无为可以从根本上解决问题，达到真正的善言善行，以及弥合人与人之间的关系，圣人能真正地救人救物，也在于这种做法。老子在本章中称之为"袭明"，最简单的意思，就是因顺自然之明，这里我们想起庄子在《齐物论》中三次用了"照之于天"，四次在"照之于天"下面用了"因是已"，这就是说因袭或因顺天道自然之明，而任万物的自明。这是借自然无为把天和人融合了起来。

最后一句"虽智大迷"却是非常重要的结语，"智"一般说都是正面的意思，都是大家所推崇的，但老子在第十九章中却说"慧智出有大伪"，第二十章中又说"绝圣弃智"，都是负面的意思。而这里的"虽智大迷"更进一步说出了智力或才智的一个大缺陷，就是有智，而自以为智，于是凭自己的智用在万物身上，便不能顺物自然，与万物为一了。

第二十八章

扫一扫，
进入课程

知其雄，守其雌，为天下谿。

为天下谿，常德不离，复归于婴儿。

知其白，守其黑，为天下式。

为天下式，常德不忒，复归于无极。

知其荣，守其辱，为天下谷。

为天下谷，常德乃足，复归于朴。

朴散则为器，圣人用之，则为官长。

故大制不割。

语译

知道雄强的一面，把握雌柔的一面。能做天下最幽静的小溪，这样才不致离失了真常之德，也才能回归于婴儿的无欲境界。知道纯白的一面，把握玄黑的一面，能做天下最谦卑的模式，这样便不会和真常之德有差别，也才能回归于无极的虚旷境界。知道光荣的一面，把握垢辱的一面，能做天下最低洼的山谷，这样才能使真常之德圆满充足，也才能回归于素朴的自然境界。当素朴的自然境界被割裂之后，才形成了许多器物。圣人能善用这个素朴的自然，才能为万民的领袖。所以说治国的大法，就是要用朴，而不流于支离割裂的治术。

要义

1. 本章讲雄雌、白黑、荣辱，讲归朴，可说是一部老子的哲学概论。

2. 归结到"大制不割"一语，是老子治国处事的要点。

为什么要守雌

雄和雌是指性别的不同，但老子此处却另有所指，王弼注说："雄，先之属；雌，后之属也。知为天下之先也，必后也。是以圣人后其身而身先也。"这是用雄来象征"先导"，用雌来象征"后顺"。事实上，雄的特性是刚强，雌的特性是柔弱。在《老子》中，都不谈"雄"，却一再地强调雌，如"天门开阖，能无雌乎？"（第十章）其余如"母"（第一章）"玄牝"（第六章）都是"雌之属"。不过老子用"母"字、用"雌"字，自有其不同的意义，尤其此处把雌雄对待来论。很显然，它们是象征了相对性，如雄是先、是强、是动；而雌是后、是弱、是静。但在这里值得我们注意的是一个"知"字，一个"守"字。"知"是了解，"守"是运用。一般的注解，都忽略了这个"知"字，尤其老子一再强调"无知"，使人误解老子根本否定了"知"。其实这句话里的"知"字很重要，必须"知"雄的特质，才能"守"雌的特性。如果不能知雄，而一味地守雌，这是天生的衰弱，而不是胜刚强的柔弱。由于老子讲"守其雌"或守弱，好像是不用智。其实老子的不用智，是智性发展到最高境界，而变成了德，一切顺乎自然，而不用智。所以"知其雄"和"守其雌"同样重要。真正能"知其雄"，才能"守其雌"。

"谿"字景福本作"溪"，景龙本作"蹊"，敦煌本作"奚"。朱谦之注说："作奚是也。奚乃古仆之称。为天下奚，犹今言公仆，与知雄守雌之旨正合。"意虽不错，但《老子》中并无为"仆"的观念。而守雌也不是为仆的意思。至于"溪"是山涧的小水，"蹊"是山涧的小路，都可以包括在"谿"字中。因为"谿"乃是指山涧的谷底，当然是有小溪和小路。不过老子此处"为天下谿"，是指处天下最低、最不受人注目的地方。在《老子》中，描写低下的地方常以雌为喻，如第六十一章："大国者下流，天下之交，天下之牝。牝常以静胜牡，以静为下。"可见这里的"谿"，无论是有水的"溪"也好，小路的"蹊"也好，总之，是象征了"低下"和"寂静"。

《老子》第一章讲常道，此处讲常德。"常"字具有真实、永恒和自然三义。老子用"常德"两字，就是为了有别于一般的道德。因为一般的道德是观念的、相对的和人为的，所以不是真实、永恒和自然的"常德"。由于这个"常德"是内在于己的，是天生自然的，因此老子用"不离"两字，表示这是本有的。为什么"为天下谿"而"常德不离"呢？"谿"和"常德"又有什么关联呢？试想这山涧中的一溪流水，以及那一条默默的小径，是那么悠然自得，不为人知。这正是"常德"的最佳写照。

"婴儿"两字在第十章中曾强调过，主要有两层意思：一是指的柔弱；一是指的无欲。这两层意思都是常德的特色，也是守雌的要点。如果把"雌""谿""常德"和"婴儿"等四个观念结合起来，我们可以看出这几句话的重心是讲"意"和"气"的修养。我们说"意"和"气"并不像后代道教修炼中所讲的那套"行炁"的方法，而是《老子》第十章中"专气致柔，能婴儿乎"，这是把婴儿和气连在一起，又同一章"天门开阖，能无雌乎"，这是把雌和意识连在一起。所以我们认为这几句话所讲的修养，是从冲虚之气着手，使我们的意念达到柔顺的境地，像婴儿一样柔弱和无欲。

为什么要守黑

一般来说，"白"是指的光亮、纯白；"黑"是指的黑暗、污浊。总之，前者是大家所喜爱的，后者是大家所厌弃的。老子此处却给予"黑"一个正面的意义，是指的玄深和混融。虽然《老子》中没有再提到这个"黑"字，但有关"黑"的意思，却俯拾即是。如："玄之又玄"（第一章），"同其尘"（第四章），"其上不皦"（第十四章），"深不可识"（第十五章），"沌沌兮"（第二十章），"混兮，其若浊"（第十五章），这些都是"守其黑"的意思。

在这里，仍然有一个关键不能忽略，就是"知其白"，才能"守其黑"。如果没有"知其白"的了解，而一味地"守其黑"，便是十足的糊涂，真正的无知。再进一步来说"知其白"是知识的追求，而"守其黑"是修养的功夫。这两者并不是逻辑上的矛盾，而是老子把知识转化为修养的功夫。

"式"是法式、模式的意思。如王弼注："式，模则也。"河上公注："可为天下法式。"但老子的思想是强调"不敢为天下先"的，如果为天下模则、法式的话，岂不成了天下之人的行为标准和效法的对象？这样又违反了老子谦冲无为的主旨。所以这里的"式"，是紧扣了"守其黑"，是指这种"守其黑"的功夫为"天下式"。所以为"天下式"，实际上是指为天下之"黑"，如第七十八章所谓："受国之垢，是谓社稷主。""垢"就是以黑为"式"了。

"忒"，王弼注："忒，差也。"这是指和常德没有差别。为什么"守其黑"的"为天下式"而能和常德无差别呢？在前面，我们曾说过"守其黑"，并非真正的糊涂无知，而是遮蔽自己的光芒，以免伤害别人；或了解知能之不可恃，而以混融的德性化解之。当然这只是个人的修养。但这种修养如能"为天下式"，也就是成为天下人共同的法式，那么这种个人的修养，便提升成为宇宙的常德了。

"无极"两字是中国哲学里的一个重要术语，尤其周濂溪在《太极图说》的"无极而太极"一语，曾引起陆象山和朱子之间的一段争论，由于朱子推崇太极图，而被陆象山批评周濂溪和朱子在太极之上加了一个"无极"，是受了道家思想的影响。现在我们且不论这段争执的是非曲直，很显然，周濂溪的《太极图说》和陈抟的太极图相似，所以"无极"两字，乃是脱胎于道家思想的。

"无极"两字不见于《庄子》一书，但《庄子·逍遥游》中："其远而无所至极邪"一语正可作"无极"两字的注解。在《老子》中，"无极"两字也只出现了一次，但"无极"的意义却和老子的"无"字、"玄"字相通。如果我们把"无极"和"太极"作一比较，它们的关系和老子的"常无""常有"正好相似。"无极"就同"常无"，是"观其妙"，是从万物本源处的回归。而"太极"就同"常有"，是"观其徼"，是从万物始生处来看发展。

此处的"复归于无极"，就是指回归于道的境界。"无极"两字乃是对应于前面的"白""黑"和"式"，因为这三个术语都是和认识作用有关，所以"无极"也就是指不是思辨意想所能达到的境界。

为什么要守辱

"荣"和"辱"是很强烈的对比，不像"雌雄"虽属异性，但异性相吸；不像"白黑"虽然颜色不同，但可以调配。可是"荣"和"辱"却是两个不能兼容的极端，没有一个人不喜"荣"，而愿自取其"辱"的。由于荣辱观念的不易调和，近代许多学者，如易顺鼎、马叙伦和高亨等认为从"守其黑"到"知其荣"等二十三字为后人所加，应该删除。其理由不外《老子》有"大白若辱"（第四十一章）句，而没有"白""黑"对待之说，及"式"和"谿""谷"不相类；"无极"与"婴儿""朴"不相似等。然而令我们更加怀疑的是，既然为后人所加，理应更注重文意的顺适，为何反而制造不相类似的词语？事实上，最早的版本，如王弼、河上公，以及近年发现的马王堆的帛书本，都有这二十三字，而且王弼、河上公都有注，那么所谓"后人"又是后到什么时代？总之，要删除这二十三字没有那么简单，所以我们还是依照所有的旧版本。因为保存了这二十三字，并无碍于老子的整个思想。

那么，为什么"知其荣"而要"守其辱"呢？"荣"是荣耀，是一般人所追求的。"辱",是"耻辱",却是一般人所规避的。不过,老子此处所谓的"辱"并不是做了败德的事情,有辱自己的人格。而是指在低陋、卑下之处,为一般人感觉羞辱。所以"守其辱",就是处低下之处,所谓"和其光""同其尘"的意思。

"为天下谷","谷"在《老子》书中是象征"虚"的意思。可是"辱"和"谷"又怎么能连在一起呢?因为真正能做到"守其辱",必须能"虚其心"。唯有心能虚,才不会逞知逞能,与别人争荣争宠,唯有这样,才能自处于大家所厌弃的境地。如菩萨的自愿入地狱,如儒家的"君子固穷"及"动心忍性"等。

"谷"是指的虚谷,但"谷神不死"(第六章),这种"虚"的作用是绵延不断,而且是和"有"同存的,因为能"虚"才能生"有",才能用"有",也才能使常德完满具足。"常德"是指德性的永恒不息,也是指道的作用生生不已。

守朴就是大制不割

"朴"字已见于第十五、第十九章,原字是指未曾雕琢的素木,老子用以比喻纯朴的本性。能够守"辱",就是不追逐外在的声誉,能够为"谷",就是空掉内心的意念贪执。唯有这样才能使心地纯净有如朴木。

纯一的素木被砍伐而雕琢成各种器皿,这是比喻自然的现象被破坏而成人为的制作。就政治的发展来说,人类社会的原始本来是素朴,可是由于人智的发达,于是各种名器制度便产生了。这正如王弼所注的:"朴,真也。散则百行出,殊类生,若器也。"

"圣人用之则为官长",这句话里的"之"字有两解,一是指的器，如王弼注："圣人因其分散，故为之立官长，以善为师，不善为资，移风易俗，复使归于一也。"一是指的朴，如近代学者高亨、王淮、余培林，都认为"之"字是指的朴言。比较这两种解释，就义理言，自以后者为佳。因为就前文来看，"守雌""守黑""守辱"和用"朴"是一致的。就后文的"大制不割"来看，也正是用"朴"的意思。

"官长"是指百官之长，也就是君主。"为官长"，是知雄、知白、知荣的一面。但真正要做一个无为之君，却必须能守雌、守黑、守辱的一面。至于本章最后归结到一个"朴"字，因为这个"朴"字在心性修养上，固然是纯净素朴的意思，但在政治运用上，却是无为简朴的意思。

"大制不割"的"制"是治的意思，蒋锡昌注："大制犹云大治。"大制有两种解释，一是指的治大国，如第六十章："治大国若烹小鲜。""烹小鲜"正是用朴、不割的意思。一是指的以道为治，因为《老子》中以道为大，如第六十七章："天下皆谓我道大，似不肖。"不肖是不器，也是朴的意思。

"割"有两种意思，一是本身的割裂。如"朴散而为器"就是一种割裂。治道的割裂就是指只知头痛医头、脚痛医脚的治术。一是指的宰割，如第十章所谓"长而不宰"，宰就是割的意思，也就是以智治国，以自己的意念来控制人民。

新语

关于知雄守雌，知白守黑，知荣守辱，在要义中已有详解，而本章结论的归于"朴"字，在前面十五章和十九章都出现过，但我们的解释是就"朴"的字义来说明素朴的本质，此处的"朴"却是就政道来说，而《老子》一书"朴"的真正用意，也在于政道，所以我们再详细分析"朴"的作用，有以下各点：

（一）根本。

（二）素朴本色。

（三）原则。

（四）以简御繁。

（五）以小知大。

在政道上我们用"朴"也可有五义：

（一）重视人民的根本问题，或民以食为天，即第三章所言的"实其腹"。

（二）重视人民的素朴生活，不夸浮华。

（三）治国要有原则，不能逞领导者一己之意。

（四）治国要能无为而治，以不变应万变。

（五）要注重微小之处，要谨慎，要见微知著而治事于未乱之前。

第二十九章

扫一扫，
进入课程

将欲取天下而为之，吾见其不得已。

天下神器，不可为也。

为者败之，执者失之。

故物或行或随，或歔或吹，或强或羸，或载或隳。

是以圣人去甚，去奢，去泰。

语译

如果我们将会有天下来治理的话，我看我们不应太高兴，而要有"不得已"的心情才好。因为天下万物是自然的神妙之物，是不可以凭一己之意去施为，逞一己之欲去控制的。如刻意去施为，便会坏事，执意去控制，便会失误。所谓自然界的万物，有的是行于前，有的是跟于后；有的缓缓嘘气如阳春，有的急急吐气如狂风；有的禀性刚强，有的赋性柔弱；有的尖锐能挫物，有的脆弱不能自持。总之这是自然现象，不可偏执。所以圣人要顺自然之理，做事不走极端；生活不求奢华，欲望应忌太多。

要义

1. 本章谈如何赢得天下人心之道。
2. 归结在领袖的"三去"。

不可有意要取天下

"取天下"是有天下,"为之"是凭一己的意念加以施为。这是有为之治,违反了老子无为之教。《老子》中一再说:"取天下常以无事"(第四十八章),"以无事取天下"(第五十七章),都是说明真正的治天下必须把握上章的一个"朴"字,能顺民性之自然,而不加施为干涉。"不得已"有两解,一是指的达不到目的,即办不通;一是指的出于无奈,别无选择,只好任其自然。前人注解,都从后者,如苏辙:"圣人之有天下,非取之也。万物归之,不得已而受之。其治天下非为之也,因万物之自然而除其害耳。"李息斋:"由天下不得圣人则不治,故不得已取天下而为之。"如从第一种解释,只是否定了"取天下而为之",意义明显却也浅显。如从第二种解释,文意却较为转折,写出了圣人不欲取天下,却不能不有天下;不欲为主,却又不能不治天下。这种解释正和下一章"果而不得已"的"不得已"相合,所以本文从后者。

"神器",王弼注说:"神,无形无方也。器,合成也。无形以合,故谓之神器。"王氏的解说玄味太重,但他所以这样去注的用意,却是要把器提升上来。因为天下是指的人和物,是属于器世界。既然是器，当然可以"为"了。所以老子用一个"神"字加在"器"上，就是为了表明这是神妙的，或神性的器物。其实人和物都是自然的产物，不是人为可以斧凿的。因此治天下必须顺人性、物性之自然，不可凭自己的意念加以改造。

"为者败之，执者失之"，"为者"是有意于施为，这样便会砍伤了自然，破坏了民性，就像朴散以为器一样。表面上看来，好像是有作为，实际上，却伤害了纯朴的人性。"执者"是有意于控制，事实上，天下万物乃自然的产品，由自然而成，人为的干扰，都会阻碍它们的发展。王弼注说："万物以自然为性，故可因而不可为也。可通而不可执也。物有常性，而造为之，故必败也。物有往来，而执之，故必失矣。"

自然界的相反现象

"故物或行或随"，这里的"物"是指万物，当然也包括了人。以下数句老子借万物变化的无定性，来说明它们的不可为、不可执。"或行或随"是指的有时行于前，有时随于后，或有的行于前，有的随于后。这是譬喻物性，阳居前，阴随后。

"或歔或吹"，歔即是嘘。高亨注："缓吐气以温物谓之嘘，急吐气以寒物谓之吹。义正相反。"这是指同为吐气，但前者求暖，后者求寒，目的却不同。可是就自然现象来说，"大块噫气"（《庄子·齐物论》），缓缓而行，这叫做嘘气。气息变化激烈而成风，这叫做吹。所以嘘和吹的不同，也象征了慢和快的差别。总之，"或歔或吹"是比喻物性，有暖、有寒、有缓、有急。

"或强或羸"，"羸"是弱的意思。就不同的物体来说，有的强，有的弱。如火性刚强，水性柔弱；大树坚强，小草柔弱。就同一物体来说，有时强，有时弱。如壮年时候刚强，衰老时候脆弱。再就不同的角度来说，这一面来看是强，另一面来看却是弱，如尺有所短，寸有所长。总之，物性的强弱自有其作用，不是我们人为的力量可以控制的。

"或载或隳"，"载"，王弼注本作"挫"，而河上公、御注、景福等本作"载"。俞樾考证说："挫，河上本作载，注曰：'载，安也。隳，危也。'是载与隳相对为文；与上句'或强或羸'一律。而王弼本乃作挫，则与隳不分二义矣。"当然把"挫"改成"载"字，解释起来容易得多了，如河上公注："有所安，必有所危。明人君不可以有为治国与治身也。"但这也是就人为法治来讲的，而老子这话是就物性之自然来作譬。"载"是载车而成的意思，隳是坠车而毁的意思，所以此处可解作有成有毁。也就是说有时发展得好，有时发展得不好。或有时处顺境，有时遇逆境。至于就王弼注本的"挫"和"隳"来说，也是解得通的。"挫"是挫物的挫，指有的尖锐，能挫物，"隳"是自隳的毁，指有的衰败而被毁。

"是以圣人去甚，去奢，去泰"，这几句结语是圣人修养的功夫，与前面万物的变化又有什么关系呢？就万物的变化来说，"行"与"随"，"歔"与"吹"，"强"与"弱"，"挫"与"隳"都是物理现象，自然而然。可是由于人的欲望和知性的作祟，而有意为之、执之。于是大家竞于行前，而不愿随后，大家计较于寒与暖之不同；大家要强而不甘弱，要尖锐而不愿落伍。因此也就由人欲而破坏了物性的自然。所以老子才说："去甚，去奢，去泰。"

圣人要能三去

"甚"是极端。"奢"是奢侈。"泰"同太字，《说文通训定声》：
"泰亦作汰。疑泰、太、汰、汰四形实同字。"又"泰"也有自持
其安泰的意思，因此多作骄泰之意，如《论语·子罕》："拜下，
礼也。今拜乎上，泰也。"所以这里的"泰"作过多或骄泰的意思。
所以"去甚，去奢，去泰"，就是不要做事极端、生活浪费、欲
望太多、态度骄傲。这正符合了《老子》在第六十七章中所说的
三宝："一曰慈，二曰俭，三曰不敢为天下先。"

新语

承接前章的治国用"朴"的政道，本章讲"取天下"，如用
儒家治国平天下来说，治国是治理国家，而本章的"取天下"就
是平天下之道。

老子用"天下"两字是指天下的所有人民和万物，这比治国
更广大多了。老子用了"神器"来表达。我们研究哲学，往往用
形而上和形而下来描述，这是根据《易经·系辞传》的"形而上
者谓之道，形而下者谓之器"（《易经·系辞上传》第十二）。天
下万物是"器"的世界，老子却用形而上之道的"神"来加之于
"器"之上，也就是指天下万物的神圣，天下万物变化的神妙，不
可用一己的才智，用有为的人才去任意宰割他（它）们，改变他
（它）们。

在儒家，平天下也许用《中庸》的九经，讲如何来（吸引）百工，如何（感）化远人。就像我们今天谈世界和平，在政治上标榜自由平等，在宗教上以慈悲爱人来期待达到世界和平的理想。但老子却不给我们提供任何药方（政策），因为那些都是偏于一面的人为方案，他只要我们向圣人学习，去掉三种错误观念和态度，即"去甚，去奢，去泰"。

第三十章

扫一扫，
进入课程

以道佐人主者，不以兵强天下，其事好还。

师之所处，荆棘生焉。

大军之后，必有凶年。

善有果而已，不敢以取强。

果而勿矜，果而勿伐，果而勿骄，果而不得已，果而勿强。

物壮则老，是谓不道，不道早已。

语译

以道来辅佐君主治国的人，不会用军事武力来雄霸天下，因为战争之事往往是有报应的。凡是师旅所处的地方，都会变成废墟，荆棘杂草丛生。凡是大战役之后，必然破坏了农耕，紧跟着的便是饥荒连年。善于辅佐君主以道治国的人，自会因行道而达到救国救民的成果，绝不敢以军事武力来争强。他们得到成果后，却不自以为了不起；他们得到成果后，也不自夸功劳；他们得到成果后，更不会因而骄狂。因为他们得到成果是顺乎自然的，即使有时要用兵，也是为了卫国卫民，是不得已的，所以他们不会以这种成果为强大。这样的强壮，便会快速地使他们衰老，因为这种好强的欲望是不合乎自然之道的，不合自然之道，便会很快衰亡。

要义

1. 本章批评一般取天下的人都是用兵去霸天下。
2. 用兵违反了道的自然无为。

不以兵强天下

这句话的主体，王弼注作人臣，如他说："以道佐人主，尚不可以兵强于天下，况人主躬于道者乎？"河上公则解作君主，如他说："谓人主能以道自辅佐也。"总之，这是指以道来治理天下的人，不强调用军事力量来威镇天下。

王弼与河上公似乎都把"其事好还"当作正面的意义，如王弼注："为始者务欲立功生事，而有道者务欲还反无为，故云其事好还也。"河上公注："其举事好还自责，不怨于人也。"李息斋及近代学者，却是把这句话当作负面意义，指报复或报应。如李息斋说："杀人之父，人亦杀其父；杀人之兄，人亦杀其兄，是谓好还。"比较这两种解释，当以后者为佳，因为下文便是"好还"的例子。

"师之所处，荆棘生焉。大军之后，必有凶年。"这是写用兵之事"好还"的事实。《墨子》书中有一篇《非攻》即是描写战争之后，一片废墟，即使战胜，所得也不抵所失。梁启超先生曾以为这种"非战"的思想乃是战国时期的特色。因为战国时期才有激烈的战争，如长平之战、马陵之战等战役。其实任何战争都有后患，任何战争都是惨剧。人们对战争的反思与怨责又何须等待到大杀戮之后才产生。

物壮则老

"善"，王弼、河上公的注都作"善于用兵"，而"果"，王弼作"济难"，河上公作"果敢"，苏辙作"以兵决之"，吕吉甫作"克敌"，高亨据《尔雅·释诂》："果，胜也。"虽然把"善"字当作善于用兵在《老子》中是于文有据的，如第六十八章便屡言"善战者""善胜敌者"，但我们不能忽略此处之"善"是上贯于第一句的"以道佐人主者"，可以解作善于用道佐人主者，这样，虽然包括了治军之事，但却不局限于善于用师的兵家。"果"虽然以王弼的注作"济难"之果为较好，但"果"本身是指的成果，"善有果"正好和"其事好还"相对，暗示了善恶的因果关系。所以这个"果"也是善于佐人主者的自然的成果，就是使天下治平、人民安定的成果。当然用兵防卫国土，保卫人民也包括在其中。这是自然的包括其中，而不能特别强调，所以说"不敢以取强"。"取强"就是以兵力雄霸天下，这正是老子思想的大忌。

"矜"是自恃，"伐"是自夸，"骄"是自傲。这三者正对应了前一章的"甚""奢"与"泰"，都是满盈的大患。

"果而不得已，果而勿强。"一般的解释都是就克敌制胜之果，是出于不得已的。也就是说战争是出于无奈的。因此不能强调这个成果，如王弼所注："言用兵虽趣功果济难，然时故不得已。当复用者，但当以除暴乱，不遂用果以为强也。"但就善佐人主而成就的果，这也是道的自然成果。不可以此为强，不可为而持之，应"功成，身退"，这才是天之道。

前面老子举用兵好强的例子，最后归结到"物壮则老"的普遍原则。但物之壮，物之老，这也是自然的现象，为什么又说"不道"呢？在这里，我们必须再检讨"自然"一义。在第十七章中，我们曾分析过一般的所谓"自然"之义，万物由生、到壮、到老，这是物理现象的自然，是必然的，我们无法加以阻止。如果横加阻止，则违反了自然。那么，为什么又说"物壮则老"是"不道"呢？因为这里的"物壮"不是自然现象的物壮，而是人类欲念的求强，譬如吃丹药以求长生不老，这恰恰违反了自然的发展，也就是道的作用，因此反而早衰、早死。

新语

本章承前章的"取天下"，指出如果取天下是靠用兵而霸天下，即使赢了战争，也会失去民心。老子反对用兵侵略，并不完全放弃用兵以保卫国家和人民。所以说用兵是不得已的，不能恃兵强而骄，所以老子对于平天下的理想不是我能平定天下，而是天下自然而平，人们都能安居乐业。

第三十一章

扫一扫，
进入课程

夫佳兵者，不祥之器。

物或恶之，故有道者不处。

君子居则贵左，用兵则贵右。

兵者不祥之器，非君子之器，不得已而用之，恬淡为上。

胜而不美，而美之者，是乐杀人。

夫乐杀人者，则不可以得志于天下矣。

吉事尚左，凶事尚右。

偏将军居左，上将军居右。

言以丧礼处之。

杀人之众，以悲哀泣之，战胜以丧礼处之。

语译

精锐的兵器或军队是不祥的东西，万物似乎都厌恶它们，所以有道之士都不依靠它们。君子在平常生活中是以左边的位置为高贵，可是在用兵的时候，却是相反的，以右边的位置为高贵。可见兵器或军队是不祥的东西，而不是君子所使用的。在万不得已的时候，如果使用了它们，仍然以恬淡无欲的心情为尚。即使战胜了，也不以为美好。如果赞美战胜的成果，便是喜爱杀人。一个喜爱杀人的人，是不可能达到平治天下的心愿的。吉庆之事是以左边位置为高贵，丧葬之事是以右边的位置为高贵。在军队中，副将在左边，上将军在右边。这是以丧礼来对待军事。杀人甚多的战争，应以悲哀的心情来哀悼它，在战胜之后更应以丧礼的态度来对待它。

要义

1. 本章指治国不以兵强。

2. 最后以"战胜以丧礼处之"说明战争的可悲。

武器是不祥之物

本章王弼和河上公的注本相同，而与傅奕本及景龙本却颇多出入，历来学者都认为在《老子》中，本章文句是最错杂的。但就文义来说，本章意义明显而浅近，所以王弼根本没有加注。

"佳"字，王念孙认为是"惟"字之误，因为《老子》中常用"夫惟"两字。但"佳兵"是指兵器之佳美，意义本无不通。同时傅奕本正作"美兵者不祥之器"。所以没有必要把"佳"字改作"惟"字。这是考证家之所以吃力却并不讨好处。因为用一个"佳"字特别显出"兵"越好，越为不祥的意义。

"物或恶之"，"物"是指的万物，当然包括了人。为什么要用一个"物或恶之"的"或"字，而不用"必"字呢？这是因为前面的一个"佳"字而来，因为大家都喜欢佳美的东西，即使兵器或军队，一般人都以为兵器越锐越好，军队越强越佳。而痛恶"佳兵"毕竟是深一层的说法，所以此句用一个"或"字，以表示不是人人都如此。

中国古代风俗制度，左阳而右阴，阳是生长之气，阴是肃杀之气，所以一般礼制左贵而右贱。君子平居以左为尚，是表示生长的和气，可是在军队里，却是相反的，以右为贵，因为其代表的是肃杀之气。

以丧礼的态度对待军事

军旅之事不是君子所从事的，只是出于保国卫民，不得已才运用。在运用时，必须本着恬淡的心情。也就是不为了满足私欲，而争强斗狠。同时在运用之后，更必须归于恬淡的情操，而不骄夸战果，拥兵自豪。

如果是出于自卫的战争，这是不得已的。即使战胜，也是不得已的胜利，不值得赞美。"胜而不美"，这个"美"字表示了对战争的歌颂，也显示了好杀的残酷性格。所谓"得志于天下"就是达到治天下的意愿。这种好杀的个性，显然违反了天地好生之德，又如何能得到天下人的推崇，而成就天下和平的理想。

"吉事尚左"，"吉事"是指喜庆之事，这是大家所乐意的，所以在这些庆典中，以左边的座位为高，因为这代表了正常的礼仪。"凶事尚右"，"凶事"是指丧葬之事，这是大家所规避的，所以在这些丧礼中，以右边的座位为高，因为这代表了处变的礼仪。"偏将军"是副将，"上将军"是总司令。依照正常的礼仪，应该地位高的居左，地位低的居右，可是由于军队是代表了肃杀之气，是凶事，所以一反正常的礼仪，偏将军反而居左，而上将军居右。

"以悲哀泣之"，"泣"字，近人考据以为是莅字，如罗运贤说："泣者，莅之讹（第六十章，以道莅天下）字，当作埭，《说文》：'临也。''埭之'与下'处之'正同。"这样的改字为注，表面上似乎也解得通，好像与下一句文辞相迭。其实意味上反不如"泣之"为传神。同时"泣之"是对"杀人之众"来说，这与战胜之后的庆祝不同。因为一般对战争的胜利都以庆典来祝贺，而老子却主张以丧礼的方式来处理。因为对于战争的杀人之众来说，这不是什么庆典，而是一种感受，所以说以悲哀的心情来哭泣之。这是一种情感深度的反应，远比硬邦邦的"莅之"两字为传神，我不知道为什么考据家们如此地迁就形式的文句，而忽视了活生生的情感？"悲哀泣之"一语，使我们感受到的是一片对战争死亡之众的哭泣之声。

新语

本章反对用兵之事，义理非常清楚。在这里我须提起一段真实的故事，先师吴经熊博士曾面告我们，他说，在抗日战争时期，日方的空军优势远超过我方的空军，也就是我方的空军根本无法升空与日方空军搏斗。有一次，我方的空军居然击败日方空军，获得了胜果，于是举国欢腾。那时吴师曾任《天下》杂志主编，写了一篇社论以老子"以悲哀泣之，以丧礼处之"痛陈日方侵略不当，以及我方也不应歌颂片面的胜利，必须痛定思痛，化悲哀为力量。我把这段故事记录于此，以作为老子思想的现代批注。

第三十二章

扫一扫，
进入课程

道常无名朴，虽小，天下莫能臣也。

侯王若能守之，万物将自宾。

天地相合，以降甘露，民莫之令而自均。

始制有名，名亦既有，夫亦将知止。

知止可以不殆。

譬道之在天下，犹川谷之与江海。

语译

道常用无名之朴，这个"朴"看起来虽然似乎很微小，可是天下却没有一人能够臣服它。侯王如果能好好地把握这个"朴"，天下万物便自然地如客人似的顺从他们。天地阴阳之气和合，自然地降下了万物所需的甘露，同样君主不必多加政令于人民，人民也会自然地均平地发展。在创始万物或制度时，必然需要名称、或职位。但当名称或职位有了之后，我们必须知道静止，不可贪婪执着。能够做到静止，便不会有被欲望驱使的危险了。这种"知止"的功夫，正如道之无心于天下万物，天下万物却自归于道；又如江海的无求于山谷流水，而山谷流水却不期然地流入江海。

要义

1. 本章首先强调守朴之道。
2. 最后归于运用的方法是"知止"。

道是无名之朴

这句话中有四个重要的术语，即："道""常""无名"和"朴"。如何把这四个术语连在一起，通常有三种断句法：一是把"道常无名朴"当作一句（如胡适、高亨等），一是把"道常无名"当作一句，而"朴"字连在下一句为"朴虽小"（如王弼、河上公），三是把"无名"和"朴"并列在一起来描写道，如"道常无名，朴，虽小"（如张扬明、余培林）。其实这些不同的断句，并没有在意义上产生多大的不同，因为"无名"和"朴"都是描写同一个"道"。所以把"无名"和"朴"当作两个形容词来描写"道"也可以；把"无名"当作形容词来写"朴"也无不可。但就本章的思想旨趣来看，是讲的"道"之用，是以"朴"为主词。而且和第三十七章的文意是相似的。该章讲"道常无为"，又讲"镇之以无名之朴"，正可作为本章"道常无名朴"的最佳诠释。事实上，本句较为费解的是这个"常"字，一般把"常"当作永远的意思，似乎很容易把这个"常"字打发了，可是"常"毕竟是老子思想中的一个重要术语，在第一章中便特别标出了"常道"，所以这个"常"字还有较深的意义。在第一章中我们曾说"常"是指道的自然、真实而永恒。就本体来说是永恒不变，就运用来说是永恒不息。本章的主词是"朴"，是道之用，所以这里的"常"是作"常行于""常用于"解，也就是指道的作用是生生不已的寓存于无名的朴之中。《老子》中用"无名"和用"朴"两词自有其不同的意义。用"无名"时，是一种归本的方法，所谓"道隐无名"（第四十一章），也即是第一章"常无，欲以观其妙。"而用"朴"却是一种由体发用的方法，所谓"镇之以无名之朴"（第三十七章），就是一种运用。所以老子从这句话开始，提出了这个"朴"字，接着前半章谈守朴，后半章谈用朴。

"虽小"，这里的"小"是指"朴"的无名，因为它的无名无字、无相无象，是极为精微的，所以看起来似乎很小，无足轻重；可是我们却无法控制它。王弼注说："朴之为物，以无为心也，亦无名。故将得道，莫若守朴。夫智者可以能臣也；勇者可以武使也；巧者可以事役也，力者可以重任也。朴之为物愦然不偏，近于无有，故曰莫能臣也。"这段话写出了"天下莫能臣"的道理，可是什么是"朴"呢？王弼的话又未免玄了一点儿，其实用老子的话来说，"朴"就是无欲，第三十七章说得很明白："无名之朴，夫亦将无欲。"我们如果无欲，看起来是"小"，是"微不足道"，可是别人却无法控制我们，所谓"无欲则刚"。"无欲"用老子的话就是"虚其心""弱其志"。这也就是道透过了"无名之朴"的一种运用。

"侯王若能守之"，这里言"侯王"而不言"圣人"，因为这里是指实际的政术。"守之"就是"守朴"。这一个"守"字便说明了此处是讲的运用。真正圣人的境界是一切顺乎自然，连"守"之一念都没有。所以这里是以"侯王"为对象，而言"守朴"。"万物将自宾"，"宾"是指宾客，所谓客随主便，这是指顺从的意思。一个做领袖的人，如果能把握住"朴"的原则，也就是无欲的境界，这样万物便不会躲避他，反而，更会亲近他、跟随他。

天下万物是自均的

"天地相合"，是指阴阳的和合，也是指自然的运行。"甘露"是营养万物的雨露，这句话正写出了天地的自然，使万物蒙受雨露而生生不已。同样，君主如果能善体天地自然之理，不必多施政令，只要把握一个"朴"字，使人民自然地得到平等均衡的发展，如王弼所注："天地相合，则甘露不求而自降；我守真性无为，则民不令而自均也。"这个"均"字非常重要，它一方面是对应了雨露而言，是指人民的共沾雨露，没有厚薄之别；另一方面是指政治的施为，使人民一律平等。

我们反观历史，任何政治的最高理想，都说是要谋人民的平等，可是却没有一个政治真正做到使人民绝对的平等。老子此处从"天地相合"以降雨露来说明任何有为做法的缺失，而暗示出只有回归于自然的无为之治，才能使人民真正的平等。和老子这种思想无独有偶而相似的，是《易经·乾卦》的象辞："大哉乾元，万物资始，乃统天，云行雨施，品物流形。"这是"天地相合，以降甘露"。又说："乾道变化，各正性命，保合太和，乃利贞，首出庶物，万国咸宁。"这是"民莫之令而自均"。所以只有天道、自然，才能使万物自均。那么前面一段话讲"朴"，此处讲"自然"，其间又有什么关联呢？因为"朴"从本源来说，就是本色自然；从运用来说，就是自然无为。

知止是自救之道

"始制有名"的"制"有两义，一是制度，一通"制"，是制造或创造的意思。所以"始制有名"也有两解，一是指圣人设立制度，正是所谓"朴散则为器"，这时候设官分职，必须有名分职位，如王弼所注："始制，谓朴散始为官长之时也，始立官长不可不立名分以定尊卑，故始制有名也。"一是指天地始生万物，有了万物之后，便制名以指实。无论哪一种解释，都是从无名到有名的一种发展。虽然老子推崇无名，但对于这种发展，老子却并没有完全加以否定。老子所担心的是有了"名"之后，便有分别，便有争竞，人们往往为了贪取更多的"名"、更好的"名"，而永远地为欲望所驱使。所以他接着说"知止"。"知止"是中国人生活中的一种很重要也很普遍的修养。俗话常说"适可而止"，也就是指任何事情不要过度地发展，如第二十九章所谓"去甚，去奢，去泰"的意思。除了这个解释外，"止"的另一个意思是"静止"，在老子思想中"静"就是"无欲"。所谓"不欲以静"（第三十七章），这正是"无名之朴"（第三十七章）的最佳诠释，所以"知止"就是知道还归无欲之静。再进一步说所谓"守朴"就是要守这个"无欲之静"。

"譬道之在天下"，这里说一个"譬"字，可见这两句话不是写"道"的，而是比喻"守朴"和"知止"的功夫，有如"道之在天下"，有如"川谷之与江海"。"道"只是默默地运行，无施无为，而天下万物却自均自化。同样"江海"也是静静在那里，无求无欲，而山谷中的川流，却自然而然地流向江海。"守朴"和"知止"的功夫，正是如此，无为无欲，而任万物自均自化。

新语

本章有两个老子思想的重点词语，一是"守朴"，一是"知止"。本章可以从两个层面来看。

一是政治层面，这是本章的原意。"守朴"就是君主或领袖能够把握无为之朴，使人民自然地发展。"知止"是君王或领袖能够把握设定分职的名位，要能制名指使官职人员都能名实相副，不要滥设名位，甚至使名位之权控制在别人之手，这就是大权旁落，所以本章就名位而强调知止。

另一是人生运用的层面，"守朴"是把握素朴的生活，一个人如果能知道素朴的好处，立基于素朴，如老子在十九章中说的"见素守朴"，处任何环境都能泰然处之。在人生中，"知止"就如开车一样，随时控制速度，随时知道踩刹车，所以知止便不至于有危险。本章最后讲"譬如道之在天下，犹川谷之于江海"，就是要我们如江海一样处最低的地方，能使万川归向。这一点就是谦虚，所以"知止"和谦虚也是相通的。

第三十三章

扫一扫，
进入课程

知人者智，自知者明。

胜人者有力，自胜者强。

知足者富。

强行者有志。

不失其所者久。

死而不亡者寿。

语译

知道别人的人是有才智的，而能知道自己的人才有真切的悟解。能战胜别人的人是有力量的，而能战胜自己的人才是真正的强者。知道满足的人内心必然富有。努力实行的人一定有坚毅的意志。

做任何事都不忘深体本源之处才能持之有恒。虽然躯体必死，但能契合生生之道，便是生命真正的不息。

要义

1. 本章由"自知""自胜"归于"知足"。
2. 最后强调精神的不朽。

知人者智，自知者明

这两句话中，"知人"和"自知"对比，显然老子是贬"知人"而重"自知"。因为"知人"是用自己的知去了解别人，这在儒家思想上，是被肯定的。如《尚书·皋陶谟》上说："知人则哲。""哲"就是有智。这个"哲"字日本学者把它用来翻译西方的"Philosophy"为哲学，而我们也沿用至今，但西方的哲学是爱智，而且是偏于"知物"。所以无论是"知人"或"知物"，都是向外的探求。老子对于这种"智"，却给予负面的评价，如他说："绝圣弃智，民利百倍"（第十九章）；"故以智治国，国之贼"（第六十五章）。值得注意的是这个"智"字本身并没有不好，问题是只强调"智"，或只知用"智"，便会有过患。老子所谓"弃智"和"以智治国"，都是指用智去探察别人的毛病。可是自老子的批评之后，直到今天，人们仍然乐于"知人"，而疏于"自知"。由于喜欢"知人"，往往自以为"智"，拿自己的尺度来衡量别人。宋代禅师石屋清珙有一首写裁缝的诗说得好："手携刀尺走诸方，线去针来日日忙。量尽别人长与短，自家长短几曾量？"显然这是乐于"知人"的过患，所以老子强调"自知"，而说"自知者明"。在这里"明"和"智"又是一个对比。

严复在《老子》注中说："智如烛，明如鉴。"堪称妙喻。但老子的"明"，不只是自知、自鉴而已，还有更深的意义，如："知常曰明"（第十六章）；"见小曰明"（第五十二章）；"复归其明"（第五十二章）。这些"明"字都和佛家所谓的"悟"相当。不是用脑的分析而"智"，而是用心的体证而"明"。由于这样的不同，我们可以说："知人曰智"是知识的层面，而"自知曰明"却是修德的功夫。

在近代学术上，心理学可说是一门彻头彻尾"知人"的学问。心理系学生所孜孜以求的是如何去"知人"，心理学大师所努力发明的也是一套套"知人"的方法。但一些心理学的学者们当他们自己的心理发生问题，他们却无法"自知"，而要请别的心理学者来分析。为什么他们所学的这套方法，只能对付别人，而不能对付自己呢？回答很简单，因为对付别人可以用"智"，可是对付自己却必须用"德"。因为当心理学家治疗病人时，他的方法是一套"知人"的规则，当这套规则运用到自己时，便变成了一套游戏的法则，因此自己知道了这套游戏法则后，这个游戏便不灵了，所以对于自己，根本不能用"智"，所以真正的"自知"，不是"智"，而是"明"，而是"德"。因为"自知"是一种自反的功夫。由于"自反"，才能使自己的心清明，才能真正了解和应付外在的一切。所以老子在"知人者智"之后，补上一句"自知者明"。

胜人者有力，自胜者强

胜人者依赖自己比别人的优势以压倒对方，所以说是有力。

这种力，无论是体力或智力，总之是以争竞取胜。至于"自胜"是克服自己。所谓克服自己当然是指克服自己的缺点或贪欲，这就是修养的功夫，这才是真正的"强"。在《老子》书中，"强"字都和老子推崇的"弱"字相对，都代表强梁或刚强，而具有负面的意思。但此处的"强"，以"自胜"为前提，乃是德性的"强"，"柔弱"的"强"，因为克服缺点是"德"，除去私欲是虚静的"柔弱"。

知足者富

知足是知道满足，人的满足与否，不是外物多寡的问题，而是心中欲望强弱的问题。同样，贫富没有一定的标准，也在于心中的满足与否。不满足的人，如秦始皇虽富有天下，却还要求长生不老。容易满足的人，如颜回虽只有一碗饭一瓢饮，却乐在其中。在这句话中，老子不是强调"富"字，而是强调"知足"。因为心中一有"富"的观念，你就永远地贫。同样，一般人常说"安贫"，但一有"贫"的观念，自己也就永远地贫。所谓"知足"，不是"知"的功夫，而是"德"的功夫。中国人都知道做人该知足，也常引老子的话，而说"知足常乐"，可是往往就是不能知足。这是因为他们心中没有所足，因此便抵挡不住外物的引诱。在这方面，儒家的功夫，是以仁义存心，而老子的功夫，就是以虚静除欲。

强行者有志

"志"字在老子思想中本是负面的意思，如"弱其志"（第三章），但王弼的注却说："勤能行之，其志必获，故曰强行者有志矣。"王弼是根据第四十一章"上士闻道，勤而行之"而说的。如果是这样的话，那么"强行者有志"和"弱其志"是否有冲突呢？先就这个"志"字来说，它在中国传统教育上是一个非常重要的字，老师教学生最先在"立志"。因为"志"是我们人生的理想，也是我们奋斗的重心。所以在儒家思想中，"志"是一个非常重要的哲学训练，如《孟子》中说："王子垫问曰：'士何事？'孟子曰：'尚志。'"（《尽心》）这里所谓的"志"，就是"志"于道，"志于仁义"。至于老子所谓"弱其志"的"志"，乃是一种野心、贪执，是"志"于名、"志"于利。所以老子要我们减少这种欲望。

再回到本句，这个"志"字并没有表示好的或不好的意思。因为本句的重点是强调"强行"两字。"强行"虽然不如"无为"境界之高妙，但无论为学求道，"强行"仍然有它的需要。很多人读《老子》，看到老子讲"无为"，便用"无为"去衡量一切，于是在"无为"与"为"字之间划了一道不可逾越的鸿沟，把所有的"为"都看作"无为"的相反，都是不好的，这样非但错解了"有为"，同时也使"无为"虚脱，变成了毫无意义的无所事事。所以我们对这句话的看法是老子描写努力的功夫，这是"志"。这是客观的描写。至于努力功夫的好不好，就要看"志"个什么了。

不要忘本

"不失其所者久"，"所"是指的所本，老子并没有指明什么是"所"，王弼注："以明自察，量力而行，不失其所，必获久长矣！"也没有点明这个"所"字。当然把这个"所"字直说为"道"，也不会有错，问题是太笼统了。值得注意的是，王弼注中的两句话把前文连贯了起来，"以明自察"指的是"自知"，"量力而行"指的是"自胜"。因为能"自知"，才能"知足"；能"自胜"，才能"强行"。所以"不失其所"，就是不失去"自知""自胜"的智慧和德行。"所"是根本，这个"根本"在自我。当然这里的"自我"不是指私忘本的"自我"，而是指能够自知、自胜的"自我"。只有能真正操之在我，才能够"持之有恒"。"久"就是"常"。唯有在"自我"的本源上下功夫，才能转瞬息为永恒，变"无常"为常道。

死而不亡者寿

"死"和"不亡"是相反的观念。一般的解释都把"死"当作躯体的消失，把"不亡"解作精神的不灭。这样的话，这个不亡的精神便变成了灵魂，这似乎不是老子的意旨。因此一般的注解又说"不亡"指的是道，如王弼说："虽死而以为生之道不亡，乃得全其寿，身没而道犹存，况身存而道不卒乎！"王弼的话很精彩，他并没有涉及后代道教拿这句话当作长生不死的依据。王弼的话重点在"全其寿"三字。我们都有必死的身体，但如果深得生生之道，我们便能使生命活到该有的年限，这就是寿。虽然现在我们还没有死，如果我们的一切能合乎生生之道，我们的生命也能发展至应有的年限，所以"死而不亡"并非指躯体或精神的不灭，而是指生生之道的不被遗忘。

新语

本章提出老子的一个重要的修养功夫就是"知足",老子的德不是外在的道德仁义而是内在的德,最重要的就是知足。"知足"两字在《老子》一书出现了三次。在这章中我们看它的前后文,这里"知足"的前面是"自知"和"自胜"。"自知"是在知上了解自己,知道自己的才能,也知道自己的不足处。"自胜"是在德性上克服自己的弱点,譬如自己好强,容易冲动,"自胜"就是克制这种容易冲动的个性。在知上知道自己,在德上克服自己之后才能进一步谈"知足"。所以"知足"不是随便的,躺在那里自我陶醉,而是在"知"和"德"两方面都有足够的了解把握,然后才能知足,这里的"足"是自知、自胜的足。

本章在"知足"之后,其下文是不要强行、不要忘本,不失其所,就是说他了解自己的能力,自己的身份。这里的"所"字,在《易经》中就是"位",就是自己的位置,然后才能顺着自己的路子而走。不要超过自己的能力,不做自己不能做、不该做的事,这样的人才能保持精神的安宁,所以"不亡"是精神不会消损,这样的了解,才能发掘本章"知足"的真意了。

第三十四章

扫一扫，
进入课程

大道泛兮，其可左右。

万物恃之而生而不辞，功成不名有，衣养成物而不为主。

常无欲，可名于小；

万物归焉而不为主，可名为大。

以其终不自为大，故能成其大。

语译

大道是广漠无边，不分左右的。万物依靠它而生生不已，但它却永远和万物在一起，而不离开。它使万物滋育化成，却不占有万物。它覆育而营养万物，却不做万物的创造主。它永远地本着无欲的境界，而无任何的意向企图，所以我们往往称它为"小"。可是万物都以它为本，而它却不为万物之主，所以我们又称它为"大"。由于"大道"不以自己为大，所以才能真正为万物的根本，而成就了它真正的"大"。

要义

1. 本章首举大道衣养万物的作用。

2. 最后指出大之所以为大，不在其自以为大。

大道无分别心

"大道泛兮"之"泛"不是指水的泛滥，毫无节制，造成灾害，而是指道的流行，无所不至。"其可左右"就是不分左右。说流行有两个方向，一是向前的，生生不息；一是旁通的，无所不至。前者是时间的，后者是空间的。其实，讲前进讲旁通，论时间论空间，都是相对的、人为的观念。道如果是永恒常住的话，就没有前进、旁通、时间、空间的分别。真正使道能如此的，不是"道"本身的流行，也就是说不是道本身在那里前进或旁通，也不是道创造时间或空间。道之所以为道，那是因为它的生养万物，由于不断地生养，所以才能生生不息，而构成了时间；由于没有分别性的生养，所以才能广被万物，而构成了空间。本句说："其可左右"，只是就流水来取象而已。

这句话和第二章的"万物作焉而不辞"相似。唯本章是以"道"为主体。这里的"生"字很重要，说明了"道"之所以泛，并不是有意如此，因为有意如此，便会干扰万物；也不是道无意如此，因为无意如此，便会毫无章法。道和万物之间有一个根本的联系，就是"生"。道有生养万物的性能，但"道"之于生物却并非有意为之，而是万物须靠"道"而生。因此万物离不了"道"，而"道"之所在，万物也就存在，这种关系密切得不需有意为之，而是自然而然的。所谓"不辞"，在第二章中曾解说为"不推辞"的意思，也就是说万物依它而生，永远无法离开它。

大道无占有欲

"常无欲，可名于小"，这两句话和"功成而弗居"（第二章），"长而不宰"（第十章）的意思相同。但第二章是讲圣人的事功，而此处却是指道的生养万物。道本无心于万物，万物的恃之而生，只是万物的顺道而自生自养，所以道和万物并没有被动的或主仆的关系。

"常无欲"三字曾见之于第一章中。由于第一章中"常无欲"和"常有欲"相对，我们为了避免"常有欲"和老子基本思想的不协调，所以我们把"常无欲"和"常有欲"，解作"常无，欲"和"常有，欲"，而此处"常无欲"并没有"常有欲"的对称。而且本章是描写的"道"。所以我们把"常无欲"三字连在一起，解作道是常本于无欲的境界。由于"无欲"，没有任何意向、野心，既不居功，又不做万物的主宰，所以它和万物的关系不是肉眼可以看得到的，因此可以称之为"小"。事实上，宇宙中，对我们生命最重要的三样东西——阳光、空气和水，即使我们冷静想一想，都知道它们的重要，可是在日常生活中，如果我们已拥有它们而不缺乏时，却都漠然视之，这岂不是以"小"对待它们吗？

道大而不自以为大

"万物归焉"是指万物归于"道"。但这并不是说"道"高高在上，像上帝或神明似的，万物皆要向它膜拜。上面说得很明白"万物恃之而生"，只要万物有生命、有生机，就已经有了"道"，已经归于"道"。所以说"万物归焉"就是指万物都离不了"道"。然而"道"却不像上帝创造万物一样，而为万物主。"道"和万物不是主仆的关系，道就是万物生命的本质。所以"道"不是高高在上的大，而是无所不在的大，而是处在最低却为万物根本的大。

前面"可名于小""可名于大"都是一种"名"，都是人所给予的"名"。所以前文所指的"小"和"大"，都是相对的。而本句的"以其终不自为大"的"大"也是一种名相、观念，也是相对的。如果"道"自以为大的话，那么它便把自己局限于名相、观念的樊笼，而变成了"小"。相反的，正因为"道"的不自以为大，才能走出了"大""小"的相对，与万物同在。这才是真正的无所不至的"大"。

新语

本章虽然以大道为喻，但中心思想仍在提出这个"大"字。就本章来说这个"大"有以下几个特质：一是可左可右，没有分别心；二是能生养万物，为万物所依靠；三是功成而不居功；四是养育万物而不为主；五是无欲为万物所归；六是不自以为大。

这个"大"不仅老子强调，也是中国哲学之所强调，中国学问是大学问，是大全的，是整体的，是开放的，是超脱的，这与西方哲学之注意"小"，偏于分析，完全不同。

我们讲"大"往往和"小"对比，这是相对性的大，不是老子和中哲真正所讲的"大"。老子此处讲"大"在本章最后一处的"不自以为大"点出了真精神，因为自以为大还是落在相对性的"大"上。"不自以为大"，最后连这个大道也要超脱掉，譬如中国禅宗最后连成"佛"的佛字也超脱掉，这就是老子"不自以为大"的最佳脚注了。

用这个"不自以为大"去观照本章第一句话的大道，我们可以发现其中的问题。在第十八章中"大道废"一句，我们曾说过，老子讲的道往往只用一个"道"字，可以彻上彻下，而"大道"乃人所追求的"大道"，而非真正道的本质，所以这里的"大道"还是为了后面的"小"而方便说法的，用禅宗的方法，是先建再破，这最前面的"大道"是为了后面"不自以为大"做对比而已。

第三十五章

扫一扫，
进入课程

执大象，天下往。

往而不害，安平太。

乐与饵，过客止。

道之出口，淡乎其无味，视之不足见，听之不足闻，用之不
足既。

语译

把握住生生不已的道的大象，可与天下万物共发展。在发展
的过程中，没有贪欲的阻碍，便能和天下万物安处于平静康泰的
和谐之境。贪执美妙的歌乐和美味的食物，都会使我们这些人生
寄旅的过客恋栈不前。可是道却不一样，它尝起来，无味；看起
来，无象；听起来，无声；但是用起来，却永远地用不完。

要义

1.本章强调领导者如何使人归附。

2. 最后一个"淡"字最为关键。

圣人为天下所归

"大象"，王弼注说："天象之母也。不寒不温不凉，故能包统万物，无所犯伤。"这种解说未免过于抽象。因为道的本体固然不寒不温不凉，可是道的作用却必须能寒能温能凉，否则又怎么能孕育万物呢？其他的注都直接把"大象"解作"道"，如河上公："象，道也。"陆希声："大象者，道也。"吴澄："大象喻道也。"虽然"大象"是比喻"大道"，但"大象"与"道"之间仍然是有距离的，否则老子就直言"道"，而不必言"大象"。"大象"是"道"在现象界的"象"，它和"道"不同的是"道"是无形的，所以不可"执"，而它是有"象"的，所以可执。它和其他的小"象"不同的是，其他的"小象"只有一种固定的"象"，而它却是诸象背后，使它们变化的"象"。用王弼的话来说，这些"小象"是寒、温和凉。但它们拘于一"象"，能寒就不能温，能温就不能凉。而"大象"则是能寒，也能温；能温，也能凉。至于"道"之体，却是无寒无温无凉的。所以"大象"乃是"道"和万物之间的桥梁。引用老子第四十二章的话"道生一，一生二，二生三，三生万物"。万物是一般的"小象"，那么，"一""二""三"便是"大象"。

关于什么是"一""二""三"，容以后再谈，我们在这里所要知道的什么是"大象"？如何去执"大象"？第四十一章说："大象无形。"也就是说"大象"没有任何形体，因此是抓不住的，这里的"执"，解作把握、遵守的意思。"道"的作用既然能生养万物，那么这个"道"的"大象"当然是生生不已的。万物也有"生"的作用，如母生子，但万物的"生"是"有"的生，而"大象"的生化作用，却是"无"的生，所谓"无"，乃是本之于无形无象。所以这里"执大象"的意思就是遵循"道"的生化作用，以"无"来助成万物的生育。这正是所谓"生而不有"（第二章）的意思。"天下往"，一般解作天下万物的归向，但更好的解释是与天下同往。这即是所谓"万物作焉而不辞"（第二章）的意思，也就是说圣人体道而行，与万物共生化。持这种解释的如林希逸注说："天下往者，执此而往，行之于天下。"不过"行之于天下"犹有儒家以仁义或道德治天下的味道，而"与天下同往"，则是无为而治，把自己纳入万物之中，与万物一起发展。万物并没有感觉到他的存在，而他的助成之功却是一直支持了万物的生化。

"往而不害"，"往"既然是与天下同往，那么"害"便是指外在的阻碍。因为遵循了道的"大象"，就是以无为无形来助成万物的生化，所以万物的生化便是由道而发展的，因此生生不已而无阻碍。"安平太"，"安"是安定，"平"是平静，"太"即泰，指通达的意思。这三字是描写他们的发展能安和通顺。又"安"字可作"安于"解，即处于的意思，"平太"即"太平"的倒文，为了音韵的缘故。意思是指他们能相处于太平的境界。

"乐与饵"，"乐"是指音乐，能够悦耳。此处所谓音乐是负面的意思，如"五音令人耳聋"（第十二章）。"饵"是指美味，为了悦口，但这里为什么不言"五味"，而说"饵"呢？这是以钓饵为喻，指以欲望引人。"过客"即是旅客，但对应前文，在与天下同往时，如果贪执欲望，便会恋栈不前，这就是阻碍。所以阻碍不是外在的，而是内心的贪欲。

只一个淡字了得

"道之出口，淡乎其无味"，"出口"有两解：一是指尝之于口。老子此处用"出口"，而不用"入口"，是因为"入口"指的是吃。真正食道者（如第二十章"贵食母"）虽淡，却有真味。而"出口"乃是指放在嘴边品尝，却是尝不出味道的。二是指道用言语来描写，是无法形容的，所以说平淡无味。

"视之不足见，听之不足闻"，这两句话都是写"道"的平淡。这个"足"是"足够"或"能够"的意思。即所谓："不够看""不够听"。这是因为道的平淡，好像看不出什么花样，听不出什么玄妙来。

"用之不足既"，"既"是"尽"的意思。这是写"道"虽然平淡，几乎是无味、无质、无声，使我们无法尝、无法见、无法听。但它不是真正虚空的，它的用处却是永远用不完的，就现象界来说，最平淡无奇的东西，往往却是最实用，而且可以经常使用的，如水、空气等。有形质的东西已如此，何况是没有形质的"道"！

新语

本章谈领导学和人生修养着重一个"淡"字，我们常说淡而无味。领导者如何用"淡"来吸引人们的归附。尤其今天的社会重视观光，一定加强好听的、好看的、好吃的来吸引人们，所以老子也知道这样做能使"过客止"，但这是暂时的、表面的。真正治国之道在根基上。"淡"是平实，是可以长久的，例如水是淡而无味的，可以常喝而无害，冰淇淋是美味的，却不能常吃。为政者重视"淡"的真义在此。

至于我们人生修养上，要能真正体验"淡"的真味，大家都知道的俗语"君子之交淡如水，小人之交甜如蜜"，一位禅师说："不风流处自风流。"能够甘于淡泊，才是真正为德的功夫。

第三十六章

扫一扫，
进入课程

将欲歙之，必固张之；

将欲弱之，必固强之；

将欲废之，必固兴之；

将欲夺之，必固与之。

是谓微明。

柔弱胜刚强。

鱼不可脱于渊，国之利器不可以示人。

语译

当一件事物将要收缩时，必定会先膨胀；当一件事物将要被削弱时，必定会先强大；当一件事物将要被废除时，必定会先兴起；当一件事物将要被剥夺时，必定会先被赋予。这是自然界极微妙而又非常明确的事实。如果我们了解了这个微妙的变化，便能了解柔弱之道最后能胜过刚强的道理。因此我们要像鱼儿一样自处于莫测的深渊，当我们有利国的器物时，千万不要以此夸示于人。

要义

1. 本章首段列举自然界相反者的作用。
2. 最后归结到"柔弱胜刚强"之道。

用反的功夫

"将欲歙之，必固张之"，"歙"字，河上公、苏辙等注本作"噏"，傅奕、景龙等版本作"翕"，都由于音同而通用。《说文解字》："歙，缩鼻也。"是指向内收缩的意思。这和下面伸张的"张"字正好对称。"固"，马叙伦注说："固读为姑且之姑，《韩非子·说林上》：'《周书》曰："将欲取之，必姑予之。"'是其证。"但韩非的思想重在权术的运用，所以把"固"解作姑，而有权变之意。余培林《新译老子读本》不赞同此解，而认为"固"是"定"的意思。

本章常为后代学者所批评，认为是权诈之术，如程明道说："予夺翕张，理所有也。而老子之言非也。予之之意，乃在乎取之，张之之意，乃在乎翕之，权诈之术也。"（熊赐履《学统·老子》）显然这是把老子的思想和韩非的权术结合在一起了，但这种结合是后来的事，我们不能以此来论断老子的思想。虽然这几句话可以当作"术"来运用，但老子的思想是本之于"道"，本之于"自然"。因此对于这几句话的意义，我们暂避开"术"的运用，而试从"道"和"自然"中去探索。

再回到这句话来看，关键在两点：一是"将欲"；一是"必固"。如果说"将欲"的主词是兵家或政客，当然是权术；但如果主词是道或自然，意义就完全不同了。这句话的"将欲"两字，当然不是指道的本体，因为"道"的本体并无"歙""张"等相对性的作用，所以这句话是谈"道"在现象界的作用，也就是"自然"的现象。在现象界中，万物的收缩与伸张本是物理的作用，有收缩必有伸张，伸张之后必有收缩。虽然老子并不知有现代的物理学，但这种理论早在《易经》的乾坤、阴阳、刚柔的原理中说得非常明白。所以"歙"和"张"是一种互相作用的自然现象。

"强"和"弱"本是属于人类观念中的两个判断字，既然是判断，当然是相对的，而没有一定的标准，所谓"尺有所短，寸有所长"。传统的说法，"弱者"，是女人的名字，但女人比男人更容易适应环境，女人比男人活得较长，谁又是真正的弱者？按照达尔文的进化论，弱肉强食，适者生存，但这个"弱"的定义又是什么？就自然界的现象来说，有很多"强"者，发展到极点，又变成弱者，如古代的恐龙由于太过壮大，反而绝种。人类社会也是如此，罗马的衰亡，是因为它的强大，这不正是自然界发展的一个轨迹？如果我们说天是有意志的话，那么未尝不可说天要使某人或某物衰弱，必先使它们无限的强大？

如果把这句话用政治运用的事实来诠释的话，最恰当的例子便是《左传》中"郑伯克段"的故事，段是郑伯的弟弟，段曾招兵买马，意图不轨，郑伯有意废之，却先任其发展，装作不知，最后一举而歼灭之。如果郑伯废段于前，则史家将批评郑伯欺负弟弟。所以郑伯等到段自以为准备完绪，发动兵变，再消灭之，则罪名是段的图谋不轨。所以一前一后，判断截然不同。这则故事当然可视为权术之运用。但正因为自然现象有这样发展的轨迹，才有如此运用的事实。这里讲"兴""废"，与前一句讲"强""弱"是同样的道理。在自然现象中，当一事一物兴起时，它们便会离根本越来越远，因此很容易失去了活泉而衰废。就拿周公的制礼作乐来说，我们可以想象得出当时礼乐之盛，可是由于这种兴盛，变成了文采，而逐渐脱离了精神实质，再加以时代变迁，逐渐形式化、僵硬化，而走入了衰废之途。所以倒转来说，或从根本上说，岂不是任何事物的兴盛，都早已埋下了日后被废弃的种子？

这里的一个"夺"字非常刺眼，很易被视为权诈之术。在我们社会中，的确是经常如此运用的。所谓放长线钓大鱼，饵越大，钓的鱼也越大。可是在自然现象中，我们往往只看到"夺"的一面，或只看到"与"的一面，而没有把它们联结起来。譬如我们的生命，是自然或天所赋予，最后自然或天又夺走了它。如果我们从最后的结果来看，天地岂非只是"一夺"，因为它夺去了所有万物的生命，在这里，我们不免要抱怨，既然天地赋予生命，为什么又作出这样无情的"一夺"？但话又说回来，如果天地不给予万物生命，它又如何能"夺"？因此反过来看，岂不是也可说它为了致命的"一夺"，却先赋予万物以生命。当然这样的想法或许会使我们觉得天地无情。其实，天地的这"一夺"另有它的目的。所谓"落红不是无情物，化作春泥更护花"（清代龚定庵诗句），一朵花儿的凋谢，却滋养了新的花儿的生长。天地虽无情却有其真意。明了这一点，使我们对"夺""与"之间的联结更有深一层的体验。

"微明"是什么意思

"微明"两字非常微妙而不易明了，前人的注解很多，如王弼："将欲除强梁，去暴乱，当以此四者，因物之性，令其自戮，不假刑为大，以除将物也。故曰：微明。"河上公："此四事其道微，其效明也。"韩非："起事于无形，而要大功于天下，是谓微明。"吕吉甫："天之道，物之理，人之事，其势未尝不如此者也。于张知歙，于强知弱，于兴知废，于与知夺，非知几者孰能与于此哉，故曰微明。"王纯甫："将然者未形，已然者可见。能据其已然而逆睹其将然，则虽若幽隐，而实至明白矣，故曰微明。"李嘉谟："此圣人歙心弱志，废情夺欲之道，微而难见，故曰：是谓微明。"从以上各注来看，有的强调顺自然，有的主张运用于微妙处，有的重视心性修养。他们的注都把"微"字当作微妙或深微。把"明"字，或解作事理的明显，或解作智慧的自明。

但我们细察"微明"两字，在本章中，却有承先启后的转变关键。前面几句话可看作自然的现象，也可看作人为的权术。所以老子此处说"微明"，要我们注意这种作用的微妙。老子在前面几句话中只是叙述事实的真相，并没有予以好评，鼓励我们去这样做。所谓"微"是指的"歙之""弱之""废之""夺之"，这是微妙不易觉察的一面；所谓"明"是指"张之""强之""兴之""与之"，这是明白清楚，大家所乐于趋向的一面。老子要我们在此处深察"微明"之理，就是要我们了解"反者，道之动"（第四十章）的道理。由自然现象来说，从"歙"而"张"，或从"张"

而"歙",都是一种"反"。而本章中说"将欲歙之,必固张之",这只是就一面来说,而另一面,也可说为"将欲张之,必固歙之"。事实上,《老子》中,处处强调柔弱,都是"歙"的意思。那么老子此处为什么不说"将欲张之"而说"将欲歙之"呢?老子就是要我们留心这个微妙不易觉察的"歙"字,以及"弱""废"和"夺"字。唯有这样,我们在"张""强""兴"和"与"的时候,才不致被成就所冲昏了头,才能深察个中契机,而立于"不弱""不废""不夺"之境。所以"微明"两字在此处是一转折,使我们从自然现象或权术运用中超拔出来,再加以运用,而成为老子的治道。

柔弱为何能胜刚强

如果把这句话里的"弱"和前面"将欲弱之"的弱字对比,则前面的"弱之"的弱字,和"废之""夺之"属同一层次,具有负面的意思,而此处"柔弱"的弱字,却是《老子》中一再运用的方法,具有正面的意思。由于天道自然,或人为的运用,在刚强的一面,都会转向于衰弱,因此我们深契这个道理,便应该在柔弱处好好把握。"衰弱"这是自然淘汰的对象,也是人为斗争的结果。但老子告诉我们"微明"的道理,就要在这里扭转乾坤,转"衰弱"为"柔弱",把负面转为正面。

在这里老子给"柔弱"一个特殊的定义,就是"胜刚强"。被"刚强"所击败的"弱"是衰弱,而不是老子所谓的"柔弱"。这个"胜"字并不是指用武力的征服,而是指"优于",大树坚强,但易招风而折;小草柔弱,却能保存久长,这就是老子所谓的"胜"。

"渊"是水底，鱼必须深藏于水底，才不会被渔人所捕。这道理很浅显，可是在我们的生活中却往往忽略了这一点。举个例子来说，每个人都有他的一得之长，可是人们往往不珍惜这一点，而越出了自己的专长，说了许多外行话，做了许多不该做的事。孔子所谓"我不如老圃，我不如老农"，就是不愿说外行话、做外行事。

"利器"表面的意义是锐利的武器。没有一个国家愚笨到会把自己最好的秘密武器拿来展览的，这种夸耀暴露了自己的特点，这些特点便会变成弱点，因为对方知道你的优点，针对你的优点而设计，最后你的优点岂不变成了致命的弱点？

关于"利器"两字，前人都曾进一步去求解，如王弼："利器，利国之器也。唯因物之性，不假刑以理物。器不可睹而物各得其所，则国之利器也，示人者，任刑也。"这是把利器解作刑法。河上公："利器，权道也。治国，权者可以示执事之臣也。"这是把"利器"解作权术。这些注中的"利器"都有负面的意思。再如王纯甫："盖微明之理，圣人用之则为大道；奸雄窃之则为纵横捭阖之术，其害有甚于兵刃也。故圣人喻之以利器。"苏辙："圣人居于柔弱，而刚强者莫能伤。非徒莫能伤也，又将全制其后，此不亦天下之利器也哉！"这是把"利器"解作"微明"、解作"柔弱"，都是正面的意义。但无论"利器"是指刑法权术也好，微明柔弱也好，真正的要点是"不可以示人"。"不示人"，就是不逞强；不逞强，就是柔弱之用。

统观全章，前面一段所举的是自然和人生中正反相因的事实，事实就是事实，并没有是非好坏的判断。而后面一段却是描写明了事实之后的自处或运用。讲"柔弱"、讲处"渊"、讲"不可以示人"，都是要我们处心无为，回归德本。

新语

本章最重要的一句话是"柔弱胜刚强"，这句话被大家引证得太广泛了，大家都只取表面的意思，而没有深入探讨它的真义。

先从本章字面的前后文发展来看，前段的"歙""张""弱""强""废""兴"和"夺""与"都是指人事上的由反而成的道理，这个道理是"微明"，即由微而明，然后再归结为"柔弱胜刚强"，也就是由柔弱的方法，达到胜刚强。我以为柔弱之所以能胜刚强，有以下四点理由：

（一）柔弱不出风头，刚强却在风头之上，所以刚强易成为众矢之的。

（二）柔弱因它的弱有柔性，所以能长久。而刚强之强是物壮则老，容易损伤。

（三）柔弱是自处柔弱，也就是能自处谦虚，而刚强则易骄，骄兵必败。

（四）用柔弱的方法处世，刚强可以寓于柔弱之中，用刚强的方法处世，则刚强中不可能有柔弱的性能。

第三十七章

扫一扫，
进入课程

道常无为而无不为。

侯王若能守之，万物将自化。

化而欲作，吾将镇之以无名之朴。

无名之朴，夫亦将无欲。

不欲以静，天下将自定。

语译

道是恒常地自然无为，而又能自然地作用于万物，使他们没有被遗漏的。侯王如果能遵循这个自然无为的道理，便能使万物自然地化育。

然而当万物自然地化育时，慢慢地产生欲望，我便进一步去用无名的素朴的方法，釜底抽薪，加以净除。这个无名的素朴的方法，就是做到"无欲"，也就是君主"不见可欲"。使人民的心归于宁静，那么天下便自然地趋于安定了。

要义

1. 本章首段讲"无为无不为"之道。
2. 要如何"无为",最后归本于"朴""无欲""静""定"。

道为什么能无不为

"道常无为,而无不为","常"和"无为"在第一章和第三章中都已分别讨论过。这句话的重点仍在"无不为"。因为能"无不为",才是真正的"无为"。但如何才能做到真正的"无为"呢?就"道"来说,"常"仍然是一个关键词。"常"是"真常""恒常"的意思。"道"是真实不假,永远如此,这才是真正"道"的"无为"。"无为"两字,我们常解为没有欲望、没有目的或顺任自然,但这些解释或说法都是就现象来说的。在日常生活中,有时候,我们也会做到没有欲望、没有目的,或顺任自然,难道这样就能达到"无不为"的境界吗?答案不是肯定的,因为我们是"有时候",譬如此刻,我凝视窗外的风景,我心中没有欲望、没有目的,也很自然。但这只是片段的,很快,我就又回到了现实。但"道"的"无为"却不一样,它是"真常"的、"恒常"的。它的"无为",就是它的"为",所以它"无为",才能"无不为"。譬如孔子曾说:"天何言哉!四时行焉,百物生焉!""天"的无言,是"无为",但使"四时行""百物生"的也是天,所以"天"虽无为,却仍然在那里默默地"为"。所以"无为"和"为"并不是截然地毫不相关,事实上却是一体的两面,明乎此,我们才能体悟"道"

的"无为"，就是它的"无不为"。

"侯王若能守之"，"守之"就是遵循"无为而无不为"的道理。不过此处是讲的运用，和道体的"无为而无不为"意义并无不同，层次却有高低。道体的"无为而无不为"是因为道把自己纳入了万物，万物的生长就是道的发展，所以"道"的无为就是自然。而万物的"自然"就是道的"无不为"。至于此处的"守之"，乃是指侯王的修养和运用功夫。《庄子》曾说："贵富显严名利，六者勃志也；容动色理气意，六者缪心也；恶欲喜怒哀乐，六者累德也；去就取与知能，六者塞道也。此四六者，不荡胸中则正，正则静，静则明，明则虚，虚则无为而无不为也。"（《庚桑楚》）用这个"虚"字来释"守之"很恰当，因为"守之"就是"守虚"，"虚"就是无欲，也就是在运用上的"无为"。侯王如果能虚其心，无欲于万物，万物便能自然地发展。

为什么用"无名之朴"来镇之

在《老子》中，通常讲到"万物自化"时，便不再接下去谈"自化"后又如何。而此处却不同，老子语气一转，说"化而欲作"。因为我们如果任万物自化，那么在万物自化的过程中，欲望跟着产生，又将如何？在这里也许我们可以发现道和万物之间，与侯王和万物之间的关系有所不同。在道的"无为而无不为"过程中，万物生生化化是自然的，纵使万物有"欲"，但这个"欲"是本能的"欲"，自然地融入生化的过程中一起发展。因为这个本能的"欲"也是生化的动力。所以就道或自然来说，只是一个生生不已的生化过程。虽然这个生生不已，是"天地之大德"（《易经·系辞下传》第一章"天地之大德曰生"），是纯然至善的，但在生化过程中的变化并没有是非好坏的道德判断，只是违反了生化的原则便会衰亡死灭。顺应这个生化的原则，便能生存发展。这是道和万物的关系。可是侯王和万物的关系却不一样，因为侯王和万物的关系是系在人的社会中，因此离不了是非好坏的道德判断。所以当"化而欲作"之后，这个"欲"便会因人欲的加入，而产生了坏的影响。譬如"饥思食"，这在自然界本是生存的本能，可是在人的社会中却不然，我们不仅是求饱，而且贪五味的悦口，由于这一"贪"，而引出了其他更多的贪和欲。人欲一"作"，连环发展，很难停止。所以当侯王遵循无为自化的原则，却很可能又会面临"化而欲作"的问题。这是侯王的"守之"和"道常无为"不同的地方。

依照人类社会发展来看，对付这种"欲作"的过患，有两种解决方案：一是法律；一是道德。法律的产生就是规定了人类欲望的界限，使一个人的欲望不至于危害到别人的利益。道德的提倡也是从人类的行为上界定了什么是应该的，什么是不应该的，使人类能够自我节制，使欲不至于泛滥。所以法律和道德就像公路上的限速规定和汽车的刹车。前者是法律的规定，后者是自我的制约。但在老子眼中，这两者还不够。因为它们都是外在的制约力量。尽管有规定、有刹车，在公路上仍然有人违规，有人开快车。老子有鉴于法律和道德的制约都是外在的，所以他提出釜底抽薪的方法，就是"镇之以无名之朴"。这里的"镇"字应该解作镇静，而不是镇压，因为镇压是来自外在的力量，而镇静却是从内心做功夫的。"无名之朴"在第三十二章中曾讨论过，简单地说就是素朴，也就是一个"虚"字。前面"侯王守之"的守虚是侯王自己的"虚其心"，而此处"镇之"，乃是使人民"虚其心"。

这句话承前一句，再进一步界定"无名之朴"，就是"无欲"。"虚其心"，就是虚掉心中的欲。虽然老子以"无欲"去写"朴"，但"朴"和"无欲"之间有所不同。"朴"是道家思想中一个极有深度的哲学术语，它象征了道的无为自然、万物的本性自然、人生的素朴自然，以及政道的简朴自然。因此无论是修养，还是运用，"朴"是空灵的，但却有实质的意义。至于"无欲"却是一个空泛的普通用语。这是佛家、道家和其他宗教各家都通用的，但究竟什么是"无欲"，而"无"的又是什么"欲"？就"无欲"两字来说并没有告诉我们具体的意义和方法，所以"朴"是老子或道家特有的一种修养功夫和运用方法，而"无欲"只是以浅显的语言来加以描写而已。

有的版本，如河上公的版本"夫亦将无欲"作"夫亦将不欲"，和此处的"不欲"正好相连。另外有的版本，如龙兴观碑，此处的"不欲"作"无欲"，正好和前面的"夫亦将无欲"相连。这一字之改，本无关于义理，可是后人的解释却大异其趣。

先从王弼的版本来看，如果咬文嚼字，为什么王弼版本前面作"无欲"，而此改为"不欲"呢？我们可以从王弼的注中得到消息。前面王弼注"无欲"为"无欲竞"，是指人民的争竞之心，可见他是把"无欲"就治道方面来说的，于是接着此处的"不欲"便转到侯王的治道上，正是第三章所谓"不见可欲"的意思，因为"不见可欲，使民心不乱"，心不乱，便是静，天下便自归于安定。这里"不欲以静"的"以"字是"因而"的意思。把这里的"不欲"改作"无欲"，虽和前文相连，却只是文字的重叠使用，不如王弼"不欲"两字有治道上的作用。

至于另一种河上公的版本，两处都作"不欲"，它的解释就因而不同了。如河上公注说："言侯王镇抚以道德，民将不欲，改当以清静导化之也。"这是把"无名之朴"当作道德，似乎远离了老子用朴的真义。后来有些学者更进一步注解，如陆希声注说："故有无为之心，必有无为之迹，后世将寻其迹而忘其本……故云无名之朴，亦将不欲者，将使心迹兼忘，至于玄之又玄也。"又如苏辙注说："圣人中无抱朴之心，外无抱朴之迹，故朴全而用大，苟欲朴之心尚存于胸中，则失之远矣。"这里的解释，造境极高，但却充满佛学的色彩，未必是老子"无名之朴"的本意。因为老子既以"无名"来称"朴"，可见这个"朴"已是最根本了，哪里还须再造出一个"心""迹"出来，把人"玄杀"（禅宗语）了。

新语

本章分成两段，第一段讲"无为而无不为"，使万物自化。在这段中我们必须分析两个重要词语，即"无为"和"自化"。

老子的无为可以有四个意义：

（一）是不刻意而为，即有一己之私的目的。

（二）是不施为，即说自己用个人的智能而任意作为。

（三）是不作一面的为，也是说不头痛医头脚痛医脚，而能注意它的整体性、全面性。

（四）是心中无为即没有欲望而为。这样的无为自然能把一己放在一边，而任物自化。

"自化"的"化"字是一个重要的哲学术语，它和"变"不同，"变"是平面的发展，"化"虽然也是向前发展，但精神却向上提升，所以儒家常说教化。老子让民自化不是不管人民，让人民自生自灭，而是我的无为使人民能好好地根据他们的心性而发展。

接着后段用一个假设的语气开始，即万物的自化之中，如果有个别的欲望产生，又如何能用无为来对付呢？老子在这里便提出一个"朴"字，这个"朴"就是使他们"见素抱朴"，就是使他们又回到素朴的本性，这里并不是用道德法律在外面来规范他们，而是显露他们的素朴的本质，自能化去他们的欲望，而归于平静。最后达到"天下将自定"。我们常说"平天下"这个"平"不是外在用压力使他们平，"平"是平等的"平"，这时万物平等发展，自然而归于自定，自定的"定"就是安定的定，也即三十五章所谓"往而不害，安平太"的意思。

第三十八章

扫一扫,
进入课程

上德不德,是以有德;

下德不失德,是以无德。

上德无为而无以为,下德为之而有以为。

上仁为之而无以为,上义为之而有以为,上礼为之而莫之应,则攘臂而扔之。

故失道而后德,失德而后仁,失仁而后义,失义而后礼。

夫礼者,忠信之薄而乱之首。

前识者,道之华而愚之始。

是以大丈夫处其厚,不居其薄;

处其实,不居其华。

故去彼取此。

语译

最高的德行,不自以为行德,才是真正的有德;一般的下德,念念不忘道德名相,反而无德。最高的德行,自然无为而没有任何的意图和目的;一般的下德希望有所作为却是有意图或目的的。

最高的仁德，虽然是有所作为，但却没有个人的意图或目的。最高的义行，是有所作为而且更有个人的意图或目的。最高的礼敬，是有所作为，可是却得不到别人以同样的礼敬响应，于是便会卷起衣袖，伸长臂膀企图把别人拉过来，向自己礼敬。由于这种不同的层次，所以当人们不能生活在"道"中时，便推崇德。可是当他们不能处上德，而流为下德，于是便提倡仁德，希望返于上德。可是当他们连仁德也把握不住，只好大声疾呼地用"义"来规范人心。然而当"义"也失去力量时，便只有设立"礼"制，去约束人们的行为了。到了只知用"礼"时，恰恰反映的是人们忠信的德行的薄弱，这也就是一切祸乱的开始。自以为有远见卓识的人，自诩他们的才智，其实那只是道的花朵而已，华而不实，这正是人们以此相欺骗的愚行的开始。所以真正有气概的大丈夫，要处忠信之厚，而不居礼敬之薄，要处道的根本，而不居道的末节，这即是所谓舍浮华的表面，而守笃实的本质。

要义

1. 本章写上德与下德的分别。

2. 下德是一层层降落到由仁而义而礼，最后直斥礼为乱之首。

上德为何不德

这里说"上德"是因为在本章中，老子把"德"分为上下两个层次。"上德"是指对道的实践，是老子所推崇的；而"下德"是指一般的道德观念，是老子所批评的。此处"上德"是指最高的德行，或真正有德之人。有的注解把"上德"当作上德的君主。至于河上公说："上德谓太古无名号之君，德大无上，故言上德。"便有点过分高推圣境，而流于虚玄了。其实本章论"德"和第一章论"道"正好对照，所以本章被列为下篇之首。本章所论的，乃是"德"的层次。

对于本章，王弼有一篇长文为注，极为精要，是王弼注中最重要的文献。因此我们随文征引，一方面保存王弼注最精彩的地方，一方面借王弼的思路以探讨本章的义理。

王弼注说："德者，得也。常得而无丧，利而无害。故以德为名焉。何以得德？由乎道也。何以尽德？以无为用。以无为用，则莫不载也。故物，无焉，则无物不经；有焉，则不足以免其生。是以天地虽广，以无为心；圣王虽大，以虚为主。故曰：'以复而视，则天地之心见；至日（按冬至）而思之，则先王之至（按应为志字）睹也。'（按此两句出自《易经·复卦》象辞和象辞）故灭其私而无其身，则四海莫不瞻，远近莫不至；殊其己而有其心，则一体不能自全，肌骨不能相容。是以上德之人唯道是用。不德其德，无执无用，故能有德而无为。不求而得，不为而成，故虽有德而无德名也。"在这段话中，王弼一开头便对"德"字加以定义。这个"德"字在以上各章曾出现过，如"玄德"（第十章）和"孔德"（第二十一章），但王弼在此处特别加以定义，这是因为本章详论"德"的层次。王弼以"得"释"德"，而界定"德"是"常得而无丧，利而无害"。这是把"德"提升到形而上的境界，或内在的心地上。这一界定很重要，因为就老子或道家思想来说，"德"一是指内在的德性，这和儒家重视外在的德行不同。当然这样的二分法未必完全适切。老子也是重德行的，也就是说，实际的慈爱子女，孝养父母，只是老子批评礼制化了的道德行为，或僵化了的道德观念。同样儒家也并非不重视内在的德性，如仁义礼智的四端是根之于心的。所以老子的内在之德和儒家的内在之德不同的地方，就是王弼特别加以界定的"以无为用"，也就是说老子所强调的"德"是"虚其心"的德，也就是无欲的德。由于这一界定，才能适切地注出了"上德不德"的精神。因为"上德"的"德"本是以虚无为用的，因此虽有"德"，而无"德"相，或不执着于"德"相。在现实的运用上，譬如一个君主完全顺着人民的需要而做，自己心中没有预设的观念，一切顺乎自然，而心中没有自己拥有道德或实行道德的念头。由于这样的君主在历史上很难找到，所以河上公才说是"太古无名号之君"。但这样的境界并不是人间没有。老子所谓"上德不德"是一种原则，只要符合这一原则，便是"有德"。所以"上德"并非高得人间鲜有，而是指真正的德性。在社会上，也有很多人做好事而不欲人知、不求人报。虽然他们可称为有德之人，但尚不能称为"上德"。正如王弼所注："上德之人唯道是用，不德其德。"可见"上德"是和"道"有密切关系的，也就是说"上德"，必须完全遵循"道"而行。所以他的"不德"，也是道的自然流露。

上德下德的不同

这里的"下德"，针对"上德"而言，是有贬抑的意思。王弼注说："下德求而得之，为而成之，则立善以治物，故德名有焉。"这是指"下德"不能用无，而执着于有德。有了"德"之名，往往破坏了心中的无欲无求，所以反而无德。这不正是庄子所谓

"德荡乎名"(《齐物论》)吗？老子"不失德"的一个"失"字很传神，写出了下德之人的那种患得患失、抓紧不放的样子。抓紧不放的是什么？当然是道德的名相了。因为真正实践道德的人，只是去做就好了，哪里还会担心有所"失"？

此处的"无以为"，河上公、景龙等版本相同，而傅奕、魏源注本作"无不为"。俞樾曾说："无为与无以为，似无区别。下文云：'上仁为之而无以为'，夫无为与为之，其义迥异，而同言'无以为'，其不可通明矣。《韩非·解老》作'上德无为而无不为也'，盖古本老子如此。今作'无以为'者，涉下上仁句而误耳。"其实"上德无为而无以为"，与后面"上仁为之而无以为"，虽一是"无为"，一是"为之"，但它们同属"无以为"，这一点并不矛盾，因为"无为"和"为之"是描写它们的层次，而"无以为"是说明它们的态度、居心和方法，这一点在王弼注中已有解释，此处不赘。这里，值得我们推敲的是"无为"和"无以为"有什么不同？"无为"只是描写自然而然，不用人为的境界；而"无以为"乃是说明达到"无为"的态度或方法。这个"无以为"的"以"字，含有缘由（如所以的以字）、方法（如用以的以字）。这是说上德的人的无为，是纯乎自然的，他不是有意去"无为"，也就是说为了什么原因去"无为"或运用什么方法去"无为"，这样便不是真正的"无为"。

这句话后代注家都有不同的意见。有的把"下德为之"改为"下德无为"，如马其昶说："案'无为'旧作'为之'误同'上义'句，傅本又误同'上仁'句。注家强为之说，皆非是，今为之正。德有上下，其无为一也，以其不失德，故虽无为之中，而仍有以为也。"但前面老子明明把"上德"和"下德"分开，直说"下德"

之"无德"，既然是"不失德"和"无德"，哪里还能配称为"无为"？

真正值得我们注意的是"为之"与"有以为"有什么不同？"为之"，是指有所作为，凡是一切道德行为都是有所作为。"有以为"乃是进一步描写这种作为另有道德本身之外的意图或目的。譬如孝道，如果真正发乎自性地孝养父母，这是"上德"的无为。如果知道孝道的重要，而努力去实行之，这已是"下德"的为之了，但如果为了博取名声，而去奉行孝道，这就是"下德"的为之，而"有以为"了。王弼注说："求而得之，必有失焉；为而成之，必有败焉。善名生则有不善应焉。故下德为之而有以为也。无以为者，无所偏为也。凡不能无为而为之者，皆下德也。仁义礼节是也。""偏为"就是偏于一面，也就是为了局部的原因或特殊的目的，这样就割裂了"德"的普遍性，也就破坏了"德"的无为性。王弼把仁义和礼都列为这种"下德"，因为它们都是有所为的。

下德的下坠

"德"有上下之分，同样"仁""义"和"礼"也有上下的不同。但《老子》本章只言"上仁""上义"和"上礼"，只是举"仁""义""礼"的最上者，因为最上者已如此，何况较下者？这一点王弼注得很清楚："将明德之上下，辄举下德以对上德，至于无以为，极下德下之量，上仁是也，足及于无以为，而犹为之焉。为之而无以为，故有为，为之患矣！本在无为，母在无名，弃本舍母，而适其子。功虽大焉，必有不济。名虽美焉，伪亦必生，不能不为而成，不兴而治，则乃为之，故有宏普博施仁爱之者，而爱之无所偏私，均上仁为之而无以为也。"虽然在老子的思想中，

"上德无为"是最高的道德境界，可是在本章中"上仁"却是一个极具关键性的德行，甚至在本章中，"上仁"是最重要的问题，因为它正在"上德"与"下德"之间，它也兼有了"为之"与"无以为"的似乎是矛盾的特性。王弼在本章的注最精彩的也是"上仁"一词，他先说："极下德下（此"下"字可能为衍文）之量，上仁是也。"这指出了在下德之中，"上仁"是最高的境界，高到甚至跨越了"下德"的界限，而与"上德"共有"无以为"的境界。有如下图：

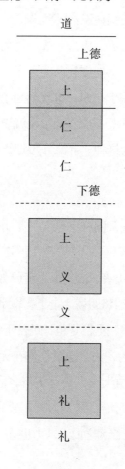

这图表中显示了"仁"是属于"下德",但"上仁"却是仁德中的最高境界,已触及了"上德"。关于这一点,我们可以检视《老子》全书,对于"仁"字,有时含有负面意思,如"绝仁弃义"(第十九章),但有时却含有正面的意思,如"与善仁"(第八章)。为什么如此?就是因为"仁"是一般的道德,是"为之",但"上仁"却是很高的道德层次,已达到"无以为"的境界。举例说"仁"是一种爱,但爱必须有所施为、有所表示,因此是"为之",可是最高的"上仁",正如庄子说的"大仁不仁",却是无条件的爱、施不望报的爱,所以又是"无以为"的。至于"下仁",老子没有提到,但很显然,老子"绝仁弃义"所要绝的就是"下仁",因为它是"为之"而"有以为"的。譬如孔子对于"仁"的最佳诠释是"己欲立,而立人;己欲达,而达人",这种由自己的完成,很自然地推及别人的完成,应该是进入"上仁"之境了。相反的,如果是为了己立,而去立人,为了己达,而去达人,把立人和达人变为成就自己的一种手段,这便是"有以为"的"下仁"了。

"义"和"仁"的不同是:"仁"是由全心而发,最高境界可以触及"无以为","义"乃是由内而接于物,因此重在分辨是非曲直。正如王弼所注:"爱不能兼,则有抑抗正真,而义理之者。忿枉祐直,助彼攻此。物事而有以心为矣。故上义为之而有以为也。"由于分辨是非曲直,必有标准,必有判断,所以是"为之而有以为"的。

礼是一种社会规范,是维持人与人之间关系的制度。"礼"和"仁""义"的不同是:"仁义"是发自于内心的一种道德,而"礼"却是规定于外的一种制约。在儒家的眼中"礼"是道德实践的规范,可是由于"礼"是外在的制约,因此"礼"会因时间的变迁而僵化；会因人们的误用而肤浅化，这也就是"礼"之所以变成了繁文缛节的原因。这便是老子所看到的"礼"和他所批评的"礼"。王弼说："直不能笃，则有游饰修文礼敬之者。尚好修敬，校责往来，则不对之间，忿怒生焉。故上德（按为礼字之误）为之而莫之应，则攘臂而扔之。"这是说"礼"是人与人之间的谦让与尊重的礼节，是一种相对性的关系，可是问题出在，我对别人礼敬，别人却不以礼敬对我，于是不满之情便产生了。"攘臂而扔之"就是举臂卷袖，要把别人拉过来。陆德明说："扔，引也。""礼"的流弊就是一般人都忽略了反省自己是否合乎"礼"，而一味地要求别人合乎"礼"。所以"礼"本来是一种相对的关系，可是人心失去了自反之德，往往变成了单方面的要求。这是王弼注的意思，也是老子所看到的"礼"。老子以"上礼"称之。至于"下礼"的僵化与肤浅，甚至违反人性，那就更不用谈了。

"失道"有两种解释，一是指人心失道，也就是社会风气日下，逐渐离开了道；一是指人君不能遵循无为之道。然而在这里有一个问题，本章从一开始便是论德，以"上德"和"下德"来区分老子所推崇的"德"及一般的道德。可是写到这里，突然又冒出了个"道"字来，究竟是何原因？尤其笼统地说"失道而后德"，那么这个"德"，是"上德"，还是"下德"呢？让我们先看王弼的注："夫大之极也，其唯道乎？自此以往，岂足尊哉！故虽盛业大富，而有万物，犹各得其德。虽贵以无为用，不能捨（按捨字宜作舍解）无以为体也。不能舍无以为体，则失其为大矣。所谓失道而后德也。以无为用，德其母，故能己不劳焉，而物无不理，下此以往，则失用之母，不能无为而贵博施，不能博施而贵正直，不能正直而贵饰敬，所谓失德而后仁，失仁而后义，失义而后礼也。"从这段话中可见王弼把"道"解作以无为体，把"德"解作贵以无为用。所以"道"是体，"德"是用。显然王弼在此处的"德"是指的"上德"，而接着讲"博施"的仁，"正直"的义和"饰敬"的礼，便是"下德"，这与王弼前面的注是思路一贯的。如果依照这种解法，那么"失道而后德"应该是：失道而后上德，失上德而后下德（仁义礼）。如果这种解法不背离老子的原意的话，那么"失道而后上德"，便不是一种严重的失落，因为"道"和"上德"之间并没有太大的距离。就天来讲，固然称之为"道"，但就人来说，这个"道"就是"上德"。这并不是失落的问题，而是人的遵循"道"或返归"道"的过程。所以真正称得上"失落"的，乃是"下德"。然而老子明明只用了笼统的一句"失道而后德"，因此我们可以这样的解法：

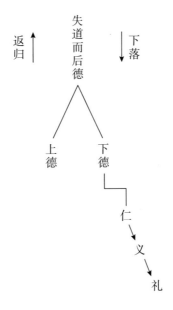

这也就是说"上德"虽然和道不同，但却是返归于道，是上行的。而自下德开始，才是逐渐地下落，才是真正地失落。

失德而后讲仁义

这里的"德"，依照《老子》前文，本有"上""下"之分，那么，此处的"失德"，应该是指"失上德"，因为仁是属于"下德"，如果说失下德而后仁，或失下德而后下德，这是多么地不通。所以此处的"德"，必然是指的"上德"。王弼把它解成"无为"，正是此意。唯王弼说："不能无为而贵博施。"把"上仁"直解为"博施"，是值得我们推敲的。"博施"两字见于《论语》，应为王弼之所本信。《论语·雍也》："子贡曰：'如有博施于民而能济众，何如？可谓仁乎？'子曰：'何事于仁？必也圣乎？尧舜其犹病诸。'"这段话有两种不同的解法，有些学者认为孔子的回答是把"博施"看得很高，是圣的境界，是超乎"仁"的。而另有些学者，认为仁是孔子思想最高的境界，"圣"只是圣王，只是事功，所以"博施"只是指政治的功业，尚够不上"仁"的境界。在这里，我们无意为这两种见解而论辩，但从子贡的提出这个问题，可见"博施"和"仁"是有相当密切关系的。王弼以"博施"释"上仁"，而说明了"为之而无以为"的境界也是很贴切的。因为无论是仁者或圣者的"博施"，都是一种施为，同时又都没有个人的目的或条件。

那么，什么又是"失德而后仁"的真义呢？"失德"是"失上德"，也就是说不能运用无，顺物自然，只好用有为法，去"博施"于民了。"博施"并不一定是指用物质去施舍人民，此处王弼的意思是把爱心推及人民。

"失仁"是指不能无以为，因此"仁爱"之心不能周普，于是只有靠"义"来推行了。"仁"和"义"的不同，我们可以用孟子的强调"义"来诠释，孟子说："仁，人心也；义，人路也。"（《孟子·告子上》）在孟子眼中，"仁"是人性中的恻隐之心，是非常精微，同时也很容易失落的，而"义"却是一条有形的"路"，把心中的"仁"发展出来，而成为道德行为。所以孟子强调"义"是因为当代诸侯们都说自己有仁心、行仁道，可是在行为上却是相反的，只知富国强兵，而不顾人民的生活。所以孟子用一个"义"去制裁他们，如果不行仁政，就是不义，不义就不是人。可见"义"是在仁道衰微之后，才特别强调的。"义"比"仁"有力，但却是一种失落。

"义"虽然是对外在是非的一种判断标准，但毕竟是本之于心的，而且是一种原则。真正在行为上去实践，还须有具体的规矩和制度。"仁义"是理想的，制度是具体的。本来"仁义"和"制度"并没有孰先孰后的问题。在人类发展到群体生活阶段时，便产生了制度。只是最早的制度也许粗陋，也许不健全。譬如伏羲教人婚嫁，黄帝垂衣裳而治，尽管后代学者认为这是传说，但婚姻和衣裳的制度必有所始，而且开始得很早，早在孔孟倡导仁义之前。就这一历史事实来看，说"失义而后礼"，似乎不合事实。所以老子这句话中的"礼"不应该是指实际上的礼制的"礼"，而是指礼的本质也失落了之后的"礼"，也就是只讲繁文缛节而变成虚伪的行为。

礼为什么是乱源

"夫礼者，忠信之薄，而乱之首"，这里的"忠信"不是指道德教条，而是指实际上的对人有忠有信的行为。王弼注说："夫礼也所始，首于忠信不笃，通简不阳，责备于表，机微争制。夫仁义发于内，为之犹伪，况务外饰而可久乎。故夫礼者，忠信之薄而乱之首也。"这是指人们忠信不够的时候，人与人之间的交往便失去了真诚，于是外面在语言态度上粉饰，里面却在钩心斗角。所以在老子眼中，忠信薄了，礼便见重，而礼越多，忠信也就越来越迷失了。

"前识"，河上公注："不知而言知为前识。"魏源说："于礼之后言前识，以智为下也。"这都是把"前识"当作智，与上面相连，便成为仁义礼智的四德了。虽然《老子》在本章中，不言"智"，也不说"失礼而后智"，但就"识"字来说，是意识或认识的意思，所以"前识"当然是属于知性的作用。如王弼所注："前识者，前先而识也。即下德之伦也。竭其聪明以为前识，役其智力以营庶事，虽德其情，奸巧弥密，虽丰其誉，愈丧笃实。劳而事昏，务而治秽（同秽），虽竭圣智，而民愈害。舍己任物则无为而泰。守夫素朴则不顺典制。听彼所获，弃此所守，识道之华，而愚之始。"—这段话是把"前识者"，当作自以为有识，自以为先知，正是"为之而有以为"的下德。根据王弼所描写，是指以智治国的不当。所谓"以智治国"有二义：一是指自以为智，而竭自己的智力去考察百姓；一是指以道德礼制为治。这样道德礼制变为名相，而成为用智的工具了。在老子的眼中，真正以德为治，是顺无为之德，现在以道德为治，道德变成了工具，反而成为智虑的产物了。所以老子说是"道之华"。"华"就是表面的文饰，而没有实质。真正的智慧，是洞烛事理、顺应物性、为而无为的。如果夸耀智力，以揭人之短为能，这是以别人之愚来显出自己的智。结果是愚弄别人，也愚弄了自己，所以老子说这是"愚之始"。这里的"愚"，不是天生的愚笨，而是自以为聪明的自愚而愚人。

"是以大丈夫处其厚，不处其薄，处其实，不居其华"，"大丈夫"一语在《老子》中只出现这一次，《老子》全书多言圣人、圣王，偶然也言修道之士（如"善为士者"《第六十八章》），却不言"大丈夫"。事实上，其他道家作品，如庄子也不言"大丈夫"。真正用"大丈夫"一语最多的是《孟子》，因为孟子气势蓬勃，显示出的是一种"富贵不能淫，贫贱不能移，威武不能屈"的"大丈夫"（《滕文公下》）气概，而老子此处言"大丈夫"，也是表现出一种重视真正的德，而不在乎道德虚名的气概。

什么是厚、薄？什么是实、华？对应上文，可以很清楚地看出，德是厚，礼是薄，道是实，智是华。但老子为什么用厚薄、实华等字来描写它们之间的关系呢？王弼在本章注解的结论中，有非常精辟的分析。他说："故苟得其为功之母，则万物作焉而不辞也。万事存焉而不劳也。用不以形，御不以名，故名仁义可显，礼敬可彰也。夫载之以大道，镇之以无名，则物无所尚，志无所营，各任其贞。事用其诚，则仁德厚焉，仁义正焉，礼敬清焉。弃其所载，舍其所生，用其成形，役其聪明，仁则诚焉，义其竞焉，礼其争焉。故仁德之厚，非用仁之所能也；行义之正，非用义之所成也；礼敬之清，非用礼之所济也。载之以道，统之以母，故显之而无所尚，彰之而无所竞。用夫无名，故名以笃焉；用夫无形，故形以成焉。守母以存其子，崇本以举其末，则形名俱有而邪不生，大美配天而华不作，故母不可远，本不可失。仁义，母之所生，非可以为母；形器，匠之所成，非可以为匠也。舍其母而用其子，弃其本而适其末。名则有所分，形则有所止。虽极其大，必有不周；虽盛其美，必有患忧。功在为之，岂足处也。"这段话把"厚薄""实华"的关系说得极为透辟。虽魏源也有妙喻，他说："其以厚薄华实为言，盖道犹木之实，生理在中，胚胎未露。既生之后，则德其根，仁其干，义其枝，礼其叶，而智其华也。"但并未说明如何自处的态度。王弼则一再强调"仁""义""礼"等道德制度并非全然不好，而是它们必须以"道"或"上德"为根本，才是真正的"仁""义"和"礼"，否则忘了根本，只强调"仁""义""礼"，结果"仁""义""礼"反而成了争竞的工具、虚伪的托词了。这一点在第十九章中已有提示，在此处老子和王弼的思想是一致的，如果在这里把握不住，像后代许多学者，或借口老子思想以捐弃仁义，或批评老子思想的反对仁义，他们哪里知道一代哲人的苦心？

新语

本章叙述下德的层次由仁而义而礼，这和哲学史所发展如孔子讲仁，孟子重义，荀子用礼非常相符，这并不一定是说老子本章所言是根据历史发展而说的，事实上是仁义礼本身有它向下坠落的作用。

在这一章中值得我们注意的是第一句的"上德不德是以有德",这是老子强调最高的德"唯道是从",是在于一个"虚"字，即不以德为德，可是最后两句"处其实，不居其华"又强调一个"实"字，在《老子》中都以虚为言，而此处却要"处其实"，这不是和老子思想有所不同吗？

在这里我们必须注意本章用了一个"大丈夫"，在《老子》其他各章不是用圣人，就是用有道之士，只有此处用"大丈夫"，这三字都为孟子所用。本章讲下德降落在礼的层次上，这在历史的发展上，似乎是荀子的时代，即战国末，用仁用义已经系不了人心，只有诉诸礼法了，所以这时讲"大丈夫"。孟子讲"大丈夫"，即是以义为主来对付外在的一切祸乱。

老子在本章要拨乱反正，才用了"大丈夫"。"大丈夫"的"处其实，不居其华"也只是权变的仗义行为，并不是根本上的"上德不德"。所以在这里我们归结说，老子所提"大丈夫"已是对下德而言，"大丈夫"的"居其实"是指礼的行为，已是儒家思想的德行，而不是老子的"虚"的功夫了。

第三十九章

扫一扫，
进入课程

昔之得一者，天得一以清，地得一以宁，神得一以灵，谷得一以盈，万物得一以生，侯王得一以为天下贞。

其致之。

天无以清将恐裂，地无以宁将恐发，神无以灵将恐歇，谷无以盈将恐竭，万物无以生将恐灭，侯王无以贵高将恐蹶。

故贵以贱为本，高以下为基。

是以侯王自谓孤寡不谷。

此非以贱为本邪？非乎？

故致数舆无舆。

不欲琭琭如玉，珞珞如石。

语译

在以前，万化都是"得一"的。"天"能"得一"才能表现它的清明；"地"能"得一"才能显现它的安宁；"神"能"得一"才能发挥它的灵性；"谷"能"得一"才能满盈它的生机；"万物"能"得一"才能维护它们的生存发展；"侯王"能"得一"才能为万民的楷式。由于这个"得一"的作用，"天"如果不能由"得一"而清明，那么它的清明便会被割裂；"地"如果不能由"一"而安宁，那么它的安宁便会导致灾变。"神"如果不能由"一"而灵明，它的灵明便会趋于枯干；"谷"如果不能由"一"而丰盈，它的丰盈便会衰竭。"万物"如果不能由"一"而生长，它的生长便会很快地走向灭亡。"侯王"如果不能由"一"而处于高贵之位，他们便会从高位上陨落。所以说：贵是应该以贱为它的根本；高是应该以下为它的基础。因此侯王都以孤独之人、寡德之人，或不能生养之人等名词来称呼自己，这不正是以贱为本的例子吗？不是吗？越想多求名位，反而得不到名位。所以我们不要贪求外表的光泽像美玉一样，也不要逞勇好强，像外表坚硬的石块一样。

要义

1. 本章首段举的"一"是从道的最高层面来说的。

2. 本章后段的"一"都是从少而到谦虚的运用来说的。

"一"是万化的本源

"昔之得一者"，"昔"是指"以前"，但这里的"昔"，含有初始或本原的意思，这是和"一"是数之"始"，及万物之"始"相对称的。如王弼注："昔，始也。一，数之始，而物之极也。"这个"一"字，在第十章和第二十二章中都已见过。它在老子思想中，有着极为微妙的作用，它相当于"道"，但又不等于"道"。

它连接了"有""无"。它具有"无"的作用，却不是"无"；它具有"有"的功效，却没有"有"之相。在第十章中，我们曾描写它是一种无而生化的功能。在本章中，这种"一"的本质是一致的。

"天得一以清"，"清"是清明。天的清明，河上公说是指"垂象清明"。《易经·系辞》说："天垂象，见吉凶。"(《上传》第十一章)也就是指天所显示的宇宙变化的原则是清晰明白的。那么为什么"得一"才能清明呢？这个"一"是从无到有之始，是由虚气而生化的原则，天的清明，是由于"无"或"虚"，所谓天无私心，天无私照；同时又由于显示出的"生化原则"，使这个宇宙井然有序，而生生不已。

"地得一以宁"，"宁"是安宁。地是有形的，有形的就有障碍；地是能生的，由于万物生于地，因此纷纷竞生，而有争夺。地之不宁乃是由于各物的争竞，相反的，地之安宁就是使各物的生长都能和谐地发展。地之所以能如此，乃是由于它的无私心，永远供给万物生长的能源，而没有任何私心爱好的选择。

"神得一以灵"，"灵"是灵明。"神"一般有二义：一是指天地神明，一是指个人精神。但此处"神"字在天地之后，而又在"谷""万物"和"侯王"之前，可见不是纯指个人的精神，而是指天地之间的神明。如第二十九章："天下神器，不可为也。"第六十章："以道莅天下，其鬼不神。"这个"神"是指使天下万物有精神作用的神灵，如《庄子·齐物论》所谓的"神鬼神帝，生天生地"的"神"字。但为什么"神"要得"一"，才有灵明呢？因为"神"如果不能以"无"或"虚"而生物的话，它便会用自己的神识去加于万物身上，因此这个"神"便成了权威式的"神"、宰制一切的"神"，它也就充满了神秘性，哪里还有灵明之德呢？由于神能"得"，虚其自体，才能和万物合一，而它的灵明才能和万物同在。

"谷得一以盈"，"谷"是山谷，"盈"是满盈。这在表面上似乎是两个相反的概念，因为我们常用虚谷来描写山谷的空洞，为什么又说"满盈"？事实上，山谷之中有溪水、有绿树、有走兽、有人家，又哪里是真的空无一物？山谷之中所以能满盈了生机，就是由于它的"得"，也就是它的"虚怀"，使万物都能自由地生长，所以才能使虚谷满盈。

"万物得一以生"，万物的生存和发展，当然有很多物质的因素和客观的条件，为什么老子此处要强调"得一"呢？如果把这个"一"直接解作"道"，问题似乎很简单，因为没有道，便没有生存。可是这里老子却说的是"一"，而不是"道"。"一"是老子所讲的生生的原则，不过这个原则是通过了"无"和"虚"的作用而发展的。我们如果与佛家的理论做一比较，问题就变得更为有趣。佛家认为四大皆空，万物都是由地、水、火、风的四大聚合，而无自性，所以万物的体性或生命都是空的。可是我们换一种看法，这四大之所以能聚合，也正是因为它们的空性，否则它们互不兼容，又如何构成这个万物芸芸的世界？由老子的看法，正因为虚无的作用，生命才能形成，这一点到第四十二章 的"冲气以为和"时，我们再详细分析；更因为我们时能运用这个虚无，才使我们自己有更多的空间可以生长，也使他人有更多的空间可以发展，这就是万物之所以能把握这个"一"而生存发展。

"侯王得一以为天下贞"，"贞"是贞正和贞定的意思，"贞"字最早见于《易经·乾卦辞》："元亨利贞。"指的是"正"的意思，《广雅·释诂》："贞，正也。"至于"贞"和"一"字的关系，最好的例子是《易经·系辞》上的"吉凶者，贞胜者也。天地之道，贞观者也。日月之道，贞明者也。天下之动，贞夫一者也"（《下传》第一章）。这里的"一"可以解作"太极"或"乾元"之气，但就整个《易经》哲学的精神来说，则是这不变而又变化无穷的"生生"。再就和《易传》相表里的《中庸》来说，却是一个"诚"字，而这个"诚"字在《易经》哲学中，也是乾元的化身。所以《易传》中的"贞夫一，可说是以至诚的生生原则为正道。回过头来再看老子的"得一以为贞"，虽然老子不谈"诚"字，而讲"虚"字，但使万物生生不已的精神却是老子和《易经》共通的。至于这个"虚"字和"诚"字在表面上是两极化的，因为一是"无"，一是"有"，但两极到根源处又是一致的，因为"虚"也是诚的方法和表现，所以老子此处"侯王得一以为天下贞"，乃是指侯王以"冲虚"之德使万物化育，而为治天下的正道。

"一"的功效

"其致之"，王弼、河上公等版本相同，而傅奕、范应元版本作"其致之一也"。马叙伦认为这几字是古注混入，宜删。一般来说都把这几个字连上面来读，似乎是一结句。高亨把这三字连下文而读，他说："按：致犹推也，推而言之如下文也。"把"其致之"三字连接下文，这个意见很好，但"致"字并非只是行文的推字而已，"致"字含有运用的意思。前文第一句讲"昔之得一者"，而引出六个例子，而此处"其致之"，讲这六者的如何用"一"，而引出下面的六个例子。

"天无以清将恐裂"这句话，王弼的解释非常精到，他说："用一以致清耳，非用清以清也。守一则清不失，用清则恐裂也。故为功之母不可舍也。是以皆无用其功，恐丧其本也。"可惜后人都未能把握和发挥王弼这几句话的精神。从王弼的话中，可以看出老子这句话的真义是指"天无一以清将恐裂"，也就是说天如果不能由此"一"以达到清的境界，而拼命地去求清，便会有破裂的结果。举个例来说，此处有一盆泥沙和浊水，如果我们要使它清，拼命地用网子去捞泥沙，结果是愈捞愈浊，反不如放在那里，不动不扰，使它自然地澄清。天的能清也是由于它的虚心无私，而自然清明，如果天有意清明，天便有意、有欲，非但不能清，反而破坏了清。事实上，天本无意求清，因为天就是自然。我们说天无"一"有两种情形，一是天有突变的现象，如飘风、骤雨，这是天的不能"得一"而有不和谐的现象产生；一是人的意志加在天上，说天是如何清，这即是一般人都以自己的立场或欲求而谈天，结果天便没有真正的清明了。

"地无以宁将恐发"，"发"，河上公解作"发泄"，即吴澄所谓"发泄震动"。郭庆藩解作"废"，如《庄子集释》："发，司马作废，发废古同声通用字。"就意义来说，两解均可通，因为都是指"地"失去了作用。不过推求老子"得一"的原意是冲虚的生生之德。那么"地"的冲虚就是它的完全开放，而没有成见。种瓜，它就使瓜生长；种豆，它就使豆发芽。万物因"地"的虚，都能顺性而发展，这是"地"之所以能生养万物，却仍然保持它的宁静自然。相反的，"地"如果不能虚，而要有意于宁静。有意于为静，一方面显示了意求，一方面逼万物以归静，这便破坏了万物的生生。"发"，就是爆发的意思。所爆发的是地气的不平衡。在物理界，便有火山、地震及水旱之灾；在生物界，便有生态的被破坏。最后是一片死寂。

"神无以灵将恐歇"，"神"是神性，是使万物具有精神力量的原动力。神灵两字常连在一起，是指神的灵明作用。在老子眼中，这种灵明作用必须发自冲虚之德，才能大用无方，永恒不已。否则执着这种灵明，有意为之，这种精神的灵源便会枯干。所谓"歇"就是指枯干衰歇的意思。举个例说，人的精神也是一样的，人自称为万物之灵，如果我们自恃聪明才智，而滥用聪明才智，我们的精神便会逐渐枯干的。试看今日的世界，人类的聪明才智不能不说已发展到登峰造极，可是人类的精神世界却相对空虚到了极点。这就是由于人类不能善用冲虚之德的"一"去用我们的精神，就像蜡烛一样，加强了它的亮度，也加速了它的灰飞烟灭。

"谷无以盈将恐竭"，"谷"是空的，"谷"之所以能盈，并非它有意于为盈，而是它的"虚"，给予万物的生长以更多的空间与自由。然而"谷"是自然物，如果我们说"谷"有意于为盈，好像不合逻辑。其实说谷无"一"以盈，乃是指谷不能保持冲虚以使万物和谐地生长。有很多山谷之所以不能生物，乃是由于它先天具有某种因素，或缺少某种条件，然而无论它的"具有"或"缺少"，都是因为不能真正的以冲虚之德，使万物各以其所具有的特性生长。"谷"的虚和"万物"的有，这就是万物生长的条件。

所以说"谷"的"得一"，就是以冲虚之德，使万物自化。这样才能使其盈，不致因过度发展而致枯竭。所谓"竭"就是指能源的用尽。

"万物无以生将恐灭"，万物有生便有灭，这本是自然的现象。按照前面"万物得一以生"，那么，我们也可说"万物失一以灭"。由于这种理论，所以后来的道教修炼要"得一"，他们的"一"是至精、是元气，他们要以此而保持此身长生不灭。但这不是老子所讲的，甚至违反了老子的旨趣，因为老子的"一"是冲虚之德，而不是那个实有的至精或元气。后代道教神仙之学的炼丹，大多不能"得一"以生，而是执着于生，这是老子所批评的"自生"（第七章）及"益生"（第五十五章），所以像许多古代帝王吃丹药为了长生，反而速死。

"侯王无以贵高将恐蹶"，此处"贵高"似与前文的用词句法不一致，所以有的学者认为是"贞"之误，如刘师培说："当作'侯王无以贞将恐蹶'。此承上'侯王得一以为天下贞'而言。'贞'误为'贵'，后人因下文增'高'字。"其实把"贵高"两字改成"贞"字固然讲得通，但此处"贵高"两字，和下文的"贵以贱为本，高以下为基"却是有转折上的关系，否则由前文"得一"和后文的谦虚无欲便无法相连。

侯王的地位本来就是"贵"和"高"的，但要维持这个"贵"和"高"却不是只求"贵"、求"高"就可以达到的，而是要透过冲虚之德，使人民能够生生自化。这样人民才"乐推而不厌"（第六十六章）。否则越贵越高，则越容易颠覆。"蹶"本意摔跤，此处喻权位颠覆。

第三十九章

侯王如何用一

本章行文到这里，语气一转，由形而上的"一"，而转入了政治和人生。初看起来这句话的"故"字好像是总结前文的，可是照文意来说却是不甚相关的。因为天地万物的"得一"和"贵以贱为本，高以下为基"，似乎是没有什么关系的。然而我们仔细研究这个"一"字，却仍然可以发现这个转变的关键。因为这个"一"，在形而上来讲，是冲虚的生化的动力，而落入了现象界，便是谦虚之德。所以侯王的"得一"，而以"贱为本"，以"下为基"。这里的"贱"是指的低贱，"下"是指的卑下。这两者是一般人所不喜欢的，可是却是万物化生的基础。譬如这个"一"在形而上是"道"生化的开始，可是到了现象界真正衍生万物时，却都是在最低最下的地方萌芽、诞生的。

"是以侯王自谓孤寡不谷"，"孤"是孤独，古代君主自称孤家。《礼记·玉藻》："凡自称小国之君曰孤。"也指自己是孤独不受拥戴之人。"寡"是寡小。古代君主自称寡人。《礼记·曲礼》："诸侯见天子，曰臣某侯某；其与民言，自称曰寡人。"疏："寡人者，言己是寡德之人。"即不执着自己的道德。"不谷"，指不善。《礼记·曲礼》："于内自称曰不谷。"郑注："谷，善也。"又"谷"能养人，所以"不谷"，也就是指不能生养万物的意思。这些句子都是表示君主的谦逊，以"贱为本"，以"下为基"，正符合了老子的"上德不德，是以有德"（第三十八章）。

"故致数舆无舆"，王弼及司马光、苏辙等版本作"舆"；河上公及景龙等版本作"车"；而傅奕及吴澄等注本作"誉"。"舆"和

"车"意义相似，古人以"舆"和"车"代表地位之高贵。如《论语·先进》："颜渊死，颜路请子之车以为椁。子曰：'……吾不徒行以为之椁，以吾从大夫之后不可徒行也。'"可见"车"也是身份地位的表现。至于"誉"字是以《庄子·知北游》所谓"致誉无誉"为据的，也是《孟子》所谓"有不虞之誉，有求全之毁"(《离娄上》)的意思。总之，"舆""车"和"誉"字意思都可通，都是指名利、地位和欲望。

"不欲琭琭如玉，珞珞如石"，这句话河上公的注是："琭琭喻少，珞珞喻多，玉少故见贵，石多故见贱，言不欲如玉为人所贵；如石为人所贱，当处其中也。"后代有许多学者采河上公的说法，但老子前文明明说"以贱为本"。此处又说不愿"为人所贱"，可见与老子的文意不合。近代有些注家认为本句应作"不欲琭琭如玉，而欲珞珞如石"。如张扬明、王淮、余培林等。当然这种说法和前文的意旨没有冲突。但凭空加了"不欲"两字在"珞珞如石"之上，总令人觉得有加字为注的毛病。其实王弼的注本很清楚，他说："玉石琭琭珞珞，体尽于形，故不欲也。"玉的琭琭是指玉的颜泽美丽，那么石的珞珞应该是指石的坚硬，击之有声。而且用石来代表坚硬，远比代表低贱为合情合理，所以王弼说玉和石都是指的外形的美好和坚硬，而不是内在的虚和柔。

在这里值得我们推敲的是：为什么老子在前面说"得一"，到了结语却说"不欲琭琭如玉，珞珞如石"？这是因为在形而上，老子的"一"是生生的作用而这种"生"是来自冲虚之气。到了现象世界，这种冲虚之气便变成了谦柔之德。由于这种谦柔之德，君主才能以无为，而使人民自化。由于人民能自化，万物才不互相妨碍，而能欣欣向荣，生机盎然。由于万物生生，则谷能盈，神能灵，地能安，天也就清明了。

新语

本章一连提出几个"一"字来，用在不同的情境中，先就一般来说对于这个"一"的解释往往有以下名义：一、纯朴；二、太极；三、气；四、齐；五、绝对；六、生命。但就本章来说，我们可以把这个"一"归于一个意义，就是"虚"，如天、地、神、谷、万物、侯王，如能得一以虚，自然能使万物自化。

在后段是"一"的运用，因为"一"是"少"，是少欲，是谦虚，如果领导者能把自己放在最低的地方，如老子的"后其身"，自然能使万物来归。

第四十章

扫一扫，
进入课程

反者，道之动。

弱者，道之用。

天下万物生于有，有生于无。

语译

相反相成，或返本归源，这是我们所观"道的动变"。运用柔弱或自处柔弱，这是我们所行"道的作用"。我们之所以如此，实是因为天下万物都是生成于"有"，可是这个"有"离不了"无"，所以又必然会归本于"无"的。

要义

1. 本章首先讲道的运动在一个"反"字。

2. 最后强调由反而发展到"弱"的运用。

反者，道之动

"道"本是永恒的，应该没有所谓的"动"，也没有所谓的"反"。就像佛学里讲"涅槃"的境界，因为它是永恒的，所以必然是不生不灭、无始无终的。但"道"和"涅槃"不同的是："涅槃"是超现象的，而"道"却是在现象界中作用的。事实上，《老子》中的"道"也是一个名字，是用来称呼宇宙中那个生生不已的变化原则的。也就是说"道"是从动用中来显现永恒的，这和"涅槃"的离动用而为本体是不同的。

由于"道"不离动用，所以《老子》在本章中先说"道"的动是一个"反"的作用。这个"反"字，一般来说是相反的反。相反的"反"，多半是指空间上的不同位置，如高下，或在时间上所造成的不同，如生死，但这种空间或时间上的相反，只是相对。而事实上，把"相对"变成了"相反"，是人的观念。我们站在高处，便会说低处是相反，我们此刻拥有生命，便会说死亡是相反。

其实就宇宙或道体来说，无所谓高下或生死。这是人的观念执着一面的空间或时间而形成的。

让我们由这一分析，再来看"反者，道之动"。前面我们已讲过这句话是就现象界来说的，因为在本体上，说"动"已有问题，说"反"更是讲不通的。那么就现象界来说，这个"反"又是如何成为"道之动"的？万物由生到死，这是变，由小到大，也是变；万事由好到坏或由坏到好，这是变，由祸到福或由福到祸，也是变。所以真正来说，这个"变"，才是"道之动"。那么老子为什么又说一个"反"字呢？前面我们已说过，"反"是一种观念。由生到死是一种"反",因为人们执着于"生",而把"死"看作"生"之"反";由"福"到"祸"是一种"反",因为人们贪恋"福",而以"祸"为"福"之"反"。所以"反"是人们的观念、心理和情感加入之后的一种"动"。由于这种"动"是人为的,因此可以人的智慧加以运用,使我们在由生到死的发展中,尽量避免"死"的威胁,或不为"死"所苦,使我们在祸福相依相伏的变化中,能尽量避免灾祸,或转祸为福。因此这个"反",乃是道的一种运用的"动"。再具体地说,也即是人体法道的原则而加以运用的"动"。

本来,在中国文字上或《老子》中的"道"就有两种意思:一是指本体的那个"道",如"道可道,非常道"(第一章)的常道;一是指人的运用的"道",如"圣人之道,为而不争"(第八十一章)的圣人之"道"。所以此处的"反者,道之动"是指人生运用的"道"。而这个"反"字,便是一种运用的方法。这种方法有二:一是把握相反相成而加以运用,如王弼的注:"高以下为基,贵以贱为本,有以无为用,此其反也,动皆知其所无,则物通矣,故曰,反者道之动也。"一是指归于常道的"反",如《老子》说:"用其光,复归其明。无遗身殃,是为习常。"(第五十二章)又:"玄德深矣,远矣!与物反矣,然后乃至大顺。"(第六十五章)前者是政术的运用,后者则是修养的功夫。

弱者,道之用

"弱"是与"强"相对的观念,是表达人们的意欲较为强烈的字,因为一般人都是喜欢"强",而不喜"弱"的。由于前面"反者，道之动"的原理，所以此处拈出一个"弱"字来作具体的"反"的运用。

其实"弱者，道之用"已经包括在"反者，道之动"中，但这两句话的不同是，前一句话讲的是原则，而本句却是讲具体的运用。必须有前一句的"反"，本句的"弱"才有依据，才有正面的归向。否则这个"弱"，便没有意义，不为人所接受。

《老子》中用这个"弱"字的次数不少，但有更多的地方，不用"弱"字，却正是"弱"的意思，如"高以下为基"的"下"，"贵以贱为本"的"贱"，其他如"婴儿"、如"水"，都含有"弱"的表征。老子特别强调这个"弱"字，是针对人们好强心理的一剂相当强烈的药方。在世界哲学家中，讲这个"弱"字，且构成了一套体系的，恐怕只有老子一家，别无分号了。

所谓"弱者，道之用"，明明是讲的运用，而不是本体，不是目的。也就是说此处的"道"，不是指"常道"或"天道"，而是指人生运用之道。因为"常道"或"天道"，并没有去用"弱"。尽管树大招风，小草反易保全；尽管坚强易折，柔弱反而较有弹性，这是自然现象，并非"道"有意要如此用"弱"。这是老子为了劝人不要好强斗狠，故意用这个"弱"字逆转人们的观念，所以这个"弱"字真正的用意乃是第三章所谓的"弱其志"。也就是降低欲望，由冲虚之气以合道。

有无的相生

"万物生于有，有生于无。"这两句话并不是前面两句的结语，而是和前面两句并立的。可以视作前面两句的例证或依据。这两句话有两种解释，第一种解释是一般的，都是认为从万物向上推，万物生于"有"，"有"又生于"无"，简言之，即万物生于"无"。这个"无"也就等于"道"。这种解释可以用第一章的"无，名天地之始；有，名万物之母"来佐证，说明"无"是"有"的本源。所以这种解释也是有根据的。但如果刻意地把老子这话看作宇宙发生论，这样便会自陷于"无如何能生有"的难题。其实老子的"无"不是什么都没有的"空无"，而是指不可名相的原始状态而已。第二种解释，是呼应"反者，道之动"而来，指的是"有""无"相生的作用。所以这里的"有""无"，不是形而上的"有""无"，而是现象界的"有""无"，如第二章中的"有无相生"。

对于以上两种解释，各有胜义。就后者来说，这个"无"，相当于"弱"，也是前一章的"贱""下"的意思。因为万物既然"有""无"相生，所以我们不要执着于"有"，而应自处于"无"，才能生"有"。就前者来说，"有"生于"无"，"无"是本源，所以我们应该体"无"、归"无"，所以这是"返"本归道的"反"。王弼所注："天下之物皆以有为生，有之所始，以无为本。将欲全有，必反于无也。"就是劝我们从"有"以归"无"。

新语

本章的内容很简单但却很重要，因为它提要勾玄地说出道的动用。"反者，道之动"是指道的变动，"弱者，道之用"是说道的运用。但道之变动复杂，在《老子》其他各章中说得很多，如何用一个"反"字去概括？"道的运用"又是多么的多样性，又如何能用一个"弱"字去包括？所以说是言简而意赅，现在我们加以演释如下。

"反"在表面上是相反，但通于"返"，是返归。就"相反"来说至少有三层意思：

（一）是相反对立，如观念的不同，美丑善恶等。
（二）是相反相成，如有无高下等。
（三）是相反而生，如由小变大，由生至死的变动。

"弱"在表面上是柔弱，但运用起来也有不同的方式，如：

（一）是谦虚。
（二）是不争。
（三）是不自是、不自见。
（四）是守朴。

在这章中讲道动与道用，而没有讲道体，我们研究哲学常会问什么是道之体，在《老子》中并没道之体的话，当他描写到道体时却是用不可知、不可闻、不可捉摸的话来描写。我们多此一举要问道体是什么？前面我们曾举古人常以"无"当作道体，事实上，无和有是相对的，正如本章讲"万物生于有，有生于无"，即指出道在作用上的相对性，所以"无"不是道体。我们勉强地试用不得已的方法来描写，也许可以说道的体是"常"，当然这也只是不得已的用法，因为老子首章说"常道"，而全书也多处说"知常""袭常",所以"常"是近乎道之体。因宇宙万物生生不息的变动有一个规律，这个规律是常恒如此，我们称之"常道"，所以常和道是非常近似的。

由于这个道之常，因此反者之动，弱者之用，都是现象的变动，必须归之于"常"，才能归于道的生生不息。

第四十一章

扫一扫，
进入课程

上士闻道，勤而行之；

中士闻道，若存若亡；

下士闻道，大笑之。

不笑，不足以为道。

故建言有之：

明道若昧，进道若退，夷道若纇，上德若谷，大白若辱，广
德若不足，建德若偷，质真若渝，大方无隅，大器晚成，大音希声，
大象无形，道隐无名。

夫唯道善贷且成。

语译

第一等的人士听到了"道"，便努力从实践中去体验。中等
的人士听到了"道"，由于徒逞知解，缺乏行证，因此对"道"
的认识是似有若无，不够真切。最下一等的人士听到了"道"，
由于他们的浅薄无知，而又自以为知，反而大笑"道"的迂阔。
其实，"道"如果不为他们所笑，反而显不出它的深不可识了。

所以相传的许多有卓见的话说得好：光明之道，不显耀于外，看起来好像暗淡无光。前进之道，是依照自然的循环而发展，看起来好像落后退步。平坦之道，是存在于物性的参差不齐，看起来好像崎岖不平。最高的德行，谦冲自牧，有如虚谷。最纯洁的心灵，常处污泥之中，好像负耻辱之行。为德求广，似乎永远感觉不足。质地真纯，没有成见，好像赋性多变。最大的方，近乎圆，而无棱角。最大的器皿，需要时间的磨炼，精雕细琢而成。最大的音籁乃自然之声，是人间不易听到的。最大的垂象，乃天道的作用，不留有形的痕迹。"道"是常处于无名无状的境地。正因为"道"能善于贷养万物，而把自己的生命寄托于万物，所以"道"才能成就自己，长住而不迁。

要义

1. 本章首言有道之士在勤行。
2. 再举例说明"反者，道之动"而归于道的相成而生万物。

上士闻道，勤而行之

"士"在古代是一种阶级，所谓"士农工商"，此处指一般有知识的人士。"上士"就是指第一等的读书人，他们读书是为了求道，所以他们特别重视实践。在次序上，是先闻道，然后再实行；而在实质上，却是从实践中，去体验道，这才是真正地闻道或真正地了解道。

"中士"虽然是指中等的读书人，但却并不是指今天所谓一般的读书人。今天教育非常普遍，可是在古代没有那么多人受教育，所以"中士"，实际上也只是少数的读书人，相当于今天所谓的学者。"若存若亡"是指对"道"的认识，好像有"道"的存在，又好像没有"道"的存在。这是因为他们都是从外面去探索"道"，从理论上去分析"道"。这就像哲学家们的研究真理，有时，他们所建立体系的精妙，使我们认识了"道"的伟大；可是有时，他们所建立体系的玄虚，又使我们掉入了迷雾中，永远在跟自设的理论捉迷藏，根本就看不到"道"。事实上，"若存"是指他们从知识概念上去研究"道"，即使他们能证实，也只是知识概念。所以"若存"，实际上却是"若亡"。那么说"若亡"吧！他们也可以用很多的理论去批评"道"的不存在，如印度断灭论的看法，认为一切不存在；或西方存在论的看法，以为"上帝死了"，然而这些都是他们在知识概念上的推演，与那个真实的道体并不相关，所以他们的"若亡"，实际上，并不能证明其"无"。相反，也许是实有。总之，很多的学者们，都在自己设立的棋赛规则中玩这场游戏而已。

"下士"指一般浅陋的读书人，当然这也包括了大多数的人。他们只看到有形的器物，只以实利的标准衡量一切。他们非但不知"无"，也不能见"有"，因为他们所见的"有"，都是以自我为中心的片面的"有"。所以当他们听到了"道"，便觉得虚玄不实，而要大笑"道"的迂阔了。

"不笑，不足以为道"的"不笑"，虽然是连接上面的"大笑"而来的，但这句话却是一个转语，转出了下面的一大段话。在这里，老子是幽默地，也是感慨地说，不要怕愚昧的人或唯利是图的人笑我们所谈的"道"的"大而无当"，如果我们真要把"道"包装得让大家相信，让大家崇拜，让大家追求，那就只是香火鼎盛的庙宇内的镀金的佛像，而不是真正的大道了。所以人们之所以会大笑，正由于"道"往往显露在和他们知解相反的一面。

各种相反相成之理

"故建言有之"，"建"，王弼解作"立"，河上公解作"设"，都是指造成的意思，用今天的话，就是所谓成语。奚侗、高亨等却认为是古书名，如高亨说："建言，殆老子所称书名也。《庄子·人间世》篇引《法言》，《鹖冠子·天权》篇引《逸言》，《鬼谷子·谋》篇引《阴言》，《汉书·艺文志》有《谰言》，可证书名曰言，古人之通例也。"如果"建言"是一本书，我们试看下面的一大堆话，完全是老子思想的精粹，那么岂不是"建言"为老子所本，也就是说在老子以前，已有老子思想的作品。可是今天只有此处有"建言"，而在其他古籍中都没有这个书名。所以把"建言"看作书名，反而把问题弄复杂了。我们不妨把"建言"看作前人的立言，因为老子的思想不是凭空产生的，也不是他一个人创造的，他是根据前人所留下的智慧，再加上个人的体验发展而成的。所以老子此处的"建言"有前人的成语，也有他自己的立言。总之，这些话都是老子"反者，道之动"思想中的这个"反"字，是老子根据前人的思想、人生的经验、物象的变化所提炼出来的智慧。

"明道若昧"，"道"本身并无明昧可言。讲明昧，乃是就"道"在现象界的作用和人们对"道"的认识来说的。在现象界，"道"

是以"虚"为用的,虽"存"似"虚",所以说"若昧"。"若昧",就字面的解释,是对应前文,指"道"的深不可识,不为一般人所了解。但有智慧的人如深入地体验而加以运用,却可以分为两方面:一是指德性的修养。王弼注说:"光而不耀。""光"是指永恒之光,是内在的光明。而"耀"是指外在的明亮,使人炫目的光彩。"道"的光是为万物照明,而不为自我显耀。取法于这种境界,而用之于人生修养上,就是大智若愚,如憨山大师所谓:"小人用智,恃智以为能。圣人光而不耀,以有智而不用,故明道若昧。"二是指人生的运用。这句话的关键在"若昧"两字。"若昧"不是真正的昧,而是借"若昧"的作用,使我们打破偏见执着,自以为"明"。因为大多数的人都自以为聪明,自以为见道,把自己的偏见执着当作"明道"。所以"若昧"两字正是对这种毛病的针砭。唯有能懂得"若昧"的道理,才能避免用自己的观念构建"明道",这样才能见到真正的"明道"。

白云守端禅师有一天看见一只飞虫从门缝中进来,接着企图从纸窗飞出。由于纸窗有光亮,它认为那是光明之路,可是隔了一层纸,始终飞不出去。最后这只小虫从较暗的门缝中又飞了出去。看到了这一幕,他便写了一首诗说:"为爱寻光纸上钻,不能透处几多难,忽然撞着来时路,始知平生被眼瞒。"禅师所谈虽然是另有所指,批评那些执着文字的人,不知从自知心源中去体证。但古往今来不知有多少人以自己的识见构搭理论,以纸窗为"明道"呢!

"进道若退",就"道"本身来说,并没有进退的观念。如果"道"是永恒的发展的话,就不可能"退"。如果"道"是永恒常在的话，也就无所谓"进"。因为说"进退"必定是依据某一标准来衡量的，可是这一标准是人定的，又岂能用它来范围"道"？所以，说"进退"是就人的观念来描写"道"在现象界的作用的。这种作用可以分两方面来看。第一，就自然界来说，昼夜和四季的变化，周而复始，使我们有返复循环的感觉。可是我们往往把复当作"进"，把返当作"退"。譬如，从秋到冬，好像是"退"；从黄昏到深夜，好像是"退"；从老到死，好像是"退"。其实这种循环只是人们用时间的观念去划分罢了。就自然界的现象来说，循环是一个历程，并没有进退的观念。譬如春天树叶生长、冬天树叶凋零。我们往往把树叶生长当作"进"，把树叶凋零当作"退"。其实就整个自然界的大化流行来说，叶生叶落都是一段段不同的历程，都是一种种不同的存在。"若退"只是人的感受罢了。第二，就人对道的运用来说，进退是循环的，进之后必退，退之后必进。因此我们的功夫要用在"退"上，因为"退"是"进"的一种准备。王弼注说："后其身而身先，外其身而身存。"这是以"退"为"进"。这正符合了老子"反者，道之动"的原则。《易经·系辞传》中也有相同的看法："尺蠖之屈，以求信也。龙蛇之蛰，以存身也。"（《下传》第五章）这都说明了"若退"不是真正的退，而是为了"进"。

"夷道若纇"之"夷"字，《老子》书中曾用过，在第十四章中说："视之不见，名曰夷。"这里的"夷"虽然可注作无形，但真正的意思是指深远得看不清楚。而本句的"夷"字，河上公注为"平"，王弼没有直接注明，只说："大夷。"综合以上各义，我们可以说"夷"字是指辽远宽大平坦的意思。"纇"字，河上公注本作"类"。易顺鼎说："按夷，平也。昭二十八年《左传》：'刑之颇类。'服注：'类读为额，额不平也。'额与夷正相反，故曰夷道若额。"按"额"字，《说文解字》解为"丝节也"。也就是指错综复杂、混淆不清的意思。所以"夷道若额"可解作宽平之道好像崎岖不平的意思。然而"道"本身并无平与不平的不同，所以这句话也是就"道"在现象界的作用和人对"道"的感觉来说的。在现象界，道是不自生，以万物的生为生，所以"道"是寄存于万物之中的。由于万物是参差不齐的，所以"道"的平正是透显自万物的"不平"。王弼便是从这方面来注的，他说："大夷之道，因物之性，不执平以割物，其平不见，更反若额坳也。"这就是说物性本来不平。因物之性，山高水深，这才是真正的"平"。

依据王弼的注解对人们求道来说，也就是用"若额"，即"不平"的认识，以打破自以为"平"的执着。譬如庄子的"齐物"，并不是用一个标准去把万事万物都压平了。大道的平是立足点上的平等，使得万物都能在基本权利上平等，然后再根据各自的才分发展，基于这种认识，所以求道者必须了解万物千差万别的殊相，而以平等的态度去对待它们，这才是真正重视万物性体上的平等。

"上德若谷"，"谷"有两解，一是指的虚，一是指的低。合起来正是"虚怀若谷"的意思。但《老子》中不谈"谦逊"两字，因为谦虚已被大家惯用为一种礼貌态度，而流于客套或虚伪。老子以"谷"写上德，乃是指"上德不德"的极高境界，是真正无欲的"虚"，是真正以下为基的"低"，而不是普通用语"谦逊"

两字所能范围的。

"大白若辱"，"大白"指纯粹至白，王弼注："知其白，守其黑，大白然后乃得。"河上公注："大洁白之人，若污辱，不自彰显。"前者就认识作用而言，后者就修养功夫而言。这句话高亨认为夹在"上德""广德"之间，不甚相类，所以把它移到后面，和"大方""大器""大音"等列在一起，他说："此句疑当在大方无隅句上，用德字诸句相依，其证一也。用大字诸句相依，其证二也。《庄子·寓言》引《老子》曰：'大白若辱，盛德若不足。'盖读者依《庄子》移此句，而不知《庄子》引《老子》固时有变动也。"把这句话往后移，固然在文句上好像较为顺适，但"大白"和"大方""大器"等并不相类，因为"大白"并不是指颜色的洁白，而是指心灵的纯白。尤其这"若辱"的"若"字，所描写的是一种修养，和"若谷""若不足"是一致的。所以庄子的引证自有其依据。

"若辱"并不是真正地做败德之事，遭受污辱和耻辱，而是为了某一正大的目标，负污辱之行，置于耻辱之地。所以最好的解释应是《孟子》所谓："故天将降大任于是人也，必先苦其心志，劳其筋骨，饿其体肤……然后知生于忧患，而死于安乐也。"（《告子下》）虽然老子的思想不像孟子那样的积极、昂扬，但此处的"若辱"两字乃是透过了自处污辱的心情，不自以为洁白，而保全了真正的纯白。

"广德若不足"，"广"是广大的意思。以"广"来称呼德，这是指德的无限发展，而不拘于一体一相。王弼注："广德不盈，廓然无形，不可满也。"王弼以"不盈"解"不足"颇为精到。

因为"不足"并不是"不满足","不满足"是欲,越不满足则越感觉少,又怎能是广德?所以"不足"乃是指不自以为多,因此永远的注不满,这才是真正的广德。

"建德若偷","建"是建立的意思,犹前文所谓"建言"。俞樾注说:"'建'当读为'健',《释名·释言语》曰:'健,建也。能有所建为也。'是'建''健'音同,而义亦得通。'建德若偷',言刚健之德,反若偷惰也。""建"字可以通"健"字,显然是依据同音通假的文字条例。但此处"建"字已可以解释得通,就不必再多此一举,通到别一字,而得别一解。尤其把"建德"解为"刚健之德",这个"刚健"之义和老子讲的"柔弱"似乎正好相反。所以还不如用"建"字来得贴切。"建德",就是立德,也就是指修德或成德的意思。"偷"字,有苟且偷惰义,如《礼记·表记》:"安肆日偷。"有德行浇薄义,如《论语·泰伯》:"则民不偷。"所以综合起来,这个"偷"字有苟且求安、懒散无德的意思。又高亨说:"偷与嬬、懦古通用。"可惜他所举的例子,都是转折的旁证,但懦弱的意思已包含在苟且偷惰之中。因此"建德若偷"可解为有成之德,好像苟且懦弱无德的样子。事实上,这句话的要点在"若偷"两字,"偷"是负面的意思,而"若偷"却是转负面为正面。最好的例子,如《庄子·德充符》一文中劝我们不要"临人以德",要"支离其德",也就是说虽然有德,不要向人夸耀其德,而要掩盖其德,好像无德之人。然而这个意思还是表面的,"若偷"两字的真正意思乃是有成德之人,看得远,想得深,做得周全,他绝不凭一时之勇,逞一己之见,因此在表面上看起来,反而是畏畏缩缩、懦弱无能。所以"若偷"两字表达的正面意义乃是深沉、温和、小心。

"质真若渝"，王弼、河上公注本作"质真"，傅奕等注本作"质直若输"。刘师培说："疑'真'亦当作'德'。盖德字正文作悳，与真相似也。'质德'与'广德''建德'一律。""真"和"直"意义相似，可以相通。把"真"字改为"德"，是因为"德"的正文"悳"与"真"相似，这便有点勉强。虽然高亨说："盖老子原书德字悉作悳，后人改作德，此句误作真或直，不然，亦必被改作德矣。"但这也是臆测之言。事实上近代学者之所以要多方求证去把"真"改为"德"，只是为了与"上德""广德""建德"等一致罢了，并没有就意义上去讨论。如果只求文句之整齐，笔者倒认为把"大白若辱"当作"上德若谷"的注语，把"质真若渝"当作"建德若偷"的注语，这样岂不使全章更为干净利落了吗？但证据呢？没有。所以这也是臆测之言，不足取也。还归原文"质真若渝"即使不是"建德若偷"的注语，但它的意义却是顺着"建德若偷"而来的。老子是一位大哲学家，他的行文当然是就思路的发展，又岂会斤斤计较字句的整齐划一？

"若渝"的"渝"，高亨说："渝借为窬，《说文解字》：'窬，空中也。'《淮南子·泛论》：'乃为窬木方版以为舟航。'高注：'窬，空也。'质德若渝，犹言实德若虚耳。"这个"渝"字本身已有很好的意思，实在不必借别的字来作解。《说文解字》："渝，变污也。"所以"若渝"是指好像容易改变的意思。一般的观念都以为不变是"真"、是"直"、是"正"，是好的。而老子却告诉我们性地真纯的人，就像天真的儿童，没有主观，没有成见，因此反而常随客观环境而变。所以这句话中的"若渝"，正面的意思是要我们不可"自是""自见"，而应随缘常变。

"大方无隅"，前面讲"道"、论"德"，自此以后似乎是谈"器"。但老子不是科学家，他并没有兴趣去研究物理现象，他的谈"器"，实际上是谈"用"，是就"器"上来谈"用"。"方"是方形，"隅"是边角。方当然有隅，大方岂能没有隅，可是就几何学来说，多角形如果增至最多或无限的话，那么它就近于圆周，圆周便没有角了。当然老子所谈不是无限的多角形，而是德性的运用。王弼注："方而不割，故无隅也。"河上公注："大方正之人，无委曲廉隅。"这两者都是就德之用来说的。"方"是方正，也就是规矩或道义。因此"方"往往是一种标准，用来评量人物的。而大方，就是要把"方"超升到圆的境界，所以真正的大方，没有边隅，而能与万物相融相合。（就德性来说，真正大方之人，心胸开阔，没有定见。能容人，而不苛责于人。）

"大器晚成"，"器"是指有形的器物，也指载物的器皿。由此，也比喻人的才识，如《论语》的"君子不器"，便指君子的才识不像器皿一样小，只能容一物。所以此处"大器"，指器之大，大到无所不载，也指人的才识之大，能容纳一切。"晚成"，指很迟才能成就。王弼注："器成天下，不恃全别，故必晚成也。"河上公注："大器之人，若九鼎瑚琏，不可率成也。"这个"器"无论是指物或人，"晚成"前人注解都作时间上的"迟晚"。可是陈柱在选注中说："'晚'者，'免'之借。'免成'，犹无成，与上文之'无隅'，下文之'希声'、'无形'一例。"固然把"晚成"改为"无成"，在文句上和义理上，都不错，但把"晚"字通作"免"，又通作"无"，作了太多的假借。恐怕老子没有那么穷困，要如此地去周转。如果我们细细地体会这个"晚"字，也是极有深意的。先就器物来说，小的容器，容易满盈，大的容器，不易满盈。当然制造大的容器要比小的容器需要更多的时间和功夫，这是表面上很明显的推理。

不过老子的哲学不在物质的大小，而在易盈和不易盈上面。虽然是很小的容器，如能把握这个"不盈"的道理，而不求速成，也就是"大器"，所以"大器"之晚成，乃在于不速成，正如第十五章所说："保此道者，不欲盈。夫唯不盈，故能蔽不新成。"再就"道"生万物的程序来说，道是先生天地，再由天地而生万物的，"天地"当然是大器，万物乃是小器，这岂不是先成天地的大器，岂不是与"大器晚成"一语相矛盾吗？其实不然，始生万物的天地，只是道在现象界的作用，有形的天地是宇宙的架构，无形的天地是万化的动力，但都是一种过程，谈不上"成"。如果空有天地，而无万物，天地也就不存在了。如果天地只生一时一地的万物，而不能生生发展，那么这个天地也就有尽，而不是永恒的天地了。所以天地之能为"大器"，乃在于天地的不自生（第七章），保有"不盈"的道理，使万物生生不已。所以天地之大器乃在无限的"晚成"。这个"晚"字点出了不求速成的深义。最后，再就人的器识来说，真正伟大的人才，绝不是"小时了了"之辈，而是经过了时间的锤炼、经验的琢磨而成的。老子和孔子如果只活到五十岁，恐怕一个只是默默无闻的史官，一个只是不得志的政治家而已。然而问题的重点不只是在时间上，而是在精神上，他们都能了解不求盈的道理，才能使他们的经验永远地开放，知识永远地翻新，生命永远地提升。因为他们绝不局限于"小器"，而能日新又新。

"大音希声"，"音"，"声"两字在《老子》第二章中便提到"音声相和"。"音"是指的发音，"声"是指音触物或音入耳而成。所以有音的未必能成声。再说这个"音"字，也是指一切的音籁，在《庄子·齐物论》中，便提到天籁、地籁和人籁。天籁是指宇宙造化之音，地籁是指自然界的音响，而人籁，即是指人类的语言和乐音。人籁都是人类情感欲望的表达，表达得婉转的，令人陶醉；表达得粗俗的，使人生厌。总之，这都是大家耳熟能详，每天所听得到的。地籁是自然界的音响，也有粗有细，粗的有如风啸雨泣，令人生惧；细的有如溪吟花语，使人忘我。就我们的实际生活来说，时常听到粗俗的人籁，至于精妙一点的人籁，却不容易听到，如伟大的乐曲，所谓："此曲只应天上有，人间能得几回闻。"再说自然的地籁，那细微一点的，如花开草长之声、鱼虫悠游之声，又有几个人注意去听。至于天籁的造化之声，是一种近乎无声的消息，这在《易经》叫作"几"，在《庄子》和禅宗叫作"机"，已经不是用耳所能闻，而是用心才能听得到的了。今天科学上告诉我们人类的耳朵听不到最高和最低的频率，当然我们不必把老子的话附会到科学上去，但哲学的智慧，有时却可做科学的先导，因为哲学的慧心往往能带我们去听"希声"之音呢！这个"希"字，即《老子》第十四章的"听之不闻，名曰希"的希字，不是无的意思，而是指音的微妙，不能用耳去闻，必须用心去听。

如果把"大象"解作道，那么"大象无形"便很容易理解，因为道本来就是无形的。不过，大象和道之间有一点不同，"道"

是以体而言，大象乃是道在现象界的作用。道体本是无形的，而道在现象界的作用也是无形的。照理说，在现象界的一切都是有形的，为什么道的作用又是无形的呢？这是因为在现象界，道的作用乃是透过万物的形体而变化发展的。以天和地来譬喻，地虽大，地象仍然有形，而天之大，天象却几近无形。因为天象的作用是透过万物来表达的，如四时的代谢，是呈显于万物的荣衰上的。

道把自己永远地借给万物

"道隐无名"，道是无形的，无形就不能名。以"道"为称，也是不得已的。如果执着"道"的名称，而大加渲染，这便会谈得愈多，离道也就愈远了。所以"道"要退隐于"无名"之地。但"道"之退隐，并不是像一般所谓的隐居出世。相反的，道只是隐于无名而已。由于隐于无名，才不为"名"所限，也才不会限于一名。

"夫唯道善贷且成"，"贷"字，敦煌本作"始"字，于省吾说："按敦煌本'贷'作'始'，当从之。始从台声，与贷声近。且贷始并之部字，成终互训，义同。然则'善始且成'，即善始且终。六十四章'慎终如始'，终始对文，犹此文以成始对文也。"其实这个"贷"字意义深长，非常重要，王弼、河上公和很多版本都作"贷"字，把"贷"字解作"始"字，非但把"贷"字的意义变狭窄了，而且把整章的意义变得不连贯了。

"贷"，在《说文解字》上是"施"也，即施与的意思。今言贷款正合此意。所以"贷"是借的意思。此处"贷"有两义：一是"道"把自己借给万物，王弼有很好的注说："贷之非唯供其乏而已。一贷之，则足以永终其德，故曰善贷也。成之不如机匠之裁，无物而不济其形，故曰善成。"这是说"道"的施贷万物，不是暂时的，不是要取回的，而是永恒的，也就是说"道"把生命贷给了万物。万物"持之而生"之后，便开始自我发展。就像母亲生产了儿女之后，儿女便有自己的生命，便自形了另一个整体。事实上，"道"把生命贷给万物时，也把它自己的生命贷给了万物，因此万物的生生也就是"道"的生生。另一义是"道"借贷万物而成，也就是说"道"虽然隐于无名，不可见，不可闻，但它却是假借万物的生成为它的生成。只要万物的生化无已，道的生命也就生生无已。

新语

本章详举人生的许多例子来说明相反相成的道理，可以说老子人生运用，"反者，道之动""弱者，道之用"的道理完全概括在这一章中。就文字来说都很简单，除了"颣"较生疏外，其他各字小学生都能认识，但他的意义不是白话翻译所能表达的，必须读者凭自己的知识才可以推广，凭自己的经验才可以体会，凭自己的智慧才可以运用，每一句话都可写成一篇大文章。尤其最后一句话，"道善贷且成"，是老子对道诠释的最重要处。因为老子在其他各章都把道描写成不可知，不可闻，不可捉摸，那么道是否永远躲在高处深处，神秘兮兮呢？不然。这句话说明了道和万物的关系，道并不是存在万物之中，我们说道在万物，不是说有一个单独的道寄生在万物中，而是说道把它自己化成各种作用，而成就万物的作用。所以万物的发展能生生不息，就是因为道的作用。譬如我们要向高处跳，必须先下蹲一下，才能借势往上跃，这是物理界的现象，但老子"进道若退"一语便说明了这一点。这并不是说老子懂得物理学，而是物理学上的许多道理都离不了道的作用，因为道把自己放在万物的作用中，和万物一起生成发展。那么在这发展的过程中，万物有"成住异灭"（佛家语），但异灭也是生生中的一个转折。

在万物的生化中，如四时交替，有它们的循环性，庄子便注意到这种死后的转化。这是整个道的大化，只有执着于有限的生命，才把死看作完全的负面，如西方存在主义者以死亡是人的存在的终极悲哀，但老庄却不然。老子的道和庄子的道一样，是生死死生连绵不断的大化，这是我们从老子"道善贷且成"这句话得到的更深一层的意义。

第四十二章

扫一扫，
进入课程

道生一，一生二，二生三，三生万物，万物负阴而抱阳，冲气以为和。

人之所恶，唯孤寡不谷，而王公以为称。

故物或损之而益，或益之而损。

人之所教，我亦教之，强梁者不得其死，吾将以为教父。

语译

道的生生，先形成混然一气，由一气而形成阴阳二种作用，由阴阳两种作用而形成阴阳及阴阳调和之气的三，再由三而助成万物的变化。万物的变化中，都是背着阴，抱着阳的，再由冲虚之气，使它们能和谐的发展。人们不喜欢的，乃是孤独、寡少和不能生养，可是王公自谦，却以"孤家""寡人"和"不谷"来称呼自己。把自己置于低卑之地，这是由于在万物的变化中，减损了反而能增益，求增益反而遭减损。一般人所教的道理，我也以它来教人。就是前人的那句话"强悍的人不得好死"，我就奉它为教人的主旨。

要义

1. 本章提出道生一、生二、生三、生万物的过程。

2. 再从生化过程中的一个"冲气"，来说明如何在人生中运用。

道为什么生一，生二，生三，才生万物

"道生一"，这句话只有三个字，都很要紧，也都很难解。"道"字前面已谈过，"道"是无形无象，不是感官所能及、语言所能描写，但勉强而说，它是宇宙造化的总称。这个"生"字，一般都解作创生或生产。就创生来说，必然有一个造物主，如上帝在那儿创生，这不合老子之"道"的精神；就生产来说，如母亲生产儿女，这又落实在形体上，而分成了两个个体，不是老子之"道"的作用。所以这个"生"字，应该指生生地发展，也就是说"道"本身的变化。

"一"，在《老子》第十章中曾提到过"抱一"，此处的"一"，前人的注解都就生化来说，都是指的"一气"。这是根据《庄子·知北游》所谓："通天下一气耳，圣人故贵一。"如果"一"是"通天下一气"，那么"一"便是宇宙生化永恒的原质，它和"道"没有差别，但"道"和"一"之间必然有所不同，否则"道生一"便是废话。我们试着作分别，"道"是宇宙生化的本体，而"一"便是宇宙生化的形气。由"道"而"一"，乃是"道"在现象界作用的开端，是从"无"到"有"的发展。我们说一个

"道"字，它是包括了"有""无"，也超越了"有""无"，而我们说一个"一"字，它是"有"，也是"无"，所以"道"不可言，不可执，而这个"一"却是可守、可抱的。总之，这里的"道生一"，乃是"道"在生化的发展中，寄形于"一"，垂象于"一"，这是万化生生的开始。

"一生二"，"二"指阴阳，这可以从下文"负阴而抱阳"得到证明。

在《老子》中，"阴阳"两字只在本章出现过一次，可见老子对阴阳没有详论。倒是"无有"两字经常出现。王弼便是根据"无""有"来注解"二"的，如他说："万物万形其归一也。何由致一，由于无也。由无乃一，一可谓无。已谓之一，岂得无言乎？有言有一，非二如何？"王弼的注显然是根据《庄子·齐物论》的由无、而一、而二、而三的观念推演而来的。事实上"无，名天地之始；有，名万物之母"（第一章），"无"和"有"也与万物的生成发展有关。所以就理念上说，把"二"解作"有"和"无"，也是可通的。不过本章由于出现了阴阳两字，阴阳是气化的作用，所以就物象上说，把"二"解作"阴"和"阳"是较为具体而易懂的。

"二生三"，什么是"三"，王弼仍就观念上说是由一加二，而为三。河上公则就阴阳而注说："阴阳生和气，浊三气分为天地人也。"这是把"三"解作和气，也是根据本章下文的"冲气以为和"来说的。 归纳以上两种说法，我们可以用图表来描述如下：

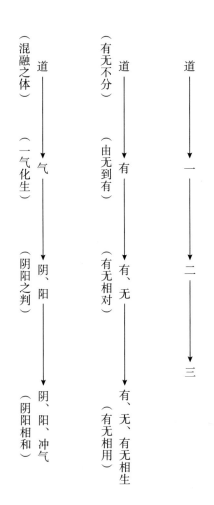

  所谓"三生万物"并不是说万物直接从"三"而生，而是指万物的生化必须有这"三"者的和合。先从"理"上说，"无"如果没有"有"，便是空无，便不能生"有"。同样，"有"如果没有"无"，便没有演化的空间，也就不能产生相续的"有"。所以"有""无"是相关的，不能分离。如果只说"一生二"的"二"

字，往往会被误作对立的两个观念。因此说"三生万物"的"三"字，这个"三"乃是"有无"的相用。譬如第十一章说房室的存在是"有"，房室内的空间是"无"。但单有房室和空间还不够，必须这两者和合之后，能供人所住，才发挥了它的大用。再就"气化"来说，"阴""阳"并不是两种不同的气，而是一气的两种不同表现。因此从一气的变化来说，也就是顺着时间来说，阴阳是相续的，阴动而后阳，阳动而后阴。但一气进入了现象界，落入了空间，因此阴阳便托显于物象而有相对性，如男女、雌雄。但以男女雌雄去分阴分阳，乃是以相对性的观念去划分，实际上，男女雌雄也是阴阳和合而生的。所以由"一生二"的一气生阴阳，是一气相续的阴阳作用，由"一生三"的阴阳生阴阳的"冲气"以后，阴阳便相和，阴中有阳，阳中有阴，于是万物便由此而发展。

冲气如何能为和

"万物负阴而抱阳"，自"三生万物"之后，万物由阴阳相和而生，因此万物便同具阴阳两种性能。但这两种性能的分配，却有显或隐、多或少的不同。譬如雌者是以阴为显性，阳为隐性，雄者则相反。同时也可说雌者阴多而阳少，雄者却相反。

"冲气以为和"，"冲气"的"冲"在第四章中曾用过，都是指"冲虚"，也就是使它虚的意思。就气化来说，气是"有"。必须能虚其气，才能使气产生转化，才能使阳转化为阴，阴转化为阳，否则气不能虚，阴阳便会偏锋发展，而破坏了阴阳连续的和谐性。再就万物来说，各禀阴阳不同的性能，如果不能调之以"虚气"，在个体来说，便会阴阳不和而有病，在男女、在家庭、在社会国家，也会因阴阳不和，而产生各种流弊。

孤寡不谷的用意何在

"孤寡不谷"四字已见于第三十九章。陈柱以为这几句话是第三十九章的错简。其实这几句话有承先启后的作用。因为本章很显然的可分作两部分，第一部分从"道生一"到"冲气以为和"，是谈的天道变化，而后面部分自此开始却是谈柔弱之教，是属于人生哲学。其间的转折就是由"孤寡不谷"的谦让去承接"冲气"的"虚"的意思。阴阳能虚才能致万物之和，同样，王公能虚才能致天下之和。

损益相成之理

就自然作用来说，"损之而益""益之而损"本是物理上的均衡作用，如《易经》上所谓："损益盈虚，与时偕行。"（《损卦·象辞》）也是老子所谓"反者，道之动"。如果没有前面的"孤寡不谷"，这两句承接了"冲气以为和"，便是指阴阳相替的自然作用。可是夹了"孤寡不谷"的一段话之后，这两句话虽写自然现象，却寓有人生运用。因为我们不欲"益之而损"，而希望"损之而益"，这个"损"字就是"冲气"在人生的运用。"损"并非损害，如第四十八章的："为道日损。损之又损，以至于无为。"第七十七章的："损有余而补不足。"都是减损人欲，不求满盈的意思。

强梁者不得其死

"强梁者不得其死"这句话见于《说苑·敬慎》所引周代的金人铭。其实讲柔谦、不争，也屡见于《尚书》中，如："汝惟不矜，天下莫能与汝争能"（《大禹谟》）；"满招损，谦受益，时乃天道"（《大禹谟》）；"柔远能迩"（《舜典》），可见以强梁为戒也是当时一般的教训。所以老子说："人之所教，我亦教之。"可见老子的思想是把周代传统的一般信念加以提炼的，所不同的是周代一般思想，虽讲柔、重谦、戒强梁，但只是一般的德行，而老子却把它们系统化，而归结在天道思想上是一个"虚"字，人生哲学上是一个"弱"字。老子称它为"教父"，乃指他奉这句话为教人的主旨。

新语

本章关键的一句话是"冲气以为和"，读者往往把注意力集中在"道生一，一生二，二生三，三万物"上，在一二三上做了许多文章，而忽略了冲气的"冲"字，在前面的解释中已说明，是"冲虚"的意思，但为什么用一个"冲"字，我们再举例来说明如下。

阴阳之气，是二，本来是一气，从"道生一"的"一"来说本是一气，不分阴阳，可是这一气到现象界便有阴阳，我们都指阳是向阳光，阴是背阳光。当这一气下降在地面而上为阳光所照，我们称为阳，当这一气入地或暗处即为阴，如冬天凝聚而为阴，地下的一切都冬眠了，当春天来临，春雷一声，把阳气打入地中，触动了阴气，相和而生，使万物生长，这种阴阳相合是化生的和气。

就万物来说，无论是男是女，是雌是雄，是刚是柔，都具有二气，只是所重或多或少而已，就我们人身来说，虽说都有二气，但时常不调和，这是中医上说的气脉不和。"冲气"是冲一气的虚而入万物，由于虚气，所以使阴阳二气调和，这是"冲气"就本章首段的宇宙现象来说的。

可是本章后段却讲王公自称"孤寡不谷"的谦卑，这与首段的"冲气"又有什么关系？因为这种冲气到了人心中，便是谦虚之气，而使我们知道损益盈虚之理，能知损处损，以致损中求益，这就是冲虚之气的为用。

第四十三章

扫一扫，
进入课程

天下之至柔，驰骋天下之至坚。

无有入无间。

吾是以知无为之有益。

不言之教，无为之益，天下希及之。

语译

天下最柔软的东西，可以驾驭天下最坚强的东西。没有形质的东西，才能穿透没有缝隙的铜墙铁壁。由此，我才真正体验到"无为"的益处。在施政上的这种不重政令言教的无为之治的好处，天下又有几个人能够理解、能够实行的啊！

要义

1. 本章首讲至柔能驾驭至坚。
2. 最后归于无为之有益。

天下之至柔何以能驰骋天下之至坚

"驰骋"指奔驰，也作驾驭的意思，这是指天下最柔弱的东西，可以游走于天下最坚强的境地；或者说天下最柔弱的东西，可以驾驭天下最坚强的东西。河上公注说："至柔者，水。至坚，金石。水能贯坚入刚，无所不通。"这是以水为喻。王弼注说："气无所不入，水无所不（出于）经。"这是以气为譬。

"无有入无间"，这句话王弼、河上公注本相同，唯傅奕和《淮南子》作："出于无有，入于无间。"刘师培曾说：《淮南子·原道》引作'出于无有，入于无间'，此《老子》古本也。王本亦有'出于'二字。王弼上文注云：'气无所不入，水无所不出于经。'注文：'无所不出于经'，当作'无所不经'，与上'无所不入'对立。'出于'二字必'无有'上之正文。"这段话言之凿凿。但"出于无有，入于无间"，必有主词。按文气，这个主词必然是"天下之至柔"，但说"天下之至柔"出于无有并不贴切。如把"至柔"当作水，说水出于无有，也不可通。只有王弼注为"气"，可以出于无有，入于无间。但按《老子》全书，都以水写至柔，如第七十八章："天下莫柔弱于水。"只有第十章说"专气致柔"，这是写养气的境界，而不是描写至柔。总之，我们认为"无有入无间"乃是前一句话的进一步发挥。"至柔"是就现象界来说的，"无有"却是就形而上来说的。河上公注："无有谓道也，道无形质，故能出入无间，通神群生也。"虽然"道"和"无有"之间有所不同，但"无有"可以当作"道"的一种描写，就像以"无"来表达"道"一样。所以这里的"无有"，就是指的"无"。唯有"无"才能进入任何没有间隙的存在。其实"无间"是"有"，唯有"无"才能穿透"有"的铁壁，和"有"相融。

无为之有益

这句话是归结前面两句话而来的。前面两句话是说的理，而此处讲无为，乃是明其用。无为之有益，乃是一面它像至柔的驰骋于至坚的一样，能够驾驭有为；另一面它又像无有入无间一样，能够无所不为。总括来说，也就是无为而无不为。

老子在前后两句"无为"之益中，插入了这句"不言之教"，可见"不言之教"是无为之益的具体诠释，最后几句话可以当作"不言之教"的"无为之益"来看。"不言之教"的教，是指的教化，可见这是就君主的无为之治来说的。因此，"不言"对外来说，就是不尚政令，如第十七章："悠兮其贵言。"对内来说，就是无欲而静，如第三十七章："不欲以静，天下将自定。"归结起来，也就是一个"虚"字。从前一章"冲气"的"虚"，说到"孤寡不谷"的"虚"，说到戒强梁的"虚"，再说到这一章"至柔"的"虚"、"无有"的"虚"、"无为"的"虚"，而到"不言"的"虚"。"虚"就是虚气、虚心、虚己。唯有虚己，才能有他，才能借不言之教、无为之治，而使天下万物自化、自定。这种智慧，又岂是一般人所能理解、所能运用的？

新语

本章从"至柔"和"无有"两点强调无为之道。我们在"柔弱胜刚强"时曾说明柔弱的功用，但就"柔弱"两字而言，或以"弱"字来强调。这里我们专就"柔"字来分析，它的作用可有以下几个优点：

（一）柔有弹性，不像刚强一样容易折断。

（二）柔能继续，因为它的柔性，所以它能继续发展。

（三）柔能知退，如四十一章所谓"进道若退"。

（四）柔有活力，因为柔是万物刚生长时期充满活力，到了刚强便失去柔性，易衰老了。

（五）以柔处事，不和人正面冲突，能绕弯子，间接解决问题。

柔之能无为，有这种功能，所以老子讲弱道，其实是以柔为重。

第四十四章

扫一扫，
进入课程

名与身孰亲？

身与货孰多？

得与亡孰病？

是故甚爱必大费，多藏必厚亡。

知足不辱，知止不殆，可以长久。

语译

虚名和自己的身体哪一个与我们亲切？我们的身体和财货哪一个比较重要？得到名利和损害身体哪一个是我们的祸患？明白这一点，我们才了解爱名太过必致耗损生命精神；希望占有太多，必致牺牲更多。

所以心中能知道满足，便不会引致外来的羞辱；行为上能知道适可而止，便不会有无妄的灾害，这样的话才能延年益寿，使生命久长。

要义

1. 本章首先揭出名与身，即名利的吸引人，却为大病。
2. 最后强调老子的二大德：“知足”和“知止”。

名与身哪一个重要

“名”是“身”之名。“身”是体、是实。“名”只是用来称呼自己的身体，代表自己的身体而已。可是世人往往误以为名就是身，妄逐外在的名，无限的膨胀自己的名，无限的虚构自己的名。结果是逐名越大，离自己也就越远。正如王弼的注：“尚名好高，其身必疏。”洞山良价禅师有一次经过河边，看见自己的倒影而有所悟，写了一首诗，其中前两句是：“切忌从他觅，迢迢与我疏。”“从他觅”就如老子说的为名。“与我疏”，就像王弼注的“其身必疏”。后来洞山写了五首诗描述求道的步骤，叫作“五位功勋”，其中第二首诗的前两句是：“洗净浓妆为阿谁，子规声里劝人归。”“洗净浓妆”就是要摆脱名缰，“劝人归”就是回归自身。这不正是老子提出“名与身孰亲”的用意吗？

“身与货孰多”，“多”是多少的多，在古语中“多”也指重要的意思。“货”是财货，是用来维持生存的。很多人起初追求货财是为了保身，可是后来却把追求货财当作目的，甚至变成了一种嗜好。最后是“人为财死”，反因财货而牺牲了自己的身体。如王弼注说：“贪货无厌，其身必少。”

“得与亡孰病”，“得”字，王弼注：“得多利。”河上公注：“好得利。"显然他们所指的"利"是包括了前面的"名"和"货"。"亡"是指的亡身，"病"是指的祸患，这种解释是把这句话当作前面两句话的一个比较。这是指得名货的"得"，与亡身的"亡"，哪一个是祸患？大家都知道"亡身"是祸患，可是大家往往忽略了这个得名货的"得"却是亡身的"亡"的原因。老子故意把"得"和"亡"放在一起来问人"孰病"，这个问题在表面上浅显得谁都会答，事实上，老子的这一问乃是另有深意的。

甚爱、多藏适得其反

为什么"得"会变成"亡"呢？单纯的得名、得货，这也是无可厚非的，问题是这个"得"字常和"欲"字连成一气，而成为心中的欲求，这样便有"亡"的危险，如老子说："咎莫大于欲得。"（第四十六章）由于"欲得"，所以爱名爱货便会过度，这就叫作"甚爱"。"大费"就是贪爱过度，以至于牺牲生命，浪费精神。

"藏"是藏于己，为己所有，而不愿和人分享。货物的价值是在于它的效用。能有多少的用、多广的用，就是它多大的价值。因此藏而不用，就等于没有价值。藏得越多，也就失得越多。关于这两句话，王弼注说："甚爱不与物通，多藏不与物散，求之者多，攻之者众，为物所病，故大费厚亡也。"这就是说爱名过度，引起别人的嫉妒；藏货过多，引起别人的争夺，这都是祸患的来源。

知足与知止可以长安

知足和知止意义相同，老子此处是为了承接上文，因为"甚爱必大费"，所以讲知足，这是从心中除欲；因为"多藏必厚亡"，所以讲知止，这是从行为上节欲。"可以长久"，就是指保身长久。

新语

本章首先提出人生的四种病因，即名、货（利）、爱（欲）和藏（私）。名利是人的两大枷锁，大家都知道，却心甘情愿地套上去，这就是由于爱和藏的心理问题。爱在一般的思想都是正面的意义，可是在老庄却是负面的，因为爱是一种欲，爱往上提升，即为大爱，无条件的爱，因为其中个人的利就减少了，可是爱往下降，便与肉欲纠缠不清，而为私欲。至于藏，指藏于身，藏于己，当然是藏于私，而为自私。要戒除这四者之为患，老子在后段中便提出知足和知止二德。

在第三十三章中曾有"知足者富"，我们只就自知、自胜上说知足。此处我们就"知足不辱"的不辱来看知足，有以下几点原因：

（一）知足是已经足了，我们才讲知足，但如何才能知道已经足了？一是在感觉上，如我们进食，自己胃已经快饱了，不能再多吃，否则胃便会胀痛。

（二）在经验上，我们知道什么情况是我们的停损点，不能再超越，譬如我们知道游泳只能游五十码，不要试图游百码以上的水池，否则便有危险。

（三）是智慧的判断，不知满足，欲望难填便有烦恼。

（四）是自省的，我们从反省中知道警惕，能知足便会不做不该做的事。

（五）我们处事的标准有三，即高、中和低，如果标准低一点则多易于满足，标准中度则能满足，标准高则超过自己的才能，难于满足，所以我们设定一个标准时，先由低而中，一步步地前进，不要一开始就太高，超越自己的能力，自找麻烦。

（六）人如果能知足，心自归宁静；心一宁静，头脑便自清，于是我们的精神便能处理更多的问题。所以知足不是逃避，不是自甘没出息，而是给自己空间，做更多的事。

（七）不知足来自欲，欲起于贪，所以一有不知足之时，我们的贪欲就不断，烦恼也就相继而生，人心就永无安宁了。

第四十五章

扫一扫，
进入课程

大成若缺，其用不弊；
大盈若冲，其用不穷。
大直若屈，大巧若拙，大辩若讷。
躁胜寒，静胜热，清静为天下正。

语译

最大的成就好像有缺陷似的，这样，它的作用才不会破弊。最大的充盈好像是空虚似的，这样，它的作用才不会穷尽。因此，最大的正直好像屈曲似的，最大的技巧好像笨拙似的，最大的辩才好像口齿不清似的。由于躁动可以克服寒冷，虚静又可以克服躁热，所以修心清静才是处天下的正道。

要义

1. 本章举自然界的现象，大成、大盈的不弊、不穷为例子。

2. 运用在人事上有若屈、若拙、若讷等情形，最后归结到治天下的贵清静。

什么是真正的大

"大成若缺","成"是指的成就或完满。"其用不弊","弊"字，王弼、河上公本作"弊"，傅奕本作"敝"，两者的意思都是指破旧。最大的成就或完满应该是天道的创造万物。"若缺"是指似有所缺憾。所谓"天地之大，犹有所憾"。其实这个缺憾是就人的眼光来看的，所以说"若缺"。就天道来讲，却有它的作用，只是我们的知见有所不及而已。如果上天造人，所造的都是百分之百的圣人；造物，所造的都是成色十足的完满之物，那么人间又哪有这许多可歌可泣的故事、奋斗追求的功业。正因为上天所造的，都是有情有欲的普通人，都是未经雕琢的矿石，这是不完善，这是"若缺"，因此才使人和物都有发展的余地。所以"若缺"，乃是预留发展的空间，这正是"无"之以为用。对于这句话，王弼的注是："随物而成，不为一象，故若缺也。"这是指道体没有自己的存在，而"善贷且成"以万物的存在为存在，因此万物的成就正是道的成就。因为万物永远是在生生发展中，所以道的大成，也永远在生生不已，似缺而成。把这句话用之于人生修养上，就是当我们追求大成的过程中，不要一味地执着于大成，要了解天地有所憾，人生有所缺，要能在缺憾中求完满。六祖慧能所谓"烦恼即菩提"，不正是这个意思吗？所谓"其用不弊"，是指"有"之用的不会破旧。一般来说，任何的"有"，都会有破旧的时候，但如果能把握"若缺"，以"无"来用"有"，则"有"就不会破旧，而能日新又新。

"大盈若冲"，"盈"是指充满。傅奕版本便作"大满若盅"。这是指天地间充满了万物。但这个"盈"，并非是过多的满溢。所谓"大盈"，乃是大丰满，乃是生机的洋溢，而不是万物多得互相推挤，所以说"若冲"，一冲是冲虚，由于冲虚才能使生机洋溢而不互相妨碍。王弼注说："大盈充足，随物而与，无所爱矜，故若冲也。"这是指道的任物而化，没有私心。禅门的庞蕴居士有两句诗说："吾自无心于万物，何妨万物常环绕。"所以这个"冲"字在宇宙来说，是"冲气以为和"，使万物能和谐发展；在人生来说，就是"虚其心"，这样才能和万物共化。"其用不穷"，就是指这个"若冲"之用的无穷。

"大直若屈"，"直"有两义，一是指直线的发展；一是指正直的行为。通常我们说"直"，都是就片段的标准或相对的比较来看的。这是小直。所谓"大直"不是片段的直线，而是无限的直线；不是相对的正直，而是绝对的正直。所谓无限的直线，就是永远的发展。这只有两种可能：一是形而上的道体，它已是超越了直或屈，无所谓直与不直；一是现象界的循环，因为在现象界唯有循环，才能永恒。而循环则必须"屈"其所直。如四时的交替、万物的代谢，这都是由屈而直，依循环而无限地前进。所谓绝对的正直，就是放之天下而皆准的义理。要达到这种境界，首先须把道德形而上化，也就是把生活上的信念或规范提升成普遍的原则。这种升华的功夫，就在于不以自己主观的正直为正直，不以这种自以为的正直去要求别人、强制别人，相反的，能从别人的立场思考问题，这就是儒家的恕道，也是《中庸》里所谓的"其次致曲，曲能有诚"。这个"曲"就是屈。能曲才能有诚，能曲才能大直。王弼注说："随物而直，直不在一，故若屈也。"这个"随物而直"，在儒家是恕、是曲，在老子，就是不自生，故能长生，这都是"大直若屈"的真义。

"大巧若拙"，"巧"，是技巧。技巧是人为的，也是老子所反对的。技巧达到最高的境界，即所谓巧夺天工，也就是巧到和自然一致了。王弼注说："大巧因自然以成器，不为异端，故若拙也。"由于巧到顺于自然，因此没有一点儿斧凿痕迹，也就没有一点儿巧的形象。于是看起来，反显得有点"拙"了。老子此处若拙，不是真正的拙，而是用拙字把"巧"提升到无为自然的境界。很多艺术家，如画家、书法家、音乐家等，他们在最初时，都是学习技巧，以技巧为师，到了他们有成就或成名时，他们都把技巧运用得非常成熟，以自创的技巧名师。可是最后，他们成为不朽的艺术家时，他们都扬弃了技巧，顺任自然，有时候好像"拙"得像小孩子的习字或习画。

举一首苏东坡的诗来说："庐山烟雨浙江潮，未到千般恨不消；到得原来无一物，庐山烟雨浙江潮。"就我们学习写诗的技巧来说，由于诗是用最精简的文字来表达最多的意象的，因此一首诗中最忌字句的雷同。可是这首诗却第一句和第四句完全相同，所以就技巧来说，岂不是"拙"吗？我们可以想象当苏东坡写到第三句"到得原来无一物"时，既然是"无一物"，还有什么可写的，因此写不下去了，所以只有"见山只是山，见水只是水"，把"庐山烟雨浙江潮"又重复了一次。这是无话可说了，这在技巧上是"若拙"，可是也就由于这个"若拙"，使得这重复的一句话，把整篇诗活转了过来，成为天下绝唱，这岂不是由"若拙"

又变成了"大巧"？苏东坡这首诗绝不是以普通的技巧取胜，而是以"大巧"取胜。这个"大巧"不在诗本身，而在苏氏心中的禅趣上。所以真正的"大巧"，似巧而非巧，若拙而不拙。因为它是自然本身的流露，是道的本来面目。

"大辩若讷"，"辩"是口才犀利，"讷"是言语迟钝。"辩"有多种：有强词夺理的强辩；有争强好胜的好辩；有善于措辞的善辩。在这些辩中，无论是有理无理，但都离不了口才的犀利。靠口才以取胜是胜在口才，而不是胜在真理或事实。老子所谓"大辩"，是为了显露真理或事实，所以不寄托于口才的犀利与否。王弼注说："大辩因物而言，已无所造，故若讷也。"因物而言，就是自己不言说，而完全由事物本身来表露，孔子所谓："天何言哉，四时行焉，百物生焉。"苏东坡诗句所谓："溪声便是广长舌。"这都说明了天和自然都是"大辩"。"若讷"不是真正的言语不清，而是不靠言语。试想我们多少人都抱怨"老天无眼""老天不公平"，可是老天却从来也没有说一句话来辩驳，它只是显露事实，让我们自己领悟。

清静何以能为天下正

这几句话王弼、河上公及其他古注都相同，唯近人如蒋锡吕认为："此文疑作'静胜躁，寒胜热'。"理由是静、躁对言，也就是说静和躁两字是同一个范畴的相对字。寒和热也是一样的。当然把原文改为"静胜躁，寒胜热"，于义未尝不通。不过旧注本都是"躁胜寒，静胜热"，我们仍然依照原文来索解。这几句话是全章的结论，其中要点就在"清静为天下正"一语。"躁胜寒，静胜热"只是托出"清静"两字的一个借喻、一个推论。"寒"和"热",在《老子》中仅出现一次,只是自然现象,并无哲学意义。在此处"寒"和"热"的作用只是一种媒介,把躁和静拉在一起,所以"躁胜寒,静胜热"一语,实际上,即是说"静"胜"躁"。

"躁"是动、是为,如果用前面的文句格式,也可写作"大动若静""大为若静",这与老子"为无为"(第六十三章),"无为而无不为"(第四十八章)的旨趣是一致的。不过此处不说"大动若静""大为若静",因为在结论中的"清静",不是和"若缺""若冲""若屈""若拙""若讷"并列的"若静",而是总括了以前的各个"若"字的基本功夫。譬如"若缺""若冲""若屈""若拙""若讷",并不是真的缺、冲、屈、拙、讷,也不是刻意地去求缺、冲、屈、拙、讷;而是处心清静,而自然地有此表现。所以全章的重点乃是"清静"二字。

新语

本章讲自然界和人事界,所以有"大成""大盈""大直""大巧""大辩",在于能"若缺""若屈""若拙""若讷",这个"若"说明了它讲的不是真的"缺""冲""屈""拙"和"讷",而是在于把握老子的两个功夫就是"虚"和"谦"。"缺"是预留空间,是"虚"。"冲"当然是虚,至于能"屈"、能"拙"、能"讷",是在于能谦弱。如果能自处谦弱,他便能由屈而伸,由拙而补拙,由讷而近仁。

然而这些自然界和人事界的相反却相成之理,与最后一句圣人治天下的"清静为天下正"有什么关系呢? 一般都以为圣人为人民做事一定东奔西跑,忙个不休,如洞山禅师诗句说:"圣主由来法帝尧,御人以礼曲龙腰,有时闹市街边过,到处文明贺圣朝。"其实这里的"清静"是指圣人的能虚能谦,自处于无为自然之境才能使人民安居乐业,不需要东奔西跑,忙于公务。"为天下正"者,就是以此清静为天下众生所遵崇的正道。

第四十六章

扫一扫，
进入课程

天下有道，却走马以粪；

天下无道，戎马生于郊。

罪莫大于可欲；

祸莫大于不知足；

咎莫大于欲得。

故知足之足，常足矣。

语译

当天下有道，人们安居的时候，大家都停止驰马奔竞，而把马儿养在农场，用它的粪便来肥田。当天下无道，烽火四起的时候，所有的马儿都训练成战马，养在城郊外，随时待战。一切的罪恶没有比可欲之念更大；一切的祸患，没有比不知足更大；一切的过咎，没有比贪求占有的欲望更大。所以说只有知足的满足，才是永恒的满足。

要义

1. 本章先说有道之世不在用兵。
2. 最后归于治世在使民心知足。

天下有道，战马归隐

"却"是停止或却退的意思。"走马"是奔跑之马。"粪"作动词，指以马粪来施肥。这句话是写当天下有道的时候，大家安居乐业，不需要骑着马去到处奔竞。所以马儿都养在农村，以马粪来肥田。

"戎马"是战马。"郊"是城郊。马儿本来是养在家中，供劳役的，可是现在却养在城郊为了待战。这正是天下无道之时，四方征战，兵临城郊，人民岂能安居乐业？

知足常乐

"罪莫大于可欲"这句话不见于王弼注本，可是在河上公及其他注本中都有此句。"可欲"，《韩诗外传·九》引作"多欲"。孙诒让、高亨都认为"多欲"较"可欲"易解。但"多欲"与下文的"不知足"有点重复。所以仍从多数版本的"可欲"为解。"罪"按照前文是指天下无道，人们互相争夺的罪恶，这种罪恶最大的根源就是"可欲"。"可欲"并非指事物之可欲，而是人对"可欲"事物的追求。如第三章的"不见可欲，使民心不乱"，就是指不显示君主对物欲的追求。贪求别人的土地，便有战争，贪求别人的财产，便有盗夺。这种欲望和下文的"不知足"不同的是：前者是向外追求物欲，后者是内在欲望的不能满足。

"祸莫大于不知足"，前面的"罪"，是指一切的罪恶。罪由心造，欲为罪端。此处的"祸"是指灾祸。灾有天然的，也有人为的，这里的"祸"指人为的祸患，这种祸患的根源是罪恶，没有罪恶就没有祸患。也就是说没有欲望就没有祸患，第十三章中不是说"所以有大患者，为吾有身，及吾无身，吾有何患"吗？"有身"就是执着自身，形成了自我主义的私心。自我的欲望是无厌的，永远也不知满足。这就是人类祸患的最大的源头。

"咎莫大于欲得"，"咎"是责难和过错的意思。虽然也是外来的，但咎由自取，所以也是自找的。"欲得"就是要达到满足自己欲望的行为。从心中的"可欲"，到向外贪求的"不知足"，而最后到满足私念，占有欲的"欲得"，这一方面是人们追求欲望，为了得到快乐，而另一方面却是越追求，欲望越多，越得不到永恒的快乐。这就是人类之所以自陷于痛苦烦恼的原因。

《老子》中虽然也提到"无欲"两字，如第三章："常使民无知、无欲"；第三十四章："常无欲，可名于小"；第三十七章："夫亦将无欲。不欲以静"；第五十七章："我无欲而民自朴"。但老子的"无欲"不是绝对地灭尽所有的欲望，而是相对地减少贪欲之心，所谓"少私寡欲"（第十九章）。其入手功夫就在"知足"两字。能"知足"，就"不见可欲"，不求"欲得"。所以老子的"无欲"和"知足"是一体的两面。讲"无欲"，通向"无为"，境界很高，不是一般人能够达到；讲"知足"，门槛很低，人人可行。尤其"知足"而"常足",具有正面的意义。"常足",是经常的满足、永恒的满足。一个经常满足的人,自然是"少私寡欲",一个永恒满足的人,自然是无欲无为。正可谓"知足"之妙用大也哉!

新语

本章的主旨,就在最后一句话:"知足之足常足矣"。但全章首段却谈有道之世,不重用兵的竞斗,在这里我们面临着一个现代人会有的疑问,也是我多次和企业人士的会谈中大家提出的质疑:如果老子讲"知足",大家都安于已有的满足,不能奋斗,则整个社会便安于现有的状况,如何能从事竞争,如何能提升社会的发展?

这个疑问很容易解决,因为一个人的知足只是在生活上简朴,这是老子"知足"的原意,他生活上的容易满足,与他在知识上的追求,事业上的发展并不矛盾。一位科学家在研究问题上可以穷追不舍,如牛顿、爱因斯坦等,但他们在生活上却是知足的;一位企业家在事业的发展上也许永不停息,但他的生活可以非常简朴。所以知足和社会安宁有关,因为人民满足他们的生活,自然不会好争斗狠,但知足与社会的繁荣兴盛,不是互相妨碍的关系,相反的,却有助成的作用,因为人心知足造成社会的安宁,正是社会发展的基础。

第四十七章

扫一扫，
进入课程

不出户，知天下；

不窥牖，见天道。

其出弥远，其知弥少。

是以，圣人不行而知，不见而名，不为而成。

语译

不出大门，能知天下的事物；不看窗外，便能见到大道。如不能如此，他走得越远，反而所知越少。所以说，圣人的境界是：不需出外追求，便有真知彻照；不必见物形象，便能识物真体；不用有意作为，便能任物性而大成。

要义

1.本章先写出圣人不出门户却能知天下民心和天道的生生不已。

2.最后强调圣人无为而成的功夫。

不出门如何能知天下大事

近代许多信奉唯物主义的学者，常以本章为例，批评老子为唯心论。其实唯心、唯物之争是西洋哲学史上的一个褪了色的旧论题。用它们来套在中国哲学上，是完全不适合的。老子的思想是从经验出发，提升成智慧，再回头去指导人生，又哪有兴趣去讨论空洞的观念？

首先我们要了解老子在这里所说的对象是君主，而不是刚启蒙的幼童。其实《老子》全书的对象几乎都是君主，而不是无知的百姓。对幼童或常人来说，当然足不出户，不能知天下事物。可是对君主来说，他们早已有相当的知识，所以老子劝他们要把知识提升为智慧，要把握事物的原则，虽然不出门户，也能知天下万物的变化和发展。诚如王弼所注："事有宗，而物有主，途虽殊而同归也，虑虽百而其致一也。"这不是唯心论者的抹杀外物的存在，相反的，却是了解万物的存在、依顺万物的发展。事实上，老子这话是功夫语，能有"不出户，知天下"的功夫，那么治天下，岂不是易如反掌吗？

"不窥牖，见天道"，"窥"是从门缝中探视，"牖"是窗子。这是说不必向窗外看天，就能知天道。因为向窗外看天，只能看到天的形象，而见不到天的道理。天的道理，不在那空洞的苍穹，而在万物芸芸的现象界。尤其天在现象界的作用，可以验之于身，证之于心。如《中庸》所谓："唯天下至诚，为能尽其性；能尽其性，则能尽人之性；能尽人之性，则能尽物之性；能尽物之性，则可以赞天地之化育。可以赞天地之化育，则可以与天地参矣。"

（第二十二章）不仅是《中庸》《老子》，在整个中国哲学里，所论的天道，与西方所谓的外在的宇宙论不同，中国的天道，是透过人的心性来了解的、来实证的。所以要见天道，不在向外探索，而在反躬自证。

"其出弥远，其知弥少"，这句话承接前面两句，是说假使没有"不出户知天下，不窥牖见天道"的功夫，而一味向外追求，那么，走得越远，反而知的越少了。在禅宗，佛性就是自性，如不能反观自心，识取自性，而向外追求，当然是越追离自性越远。同样在道家，这个道就在眼前，如不能当下体认，而向外探求，当然是越求离道也就越远了。

圣人的功夫在不行、不见、不为

"不行"是指的不远行，这是承接了前文的"不出户"而说的。那么这里的"知"当然就是指的"知天下"了。而这句话正是前文的结语，这是从文字结构来说的。但就思想内容来说，是"不出户，知天下"的功夫，而"不行而知"指的是境界。前者是劝君主要把握事物的原则，而后者却是写圣人的真知。这种真知无所不至，又哪里需要靠"行"去探求？但在这里我们不能误解所谓"不行"是劝人不行，也就是说圣人只需关起门来打坐，而毫无外在的经验基础，这是错误的。圣人当然要"出户"，要"行"，当然更要有经验，只是当圣人把这些靠"行"得来的经验知识，提升成智慧和德性后，这种智慧德性产生的真知，便能看透万事万物发展的契机，因此圣人不需要"行"，便能了解万事万物发展的原则。也许有人会问，为什么前面把德性和真知连在一起呢？其实智慧本身便是知识和德性的融合。"知"发展到最高的境界，自然会提升成德性。举一个具体的例子来说，《易经》的作者写《易经》时，是观天文、察地理，需要"行"而知的，可是写成了易理之后，这些易理是真知、是原则。我们只要能领悟这些原理，便能运用它们于万事万物。原始《易经》是附在占卜上，大家都由占卜去运用这些原理。只有圣人把易理的精神归结在一个"诚"字，只要能做到至诚，即使不用占卜，也能运用自如。这就是孔子所说的"不占而已矣"。所以《易经》的真知发展到最高境界，便是德性的"诚"。达到这一境界，所谓"至诚如神"，才是真的"不行而知"了。

"不见而名"，这话初看起来，也不甚合逻辑。因为"名"是事物的名称，不见事物的实体，又如何能知道它们的名称，这岂不是在玩弄神通吗？其实这句话所描写的也是一种圣人修养功夫达到至高的境界，这时，圣人不是用肉眼去见物，而是用精神去体物；不是见物的名相，而是证物的真体。《老子》第一章说："名可名，非常名。"有名是物的名相，常名是物的真体。圣人"不见而名"的就是物的常名、物的真体。如何才能见真体，这是功夫成熟所达到的境界，不是用语言文字所能描写的，但功夫修养却在"不见"两字。"不见"并非闭上眼不看，而是不以名相去见，不以观念去见。我们常人惯用名相、观念去见物，见椅子，便知它可为我所坐；见谷米，便知它可为我所食。同时，当我们见物而用名时，都是用前人已创之名，而不自觉地为这些名词所牵。如用"好人"去称呼和自己观念相合的人，用"废物"去称呼和自己利益不合之物。沿用了这些名词，使我们常为偏差的观念所左右，而不能深体万物的本性。所以"不见而名"，真正所写的，乃是圣人摆脱自己的观念的判断和世俗相沿的名相的束缚，而能见万物的真常。

"不为而成"，"不为"是不用人为造作的意思，即一任万物的自然。但"不为"如何能有"成"？这里的"成"，不是指一己之"成"，也不是指有目的的"成"。因为这种"成"，都是有为的。"不为而成"的乃是万物的"成"。孔子所谓："天何言哉，四时行焉，百物生焉。"就是"不为而成"。这也是《老子》第四十五章所谓的"大成若缺"的大成。"不为"似"若缺"，结果却使万物都能顺其条理而生生。

新语

本章最重要的是最后的结语"不为而成"。这里的"不为"当然是无为的意思，但为何不说"无为"，不说"无为而无不为"？我们说"无为"常指无欲望，无私自的目的。至于"无为而无不为"乃是描写无为而自然，使万物自化，以至于无不为。可是这句话的"不为"是有意于"不为而成"，却是人为，是有目的的。所以"不为而成"是比较落实的说法，是指圣人的有所作为，却是不落在"为"上，讲不为而能达到人民的需求，有所成就。

第四十八章

扫一扫，
进入课程

为学日益，为道日损。

损之又损，以至于无为，无为而无不为。

取天下常以无事，及其有事，不足以取天下。

语译

为学的方法，是日日增加所知。为道的功夫，是日日减除人欲。减除之后又再减除，以至于达到自然无为的境地，自然无为便能无所不为。赢取天下人心在于任自然而无人为之事，如果多事造作，便赢取不了天下的人心。

要义

1. 本章首揭为学和为道的不同。

2. 最后强调与不为相同的一个词语，即"无事"。

"为学"与"为道"有什么不同

"为学"在求知，而知识是累积的，所以每日都有增益。如王弼的注："务欲进其所能，益其所习。"这对于"为学"尚没有太多贬抑。至于河上公的注说："学谓政教礼乐之学也，日益者，情欲文饰日以益多。"这便把"为学"看作与"为道"相违背，完全是负面的意思。把"为学"当作负面意思，在《老子》中曾有过例子，如第二十章："绝学无忧。"但在这里我们要注意的是，"为学"是学知识，知识的追求如果不能善于运用或消解，当然会导致欲望的增多、忧虑的产生。但我们不能把所有的祸患都记在"为学"的账上，以至于根本否定了"为学"的努力。就这一章来说，第一句话"为学日益"，只是一种衬托的作用，以衬出下一句"为道日损"来，而全章所论则是在"为道日损"。尽管如此，我们却不能完全抹杀"为学"的功能，而予以完全否定。"为学"和"为道"并不是互相矛盾、互相排斥的。也不是否定了"为学"，才能"为道"。事实上，两者是可以并行的，而且必须并行，才能相得益彰。如果只知"为学"，而无"为道"的功夫，知识的累积最多只能使人变成一位博学的学者，像一个图书馆，对于他自己的人生全无受用。相反的，只讲"为道"，而没有"为学"的努力，便会陷于虚无、懵然无知，与村野愚夫无异，又岂能"取天下""治天下"？然而究竟要如何使"为学"与"为道"并行而不悖，且看老子的"为道日损"。

日损是一种功夫

"日损"，王弼的注是："务欲反虚无也。"这话是就形而上来论，不免有点虚玄。河上公的注是："情欲文饰日以消损。"这是直指修养功夫而言，较为易懂。所以"日损"可以解作日日减少人欲。此处"人欲"并非指人类的基本欲求，如饥思食，渴思饮，而是指人为欲望，"人为"指反自然的，"欲望"指无厌的贪欲。如果把"为学日益"的日益，解作日日增加人欲，那么"为学"与"为道"便完全抵触。可是强调"为道"必否定"为学"，这也是解不通的。我们如果把"为学日益"的日益解作日日增加知识，那么"为学"与"为道"，非但不抵触，而且可以相辅。就是说一面"为学日益"，一面"为道日损"。在我们为学求知的过程中，同时必须做为道损欲的功夫。因为知识是工具，它可以为善，也可以为恶，所以必须时时消除人欲，这样才能使日益的知识不为贪欲所用，而提升成纯净的智慧。

"损之又损"，一般语言的意思就是一再地减少人欲，这和"日损"是同一个意义。但真正在修养上用功，却并不如此简单。分析起来，可能有两种情形：一是人欲很多，今天损一件，明天损一件，就像宋明理学家的格物，今日格一件，明日格一件。但问题是，如果不从根本上着手，今日损掉的人欲，明日又产生，这样永远也损不完，真是疲于奔命。二是人欲的根本只是一个，也就是前面几章所谓的"不知足"或"欲得"，所以对准这个根本的欲念去损，今天损一点儿，明天再损一点儿。这两种"损"法，前者是针对外面的引诱的物欲来说，而后者乃是就内在的贪欲来说。总之在实际修养上，可能这两方面都需兼顾。

除了以上两种"损"欲的方法，还有一种层次更高的方法，就是一层层地扬弃，而向上升华。譬如最先是"损"外在的物欲，其次是"损"内心的贪欲，最后是连"损"欲之念也要损掉，这种方法是佛家或中国禅宗所常用的，也即《庄子》中所谓"忘适之适也"（《达生》）。在《老子》中，第一章的"玄之又玄"，也是以后面的"玄"字，扬弃了前面的"玄"字。同样"损之又损"，也是以第二个"损"字，损去了第一个"损"字。譬如我们摒除外在物欲是"损"，但我们如果这样做只是为了坚强自己的意志，使我们能达到更高的目的，这也是一种贪欲。接着，我们除去这种贪欲也是"损"。但我们这样做如果又是为了成就道德，或变为圣人，这也是一种欲，也必须"损"之。所谓"上德不德"（第三十八章），"绝圣弃智"（第十九章）正是这种功夫。"损"到了最后，以至于"无为"。"无为"两字在这里的作用非常重要。它一面说明了这种"损之又损"的结果，损到一丝欲念都没有，非常彻底；但另一面又意味这种境界不是向下的降落，使人没有一点心念，如同木石，"无为"是最高的境界，所以这种"损之又损"是表面上减损，实际上却是人格、德性或智慧的节节上升。

无为与无事都是功夫

"无为"，王弼注说："有为则有所失，故无为乃无所不为也。"这是以"不为"来"无为"。河上公的注："情欲断绝，德与道合，则无所不施，无所不为也。"这是以无欲来释"无为"。关于"无为"的意义，我们在第二章中曾分析过。这里综合王、河两注，可概括地说是没有意欲、没有人为的自然境界。但值得我们注意的乃是"无为"又如何能"无不为"？这可以从两方面来看，一是就个人来说，损除贪念达到无欲的地步，这时自己的心身不受外物的系缚，精神进入了大清明、大自在的境界，所谓"德与道合"，此心与宇宙合流，这是我的"无为"，而使自己"无不为"。一是就外物来说，损除人为的执着，到达无心于外物时，便不会以自己的观念判断万物，不会以自己的意念干扰万物，则万物便能各顺其性而发展，这是我的"无为"，而使万物"无不为"。

"取"，河上公解作"治"。但"治"有"为"的意味，不如原字的"取"。"取"是"得"、是"有"。"取"天下就是指赢得天下人心的意思。"无事"和"有事"相对。"无事"，并不是指什么事情都没有，王弼注："动常因也。"是指顺物自然，好像无所事事。"有事"，并非指有这现象界的一切事业，王弼注："自己造也。"是指天下本无事，自己无事而生事的意思。试想一个无事生事的人，专门制造事端，干扰人民，又如何能赢得天下的人心？

新语

本章有两个方面值得我们探讨，一是前面两句的"为学日益，为道日损"；二是后段的由"无为"而谈到"无事"。

为学与为道虽然一益一损，但两者并不是相克的，这损益两字在《易经》就是两个卦名，损是损人欲，益是益新知，在《易经》中的精神都是正面的。

"为学日益"，只是描写为学的增加知识，这是无可厚非的。所以为学乃是由下而上的发展，至于"为道日损"并不是损去所学的知识，而是损去人欲，当人欲日损时，精神、德性也是向上提升的，两者同时往上提升，它们提升的相交相合处就是智慧。

本章后段承前面所言，讲"无为而无不为"，为什么接着又讲"取天下常以无事"？"无事"与"无为"又有什么不同？

"无为"我们前面已谈过，此处只谈"无事"，"无事"有以下几种意义：

（一）专指取天下之事，是属于政治上的运用。

（二）心中没有特定的标准和目标。

（三）天下本无事，不要凭己意生事。

（四）在事情的发展中治之于未乱。

（五）谨慎小心，徐徐解决困难。

第四十九章

扫一扫，
进入课程

圣人无常心，以百姓心为心。

善者，吾善之，不善者，吾亦善之，德善。

信者，吾信之，不信者，吾亦信之，德信。

圣人在天下，歙歙为天下浑其心。

百姓皆注其耳目，圣人皆孩之。

语译

圣人没有固定不变的自我心，他是以百姓的心为他自己的心。他以"善"对待那些善良的人，同时，也以同样的"善"对待那些不善的人，这才是真正善之德。他以"信"对待那些可信的人；同时，也以同样的"信"对待那些不可信的人，这才是真正的信之德。

圣人处天下，和万物相合而浑然一心。百姓都用他们的耳目，讲聪讲明，可是圣人却以对待孩童的方法对待他们。

要义

1. 本章首段写圣人以百姓心为心。
2. 最后强调圣人视人民如孩子，任他们的本性去发展。

圣人为何没有常心

"常"字在《老子》中是个重要的术语，如第一章中的"常道"。唯独此处的"常心"却具有负面的意义。可能的原因是这个"心"字在《老子》中，代表意志、欲望等意思，而这个"常"字也因和"心"字相连而具有负面的意思，即指固执不变，以自我为中心。所以"无常心"就是指没有自我观念而言。这与一般佛家和道家所谓"无心"或"无我"有点儿相似，却又有不同。因为他们往往是闭起门来静坐，只求达到"无心""无我"的境界。《老子》中的圣人先把心中的欲望虚掉，这一点像"无心"和"无我"，可是接着又把心打开来，容纳万物，这一点正是老子接下来所说的："以百姓心为心"。这句话非常紧要、非常特殊，也最容易误解。这句话为什么紧要？因为"无常心"的真正精神和方法乃在"以百姓心为心"。前者是"若虚"，后者是"大盈"。所谓"大盈若冲"（第四十五章）；前者是"不自生"，后者是"长生"，所谓"以其不自生，故能长生"（第七章）。所以《老子》中圣人的功夫乃是在于"以百姓心为心"，这样才能做到"无常心"。否则只讲"无常心"，便会流于虚寂了。

这句话为什么特殊？因为在一般道家思想总偏于离世，或凸显个人主义的色彩，即使庄子也在所难免。在道家中只有老子时时谈到"百姓""人民"，充分显出了他的入世的运用。这句话为什么又最容易被误解呢？因为这个"心"本来就有意志、欲望，百姓心也是如此，如果"以百姓心为心"，百姓有逞强之心，百姓有贪欲之心，岂不是圣人也和百姓一样吗？所以这句话的解释不是这样的。这句话合理的解法有三种：一是顺物自然的意思。王弼注说："动常因也"，所谓"因"就是因顺百姓，任其自化。这是在前提上把"百姓心"看作自然现象，百姓心的要求都是自然的需要。尤其在过去农业社会，百姓心代表了素朴的农村生活。二是照顾全面的意思，百姓心是象征所有的人心。这是指圣人的心超脱了他自己的形躯，而扩大到所有的百姓，即所谓"无为而无不为"。三是无私的修养功夫。这是把"以百姓心为心"，作为"虚其心"的入手方法，以化除一己的私欲。正所谓"非以其无私邪？故能成其私"（第七章）。

圣人无分别心

"善者"和"不善者"，是指百姓中有善良的人，也有不善良的人。照法家的做法，是赏善者，而罚不善者；照儒家的做法，也是表扬善者，而矫正不善者。前者是以法律为依据，后者是以道德为标准。在老子眼中，他们都是以预设好的制度观念，对人民好坏的一种判断，这种预设就是所谓的"常心"。老子认为圣人没有成见，他一视同仁地对待百姓。前文所谓"以百姓心为心"，也就是这个意思。值得注意的是，这不是说，圣人和善者同一个善心，和不善者同一个不善心；也不是说圣人让善者自善，让不善者自不善。而是说圣人都待他们以"善"。这个"善"非常重要，是指的实际行为，是超越了法律制度、道德观念的。圣人并不是不知道百姓中有善、有不善，而是以同样的善心去对待他们，这个"善心"正是"以百姓心为心"。因为"善者"之心是希望圣人善待他们，同样"不善者"也希望圣人善待他们，所以希望被善待的心是相同的，圣人"以百姓心为心"者，就是"善者"和"不善者"共有的这个"善心"。老子称这个"善心"为"德善"，这里的"德"不是指道德观念，而是指内心的"德"。也就是说这种"善德"不是依据外在的，不是有条件的，而是发自内心的，是无条件的。所以老子说能够一视同仁地对待别人以"善"，才是真正的德善。

"信者"和"不信者"，是指百姓中有的人讲信用，有的人不讲信用；有的人可信，有的人不可信。在一般的观念上，我们当然是相信那些"信者"，不相信那些"不信者"。但如何去决定一个人是"信者"或"不信者"，以前我们都是要看看他们过去的行为，听听别人对他们的意见，今天我们又增加了计算机的信用记录。然而这种种判断别人可信与否的方法，基本上反映了我们认定的是人性的不可信。这些方法越多、越严密，越说明人的不可信和我们对人的不信任。正如孙中山先生在三民主义中提到古代的人比较讲信用，所以往往只要讲口头上的承诺，而不必立字据。后来人们不讲信用，于是便必须立字据。今天，立个人的字据还不够，有时，必须到法院或特殊机构去登记和公证。所以这种外在征信的制度越多，说明了人与人之间的信用越弱。所以老子认为真正的相信别人，不是寄托于别人的可信或不可信，而是在于自己的能否信人。无论别人的可信或不可信，都不能影响自心对人性的相信，这才是自己的内在之德的信。也许很多人以为这样的"信"之德，在今天的社会中根本办不到，也很危险，这也是事实，因为小学老师和父母们都在告诫孩子们不要相信别人，不论他们可信或不可信，这正好是反老子的话而行，但我们了解这是"信"破产后的结果。老师和父母的话是不得已的，因为孩子无知，容易受骗。当孩子们长大，知识增加后，他们便不会一概不相信，而会相信可信的，不相信不可信的。至于圣人，知识提升成智慧，自然有能力绝对地相信别人。所以老子此处是就最高境界来说的。

圣人与百姓浑其心

"歙歙为天下浑其心"，王弼注本为"歙歙"，河上公注本为"怵怵"。河上公注说："圣人在天下，怵怵常恐怖，富贵不敢骄奢。"而这个"歙"字，根据《释文》是"危惧"，因此有些学者认为是圣人自戒貌。但"歙"字在《说文解字》上是"缩鼻"，是指吸气，也就是收敛的意思，在《老子》第三十六章中，"将欲歙之"，即指收敛或合起来的意思。既然《老子》中曾用过这个字，因此我们就依据第三十六章中的"歙"字，来说明此处"歙歙"，即指圣人使天下百姓相合的状态。"浑"是浑同，"为天下浑其心"，是指圣人使天下百姓之心浑然相同。这是承接了前文，不分善与不善，都以善待之；不分信与不信，都以信待之。而这里的浑同，不是指的不分善与不善、不分信与不信，而是浑同于"善"、浑同于"信"，也就是说以圣人之"德善""德信"使他们浑同，使不善者、不信者也自觉地趋于善、趋于信。这是天下浑其心于无为自然的境界。这个"浑"字，用庄子的话来说是"相忘"的意思，即相忘于道的境界。

王弼注本没有"百姓皆注其耳目"一句，其他注本都有。王弼在最后的注语中也有"百姓各皆注其耳目焉"一句。尤其王弼在"为天下浑其心"一句下注说"各用聪明"，这话与"浑其心"毫不相干，显然是"百姓皆注其耳目"一句的注语。由这种种理由，我们补上了这一句。

王弼在全章最后有一段长注，非常精彩。他说："皆使和而无欲如婴儿也。夫天地设位，圣人成能，人谋鬼谋，百姓与能者（按出于《易经·系辞下传》第十二章），能者与之，资者取之。能大则大，资贵则贵。物有其宗，事有其主。如此，则可冕旒充目而不惧于欺。黈纩塞耳而无戚于慢，又何为劳一身之聪明，以察百姓之情哉！夫以明察物，物亦竞以其明应之，以不信察物，物亦竞以其不信应之。夫天下之心不必同，其所应不敢异，则莫肯用其情矣！甚矣，害之大也，莫大于用其明矣！夫在智则人与之讼，在力则人与之争。智不出于人，而立乎讼地，则穷矣！力不出于人，而立乎争地，则危矣！未有能使人无用其智力乎己者也。如此，则己以一敌人，而人以千万敌己也。若乃多其法网，烦其刑罚，塞其径路，攻其幽宅，则万物失其自然，百姓丧其手足。鸟乱于上，鱼乱于下。是以圣人之于天下，歙歙焉，心无所主也，为天下浑心焉，意无所适莫也。无所察焉，百姓何避？无所求焉，百姓何应？无避无应，则莫不用其情矣！人无为舍其所能而为其所不能；舍其所长而为其所短。如此则言者言其所知，行者行其所能。百姓各皆注其耳目焉，吾皆孩之而已。"在这段话里，王弼先借《易经·系辞上传》的话："天地设位，圣人成能。"说明天下万物，各有它们的功能，圣人只是顺它们的功能，任它们发展，绝不加以干扰。

举古代帝王的帽饰为例，"冕旒"是帽前垂下的串串线，其作用是象征遮住帝王的视线。"黈纩"是帽侧两耳旁挂下的棉球，其作用是象征阻挡帝王的听觉。这两者都是指君王绝对的相信人民，而不竭尽自己的智力去探查人民对自己的反应。其实，君王如果做好自己应做的工作，人民便能安居乐业，对政府自无怨言。否则，即使设再多的法网刑罚，最多只能禁民不说，并不能止民无怨。所以君王处天下，应与万物浑然一心，相忘于自然。

最后再回到结语。"百姓皆注其耳目"的"注"字，是专注的意思。王弼注是："各用聪明。"河上公注是："百姓皆用其耳目为圣人视听也。"前者，有负面的意义，是指百姓都用他们的耳目去听去看，这是分辨之智的作用。后者是正面的意义，是指百姓的耳目完全仰望于君王。无论是前者或后者，"圣人皆孩之"一语却把全部问题都消解掉了。前人注解往往舍易求难，把这个"孩"字通作"咳"（傅奕本）、"恀"（敦煌，遂州本）、"阂"（高亨注）。其实这个"孩"字正是老子传神之笔，在《老子》中，一再推崇婴儿，因为婴儿无欲，如"复归于婴儿"（第二十八章）。至于这个"孩"字，第二十章中曾出现过一次"如婴儿之未孩"。这里的"孩"，表示从婴儿发展到孩童，从无欲到意识初开，欲望渐启时，这正像"百姓皆注其耳目"。"耳目"就表示意识作用。有善有不善，有信有不信。老子此处不说"婴儿之"，而说"孩之"，因为"婴儿"是无欲的境界，是修养功夫所要复归的境界，而此处圣人处理的乃是有欲望的百姓，而不是无欲望的婴儿。

这一点有经验的父母最能理解，对于婴儿，只要注意他们自然的需要，饥了，给他们食；渴了，给他们饮；排泄了，给他们清理；寒或暖时，给他们增减衣服而已。可是对付孩童却不一样，他们有意识欲望，他们会玩花样。如第三十七章所谓的"化而欲作"。因此不能以对付婴儿的方法对付他们，必须以对付孩童的方法对付他们。孩童虽有意识欲望，但只是开始，可以导之于正途。无论用哪种方法来开导，最基本的就是肯定他们的人性根本是好的，绝不要因为他们犯了一点儿错误，便把他们列入坏孩子之列，使他们自暴自弃，结果是一错再错，一坏到底。

老子所谓"善者，吾善之，不善者，吾亦善之"正是对付孩童的方法。所谓"以百姓心为心""为天下浑其心"，就是要了解孩童的心态，不要以成人的观念去裁判他们。圣人对付百姓的这种"孩之"的方法，并不是不知道百姓中有的不善、有的不信，而是知道了，却不以这种二分法去对付他们。圣人以同样的"善"去对待不善之人，使他们感受到"善"的热力，而不自觉地归于善。圣人以同样的"信"去对待不信的人，使他们感受到别人对他们的信任，而不期然地归于信。这就是老子"用朴""无为"方法的高明处。

新语

首先我们须分清我之心和百姓之心的不同，因我之心常存自我的主见，所以必须先把我心空掉，要做到"无常心"，至少有以下三方面：一是没有私心；二是没有我见；三是不以标准去框人民。要做到这三点，必须对百姓能：一是任百姓自化；二是照顾百姓的基本生活；三是自己要有修养功夫。那么"百姓心"又是什么样的心？今人常以"民之所欲"来说百姓心，在这里我们要注意老子讲"百姓心"和今天的"民之所欲"不同。在老子当时，民心素朴，所以民之所欲都为基本欲求，譬如说百姓希望丰衣足食，家庭幸福美满，这在古代即常说的安居乐业，可是今天虽然大家也说安居乐业，家庭幸福美满，但人的欲求不止于此，一般人的生活都过得去，可就是不满足，一味地追求享受，尤其与人相比，更是永远不满足自己已有的。所以在这里我们要注意老子的"百姓心"与今天"民之所欲"的不同。

在圣人能"以百姓心为心"，对他自己也是一种修养功夫，因为一是他能反观自己，以百姓为重；二是他能消除一己的私心；三是他能扩大自己之心与百姓同安乐。

第五十章

扫一扫，
进入课程

出生入死。

生之徒十有三，死之徒十有三。

人之生，动之死地，亦十有三。

夫何以故？以其生生之厚。

盖闻善摄生者，陆行不遇兕虎，入军不被甲兵。

兕无所投其角，虎无所措其爪，兵无所容其刃。

夫何故？以其无死地。

语译

出生地而有生，入死地而致死。在这生死的现象中，趋于生生之路的人有十分之三，走向死亡之路的人也有十分之三。可是有的人因求生太过以致躁动，结果反而走向了死亡之路，也有十分之三。为什么求生反而速死呢？这是因为他们把形体的生命看得太重的缘故。曾听说真正善于养生的人，在陆地上行走，不会遇到犀牛老虎等猛兽；进入军伍战阵，不会遭到兵器的伤害。他们能使犀牛找不到对象刺它的角，使老虎找不到目标施它的爪，也使兵器的锋刃没有地方可以斩割。为什么他们能如此？就是因为他们没有制造死亡的原因。

要义

1. 本章首说求生之厚反而走入死路。
2. 最后揭出死路的原因在一个"欲"字。

生死的三条途径

"出生入死"，王弼注说："出生地，入死地。"这个注很精到，因为它点出了一个"地"字，这个"地"字却扣紧了全章结尾的"死地"的"地"字。"出生"是出而为生，有生之地；"入死"，是入而为死，有死之地。"生之地""死之地"，也即"生之路""死之路"。因此这句话也可释作生生死死的现象。韩非注说："人始于生而卒于死，始谓之出，卒谓之入，故曰出生入死。"这是把这句话解作人由生到死的过程。比起王弼的注来，意义较浅。因韩非的注是指一人一物的由生到死，而王弼的注是指万化不同的路子，或趋于生，或走向死。王弼的注和老子下文讲"生之徒"和"死之徒"的不同路子文义相合。

"徒"，指同一类别，如《韩非子·喻老》："属之谓徒也。"《尔雅·释训》："徒，辈者也。"所以"生之徒""死之徒"，是指趋于生的人、走向死的人。又"徒"也可作"路途"解，如马如龙说："《说文》曰：'徒，步行也，行人之步趋也。'……《说文》无涂途二字，盖徒即涂途本字也。《庄子·至乐》：'食于道徒。'

即道途也。"《老子》此处的"徒"字作路途解较佳。其实"路途"也可兼有同一类别的意思，因为"方以类聚，物以群分"(《易经·系辞上传》第一章)，每一类物的相聚，也就是它们所趋路向的一致。所以"生之徒""死之徒"，也就是指趋于生之路或走向死之途。"十有三"指十分之三，这就是说，在生生死死的现象界，趋向于生之路的有十分之三。什么是"生之路"呢？就是没有贪欲，一切顺乎自然。譬如在我们的生活中，有些人乐天安命，饮食起居都能知足，因此他们自然能长寿。相反的，"死之途"，就是指有些人纵情声色，嗜欲无度，所作所为都在斩割自己的生命。

前面两种情形，一生一死，截然二分，非常清楚。可是第三条路子却不然。有些人知道生命之可贵，可是他们爱之太过，爱之不得其法，所谓"甚爱必大费，多藏必厚亡"(第四十四章)，结果反而违背了自然，走向"死之途"。譬如后代许多崇尚神仙丹鼎的人，他们只求外在的金丹以期不死，而忽略内在的修养功夫，如许多君王反因吃丹药而暴死。不只是那些多欲的君王，即使神仙炼丹之士，也没有多少能得长寿，何况不死？再看今天，有很多人护生太过，整天吃补药，学气功，或练拳术，或迷运动。目的是强身，可是根本上内在的欲望未除，而外在的方法又不合自然，所以求生之厚，反而也走向了死亡之路。"人之生，动之死地"，注意这句话里的一个"动"字，"动"是躁动，是欲望之动、有为之动，是违反自然之动，所以结果是由"生"而逆转，趋于死地。

善摄生者的功夫

"摄生"就是养生。古来"摄生"的方法很多，大多注重"摄形"，也就是指对身体的保养。《庄子》中有一篇《养生主》，是指养生须养"生之主"，即生命的主体，就是精神。形体是生的附属，精神保养得好，形体自然跟着好，否则只重形体，而忘了精神，结果是求生反而速死。此处老子说"善"摄生者，说明了这种养生方法和一般的不同。

"陆行不遇兕虎，入军不被甲兵"，"兕"是犀牛。"被"是指遭受，如《后汉书·贾复传》："身被十二创。"这两句话就是描写老子所谓的这种特殊的"摄生"方法。但在这里老子没有指出具体的方法，而是以比喻的方式去描写它的境界。这是说养生方法的高明，在陆地上行，不会遇到任何野兽的凶险，即使进入军队战阵，也不会受到任何兵器的伤害。

不要制造死的原因

后面的"兕无所投其角，虎无所措其爪，兵无所容其刃。夫何故？以其无死地"，承接了前文，说明为什么没有遇到凶险和遭受伤害的原因。此处前三句话仍然是比较抽象的描写，好像是有法术似的变成了隐身人，使犀牛的角找不到对象刺，老虎的爪找不到目标抓，兵器的锋刃没有地方可入。如何才能有这种隐身的功夫？老子绝不像一般摄生者一样讲法术、讲修炼。而是简简单单、直直接接地说出这个原因就是"无死地"。"无死地"也就是没有死亡的原因，套句俗话说就是"命不该绝"，用佛学的话来说就是没有造下死亡的业。那么老子所谓的"无死地"又是如何做功夫呢？老子没有再加以解释，我们可以从两方面来补充说明，一是根据庄子的思想，一是依据王弼的注解。

庄子在《秋水》篇中说："知道者必达于理；达于理者必明于权；明于权者不以物害己。至德者，火弗能热，水弗能溺，寒暑弗能害，禽兽弗能贼。非谓其薄之也，言察乎安危，宁于祸福，谨于去就，莫之能害也。"这段话和老子描写的"善摄生者"相类似，但庄子说明了方法乃是修养智慧，通达事理，就像《养生主》篇中的庖丁解牛，顺其条理，因此就不会遭到外物的阻碍与伤害。这是在外的顺自然。

王弼的注是："善摄生者，无以生为生，故无死地也。器之害者，莫甚乎戈兵；兽之害者，莫甚乎兕虎。而令兵戈无所容其锋刃，虎兕无所措其爪角，斯诚不以欲累其身者也，何死地之有乎？夫蚖蟺以渊为浅，而凿穴其中，鹰鹯以山为卑，而增巢其上。矰缴不能及，网罟不能到，可谓处于无死地矣！然而卒以甘饵乃入于无生之地，岂非生生之厚乎？故物苟不以求离其本，不以欲渝其真，虽入军而不害，陆行而不可犯也。"王弼这个注非常精彩，他首先举例来说明：像鳗、鳝等躲在深水中，犹怕不够隐秘，更在水底石岩中凿洞为穴。像鹰鸟等藏在高山上，犹怕不够安全，更在山上树岩中筑巢。它们自以为这样就没有危险了，岂料捕鱼者和猎者放下一块饵便把它们引诱出了洞巢而致命。这一块饵就是它们真正的"死地"。王弼把老子所谓的"死地"，注得非常清楚，就是内心的贪欲。这里的贪欲不只是指贪外在的声色、名利，会使我们走上"死之路"，就是贪长生而不能顺自然，也会使我们失去"生之路"。

新语

本章写真正摄生之道在最后一句话，就是"无死地"。"死地"是死的原因，当然不是自然地老死，而是不能尽其天年的死。这个"死地"的原因，我们综合《老子》全书，直接写明危险及死亡之因的有以下各点：

（一）骄傲："富贵而骄，自遗其咎"（第九章）。

（二）用兵："物壮则老，是谓不道，不道早已"（第三十章）。

（三）好强："强梁者不得其死"（第四十二章）。

（四）不知足："知足不辱"（第四十四章）。

（五）不知止："知止不殆"（第四十四章）。

（六）不知常："不知常，妄作凶"（第十六章）。

（七）好用聪明："开其兑济其事，终身不救"（第五十二章）。

（八）倒行逆施："舍慈且勇，舍俭且广，舍后且先，死矣"（第六十七章）。

（九）匹夫之勇："勇于敢则杀"（第七十三章）。

这些都是我们自己造成的"死地"。

第五十一章

扫一扫，
进入课程

道生之，德畜之，物形之，势成之。

是以万物莫不尊道而贵德。

道之尊，德之贵，夫莫之命而常自然。

故道生之，德畜之，长之、育之、亭之、毒之、养之、覆之。

生而不有，为而不恃，长而不宰，是谓玄德。

语译

"道"生长万物，"德"畜养万物，物质赋予万物以形体，气势给万物以发展的环境。由于这一切都生之于道，畜之于德，所以万物没有不尊敬道且贵重德的。道之所以受尊敬，德之所以被看重，乃是因为"道"和"德"，绝不主使万物，而是常任顺万物自然地生成发展。因此道的生长万物，德的畜养万物，是使万物生长，使万物发育，使万物尽其形，使万物发挥其性能，使万物都得到所需的，使万物都受到保护。这种生长万物而不占有，作育万物而不恃功，使万物成长而不操纵，正是道的玄妙的至德。

要义

1. 本章先写道德的生养万物。
2. 最后归于不居功的玄德。

道和德是生养万物的本源

"道生之，德畜之"，道的生物并不是直接生产万物，而是赋予万物以生生的原理，万物便是依靠这个原理而生的。这个原理即是道生一的"一"。在第四十二章中，老子曾描写道的生物是经过了"道生一，一生二，二生三，三生万物"的过程，所以道的生物不是像母生子一样的诞生，而是经过"一""二""三"的历程。在第四十二章的注中，我们曾说这个"一"是道在现象界作用的开端，是浑元不可分的"一"，但也是"由一到二"，开始分裂的"一"。就其不可分来说是"一"理，就其能分来说是"一"气。所以有的学者称这个"一"为太极，有的学者称这个"一"为一气。

就这个"理"来说，直贯万物，所谓"畜之""长之""育之""亭之""毒之""养之""覆之"，都离不了"一"理。但就"气"来说，这一气的生化，由"一"，而"二"，而"三"，而芸芸万物，却有许多变化。就"理"来说，在道是总原理，及于物便成为个别的理。在《老子》中没有用"理"字。总原理称为"道"，个别的理就称为"德"。"德"是内得于己的理，也就是个别的物去表现、去实践道的理。为什么说"德畜之"呢？这个"畜"字可以用《易经》的两个卦："大畜"和"小畜"的畜字为解。易卦里的这个"畜"字有两义，一是制止，一是积聚。前者是制止有欲之气，是就畜牧的"牧"字来解的；后者是积聚真诚之气，是就畜养的"养"字来解的。所以"德畜之"，就是用理以去其欲，而归于道的意思。接着我们再就"气"来说，"道生一"之后，这一气的生化作用，必须分而为阴阳二气才能产生万物。但阴阳并非两种气，而是一气的两种作用。这道理我们可以用《易经》的思想来说明。太极本是生生一理，也是生化一气。这一气周流不息，但这一气如何生物呢？它本身不能生物，必须通过了地道才能生物，当这一气进入了地之中，这时便有了阴阳二气的作用，气的向下收敛是阴，气的向上发展是阳。所以在地道中含有阴阳两气。这个地道的作用就是"德"。因为地道就是使个别的物体，依照它自身所具有的性能而生长，所谓"种瓜得瓜，种豆得豆"，这个地道的作用就是畜道：一方面是畜牧，所谓冲气使虚；一方面是畜养，所谓冲气以和。这样由阴转阳，是由静而动，于是阴阳和合，而后万物化生。所以"德畜之"，就气化来说，就是地道的"合弘光大"（《易经·坤卦·象辞》），而化生万物。

"物形之，势成之"，"物"是物质。任何一物都必须有固定性、排他性的物质，才有个体的存在。这个物质的形成有两个来源，就原始的变化来说，气化能产生物质，在《庄子》书上曾说："杂乎芒芴之间，变而有气，气变而有形，形变而有生。"（《至乐》）但就今天我们所看到万物的生成，却是由阴阳两气变成阴阳两性，借母体的遗传，或种子的衍生而形成的。无论是气化成质，还是物质自相递衍，万物都必须有形质来表现其特殊性。有了形质之后，万物的生成和发展，还须依靠外在的环境，即所谓"势成之"。

"势"即是情势，也是外在的各种助缘。譬如一颗种子在土壤中，除了它本身的性能外，还须有阳光雨露等外在的条件，才能发芽滋长。

"是以万物莫不尊道而贵德。"这句话是前面四句话的结语。为什么在这里单单强调"道"和"德"，而不提"物"和"势"呢？这是因为"物"和"势"不是独立于"道"和"德"之外，而是与"道""德"并列的两个个体。事实上，"物"和"势"根本上是"道"和"德"的产物。因为阴阳和合，才能有物之形；阴阳和合也才能众缘相聚。从"理"来讲，"物"和"势"不能离开"理"；从"气"来讲，"物"是气的凝结，"势"是"气"的作用。所以万物的生成发展，完全是"道"和"德"的"生之"和"畜之"。

道德常自然

接着老子进一步地说明"道"和"德"虽然能"生之""畜之"，却并不有意强调这种成就。这句话是一个很重要的转语。否则"道"和"德"便会变成权威的创造主，虽然为万物所尊所贵，却操纵了万物的生命。"生之"变成了"恃之"；"畜之"变成了"宰之"。为了避免这一误导，老子便按语说："莫之命而常自然。""莫之命"是"莫命之"，就是指"道"和"德"没有威权似的命令万物、左右万物。"常自然"就是常本于万物的自然。所以这句话特别说明"道"的生之、"德"的畜之乃是自然无为的。

接下来这段话再强调"道"和"德"对万物的生化孕育的功用。"长之"是使万物生长，"育之"是使万物发育，这两者都是指万物在刚有了形体之后的最初的生长过程。"养之"是使万物得到需要；"覆之"是使万物得到保护，这两者是指万物在向外发展过程中所需要的外在的支持和辅助。至于"亭之"和"毒之"却是介于前面"生长"和"发展"之间的过渡地带。河上公和其他的古本，"亭之"作"成之"；"毒之"作"熟之"。这样便比较好解释，因为"成之"是指充实，"熟之"是指丰满。这两者是指万物个体的完成。但王弼的"亭之""毒之"则较为费解。"亭"，《说文解字》："亭，民所安定也。""毒"，《广雅·释诂》："毒，安也。"这样一来"亭之""毒之"可解作"定之""安之"。这与上下文的意思也可配合一致。唯我们进一步分析，"亭之"是指形体的完成，所谓"亭亭玉立"也是指形貌的美好而言。至于"毒之"的毒字，一般都作负面意义的毒物解，而此处却作正面意义的"安"字解。在《庄子》书中无独有偶地也出现过一次："无门无毒，一宅而寓于不得已。"（《人间世》）此处的"毒"也可解作"求安"。所以"定之""安之"，也就是说"定之以形""安之以势（环境）"的意思。

生而不有的玄德

接下来这段话曾见之于第十章。在该章也是承接"生之""畜之"以说明"道"和"德"虽然生万物、畜万物，却为而无为，不占有万物，不控制万物。

新语

本章关键句在"莫之命而常自然"。这里的"自然"两字，先在于首段"道生之，德畜之"，即道德的生养万物乃是自然而然的。接着说"莫之命"就是道和德没有有意为之，没有标准使万物如此而生，只是任万物自生。

这个"自然"直贯到结尾的"玄德"，这个"玄德"是圣人"不有""不恃""不宰"的修养，也就是不以为己功，让万物不知有主的玄德。

第五十二章

扫一扫，
进入课程

天下有始，以为天下母。

既得其母，以知其子；

既知其子，复守其母，没身不殆。

塞其兑，闭其门，终身不勤；

开其兑，济其事，终身不救。

见小曰明，守柔曰强。

用其光，复归其明，无遗身殃，是为习常。

语译

　　天地万物都有它们的本源，这个本源就是创造天地万物之母。能够得到这个天地万物之母，才能知道由这个母所衍生的一切现象。当我们了解这一切现象的道理后，更必须回到本源处，去守住这个天地万物之母。这样的话，我们才能终其一生都不会有危难。守母的方法，就是要杜塞住意欲的漏洞，关闭向外追求的门路，这样，我们的精神便终生不会劳累枯竭。相反，如果打开了意欲的漏洞，什么事都要满足欲望，这样，我们便终生无可救药。须知，能见到事物之精微，才是真正的"明"；能把握柔弱之道，才是真正的"强"。在我们用了知能的光芒后，必须回归德性的明悟。这样的能使自身远离灾祸的修为，就是所谓的运用"常道"的应变功夫。

要义

1. 本章以母子的关系来比喻道体和道用的不同。
2. 最后归结于"守柔"和"习常"的两大功夫。

知子守母的道理

"始"是"天地之始"，"母"是"万物之母"，在第一章中，老子以"无"名"始"；以"有"名"母"。但"无"和"有"同出于一个道体，所以这句话所指乃是"道"。由于"道"自创生了万物之后，它仍然活在万物之中，不断地生生。因此这个"始"和"母"也有两种意义：一是指天地万物刚开始的"始"，这是所谓的"原始"；一是指有了天地万物之后，不断的新生的"始"，这是所谓的"更始"。就原始来讲，是指先天地生的"道"；就"更始"来讲，是为万物根本的"道"。同样的，这个"母"，一面是指"道生一"的那个原始的"道"；一面也是指"道生之"的那个一直赋予万物生生之理，透过"德畜之"和万物共存共长的，为万物根本的"道"。明了这两种意义，我们才能了解老子如何把创生的宇宙论转变到实践运用的人生论。

"母"比喻"道"。这个"子"有三种解释：一是指的末，王弼注说："母，本也；子，末也。"二是指的"一"，河上公注说：

"子，一也"。三是指的万物，如苏辙注说："其子则万物是也。"
第一种是以本末的关系来解释"母"与"子"，也就是讲道体和
作用的相辅相成。第二种是以"道生一"来释"母"与"子"。
因为"一"是道在现象界作用的开始，"一"是"有"。第三种是
以"道生之"来释"母"与"子"。这个"之"即指万物。综合
这三种解释，"母"与"子"可以说是象征道体与道用的关系。"既
得其母，以知其子"，是说必须把握道体，才能知道如何运用万
物之理。"既知其子，复守其母"，是说在知道运用万物之理后，
不可舍本逐末，流于智术，而应时时归本道体。然而，这种道体
与道用之间的关系，与"没身不殆"又有什么关系？"没身不殆"
也有两解：一是从外在来讲，如果我们不能把握道体，以知万物
生成变化之理，那么我们便不能役物，而为物所役，因此做任何
事情，就会阻隔不通，而遭遇危难；另一是从内在来讲，如果我
们已知去应付万物，能够时时修养心性，归返道体。也就是说化
知为德，那么我们的心性便能超然于物，而不为物所伤。

闭眼塞耳的功夫

至于如何"得其母""守其母"呢？这个"母"指道体，但
却很抽象，不易说明，所以老子接着把这个得"母"守"母"具
体化而为心身上的修养功夫来作譬。"兑"和"门"，王弼注：
"兑，事欲之所由生；门，事欲之所由从也。"河上公注："兑，目
也。""门，口也。"在《易经》中，"兑"是一卦之名，是象征喜
悦的意思，如《兑卦·象辞》："兑，说（悦）也。"而在《易经·说
卦传》里，兑"为口舌"。综合以上两义，"兑"是由口舌求悦

的意思，引申而为意欲。至于"门"是由内到外的通路，可以释作五官，也可引申为意欲的向外追求。所以"塞其兑，闭其门"，具体的解释，固然可以解作像静坐似的，封闭耳目，止息欲念。但对应前面"得其母""守其母"的功夫，可以解作返归心性，保养精神，而不向外攀缘，追逐物欲。这样的话，才能"终身不勤"。"勤"字，如第六章的"用之不勤"的"勤"，有两义，一是劳，一是尽。所以"不勤"是指终生不会劳累，而精神用之无尽了。相反的，如果"开其兑"，向外求欲，"济其事"，指成其事，也就是意欲向外追求，希望达到目的，也就是把自己的意欲加诸外物，期望外物能如己所愿，这也即是第四十六章所谓的"咎莫大于欲得"，这样下去，自然是"终身不救"了。"济"，河上公注："济，益也。益情欲之事。"按《易经》有"既济""未济"两卦，都是取象于渡河完成之意。

见小守柔的功夫

一般来说，我们打开意识之门，向外追求，对物，都想求明；对事，都要求强。可是老子却逆转来说："见小曰明，守柔曰强。"这句话，王弼注："见大不明，见小乃明；守强不强，守柔乃强也。"这是说见大，自以为明，反而不明；守强，自以为强，反而不强。其实，这里的"小"，不只是形体的"小"，而是指事物的精微。能够看得到事物的精微处，不是肉眼，而是心眼。能够见小知大，见微知著的，乃是心的慧眼。只用肉眼来看的人，常常囿于形体的大小，而以为大的是好的，小的是不好的。可是当我们关闭了肉眼，我们的心眼才发挥了它的作用，而能从形体透视到事物的真正意义。这样的"见小"，在《易经·系辞传》中，就是所谓的"知几"，"几"是动之微，吉凶之先见者。所以"见小"也是承接了前文的"塞其兑，闭其门"而来的，这和第四十七章的"不出户，知天下；不窥牖，见天道"，也是相互发挥的。"见小"之后，便能"守柔"。因为一般的肉眼，只看到"强"的强，而看不到"柔"的强。只有"见小"的慧眼，才能识"柔"，而守"柔"。讲"强"是与外物相比，而守"柔"，却是内在的功夫。所以老子这两句话，都是把"明"和"强"转入内心，而变成德性的修养。

光和明之间的关系，如焦竑注说："光者，明之用；明者，光之体。"这和前面"母"与"子"正好对照。"光"是"子"，是作用，如王弼注说："显道以去民迷。"可见"光"自有其用处，它能照破人们的愚痴迷惑。可是"光"是外射的，如果不知"守其母"，便会光能耗损，以致枯竭，或亮度太强，而具有破坏力，所以老子一再强调："和其光"（第四章），"光而不耀"（第五十八章）。不过在这里我们须认清老子对"光"并没有否定。这个"光"是象征知能。在《老子》中虽常讲"无知"，但他绝不意味所谓无知，就是愚昧的无知。有知而自以为知，才是愚昧。这和无知的愚昧是一样的。老子的"无知"，是不自以为知，这是用其光，而夸大其光。"知"是有用的，为君主者，不能没有知。只是他在用"知"时，知道"守其母"的道理，使"知"不致偏用，甚至能化"知"为"德"。如何化"知"为"德"，就是他说的"复归其明"。这句话，王弼注说："不明察也。"王弼注得不清楚，因为他只注了前一截，是指不自以为光的明，而没有注出复归于母或道体的"明"。这个"明"字，《老子》中用得很多，都是指对事理的了解具有很深的境界，如"知常曰明"（第五十五章）。"明"和"光"的不同，"光"是照人的，或为人而照的；而"明"却是自照的，所谓"自知者明"（第三十三章）。我们曾说过自知是德，所以当"用其光"之后，而返归于自知之明的德。

什么是习常

"无遗身殃"，是对照前文的"没身不殆"。"殆"是"殃"，就是灾祸。不要给自己灾祸，在于"守其母"，在于"复归其明"，这叫作习常。"常"，王弼注："道之常"，即自然之常道。习有二义：一是修习，如河上公注："人能行此，是谓习修常道。"二是因袭，如朱谦之注说："傅、范、王羲之、赵孟頫作'袭常'，袭习古通。"这两者固然各有解释，但只说一个"修习"，或一个"因袭"，并未能说明老子为什么在本章末尾突然提出一个"常"字，而这个"常"字和前面"母""子""见小""守柔"及"用光""归明"等观念又有什么关系。如果我们进一步去分析这个"常道"的"常"，那么它的另一面便是变道的变。"常"和"变"正好和前面的"母"与"子"对照。道体是"常"，而道的作用或运用便是"变"。在我们知道了"常"之后，就知道如何去应变。同样，当我们面临宇宙人生的变化时，却必须在变化中去体证常道，这样才不致被变化所左右。这种由"常"到"变"，或由"体"到"用"，或由"母"到"子"的反复体验和运用，就是这个"习"字的真义，所以"习"含有"知"了之后的运用，就像俗语所谓的"演习""练习""学习"的意思。所以"习常"就是由知"常"而用"常"，由用"常"而顺"常"，再由顺"常"，而归于"常"。

新语

本章首段以母子来比喻道体和道用，因母子是相连的，就说明了道体和道用是不可分的。但在这里我们有一点疑问，首段讲母子关系时，老子要"复守其母"，即以母为依归，可是后段讲运用时，却说"守柔"，柔是"弱者道之用"，那么守柔的柔应该是子，而不是母，这里是否有矛盾？其实不然，守母是知子之后的回归母体。这是"反者，道之动"的"反"，是返的意思，是回归于道，而守柔只是在柔应付强的相对中运用，所以在"反者，道之动"中的反是相反相生的。所以守母和守柔不同，守母是完全归于道，而无任何错失的，至于守柔却是在相对中运用，不是绝对完美的，而是有条件的。譬如说"守柔曰强"，这个强便是有问题的，虽然我们说这个强，不是表面刚强的强而是内心的真强，但总有所限制的，所以才说守柔之后，要"复归其明"，这也就是说守柔不是为了好强，守柔要能归之于明。守柔之归于明，这个明在哪里？在最后一句的习常，即顺于自然之常道。所以本章由守母、守柔而总结在"常"字上，即自然之道，自然一面是道体，一面也是道用。体用一如，就在于自然。

习常的"习"字在《易经》有一卦叫习坎，坎是水和险，习坎就是习于水性，也就是能把握水性，习常也就是习于常道。常道像长江黄河一样，滔滔不绝，千古如斯，就永恒如斯来说是常，而江水中的泥沙和水流却又是无时不变，变是子，常是母，变在常中，就如"知其子，复守其母"，所以"习常"就是在变中能修习于常。

第五十三章

扫一扫，
进入课程

使我介然有知，行于大道，唯施是畏。

大道甚夷，而民好径。

朝甚除，田甚芜，仓甚虚；

服文彩，带利剑，厌饮食，财货有余，是谓盗夸。

非道也哉！

语译

假使我有那么一点独出的知能的话，我必行之于大道，兢兢业业以好施为戒。大道本来是平坦易行的，可是一般人的心理都是喜欢走快捷之路。正如许多为政者，把宫殿修得很好，却远离人民，使朝政不清，使人民的田地荒芜，使国库空虚。由此而造成了社会的风气是：大家追求外在服饰的美丽，带着利剑，好勇斗狠，整天沉迷嗜欲之乐，无休止地追求财货。这种忘本逐末的做法，就叫作盗取来的虚誉，而不是真正的有道的行为。

要义

1. 本章首戒小聪明的有为。

2. 最终批评欺世盗名是小聪明的表现。

不要只用你们的聪明小知

"介然"有两解：一是指忽然，如吴澄注说："介然与《孟子》：'介然用之而成路'同，谓倏然之顷也。"一是指分别，如赵佑《四书温故录》："介亦分别意。"综合以上两解，"介然"似可解为"独出"貌。因为"独出"有"忽然"与"分别"的两种含义。老子的哲学重无为、无知，这是道之体、道之常。而有"知"，却是道之用、道之变。这句话是假设语气，是指如果从道的"无"的境界出来，有了用知的需要时，怎么办？就佛家思想来说，"智慧"是不分别，"知识"是分别。所以这里的"知"是分别的知，这也就是前二章所指的"子"和"光"。老子要我们"守其母""归其明"，因此他接着说要把这种"知"，行于大道上。"唯施是畏"，也就是以"施"为戒。什么是"施"？王弼说："施为之是畏也。"河上公说："独畏有所施为。"两者都是把"施"当作"施为"。王念孙考释以为"施读为迤；迤，邪也。言行于大道之中，唯惧其入于邪道也"。近代学者很多根据王氏的考释作解，这是为了和下文的"而民好径"一致。但这样语意虽清楚，文意却重复而浅显，不如这个"施为"的施字有深度。这个"施"字不是针对"大道"来说，而是针对"有知"来说的，是指好"施"其知，也就是说喜欢把那点"知"拿来乱用。

"夷"是平坦,"径"是小路。这里的"大道"虽然承接了前句的"大道",但前一句的"大道"是指抽象的"道",而这一句的"大道",除了抽象的"道"外,也以具体的"大路"来作譬的。人们放着"大路"不走而走小路,是为了贪快,所谓快捷方式。但小径虽快,却难走,容易摔跤。人们行路如此,行事更是如此。总是喜欢用自己的一点小聪明,去投机取巧。有的情形是占了一些便宜,最后却是大失败;有的情形是,在表面上好像成功,但费神劳精,却并不值得。其实"好径",并不一定是邪路、是罪恶。只是好用"知"而已,老子此处只是举出人们最普通的心理,来提醒我们。

前面"民好径",是指一般人的心理,而以下所举的例子,却特别指的为政者。"朝"是指朝廷或宫室。"除"有两解,一是指的清除,如焦竑注说:"除,治也,传曰:'粪除先人之敝庐'是也。"王弼解为"洁好",河上公注为"高台榭,宫室修"都是这个意思。另一是指的涂污,如马叙伦注说:"除借为污,犹杇之作涂也。诸家以除治解之,非也。"这两者对字义的解释完全相反,前者指为政者只为了建设自己宫殿府第的华丽,征用劳工,挪用公款,使得人民田地荒芜,国库空虚。后者指朝政不修,或人民的屋舍污秽不堪。综合以上两义,"朝甚除"可以解作朝廷的宫殿修治得很好,却远离人民,所以朝政反而污浊。陆希声说得好:"噫,入其国其政教可知也。观朝阙甚修除,墙宇甚雕峻,则知其君好土木之功,多嬉游之娱矣!观田野甚荒芜,则知其君好力役,夺民时矣!观仓廪甚空虚,则知其君好末作,废本业矣!"

这都是君主好"施"的结果。

这里四句话是指为政者忘本逐末的"好施",而造成社会风气的"好径"。"服文彩"是指讲究外观的文饰;"带利剑"是指好勇斗狠;"厌饮食"是指沉醉嗜欲;"财货有余"是指贪货无厌。

欺世盗名是祸首

"盗夸"有两解,一作盗夸,如王弼:"夸而不以其道得之,窃位也。"河上公:"君有余者,是由劫盗以为服饰,持行夸人。"这里的"夸"都是指夸大的意思。另一解是改作盗竽,如韩非说:"竽也者,五声之长者也,故竽先则钟瑟皆随,竽唱则诸乐皆和。今大奸作则俗之民唱,俗之民唱则小盗必和,故服文采,带利剑,厌饮食,而资货有余者,是之谓盗竽。"韩非虽然离老子的时代较近,但他的思想多讲法术,往往不能把握老子有关人性方面见解的深入的一面。这里我们仍依照王、河两人之注,解为"夸大",因为这和前面的好"施"和好"径"相应。《老子》全书批评君主之"有为",并非指他们真正为人民做事,而是为自己做事,是好大喜功。所谓"盗"是指自己本来没有,窃取而以为己有。所以这个"夸"并非真正的"大",而是不以正道而为的"夸大",也就是虚誉。

新语

老子的时代和孔子同,他所看到的是朝政的逐渐衰微,在上的君主和王公贵族都竞逐于浮华,如"驰骋畋猎令人心发狂"

（十二章），都"居其华"，而不重其实（三十八章）。至于人民，由于上位的人华而不实，也纷纷追逐功利，这种种现象的形成，老子就归咎于"小知"，如他所谓的"介然有知"，即小聪明。这种小聪明的表现，小一点儿的就是好走快捷方式，不肯务实；大一点儿的就是盗名欺世，这即是所谓的"盗夸"。

第五十四章

扫一扫，
进入课程

善建者不拔，善抱者不脱，子孙以祭祀不辍。

修之于身，其德乃真；

修之于家，其德乃余；

修之于乡，其德乃长；

修之于国，其德乃丰；

修之于天下，其德乃普。

故以身观身，以家观家，以乡观乡，以国观国，以天下观天下。

吾何以知天下然哉？以此。

语译

真正善于以无为建德的人，和道合一，他们所立的德永远也不会被拔除；真正善于抱一而生的人，和万物共化，他们所行的道永远也不会被分离。唯有这样，他们的精神不朽，万代子孙对他们的祭祀也永无休止。能够以这种"无为""抱一"来修养自己的身心，他们的德性便会至真；能够把这种"无为""抱一"实行于家庭中，他们的德性便会宽裕。能够把这种"无为""抱一"

推行到乡里，他们的德性便会发展。能够把这种"无为""抱一"用之于治国，他们的德性便充实丰满。能够把这种"无为""抱一"放之于天下，他们的德性便普及万物。所以我们要以这种"无为""抱一"修身，以观自身德性之真；以这种"无为""抱一"持家，以观这种德性的美化家庭；以这种"无为""抱一"来行之于乡里，以观这种德性的和睦亲邻；以这种"无为""抱一"来处理国事，以观这种德性的泽及人民；以这种"无为""抱一"来对待天下，以观这种德性的广被万物。所以我能够了解天下万物生存发展的道理，就是由于能把握住以这种"无为""抱一"，去发展这种至真的德性。

要义

1. 本章首讲修于身、家、乡、国、天下，好像儒家的修身齐家治国平天下。

2. 接着后段把"修"字改为"观"字，观身、家、乡、国、天下，便回到老子思想的无为自然了。

善建、善抱是打地基

"善建"所建的是什么？用《老子》中的话来说，就是建"德"。因为《老子》第四十一章曾说："建德若偷。"但这个"德"字在《老子》中不是指普通的道德，而是指"玄德"。玄德乃是"生而不有，为而不恃，长而不宰"（第十章），事实上，也就是无为。所以"善建"就是建于"无为"。凡事有所建，便会有所拔，因为"建"是有为、有欲。真正善建者，乃是以无为、无欲，而自然地成其事，因此也就不会有被拔之虞。常言道："有意栽花花不开，无心插柳柳成荫。"也是这个意思。

"善抱"所抱的是什么？前一句说建德，这一句理应讲抱道，但道不可抱，所以说抱一。《老子》第十章便说过："载营魄抱一，能无离乎？""抱一"，其实等于"行道"。"一"是道在现象界作用的开始，是从无到有的发端。在第十章的注中，我们曾说"抱一"乃是抱虚气以生物。这和本章后面所讲从身、家、乡、国、天下的发展是一致的。普通把"抱一"释作"归元"，但这个"元"乃是万物之始化，所以"归元"乃是归于万物之始化，而不是死守这个"一"。赵州禅师曾问："道法归一，一归何处？"这一问极为重要，因为已把这个死守的"一"，转化为生生的"一"，使这个"一"和宇宙万化同生同长。能抱此和宇宙万化同生同长的"一"，也就和宇宙万化合一，所以他们追随的道也就永远和他们不分离。

在《老子》中，并没有强调孝和礼制。虽然在第十八、第十九章提到孝字，但老子不重孝的道德观念，而重孝的实际行为。至于礼制，在第三十八章中曾提到礼字，却是负面的意义。所以老子这句话并不是在讨论祭祀的孝道的礼制，而是一个比喻，说明如果做到前面所谓的"善建""善抱"，你的精神便能传之永恒。而老子之所以用"子孙"和"祭祀"为譬，这是因为本章的内容很特殊，它是把德从个人、家庭、乡里、国家，而推到天下，这和儒家《大学》中的修身、齐家、治国、平天下的条目似乎相合，因此用了儒家"子孙""祭祀"的文字为譬。

修是修养功夫

"修之"的"之"字，王弼无解，河上公解为"道"。其实这个"之"字承前文而来，是指的"善建""善抱"，也就是以"善建""善抱"来修身。再说得具体一点就是以"无为"和"抱一"来修身。在儒家，讲"修身"，就《大学》来说，先决的条件，还必须有"格物""致知""诚意""正心"的功夫。至于修身的内容，如"智、仁、勇"以及"忠恕"等就更多了。可是在老子却非常简单，只有"无为"和"抱一"。"无为"，简单地说，就是无欲，"无欲"则真。"抱一"是抱虚气以生，虚气也是无欲之气。所以"修之于身"，也就是以无为无欲修身，使自己的心中保持虚静，再由虚静以参与万物的生化。为什么我们讲无为无欲或虚静，还嫌不够，而总要连接到万物的生化呢？这一点至关重要，因为很多人常把"无为""无欲"或"虚静"，解作断除一切观念，放弃一切行为，以至于走入了寂灭的路子，而忽略了老子的自然是生化的自然，老子的无为，是为的无为。所以在老子思想中，我们不能忽略了这个"生"字。这一点，还可以从"其德乃真"的"真"字中看出。这个"真"不只是原来具有的"真实"，而且是向外感应的"诚信"，如第二十一章上说："其精甚真，其中有信。""信"是征信，也就是说这个"真"是可以征信于外的。老子所说"德"的至真，就是能生物或辅助万物的生化。因为以中国哲学的观点，如果不能生物，不能参与万物的生化，又有什么"真"之可言。

承前文，这里的"修之"，和后文的"修之"都是指同样的

"无为"和"抱一"。在儒学，讲"齐家"更有很多详细的德目或礼制。可是在老子思想中却仍然只有一个简单的观念和方法。如何建"无为"之德于家？就是使家中的每一分子都能"少私寡欲"（第十九章）。如何以"抱一"来修之于家？就是使家中每一分子都能以"冲气以为和"（第四十二章），这样才能使整个家庭和谐相处，而能平安的发展。那么为何又称之为"其德乃余"，这里的"余"，就是"裕"的意思。这代表德的"宽裕"，能够使彼此融洽相处。

中国文化是以家为单位，也就是说视家庭为自己。而乡在家之外，是由内向外发展的第一步。这里说"其德乃长"，就是指的向外发展。中国古代的乡里像一个大家族，"修之于乡"，就是以"无为"来保持乡里之纯朴，因此"抱一"等于抱朴，从纯朴以求和谐地发展。

"修之于国、其德乃丰"，此处，王弼、河上公注本作"国"，其余如韩非、傅奕、吴澄、魏源作"邦"。就意义来说，"国""邦"并无不同。用"无为"和"抱一"于国，就是我无为无欲，而助物自化。在这里我们不说"任物自化"，因为这个"任"字往往使很多人以为完全不理万物，让他们去自生自灭。其实所以要"无为"是不干涉万物，不干涉就是一种特殊的照顾。"抱一"也就是抱此阴阳的和气以生，也就是助成万物的生化。"其德乃丰"的"丰"是丰富、丰满的意思。对自己的德来说，是丰满，即发展到圆满。对这种德的广被于人来说，就是丰富，即丰富国人的生活。

"天下"超越了国家的界限，也超出了自我的界限，是代表向外发展的极致。说"天下"已意味着它是外于我身之外物，所谓"天下神器，不可为也"（第二十九章）。也就是说天下是公器，不能为我所有，因此必须待之以"无为"。但天下与我是二，又如何能"抱一"？这是说我抱此冲虚之气，以与万物共生化，因此自然的"万物与我为一"（《庄子·齐物论》）。所以"抱一"并非抱我之一，而是抱与万物为一之一。这样的话，其德才能"普"。"普"是普遍、周普，也就是无所不在的意思。

观是观照法门

"以身观身"等几句话，用词极简单，古代注家都没有令人满意的解释。如河上公在"以身观身"下注："以修道之身，观不修道之身，孰亡孰存也？"在"以天下观天下"下注："以修道之主观不修道之主也。"王弼在"以身观身"到"以国观国"下仅注："彼皆然也。"在"以天下观天下"下注："以天下百姓心，观天下之道也。天下之道也，逆顺吉凶，亦皆如人之道也。"河上公的注，把"身""家""乡""国""天下"等划分为二，成为正负两面，似非老子原意，至于王弼的解释不够清楚，与前文也欠承接。依我们的看法，这几句话必须和前文相承，而本章直贯全文的一个重点就是"善建"和"善抱"，所以这几句话应该是顺着这个重点来说的。

"以身观身"的"以身"就是以"善建""善抱"或"无为""抱一"修身。"观身"，就是观吾身之德的真的意思。这个"观"字在第一章中已用过，它和普通肉眼的"看"不同，它是经过了内心体验的一种智慧的洞察，所以"观身"，就如同第一章的"观其妙""观其徼"一样,是"观其德之真"。譬如在我们以"无为"或"抱一"来修身,我们仍须深入了解内在德性之真,使这种"无为"和"抱一"是基于德性而发的,如果"无为"是另有目的的"无为",就不是真的"无为";"抱一"是有意识或意欲的,就不是真的由虚气而生的抱一,所以"观身"是把"善建""善抱"连接在"德"上的一种功夫。如果这样解释合理的话,那么接着"以家观家",到"以天下观天下"的意义是一样的,就是要观这种"德"在家庭、乡里、国家、天下的作用。

前文由身、家、乡、国、天下的发展和儒家讲的修身、齐家、治国、平天下好像是一样的。其实它们只是表面相似,骨子里却完全不同。就儒家来说,修身有修身的德目,齐家有齐家的道理,治国有治国的方法,平天下更有平天下的理想。可是在老子思想中,从身、家、乡、国到天下,却只有一个"善建""善抱"而已。事实上,老子连"善建""善抱"都没有说明,把"善建"解作"无为","善抱"解作"抱一",还是我们根据老子整个思想的旨趣而加以诠释的。所以老子处理身、家、乡、国、天下,只有一个方法,就是"无为",不过"无为"不是什么都不做,而是以无欲的心境,辅助万物的自然发展,使自己和万物共生共化,这又叫作"抱一"。

《老子》在本章所论的,就是这个观念,也就是他所谓的"德"。这个"德"贯穿了身、家、乡、国,以至于天下。所以老子说:我所以能知天下的一切道理、一切发展,就在于这个"善建""善抱"所修之"德"。

新语

本章值得我们注意的是两个字，一个是前段的"修"字，一个是后段的"观"字。就"修"字来说，这个字为儒家所用，所以前段看起来，好像与儒家的修身、齐家、治国、平天下没有什么差别。但把这个"修"字转化到"观"字，却走出了儒家道德的范畴而回归到老子思想的主旨。这个"观"字在本书第一章中已出现过，"常无，欲以观其妙"，"常有，欲以观其徼"，是以常无、常有来观。"无"和"有"是道起用的两个端点，所以这个"观"不是看现象上的轨迹，而是一面观道的自然无为，一面观内心能否虚心寡欲，以此而观身，看看身中是否有欲，观家、观乡、观国、观天下，也是同样的观，去观家、观乡、观国、观天下是否有欲。"观"字不是一个客观的观而已，而是包括了行动和功夫的，这个观包含了修，但却转化了修的作为，而成为本章前两节的"善建""善抱"，是建于无有，抱于无欲的无为境界。

第五十五章

扫一扫，
进入课程

含德之厚，比于赤子。

蜂虿虺蛇不螫，猛兽不据，攫鸟不搏。

骨弱筋柔而握固。

未知牝牡之合而全作，精之至也。

终日号而不嗄，和之至也。

知和曰常，知常曰明，益生曰祥，心使气曰强。

物壮则老，谓之不道，不道早已。

语译

内含德性最深厚的人，可以比之于婴儿。由于婴儿的无求无欲，有毒的蜂蛇不会伤他，凶猛的野兽不会抓他，强悍的鹰鸟不会扑他。他的筋骨柔软，可是小手握物却很紧固。他不知道男女交合之事，但他的小生殖器却能十足地挺起，这是他的"精"达到至纯的境界。他虽终日号哭，却不伤他的咽喉，这是"和"达到最高的境界。知道这种"和"的境界就能知道道的常理。知道道的常理，内心便能明悟。否则只讲生命的延长是只求外在的祈祥，用心去控制呼吸的气是只求外力的强悍。事实上，任何事物发展到强壮，便会走向衰老，这是不合自然之道的。不合自然之道，便会早死。

要义

1. 本章首言柔弱的功能。

2. 后段强调"知和"与"知常"之道。

要像赤子一样的柔和

这个"含"字和"厚"字是取象于地的，在《易经·坤卦·彖辞》便以"含弘光大""厚德载物"来描写地道。老子的思想也是取法于地的，所谓"人法地"（第二十五章）。"含德"是指德的内敛，"比于赤子"，是以婴儿的"无求无欲"为喻。

"蜂虿虺蛇"在河上公版本是注文，而原文是"毒虫不螫"。其余如严遵、顾欢、吴澄、焦竑、魏源等注本都作"毒虫不螫"。所以近代注家都依河上公本而改正。"虿"是毒虫，"虺"是毒蛇之类，"攫"是强夺的意思，"攫鸟"为凶猛的鸟类。焦竑解说："毒虫，蜂虿之类，以尾端肆毒曰螫。猛兽，虎豹之类，以爪按挈曰据。攫鸟，鹯鹞之类，以羽距击触曰搏。"这三句话只是比喻，并非真的如此。虎豹之类，肉食动物，常搏杀弱小动物，这是自然界的现象。但大多数的草食动物却是和平相处的，这也是自然界的现象。老子此处的比喻是就自然界和平的一面来说的，正如王弼所注："赤子无求无欲，不犯众物，故毒虫之物无犯之人也。含德之厚者，不犯于物，故无物以损其全也。"这些话的重点都只是在强调"不犯于物"，而不是愚笨得拿婴儿作实验，放在森林中去和野兽共存。我们处世也是如此，纵使社会上也有许多伤人的虎狼，但我们仍应有不犯物、不伤人的无求无欲，这样就可避免许多不必要的伤害。正如第五十章的"陆行不遇兕虎，入军不被甲兵"，都是在强调一个"无欲"。

"骨弱筋柔而握固"，这句话是借婴儿的骨弱筋柔，但小手却握拳很牢固为比喻，来说明我们如果无求无欲，便不会好强斗狠，这样反而容易和万物相融。"握固"可作神凝（《庄子·逍遥游》）或神全解，也可以引申为与万物的关系密切，而不易分割。

"全作"，河上公作"峻作"，傅奕本作"朘作"。峻与朘字相通，《说文解字》："朘，赤子阴也。"所以本句以婴儿为喻，是指婴儿尚不知男女交合之事，但他的小生殖器却能勃起，这是写他的纯阳之气的充足，也是写无欲的自然之气的周全。王弼的注避开了这个"朘"字，而注说："作，长也，无物以损其身，故能全长也。"注得有点含糊。但从婴儿引申到成人，所谓"未知牝牡之合"，就是不涉男女性欲之事，"全作"，可喻精神的饱满。在这里，似乎有一个问题，婴儿未知"牝牡之合"，是精之至，那么成人有了男女之合，是否精有所亏，也就是说老子是否有否定男女之欲的倾向？通观《老子》全书，老子并没有绝欲的暗示。老子只说："少私寡欲。"（第十九章）虽然他也常提到"无欲"，但那只是指无贪欲，并不是指断掉一切本能之欲。否则老子思想又如何能法自然？老子在本章后面又如何去讲这个"和"字？可是问题到了这里又遇到了难题，老子既不讲断欲，但由婴儿到成人，又是自然的成长，究竟我们应如何由精之将亏，而回复到"精之至"呢？的确，老子曾有"复归于婴儿"的话，但绝不像后代道教神仙之学中，用各种特殊的宝精的方法而达到返老还童的境界。老子在本章一开端便说"含德之厚"，因此这个"德"字仍然是解决这一问题的唯一方法。也就是说以"德"转化欲，以达到"精之至"。正如第二十八章所说："常德不离，复归于婴儿。"所以讲"无欲"，不是断欲，而是用德以化欲，这是老子思想的正途。

"嗄"，河上公本作"哑"。这是指婴儿即使终日啼号而声音不哑。为什么？老子并没有说明原因，只说这是"和"之至。这里的"和"是指这种啼号乃出于自然的反应，而不是人为的求和。但我们如果进一步去分析，婴儿的啼号，主要有两个原因：一是饥饿，一是排泄。这都是生理的自然反应，所以啼号也是自然的反应，没有欲念掺杂其中，因此虽啼号而不伤咽喉。相反的，成人的啼号乃是欲望得不到时的痛苦哀泣，所以经常声嘶力竭。

知和与知常的工夫

本章文字到这里突然有了变化，前面所叙述的都是以婴儿为比喻，都是写自然的"和"。而此处"知和曰常"的主体，却不是婴儿，因为婴儿是无知的自然之和，这里讲"知"，当然是成人、是修道之士了。"知和"是知，而"常"是指自然的常道，这两者不相等，所以这里的"常"字上似省略了一个"知"字，原意应是"知和"则能"知常"。如河上公的注："人能知和气之柔弱有益于人者，则为知道之常也。"

"知常曰明"这句话已出现于第十六章，是指能知道"常"，心中便能"明"。"明"是智慧的洞见。从"知和""知常"到"明"，都是表示我们不是婴儿，不能自然地和，而必须从修养功夫着手，使我们从"知和"，而趋于和，从"知常"而顺于常，以达到明悟的境地。

生命能随意延长吗

"益生"是增益生命，这是不自然的，如庄子说："常因自然而不益生。"所以"益生"乃是刻意地要求生命的延长。可是这个"祥"字表面上是吉祥的意思，却与"益生"的意思相反，所以王弼直接注"祥"作"夭"说："生不可益，益之则夭也。"于是后代学者便设法把这个"祥"字解作"不祥"，如易顺鼎："祥即不祥，《书序》曰：'有祥桑共生于朝。'与此祥字同义。"张扬明："《左传·昭公十八年》：'里析曰：将有大祥。'杜注：'祥，变异之气。'《前汉书·五行志》：'妖孽自外来，谓之祥。'"余培林："《说文解字》：'祥，福也。'段注：'凡统言则灾亦谓之祥，析言则善者谓之祥。'《左传·僖公十六年》：'是何祥也？'杜注：'祥，吉凶之先见者。'是善恶祸福皆可称'祥'，此处的'祥'字当指灾祸。"这些证据都可以有理由把"祥"解作"不祥"。但老子此处不直接说"灾"，而用"祥"字仍然有他的用意。这句话的"祥"字，和下文的"强"字一样，在一般的观念都是好的，值得追求的。所以"益生曰祥"，就字面来说是正面的意思。因为能延长生命，当然是吉祥的。问题是这个"祥"是"机祥"的"祥"，是祸福灾异的"祥"，是决定于外在的"祥"，而不是老子讲柔、讲和、讲常的自然，所以也不是老子强调的。在这里老子只是说能够增益生命是一般人所谓的吉祥，这句话变成负面的意义是随着下文而发展的。

"心使气曰强"，就一般来说，我们的心能运气而为强力。但在老子来说，这种强是肌肉的强、意志的强，而不是真正自然的强。心必须顺乎自然。心要虚，气才能虚，这样的虚气，才能陶融万有，才是真正的强。

"物壮则老"，这也是自然的现象，因为任何有生命的物体，都会由弱而强，由强而老，由老而死。如果我们要规避这一路程，要求不老，要求不死，反而违背了自然，以至于速老、速死。这是后代道教之士，炼长生不老之药，让那些贪心的君主吃了，非但不能立地成仙，反而即刻暴毙。所以这句话中的"壮"，是承着前面的"心使气"而来，是有意的、勉强的求壮，这样的壮是暴力，是违反了自然的，所以不合于道，以至于早死。

新语

本章有三个重点字语，即"柔弱""知和""知常"。首段举赤子的柔弱，写天生柔弱的性能，而我们用"弱者道之用"和"柔弱胜刚强"，乃是我们学道的守柔和处弱。但守柔处弱并非百分之百完善，因为它已涉及有为，因此要"为无为"，即为于无为，所以本章为了补守柔处弱的可能不足而强调"知和"。"知和"的和，写出了真正的柔弱能保持心中无欲之和，以及与外物相处之和，这样的柔弱才是自然的，才是常道。

第五十六章

知者不言，言者不知。

塞其兑，闭其门，挫其锐，解其分，和其光，同其尘。

是谓玄同。

故不可得而亲，不可得而疏；

不可得而利，不可得而害；

不可得而贵，不可得而贱。

故为天下贵。

语译

　　真正有智慧的人不喜言说，喜欢言说的往往不是真正的有智慧。闭塞意识之念，关住五官之门。挫掉锐利的锋刃，解除纷争之欲，缓和自己的光芒，与世俗相和而处。这种境界叫作"玄同"。达到这种境界，别人无由而亲近你，也无法疏远你；别人无由利用你，也无法伤害你；别人无由尊宠你，也无法作贱你。所以这种"玄同"，才是天下最宝贵的境界。

要义

1. 本章强调知者不言的玄同。
2. 最后归结在不求别人的亲己、利己和贵己。

知者不言，言者不知

"知者"是指的知"道"的人。但"道"是不可知的。我们对于"道"的了解，只能从现象界的"道"的作用，去体验、去力行，所谓"上士闻道，勤而行之"（第四十一章）。所以"知者"的不言，是因为"道"不是言谈之可及，而且他们也不愿意把时间浪费在言谈上。王弼注说："因自然也。"这是根据第二十三章的"希言自然"而来的，因为自然的常道是无言的，因此知"道"者，与"道"相合，自然也是无言的。"言者"有二义：一是指好言"道"者；一是指好言说者。前者是指只知用语言文字来谈"道"，谈来谈去，都是从观念上做游戏，都是从外面来摸"道"。谈得越多，离道越远。因为《老子》第一章第一句便说："道可道，非常道。"所以好谈"道"者，不是真正的知"道"而行"道"。至于后者是指一般喜欢说话，而自以为知的，王弼注："告事端也。"就是指他们的好谈论，制造问题，譬如为政者，要实际地了解人民的需要，解决人民的疾苦。"为政不在多言"，如果只知言说，不仅使人民增加迷惑，而且"多言数穷"（第五章），也使自己变得不切实际。说得越多，反而做得越少。

然而是否真如老子所说：知者绝对不言，言者完全不知呢？

事实又不然，白居易曾有诗说："言者不知知者默，此言吾闻于老聃，若果老聃是知者，何为著书五千言？"其实"知者"虽然不言，有时候却不得不言。此老子之所以因关令尹的请求，为了悲悯人们，在他退休隐遁时，还留下了五千言。如果没有这五千言，我们又哪里能知道老子所讲的"道"呢？所以这两句话要活看、要活用。否则拘泥文字，反而陷老子于"不知"了。

"塞其兑"这二句见本书第五十二章。

"挫其锐"这四句见本书第四章。

玄同的境界

前面六句，是对"不言"的进一步诠释，说明"不言"不只是外在形式上的闭口不讲话。而是一种内心的修养，首先关闭向外追求的意识，如"塞其兑，闭其门"，其次，除去好勇斗狠的心理，如"挫其锐，解其分"，最后，和光同尘，与万物相融，即所谓"和其光，同其尘"。所以最后两句话中的"和"与"同"字乃是本章的要旨，"知者不言"，是因为知者要"和其光"，不愿他的光芒外露，炫人眼目；"言者不知"是告诫修道者，不要从人群中独出以示不同于众。

此处"玄同"是承接前面的"同"字，再往上提升来说。因为"同其尘"是指与世俗相处，而无所别异，很容易被误解为与俗浮沉、同流合污，所以老子在"同"字上加个"玄"字，就像在"德"字上加个"玄"字一样。"玄德"和普通的德不同，它助成万物之生化，却不自以为对万物有德，同样"玄同"和万物相融，却不要求万物与自己相同，也不勉强自己与万物相同，而是在我们"塞兑""闭门""挫锐""解分"之后，自然地与万物和谐相处，浑同一体，这才是真正的"玄同"。

自此以下几句话都是描写"玄同"的。"亲"和"疏"这两句话可以看作平行的两句，是指这个"玄同"是不可得而亲的，也是不可得而疏的，可是王弼的注却把它们连成了一句话："可得而亲，则可得而疏也。"也就是说由于"玄同"的不可得而亲，所以也就不可得而疏。为什么"不可得而亲"？因为"玄同"是浑同万物，没有差别观念，所以没有一个物体可以得到它的特别爱顾，它是一视同仁的，因此也没有一个物体能够和它疏远。因为"玄同"是真正在性体上和万物相和相同，它们的关系不是亲疏所能描述的。举个例子来说，人和自然的关系，说"亲"吗？我们看不见那亲亲密密的现象；说"疏"吗？人又怎能和自然分得开？这种关系，就是"玄同"。王弼的注除了表达"玄同"的境界外，也指出了修养上的功夫，就是我们处心无为，顺物自然，不求人或物之亲我，也不有意制造一点效果使人或物亲我，这样的话，人或物便自然地围绕着我，而不致远离。譬如父母子女间的亲情，是天属、是自然的，因此儿女也永远不会与父母疏远，反之，以金钱、权势、美色，使别人亲我，当金钱、权势、美色不在时，人便会疏远于我。这是王弼的注从运用上，反衬出"玄同"的自然境界。

"利"和"害"这两句话描写"玄同"是与万物自然的和同，这是超乎利害的境界，因此万物不能因"玄同"而得利，也不会因"玄同"而受害。第五章中说："天地不仁，以万物为刍狗。""玄同"就像天地的"不仁"，完全无心于万物，所以万物不能在"玄同"中去讲利或害。譬如自然的真正和谐境界是"玄同"。我们不能在这一自然的境界中去求利，因为一求利，便以人为伤害了自然，有利于人，便有害于物；有利于目前，便有害于未来。因为这个"利"字便破坏了自然的均衡，使"玄同"不再是在玄深处相同，而变成和个人利益的相同了。因此王弼注说："可得而利，则可得而害也。"这是告诉人们有利可图处，害也随之而来，所以在修养功夫上，不要强调你的锐利，不要夸耀你的光芒，这样才能不为利所惑，不为害所及。

"贵"和"贱"是两个从外面来的判断，因为物本身在宇宙中都有其存在的意义，即使有大小之别、高下之分，却没有"贵""贱"之等。既然说是"玄同"，就不该有"贵""贱"。所以"玄同"不能使我们"贵"，也不能使我们"贱"。王弼注说："可得而贵，则可得而贱也。"这是告诉我们，不要求别人看重你，所谓"宠辱若惊"（第十三章），跟着"宠"之后的往往是"辱"，同样，"贵""贱"之权操在别人，别人可以"贵"你，同样，也可以"贱"你。一旦有一念求别人的"贵"你，已是在作"贱"自己了。

"故为天下贵"，这里的"贵"，虽然在文字上是依前面的一个"贵"字而来，但意义却不同。前面的"贵"是与"贱"相对待的，是指的荣位，而此处的"贵"是指它本身的价值。王弼注："无物可以加之也。"就是指它是天下最有价值的东西。因为它是超乎"亲疏""利害""贵贱"之上的。我们试观王弼的注都是从反面来说"不可得而疏""不可得而害""不可得而贱"，这正透示了最后的这个"贵"，就是贵在永远也不可能被"疏"、被"害"、被"贱"。这才是"玄同"的真正可贵之处。

新语

本章关键语是"玄同"两字。这两字早见之于第一章的"此两者同出而异名，同谓之玄"，这是以无和有在道体上相同而言，所以"玄同"是以道体而言，即使我们不等于道体，但我们可以在修养上，甚至提高到最上层次，能"几于道"。就本章这个"玄同"，是根据上文"同其尘"而来，虽然"同其尘"也是运用，但行道者和世俗之人相处，他的行为完全和世俗之尘事相混，在外面完全分辨不清，如"其上不皦"（第十四章），"深不可识"（第十五章），这就是讲"玄同"的原义，所以在后段接着说"不可得而亲""不可得而利""不可得而贵"，这就是说他没有任何行为能让别人可以看出他的特点，这也是《庄子·天下篇》所描写的"与世俗处，而不骄倪于万物"的意思。

在这里我们还要一提的是"玄同"和"玄德"有什么不同。"玄同"是讲由近乎道体而和世俗相处，如上面所述，而"玄德"却是有德，有功用，如"生而不有，为而不恃，长而不宰"（第十章），所以仍有"生之""为之""长之"的功德，只是不自执德，使百姓看不出而已。

第五十七章

扫一扫，
进入课程

以正治国，以奇用兵，以无事取天下。

吾何以知其然哉？以此。

天下多忌讳，而民弥贫；

民多利器，国家滋昏；

人多伎巧，奇物滋起；

法令滋彰，盗贼多有。

故圣人云：

我无为而民自化；

我好静而民自正；

我无事而民自富；

我无欲而民自朴。

语译

以正道治国，以奇术用兵，但以无事才能拥有天下。我怎么知道这个道理呢？是因为以下的事实。治天下如果越多立政法禁忌，人民反而越穷困。如果使人民有越多的知识利器，国家反而越昏乱。如果使人民学得更多的技巧艺能，那么奇异的玩物便会大量产生。如果法律的条文愈细愈苛，那么盗贼反而人为增加。所以圣人说，我无为而治，则人民便能自化于道；我喜欢安静，则人民便能风俗纯正；我不喜欢制造事端，则人民便会自趋富足；我不现可欲之心，则人民便能自归于素朴的生活。

要义

1. 首段描写取天下在于无事。
2. 最后强调无为无事的治国之道。

无事如何能取天下

"以正治国"，傅奕等版本"正"字作"政"字，本来"政者，正也"（《论语·颜渊》）。"正"字可解作"政"，但由于"正"字与下文之"奇"字对称，所以仍用"正"字为佳。尤其王弼的注着重正奇相依，如他说："以正治国，则奇兵起也"。"以正治国则不足以取天下而以奇用兵也"。这是认为用"正"道治国，最后会导致以"奇"术相争的结果，王弼这注的特色是与下文所论思路一致。什么是"正"？老子没有明言。但就传统的治道来说，即是礼法的政治，用老子的话就是"有为"之治。儒家虽然崇尚正道，而批评兵家为诡术，但在老子眼中，两者都是有为，都不足以取天下。这里的"取"不是占取的意思，而是指的"有"天下。以"无事取天下"并不是君主无所事事，疏于政治，而能享有天下。而是指君主不多其政令，不繁其礼制。否则，事愈多，而民愈不安，又如何能使天下人民和乐生活呢？事实上，"无事取天下"的真正用意，是无事于取天下，或无意于取天下，也就是不取天下，让天下万物都能顺性发展。

"以此"就是指以下"天下多忌讳，而民弥贫"等几个例子，这是说明为什么"以正治国""以奇用兵"不好，反不如"以无事"能有天下。

有事适得其反

"天下多忌讳"，"忌讳"有正负两义，正面的意思是指政法礼制，这些政制本来都是为了治国所需，可是政制过于苛细，或不能因时变通，而成为呆板的条文，这样的话就会妨碍人民的生活，使他们不能安于耕种。负面的意思是指君主欲望太多，好凭己意，胡乱设施，而创立了许多禁忌。譬如君主广建宫苑或喜好畋猎，不仅侵占了耕种的土地，也影响了人民的耕种时间。所以这种忌讳越多，人民越不能工作，也就变得越贫穷。

"利器"，王弼注："利己之器。"河上公注："权也。"苏辙注说："权谋也。"这些注解意义不差，但交代尚不够清楚。因为本章一开头即讨论君主如何处理政治问题。而全章的重点，乃是君主的有为，反而制造了许多社会的乱象。可是这句话的主语却是人民。为什么君主的"有为"使人民多"利己之器"或"权谋"呢？难道君主的"有为"，是有意给予人民"利己之器"或"权谋"吗？当然不是。就"以正治国"来说，这里的"利器"似应指的"知识"，君主强调知识，本意是使人民有了知识，容易治理，可是"知出乎争"（《庄子·人间世》），人民有了知识之后，如无德性来运用，那么知识便成为他们保护自己、攻击别人的利器，于是知识也就一变而为权谋。所以人民知识越多，国家反而越昏乱了。

"伎巧"字面的意义是技术，但可引申为才能。这句话和前面一句一样，是指君主"以正治国"，如果过分强调技艺才能，则人民便多学技艺，夸示才能，结果是许多怪诞不经、标新立异的东西都产生了。正是所谓："五色令人目盲；五音令人耳聋；五味令人口爽。"（第十二章）这句话正可对应第三章的话，"贤"是才能，"难得之货"是奇物，"见可欲"，就是这些奇物对人心的刺激。老子劝君主不要夸大这些事物，因为这些事物会引起人们争夺之欲。也许有人会反问，不正是因为人的技巧，我们才有那些伟大的艺术创作和有益于人类的科学发明吗？的确如此，即使老子生在今天，他也不能不赞叹许多不朽的绘画、乐曲、舞蹈、小说，以及卫星征空的壮举、医学技术的高明，但这只是"伎巧"发展的好的一面，而另一面，工业技术的制作，煽起了人们对物欲的无厌追求，今天大多数的人，根本无暇，也不懂得去欣赏真正伟大的绘画、乐曲、舞蹈和小说。几千万元一幅的名画，都被有钱的人购买去，放在他们的客厅或储藏室内以充阔了，大多数人反而无缘欣赏。所以技巧被夸大的结果，是物欲的膨胀，是人类心灵的极度空虚。

"法令滋彰，盗贼多有"，法令的设立，原是为了防止盗贼的。但法令毕竟是治标的方法，治本之处在儒家来讲是德行，在老子来讲是降低欲望，使人民知足。如果君主忽略了根本，而拼命去制作法令，这不正显示出法令之多，就证明了盗贼之多吗？如果没有那么多盗贼，又何需有那么多法令？

圣人之治在无为，好静，无事，无欲

以下四句话，主要意旨相同，而"无为"两字本来也可包括下面的"好静""无事""无欲"。但此处所以分开来论，除了加强文意的力量外，当然也有重点的不同。

"无为"是不施为，也就是不用人为的施政而干扰人民，这样人民才能顺性而发展。

"好静"是不躁动，也就是喜欢安定的意思，这和人民的自正又有什么关系呢？"正"是正定，也是指民风纯正的意思。由于君主喜欢安静，不标新立异干扰人民的生活，所以民风自然纯正。

"无事"是指不制造事端。也就是说君主不应凭着己意劳役人民，使得人民无暇耕种。因为古代是一个农业社会，土地便是人民财富的渊源。

君主无欲，就会"不见可欲"（第三章），而人民的心也就自归于素朴。这四句话中，"无欲"才是根本，所以王弼仅在本句下作一总结说："上之所欲，民从之速也，我之所欲唯无欲，而民亦无欲而自朴也，此四者崇本以息末也。""本"就是无欲的素朴，这才是使天下安定的根本。

新语

本章首段提到三件事：治国、治兵和取天下。用兵在《老子》

中没有强调，我们不必讨论。治国是治理国内的事务和百姓的生活，"以正"的正，虽然是有为，如儒家所强调的礼乐仁义，但治国的最高境界也可用无为。老子常说"为无为""不尚贤""不贵难得之货""不见可欲"也都可视作无为的一种。本章中段讲的不要"多忌讳"，不要"多利器"，不要"多伎巧"，不要"法令滋彰"，也可看作无为的一种。所以就治国来说，为与无为可兼而用之，这要看君主运用之妙了。

在本章最后一段的"无为""好静""无欲"，都可视为治国的无为之道，只有"无事"是对应前段的"无事"取天下。"无事"就治国的无为来讲，是不要无事造事，凭空想出很多事端，动用民力，使人民不能专注于自己的生产，这样人民反而能富有，如汉初的休养生息。

至于"以无事取天下"的无事，应在治国的无为无事之上更高一层。这里的"天下"是指普天之下的人民万物，也是指其他诸侯各国，这里的"无事"针对"取天下"而言。"取天下"就是有事，所以这里的"无事"就是连"取天下"之念都没有。如《尚书》描写尧的"万邦咸宁"，即尧不干涉，让万邦自然安宁。

第五十八章

扫一扫，
进入课程

其政闷闷，其民淳淳；

其政察察，其民缺缺。

祸兮福之所倚，福兮祸之所伏。

孰知其极？其无正。

正复为奇，善复为妖。

人之迷，其日固久。

是以圣人方而不割，廉而不刿，直而不肆，光而不耀。

语译

为政者无为无事，闷然不语，人民反能德行淳厚。为政者善于考察，精于制物，人民反而德行欠缺。灾祸往往是幸福的阶梯，幸福之中也含有灾祸的因子。谁能知道祸福的究竟？祸福实在没有一定的标准。往往正面的事物，会变成反面的结果。本来是善行，最后却变成了邪孽。这是由于人们自古以来都是迷失了真相，只执着于一面的看法。所以圣人不一样，他们虽然方正，却不以此而宰割别人；他们虽然清廉，却不以此去贬抑别人；他们虽然诚直，却不会毫无顾忌地伤及别人；他们虽然有光芒，却并不夸耀自己，使别人目眩。

要义

1. 本章首讲一般君主以有为、有智治国，反而适得其反。
2. 最后归结于圣人之治的无为。

正奇祸福没有准则

"闷闷"是指沉默无言，"淳淳"，河上公、景龙等注本作"醇醇"，都是指德行宽厚。王弼注说："言善治政者，无形无名无事，无政可举，闷闷然卒至于大治，故曰其政闷闷也。其民无所争竞，宽大淳淳，故曰其民淳淳也。"其实这一章承接了前一章，"闷闷"即是描写"无为""好静""无事""无欲"的表现。

"察察"是指善于别析，"缺缺"是指德行有缺失。王弼注说："立刑名、明赏罚以检奸伪故曰察察也。殊类分析，民怀争竞，故曰其民缺缺。""其政察察"就是前章所谓的"法令滋彰"。如果我们深入地去研究这两句话，我们会发现并不是"其政闷闷"，就会使得"其民淳淳"，"其政察察"，就会导致"其民缺缺"。为政治民之道并非如此简单，在"闷闷"的背后，自有一番功夫。即是君主以高度智慧的运用，使有形、有名、有事的治术化成无形、无名、无事的无为之治。所以"闷闷"事实上是代表了一种不需言教、君民之间绝对信任的政治。相反的"察察"是代表君主对人民的不信任，而好用自己的聪明才智，希望控制人民的治术。

前面两句讲政治，而接下来这两句却讲祸福。显然这两句不是前两句的结论，而是并行的例子。因为"其政闷闷"不是福，"其政察察"也不是祸，所以此处所谈的祸福与前文无关。不过老子把它们放在一起乃是表明另一种关系，就是正和反的相生。

就祸福相倚相伏的关系来说，有两种情形，一是时间的变迁，变动了祸福的结果；一是祸中有福的因，福中也有祸的因。"生于忧患，而死于安乐"（《孟子·告子下》）便是例证。这种祸福相生的关系，非常微妙，不是一般人所能了解，所以说"孰知其极"。因为祸中有福的因，而这个祸中的福的因又潜伏了祸的子，总之，它们的变化虽说是相倚相伏，但却不是依照祸、福、祸、福这样机械而单纯的方式发展的。所以说"其无正"，也就是没有一定的标准。不仅没有"祸"永远是祸，"福"永远是福的标准，而且也没有"祸"一定变福，"福"一定变祸的模式。

接下来这句话的"正"字固然是承接前一句的"正"字而来，但这几句话却是进一步说明了人们不知"其极"，把握不住"其极"而产生的结果，本是求正道，却变成了诡术，本是为了行善，却变成了邪路，这是由于人心的迷惑，不能了解真正相反相成的道理，执着表面是非、祸福、善恶，而不知如何运用。

圣人之治的四"不"

自此以下几句话是本章的结论，以说明圣人如何运用。"方"是方正，是指的正道，"割"是宰割，是指的割伤万物。王弼注说：

"以方导物，舍去其邪。不以方割物，所谓大方无隅。"这是说圣人虽然以方正之道去辅助万物，使万物走向正道，但他的方法不是从外面去批判万物、宰制万物，就像用刀去把万物割得方方正正一样。圣人是顺万物之性，使万物走向它们自己的正道。也就是说圣人有圣人之"方"，万物有万物之"方"。圣人不是以自己的"方"为模式，去把万物雕刻得像自己的"方"，而是以自己的"方"，使自己走在正道上，以无为而治，万物也就自然地走出它们的"方"来。

"廉而不刿"这句话曾出现于《礼记·聘义》："君子比德如玉……廉而不刿。"疏："廉，棱也。刿，伤也。言玉体虽有廉棱而不伤于物。"这是指圣人之德，虽也有棱角，有所为，有所不为，但其为与不为，都合于自然，而不致伤及万物。王弼以治道而注说："廉，清廉也，刿，伤也。以清廉清民（令去其邪），令去其污，不以清廉刿伤于物也。"这是说圣人的清廉，是要使人民都归于清廉，但圣人的方法却不是标榜自己的清廉，而凸显人民的污秽。相反的，圣人的清廉不是自我的清廉，而是以万物的清廉为清廉，与万物同归于清廉。

"直而不肆"，"直"是正直，"肆"是放肆。"直"和"方"不同的是："方"是指外在的规矩、标准，而"直"却是指内心的诚信、坦直，佛家所谓："直心是道场。"（《维摩诘经》）也是这个意思。王弼注说："以直导物，令去其僻，而不以直激沸于物也。所谓大直若屈也。"这是说以坦诚无私之心来引导万物，使我与万物相处以无私，但绝不可因自己的无私、直言无忌，而伤及别人的隐私。"直"也指有理，也绝不可因为自己有理，便可放言无忌，而使别人难堪。所以能委曲周全，以恕待人，才是真正的诚直和正直。

"光而不耀"，"光"是光芒，也指人的智能、才识。"耀"，河上公注本作"曜"，《韩非子·解老》作"耀"，都是同样的意思，是指的耀人眼目。王弼注说："以光鉴其所以迷，不以光照求其隐匿也。所谓明道若昧也。"圣人虽然"绝圣弃智"（第十九章），但并不是说他没有圣智，而是他不自以为圣，也不自以为智。同样，圣人当然是有智能、有才识的，但他的智能、才识，不在为自己争名求利。相反他却是"和其光"，用他的智能、才识去为别人开路。甚至于他为别人开了路，而自己却站在别人后面，使别人不知道是他的功劳。

总括以上四句，王弼注说："此皆崇本以息末，不攻而使复之也。""不攻"就是不以自己的德行、知识为武器，去把万物当作对象，去控制它们。相反的，却是放下了这些有利之器，使万物顺性而行，自复于道。所以这样的"方"，是"大方无隅"（第四十一章），这样的"廉"是"廉而不刿"（第五十八章），这样的"直"是"大直若屈"（第四十五章），这样的"光"是"明道若昧"（第四十一章）。这四种功夫才是本章开端"其政闷闷"的真正方法。

新语

老子所谓"反者，道之动"的"反"，是说相反相成之理，就道的正面发展而言，如"有无相生，难易相成"（第二章），但就道的反面来说，就是本章首段的君主好用知来监督人民，反而人民逃避，德性浇薄。

我们生活上的祸福、正奇、善恶等也是相反相成的，这种变迁是由于空间和时间的不同，譬如现在的祸福、正奇、善恶是空间上的区别，我们不可能同时兼有祸福、正奇和善恶，我们只能占有一面，如福、正、善，或祸、奇、恶，但时间的变迁却可以改变一切，所以"反者，道之动"就空间来说是一面，而时间之动却使这一面变为另一面。因此我们处理任何事情要注意空间和时间的变迁。

我们在人生运用上，如何能在空间上先把握好，即使时间变迁也不致走上另一极端？譬如我们现在身在福中，如何避免身在福中不知福，如何能好好珍惜，以免后来变成祸。现在是"正"，要好好顺其自然，以免变为奇。现在是善，不要自以为善，以免变为不善。

在政治的运用上，我们强调"方""廉""直"和"光"的一面，必须做到"不割""不刿""不肆""不耀"，做到能圆融、谦虚、平易、温和而不致伤人，就不会走到其反面了。

第五十九章

扫一扫，
进入课程

治人事天莫若啬。

夫唯啬，是谓早服。

早服谓之重积德；

重积德则无不克；

无不克则莫知其极；

莫知其极，可以有国；

有国之母，可以长久。

是谓深根固柢，长生久视之道。

语译

治理人事，顺奉天时最好的方法莫过于一个节省的"啬"字。唯有能"啬"才能早日降服我们的欲念。能早日降服我们的欲念，就是使我们深深地培养无欲无为之德。能培养无欲无为之德，便能达到无所不为的境地。能达到无所不为的境地，便能使我们进入无所不达的无穷境界。进入这种无所不达的无穷境界，便可以真正为人之君，治理国家。治国之道唯有能把握这个使万物生化不已之母，才能使万物生生不已。这才是真正根深柢固的长生久存之道。

要义

1. 本章首段提出一个"啬"字。

2. 最后强调一个"母"字。

什么是啬的真义

"治人"是指治理人事，可解作为政，也可解作修身。"事天"是指事奉天然，可解作养生，也可解作修道。但这里天人合言，广义的说是指处理人事、因应天然的一切问题。"啬"本是指吝啬，而此处是正面的意思，是指俭省。就为政来说，除刑令，是守朴；就修身来说，少言辞，是寡欲；就养生来说，省精神，是宝精；就修道来说，舍人为，是归常。这都是一个"啬"字的运用。

"服"字，一说作"复"。如易顺鼎说："陆德明作'复'。又《释文》出'复'字云：'音服。'是王本原作早复也。"其实"服"和"复"意义略有不同，"服"是指顺服，"复"是指回返。此处用"服"字较见特色，因为"啬"是一种功夫，就"俭省"的意义来说，这种功夫必然是对欲望有所节制减损。因此这个"服"字有降服的意思，但历来各注都作顺服来解，如韩非作："从于道而服于理也。"（《解老》）河上公作："服，得也……则能先得天道也。"王弼作："早服常也。"其实这个"服"字本有"降服"和"顺服"两义。必先降服了欲，才能顺服于道，然后才能回归于道。

尤其这个"服"字，前面和"啬"相接，后面和"德"相连，因此只是在"功夫"的阶段，尚没有达到顺于道的境界，所以仍以"降服"为恰当。所谓"早服"就是指先降服了欲望。因为"啬"必须先降服欲望，否则便无法俭省精神。

"重积德"之"重"字有二义，一是指多的意思，一是指深的意思。"积"，是累积的意思。"重积"两字给人的印象好像这个"德"每天都在增加。其实我们要了解老子的这个"德"字，是无为的，而不是有为的。有为的"德"，如儒家所谓的德行，可以今天积一点，明天增一点，如朱子说："重积德者，先已有所积，后养以啬，是又加积之也。"无为的"德"乃是无欲，却是走消损的路子，所谓："为道日损。损之又损，以至于无为。"（第四十八章）所以此处"重积德"，即是"损之又损"的意思。"啬"是"损"，"服"也是"损"。老子修德的功夫是一贯的。

如果把"重积德"解作德行累积得多、累积得厚，而产生了无事不能克服的力量，这样便把"德"解作了有为之力，如西方学者有把《道德经》的这个"德"字译作"力"（Power）的Arthur Waley。不论内容如何，总给人一个假象，是一种"力"去无不克的。其实，这句话正是"无为而无不为"的意思，"重积德"是"损之又损，以至于无为"，"无不克"就是"无不为"。

"有为"的力量再大，也有它的极限，因为它毕竟是一种力，有力就有用尽的时候。"无为"则不然，它根本不是用自己的力量去为，它是让万物自为，所以永远也用不完。以"无为"去"无不克"，根本上是不用去克。既不用去克，哪还有力量用尽的时候？所谓"莫知其极"，按韩非的注是："体道则智深；其智深，则其会远；其会远，众人莫能见其所极。"(《解老》)体道虽然不错，可是由智深而发展下去，便易流于用术之途。王弼注则说："道无穷也。"体道就是要体道之无穷，而去实践这种"体道之无穷"，就是无为。由于"无为"，就能像道一样无穷，所以"莫知其极"，字面意义是别人不能知道你的究竟，而真正的意义是指"无为"的作用是无穷极的。

"可以有国"就像"可以有天下"一样，并不是指可以占有一个国家，而是指可以为君主，治理这个国家。但老子的治国是"无为而治"，不像韩非的治国，要"不见其事极"，这种有意于深藏不露，也是一种"有为"。老子所谓"莫知其极"是自然的无为，是完全的开放，而不是故意地让人们"莫知其极"。

什么是治国之母

这里再强调"有国之母"，就是为了避免"有国"的有为之治，所以这里提出这个"母"字来，说明"治国"的根本，如王弼所注："国之所以安谓之母，重积德是唯图其根，然后营其末，乃得其终也。"这是就政治方面来说的，可是河上公则就养生来说："国身同也。母道也。人能保身中之道，使精气不劳，五神不苦，则可以长久。"当然这里的"长久"可以同时适用于政治和养生两方面。不过这句话的重点是在一个"母"字。在《老子》中"母"是代表了"生"的意思。单单"有其国"是不够的，还必须能使其生生地发展。正如第十五章所说的："孰能安以久，动之徐生。"把握住这个生化之母，才能使国家或自身长久。

本章从"治人事天"，到"有国之母"，似乎都可以解作为政之道。只有这最后一句，似乎是用在养生上，所以许多注解都就养生来说，甚至混入了后代道教炼丹的概念。其实就这一章和前后数章合起来看，前后数章都是论为政的，所以这一章似乎也以论为政为主。《老子》全书虽然没有那么明显地编定次序，但往往几章连在一起都是谈某一个问题的。但老子论为政并不是谈术，而是谈道，因此很自然地从术中超脱出来，而进入道的境界。这是他之所以在"有国"之母后，接着说："有国之母，可以长久。"

至于最后一句话，在表面上，固然可当作养生的思想，但这是指"道"的作用，也是指无为的功效。如果我们拿第十六章末尾的一段话来比较，则将有趣地发现："公乃王"，正是"有国"的意思，"道乃久"正是"有国之母，可以长久"，而"没身不殆"岂不就是"长生久视"了吗？但问题的重点，还不是这种相同的描述，还不是在"长久"而已，而是在于如何去把握这个"母"，以达到长久。很多注家只说"母"是指的"道"，这样似乎又用一个较为抽象的"道"把较为具体的"母"挡了回去，说了等于没说，所以在这里我们必须追根究底地再问下去，把"啬""服""德""母"及"长久"连成一贯。前面我们已把"啬""服""德"字，从节省精神、降服欲望，归结到无为上，现在我们再倒过来从"长久"，即从"长生久视"追溯上去。什么是老子真正所谓的"长久"呢？试看第七章所说："天长地久。天地所以能长且久者，以其不自生，故能长生。"这个"不自生"岂不是"长生久视之道"的最好注脚吗？如果我们承认以老解老是最直接而可靠的话，那么这一注脚，一方面可以使我们摆脱把老子的"长生久视"与后代的神仙丹道混为一谈的附会；另一方面则使我们能用更为空灵而又具体的方法去突破"母即道"的注语，去了解这个"母"又如何能使我们长生。因为天地之长久，是由于它们不以自己的存在为存在，而是以万物的存在为存在，因此只要万物存在，就等于它们的存在。同样，这个"母"在老子的哲学中，是生化的原动力。它的生化乃是以虚无为体，而助万物的生化。所以"母"不是有"质"的生育，而是"虚"气的生化，这是无为的大用。这样一来，本章的整个思想脉络便可贯穿在无欲无为的生化法则上。修身如此，为政如此，养生如此，修道也是如此。

新语

本章首先讲治人事天之道。"治人"当然是治国，至于事天可看作治国的事天，即遵循天道，顺乎自然。但"事天"也可单独说个人的事天，即修养上的取法天道。总之这两者都可通乎自然。那么"啬"和自然又有什么关系呢？"啬"字就字形来看，像农夫种田。《说文解字》也说它通于"穑"字。这个"啬"字除解作节俭外，也当作农夫的顺天时，爱惜农作物来解。所以综合起来，这个"啬"字至少有三义：一是节俭；二是爱惜；三是顺天时。

接着说，"有国之母"，这个"母"字在第一章中说，"有，名万物之母"。事实上，"母"就是指道的始生作用。也是指柔弱和生养的意思。这和前面的"啬"也是相通的。

最后的两句话中，因为"长生久视"一语，后人常把它当作神仙修炼之学，能使人长生不老。其实"长生久视"是指道有深根固蒂的特质，能使万物有长生久视的功能。这种功能就在于我们有"啬"的功夫，知道如何爱惜保养自己的精神。

第六十章

扫一扫，
进入课程

治大国若烹小鲜。

以道莅天下，其鬼不神；

非其鬼不神，其神不伤人；

非其神不伤人，圣人亦不伤人。

夫两不相伤，故德交归焉。

语译

治理大国的方法，就像烹调小鱼鲜一样，要能清静无为。以这清静无为之道处天下，便会使代表恶势力的"鬼"也没有魔力神通。并不是"鬼"真的没有魔力神通，而是它的魔力神通不能伤人。并不是它的魔力神通不能伤人，而是由于圣人的不伤人。圣人和"鬼"互不相伤，他们都一起回归于无欲无为的"德"。

要义

1.本章首先告诉我们治大国要像烹小鱼一样。

2. 最后强调用德来和万物交流。

什么是烹小鲜

"鲜"是指生鱼。"小鲜"即小鱼。此句历来注解都不错，如韩非："烹小鲜而数挠之，则贼其泽。治大国而数变法，则民苦之。是以有道之君，贵清静而重变法，故曰治大国若烹小鲜。"河上公："烹小鱼，不去肠、不去鳞、不敢挠，恐其靡也。治国烦则下乱。"王弼："不扰也。躁则多害，静则全真。故其国弥大，而其主弥静。然后乃能广得众心矣。"以上三注大致都认为治大国不应用有为的方法，来进行大量改革和进行各种工程建设，如果这样便会扰民。因此"烹小鲜"的方法就是清静。但"清静"并不是指国君一个人图清静，什么事都不闻不问。而是指用"烹小鲜"的方法，使国家走向清静。那么什么又是"烹小鲜"的方法呢？除了"不去肠、不去鳞、不敢挠"之外，还必须注意火候，要用小火；还必须在旁边耐心地等候，不可大意。所以"烹小鲜"的方法，除了"静"字诀外，还有"徐"字诀，还有"慎"字诀。如第十五章："孰能浊以止，静之徐清，孰能安以久，动之徐生。"这里便是强调"静"字、"徐"字。又如第二十六章："奈何万乘之主而以身轻天下？轻则失本，躁则失君。"这里便是强调一个"慎"字。

什么是其鬼不神

前面讲"烹小鲜"是说的方法。无论是"静"也好，"徐"也好，"慎"也好，都是讲的"用"。这个"用"的背后必须有"德"、有"道"，否则"用"便流于小用。"烹小鲜"永远只能适于小鲜，又如何能处理大鱼？所以"烹小鲜"只是一个比喻而已，"治大国"，必然还有它的大精神、大原则，这就是老子所以在"烹小鲜"后，没有详谈如何"烹"小鲜，却突然话题一转，而谈"以道莅天下"。"莅"是"临"的意思，是指以道来处天下。"其鬼不神"的这个"鬼"，不是实指鬼魄的"鬼"，因为《老子》中其他处都没有谈这个"鬼"，而《老子》全书也不谈宗教的鬼神之说。所以这里的"鬼"是一个比喻，是指恶人或邪恶的势力。"神"在这里也不是指神性的"神"，而是指精神作用。这是说真正能以"道"处天下的话，也就是以无为之德对待人民的话，纵使国家有恶人或邪恶的势力，也产生不了他们的作用了。

接下来的"非其鬼不神，其神不伤人"这句话进一步说明，并不是"鬼"没有精神或魔力。也就是说，并不是恶人或邪恶的势力没有力量、没有作用。而是他们的力量、他们的作用不会伤人。

"非其神不伤人，圣人亦不伤人"，这是顺着前面的话来说的，并不是"鬼"的力量或作用不会伤人，而是圣人的不伤人。全文发展到"圣人亦不伤人"，才是本章的重心，圣人本不伤人。事实上这里"不伤人"也包含了不伤"鬼"，这可以从下面一句"两不伤"得到证明。由于圣人处无为之道，因此不把"鬼"看作除恶的对象，使得人不以"鬼"为鬼，而"鬼"也不自以为"鬼"，这样，虽然它有力量、有作用，也就无从发挥了。

如何能交归于德

前面老子不说"圣人不伤鬼"，而说"圣人亦不伤人"，这是因为"不伤鬼"是指局部，而"不伤人"是指的全部。由于圣人无为而治，自然不伤万物。由于圣人的不伤万物，而化解了"鬼"的暴戾之气，使"鬼"和圣人同游于不伤人的自然境界。所谓"德交归焉"，就是交归于"德"，也就是在"德"上，圣人和"鬼"相互融合。试想代表恶势力的"鬼"都被圣人之德感化了，何况寻常百姓？这里的"德"和前一章"重积德"的德都是一样的，是无为而又无不为。由于"无为"，虽治大国，也不致把自己忙得焦头烂额，不知所措；由于"无不为"，虽治大国，却能照顾全面，使得万物自化，不善之人也自然而化于善。

新语

"治大国若烹小鲜"的真义是重视三点：一是温和，二是守朴，三是德治。但君主运用起来却有三种功夫：一是能静，二是能徐，三是能慎。这是老子治国之道的六字真传。

本章接着有两个重点字，一是"神"，一是"德"。这个"神"字，前面用得很多，大约都指神妙、神灵或精神。此处从鬼说神，所谓"其鬼不神"，这里的"神"显然是指鬼的力量，即魔力。这里为了和君主的"其神不伤人"相交流，所以也把它美化为神。这代表国家内反对派和君主的精神作用互相不伤害。

这个"神"字在我提出的整体生命哲学的三角形中，是在上面一角的道的层次上，也就是说神和道是一样的性能，道是虚的，神也是虚的。道是以虚为用，神也是以虚为用。因为神能虚，所以君主用神便能虚其心，这样才能感化人民。

道—神

理 用

　　最后说"德交归"，由于这个神的虚下贯于德，使这个德也是以虚待物，使万物归向于它。由于这种虚的功夫，君主不用权力，不靠智力，才能治大国好像烹小鱼一样，不必动刀动斧，而能非常轻松自然了。

第六十一章

扫一扫，
进入课程

大国者下流，天下之交，天下之牝。

牝常以静胜牡，以静为下。

故大国以下小国，则取小国；

小国以下大国，则取大国。

故或下以取，或下而取。

大国不过欲兼畜人，小国不过欲入事人。

夫两者各得其所欲，大者宜为下。

语译

　　大国应该像水往下流一样，处于最低下的地方，因为那是万川之所交汇，也是万国之所归趋的地方。它也就是天下之"牝"。牝是雌的，她却能以虚静的特性胜过刚强的雄。这个虚静就是所谓最低下的地方。在诸侯国之间，大国能自居小国之下，便能赢得小国的附庸；小国能自处于大国之下，便可获得大国的庇护。所以前者是居下以取，后者是处下而取。大国最大的目的不过多庇护一些小国；而小国最大的目的，也无非是事奉大国，得

到庇护。两者都因处下而得到所希望的，但大国高高在上更应自
处低下。

要义

1. 本章讲大国与小国相交的国际关系。

2. 最后指出大国必须处下才能使小国归向。

以静居下的方法

这一章是继前一章而发展的，前一章"治大国"，似乎是指
处理国内的问题，而此章不言"治大国"，而言"大国者下流"，
是指国与国之间的问题。所谓"下流"是指的向下流，也就是以
谦虚的态度，处于最低的地方。如王弼所注："江海居大而处下，
则百川流之；大国居大而处下，则天下流之，故曰大国下流也。"
王弼的注很清楚，但却不能忽略最具精神的两个字就是"居大"，
因为"大"才特别要处"下"，而就是因为能"处下"，才能够成
其为"大"。因为这最低的地方就像大海一样，是万川所共同流
注的。但大海必须真"大"，才能容纳百川，否则早就胀破了。
如《庄子》所描写的"注焉而不满，酌焉而不竭。"(《齐物论》)
然而为什么突然从"天下之交"转接到"天下之牝"？"天下之交"
有两个特质，就是"低"和"大"。而"天下之牝"也有两个特质，
就是"虚静"和"能生"。第六章所谓"谷神不死，是谓玄牝"，
这是指的"虚静"；"玄牝之门，是谓天地根"，这是指的"能生"。
本章此处是强调"虚静"。能"虚"则能"大"；能"静"则能"低"。

由于本章此处是强调这个"静"，所以接着下文便讲这个"静"字，而王弼在"天下之牝"下注说："静而不求，物自归之也。"其实这个"静"是指"虚静"，是含有"虚"的意思，"虚"是虚其心，虚其欲，这样才能下流于最低之处。

"牝"是雌，"牡"是雄。一般的观念，雌较柔弱，雄较刚强。"雌"又如何能胜雄？王弼注说："雄，躁动贪欲，雌常以静，故能胜雄也。"所以雌不是和雄决斗，以力量胜雄，相反的，雌乃是不以力量决斗而胜雄。这就是老子强调的"静"字，因为"雄"好动，一动就消耗能量，而"雌"好静，静则始终保持能量，所以最后当"雄"的能量用尽时，"雌"的能量仍然没有一点减损，这不是"胜"是什么？接着老子又强调说："以静为下。"这是把"静"和"大国下流"的"下"连接在一起，认为能够"静"才能自处低下，如王弼注说："以其静，复能为下，故物归之也。"事实上，"静"未必就是"下"。这乃是说能"静"，则能"虚"；能"虚"，则能自处低下，而为万物所乐于归趋。

大国反在小国之下

"大国以下小国"这几句话是写大国与小国之间的关系，"取"是取得。这是说大国如能谦逊以下自居，那么便能取得小国的拥戴。同样，小国如果卑顺以下自处，也就能取得大国的相助。"下以取"指大国的取小国。"下而取"是指小国的取大国。

"兼畜人"是指大国希望多得小国的归附。"入事人"是指小国希望事奉大国以得到大国的庇护。

这是指大国和小国如果谦顺处下便都能达到它们的希望。可是小国本来是居下的，它的卑顺是自然的。而大国却是高高在上，容易骄矜自大，所以更应自处下流。

新语

在大国与小国之间的关系方面，一般来说，大国势大，小国只有甘心诚服，作为附庸，以求获得大国的庇护。可是老子在这里却反过来说，要大国处下，大国处下并不是说小国就可以夜郎自大，使大国慑服，这怎么可能？所以小国仍然是要自知其小，好好顺从大国。

本章所强调的是大国的态度，因为大国不由于它的富强壮大而骄傲，使小国不是诚服，而只是慑服，这正是承了前一章的以力相对，而不是交归于德了。

把这道理用之于人生，富有的人和贫穷的人交友，如果能使他们之间的友谊长存，富有的人更应该非常谨慎小心他的言语态度，更应该做到真正的谦虚了。

第六十二章

扫一扫，
进入课程

道者，万物之奥。

善人之宝，不善人之所保。

美言可以市，尊行可以加人。

人之不善，何弃之有？

故立天子，置三公，虽有拱璧以先驷马，不如坐进此道。

古之所以贵此道者，何？

不曰以求得，有罪以免邪？

故为天下贵。

语译

　　道的深妙是万物所托庇的。善人知道如何宝贝这个道，不善之人也能因道而保全他们性命之真。世上，美丽的言辞可以买到别人的重视，尊崇的行为可以赢得别人的敬仰。道的重要远超过美言尊行，不善的人，又怎么可以弃它而不顾呢？所以说：如果贵为天子，有统率三公的权位，有双手合抱的璧玉那么多的财富，以及以驷马为车的尊荣，但还不如安然静坐，修德以求"道"。自古以来的人为什么特别看重这个"道"呢？那不是因为善人求道而万事亨通；不善的人，虽有过错，却也因立心修德进道，而解除了他们因罪行所得的病苦。所以说道是天下最可贵的。

要义

1. 本章首言道为万物的庇护所。

2. 最后说有罪者必须回归道以免咎。

道是万物的庇护所

"奥"，王弼注："奥，犹暖也。可得庇荫之辞。"吴澄注："奥，室之西南隅……尊者所居，故奥为贵。"前者是指道的深妙，后者是指道的尊贵。但这都只是外在的描述，真正道为万物之"奥"的，还是在于它的虚而生物。由于它的用"虚"，所以是"深妙"；由于它的生物，所以为万物所尊贵。

"宝"，王弼注："宝以为用也。""保"，王弼注："保以全也。"这是指善人之所以尊道为宝，是因为"道"之用无穷；而不善之人所以求"道"为保，是因为他们虽有不善，但如能复返于"道"，仍然可以因"道"而保全性命之真。

王弼、河上公及其他各注本都作："美言可以市，尊行可以加人。"唯《淮南子·道应》及《人间》都作："美言可以市尊，美行可以加人。""市"是市场，此处作动词用，指可以在市场上拍卖以获利。"加人"指自己的才能行为可以超越别人。

这两句话在这里并无特殊意义，只是用来反衬下面句子。意思是美丽的言辞尚可以销售获利，尊崇的行为犹可以使自己超过别人。何况不善之人又怎能遗弃比"美言""尊行"更重要的"道"呢？

道重于一切财势

"三公"，周代官名，指太师、太傅、太保。"拱璧"指两手合抱之璧玉，形容大璧。这是指有天子之尊，有拱璧之富，有驷马之势，还不如安静地坐在那里，勤修大道。注意"坐进"两字，"坐"是相对于"行"，表示安于静，而不向外追求；"进"是指德的日进于道。

有罪之人速就道而自救

这里所谓"古之"人，并非指圣人。虽然圣人也贵道，但全章以善人和不善人为喻，所以这里是指自古以来的人。"以求得"，是指求道而有得。这里的"求"，不能解作向外追求，有求必得，因为这是欲望，不是老子所鼓励的。所以这里的"求"，是指修德以求合道。第二十一章所谓："其精甚真，其中有信。"这说明了道对万物所作所为的反应是真实不虚的。第二十三章又说："同于道者，道亦乐得之；同于德者，德亦乐得之。"这不正说明了，善者之为善，善"亦乐得之"吗？至于"有罪以免"，是指不善之人，虽然他们曾犯过错误，做过不善的事，但如果他们能幡然而悟，诚心修德以顺道，则可以免除他们的罪过。

但在这里千万不可把老子此话与宗教里的赦罪观念混为一

谈。譬如西方宗教上的赦罪权是在高高于上的上帝，能否被赦，除了取决于你的行善外，还要靠你的信仰，这是寄托于外在的。在中国道教形成的一般的世俗宗教里，人的为善为恶都被记在功德簿中，为善多了则可以抵消以前的罪行，这也是依据外在的记录。至于佛家的思想，人的行为是一种业力，为善有善业，为恶有恶业。有罪的人如果专心行善，自然便能得善报。虽然这个"业"是由自己所造的，但"业"本身仍然是一种存在。可是老子此处"有罪以免"却不是那么的复杂，掺杂了上帝的判断、神的功德簿和甚深的业力说。老子此处只是说虽有罪过，但只要一心向道，由于"道"是无为无作的，因此此心立刻因"道"而变得清心寡欲，整个人格也就焕然一新。但这并不是说以前所做的罪恶没有报应于你身。如果是这样的话，岂不是"道"在帮我们赖账，助我们不负责了吗？该报的还是要报，但如果能修德顺道，此心的清明安静，使我们能坦然接受应该有的报应，而不致再有"求道"后的痛苦。"有罪以免"，所免的是这种痛苦，而不是把以前的罪行一笔勾销。

新语

本章说道可以使有罪之人得以免祸，好像宗教上的神明能使有罪之人无罪，所以每个跪在寺庙中或教堂中的人，不只是善人，也有的是有罪之人，这是神明的宽宥世人，没有区别心；但道家"天地不仁，以万物为刍狗"，如何能使有罪之人免咎？其实道本身是虚的，没有成见，不能判人有罪无罪，而一切的罪行、罪感、罪报都是人的自作自受。《太上感应篇》上说，"祸福无门，唯人自召"，这是中国人都知道的。所以这个"道"不是外在于人，高高在上，而是在人心中，不善之人只要一念知罪，便能改过自新，而得免于祸咎了。中国佛教上说"放下屠刀，立地成佛"，也是这个意思。

第六十三章

扫一扫，
进入课程

为无为，事无事，味无味。

大小多少，报怨以德。

图难于其易，为大于其细。

天下难事必作于易，天下大事必作于细。

是以圣人终不为大，故能成其大。

夫轻诺必寡信，多易必多难。

是以圣人犹难之，故终无难矣。

语译

有为于无为之境，处事于无事之处，品味于无味之中。以小治大，以少应多，以德来化除怨尤。解决困难之事于其容易的地方；有所大作为始于其细微的处所。天下最难的事往往由容易的事发展而来，天下最伟大的事往往造端于最细微的地方。所以圣人不好高骛大，反而能成就大事。轻易地应诺往往到后来变成了失信。把任何事情看得太容易往往结果造成了更多的困难。所以圣人以对付难事的态度谨慎处理容易和细微之事，最后便毫无困难，于是看起来他是无所为、无所事。

要义

1. 本章首揭无为无事的真义。
2. 最后强调知难、谨慎，乃无为无事的重要功夫。

要能为无为之为，事无事之事

这句话有两解：一是为而无为，一是为于无为。前者是说"为了"，但由于充分了解，事前防范，合于自然，所以"为"得轻松简易，好像无为。这就像《庄子·养生主》中所描写的"庖丁解牛"，由于他的技术达到了"道"的境界，他能看透牛的各种关节，因此刀子进入了牛身中的空隙，而游刃有余，得来全不费气力。再说后者是指以"无为"而"为"。这里的"无为"，是"无欲""无执"的意思。用在个人身上，就是做任何事情都能没有私心，而能顺其自然。用在政治上，就是不以私见干扰人民，顺着民性自然地发展。

"事无事"，在表面上，这句话与前一句话意思相似，可以包括在前一句话中，但此处特别加以强调，仍然有它的原因。前面的"为无为"，尽管"为"是施为，但"无为"毕竟是心的一种功夫。而此处"事无事"却是就外在的"事"来讲的。这里第一个"事"和前面第一个"为"字一样，都作动词用，是指的"处事"。这句话也有两解：一是处事以"无事"；一是处事于"无事"。前者是指以无事的心境来处事，这是说即使遇到困难之事，也应抱着"无事"般的宁静的心情来处理，也就是所谓以"平常心"来处事。后者是指处事的功夫要用在"无事"上。这有两种方法，一是所谓"为之于未有"（第六十四章），一是指不在有形的地方做事，而在无形的地方解决问题。

要能在无味中体验真味

前面两句是谈政治，是谈处事，可是本句突然跳到饮食的"味"字上，似乎有点不搭题、不连贯。其实在《老子》中，对于饮食的基本需要是非常重视的，如"实其腹"（第三章），"为腹不为目"（第十二章），"贵食母"（第二十章），"甘其食"（第八十章）。但对于"味"，却是贬抑的，如"五味令人口爽"（第十二章），"道之出口，淡乎其无味"（第三十五章）。所以老子虽谈饮食的"味"，却是有关"欲"和"道"的。先就"味"本身来说，我们品尝食物的味道，应在无味处得其真味，而不是酱油糖醋或味精等外加的味素。但讲食物的味道只是比喻，老子在这里还有较深的一层用意。本章从"为"，到"事"，再到"味"，自应有其理路上的发展，王弼注说："以无为为居，以不言为教，以恬淡为味，治之极也。"王弼把这个"无味"，解为"恬淡"，而归结在治道上，是有道理的，因为本章和前后各章都是讲治道的问题。所以此处的"味无味"和下一章的"欲不欲，不贵难得之货"一样，是指的"无欲"，这样，"无为""无事""无欲"，便形成了一贯。

以小治大，以一应万

如果前面的话都是谈治道，那么"大小多少"这句就易解多了。"大小"，就是"治大国若烹小鲜"（第六十章），所谓治大若小。同样"多少"也即"治人事天莫若啬"（第五十九章），就是以"少"应付"多"，以"简"御"繁"的意思。这和老子"多则惑，少则得"的思想也是一致的。

"报怨以德"，这句话是顺着前一句的"大小多少"而来，以小对付大，以少应付多，也就能以德化除怨，因为以怨对付怨，怨便越来越大、越来越多。注意这里的德是老子之所谓"德"，是"无为""无事""无味"的"无"。由于是以"无"为用的，所以才能化大怨为无怨。"怨"在政治上是代表反对的势力，即第六十章里的"鬼"。圣人"以道莅天下，其鬼不神"，就是以德报怨，所以是"德交归焉"。

图难于其易，为大于其细

任何困难的事情，开始的时候，都是容易的；任何巨大的工作，开始的时候，都是微细的。这是很普通的道理，可是常为人所忽略。人们往往好高骛远，野心勃勃，反而一事无成。圣人之所以"终不为大"，并不是"大"的不好，而"大"的关键处往往在细微的地方，只要把握这些细微之处，"见小曰明"（第五十二章）便能成就"大"的事情。

圣人知道什么是难

"轻诺"所以"寡信"，是由于好"言谈"，而不重实际。"多易"之所以"多难"，因为在容易的地方不注意，逐渐地，容易的便变成了困难的。圣人"难之"的"难"，并不是说圣人以为困难。一般的观念，圣人无为，应该处事容易，何"难"之有？事实上，这个"难"有两种：一是外在事物上的"难"；一是心理上的"难"。然而这两种"难"，都没有一定标准。由于没有一定标准，也就是没有其必然性，所以我们可以转难为易。圣人"难之"的"难"，就是能预见事物从易变难，要在容易的地方谨慎处理，从而转难为易，也就是使易不变为难。这个"难之"的"难"字恰恰写出了圣人虽无为却有为，虽无事却有事。

新语

本章讲"无为""无事"，好像轻松自然，其实本章讲了两个"难"，一是"图难于其易""天下难事必作于易"；一是"多易必多难"，"是以圣人犹难之，故终无难矣"。前者说明外界可能有难事，如果外界无难事，那么无为无事做来轻松自然，又有什么稀奇？所以真正处理难事，"谈笑间，樯橹灰飞烟灭"才是功夫。至于如何处理难事，圣人"犹难之"，也就是说圣人对于治国之事，无论大小，或难或易，都以"难之"的态度和心情来对待，就是谨慎小心，在事情的开端解决掉问题的起因，在遇到困难时，更抽丝剥茧，找出纠结之处，来迎刃而解，所以最后没有难事，这就是他的"无为""无事"。

第六十四章

扫一扫，
进入课程

其安易持，其未兆易谋。

其脆易泮，其微易散。

为之于未有，治之于未乱。

合抱之木，生于毫末；

九层之台，起于累土；

千里之行，始于足下。

为者败之，执者失之。

是以圣人无为故无败，无执故无失。

民之从事常于几成而败之。

慎终如始，则无败事。

是以圣人欲不欲，不贵难得之货；

学不学，复众人之所过。

以辅万物之自然，而不敢为。

语译

事物在安定的时候容易把握，问题在没有发生端兆的时候容易安排。事物在脆弱的时候容易消融，问题在微细的时候容易解决。要在问题没有形成之前去对付，要在事情没有变成动乱之前去处理。因为两人合抱的大树是发芽于毫末的细小处。九层高的楼台是建基于一筐筐的泥土。千里之远的行旅也是始于足下的第一步。因此胡乱施为便会败事，固执成见便会失误，所以圣人不胡乱施为，便不会败事，不固执成见，便不会失误。一般人做事，往往在快要完成时，不幸功败垂成。因此我们如能谨慎对待事情的结果，就像我们在一开始时，便谨慎小心一样，这样便不会失败。所以圣人之所希求的乃是超乎欲望的智慧境界，他们重智慧而不重视那些难得稀有的物品。圣人所要学的乃是不靠学习知识所能达到的至德境界，只有至德才能救人改过而向道。唯有这样，才能顺应万物的自性发展，而不敢凭己意胡乱施为。

要义

1. 本章借自然界的事物来发掘由微而显的道理。

2. 最后强调圣人之无为在于顺自然而为。

要在看不见的地方着手

"其"指事物，"安"指安定，"持"指把握。当事物在安定的时候，一切都依照理路而行，因此容易把握。"兆"是预兆，"谋"是图谋。当问题还没有预兆显现时，问题根本还不成问题，因此很容易便能解决，而使其不会发生。

"脆"是指脆薄。"泮"字，河上公等注本作"破"，傅奕等注本作"判"。此处仍依王弼本作"泮"。"泮"是冰雪融解的意思，这是描写事物的发展，在起初很脆薄的时候，正像冰雪积得未厚，很容易把它溶解掉。"微"是微细，"散"是解散，也就是问题在微细的时候，很容易把它解决掉。我们比较这两句和前面两句，前面讲"安"、讲"未兆"，是在问题还没有发生之前，所以王弼注说："以其安不忘危，持之；不忘亡，谋之。无功之势，故曰易也。"也就是指居安思危，防患于未然。至于此处讲"脆"、讲"微"，乃是在问题刚开始露出端倪之时，所以王弼注说："虽失无入有，以其微脆之故，未足以兴大功，故易也。"所谓"失无入有"，就是由无到有，问题已开始发生了。但在刚发生之时，如冰之始凝，容易溶解。

无为无事的定义

接下来的这两句话可以看作前面四句的结语。"为之于未有"，是为无，这是指"其安""其未兆"来说的。"治之于未乱"是无事，这是指"其脆""其微"来说的。这也可看出《老子》中提到"无为""无事"的微细差别。老子在单讲"无为"时，"无为"可以包括"无事"。如果"无为""无事"并列时，像第六十三章，那么"无为"是在"无"之时，而"无事"已进入了"有"之时。"无为"是"心"上的功夫，"无事"是"事"上的功夫。"无为"是处"无"而为"有"，使"无"到"有"的发展，自然而然，没有一点阻碍。"无事"是处"有"而归"无"，使有了问题时，能知几知微，把它消解掉，化为无事。

大生于小的现象

"合抱之木"等三句话是比喻：大生于小，高基于低，远始于近。这是物理的自然现象，也是事物的自然发展。我们不可能抛弃这"毫末"，放弃这"累土"，打消这"足下"的第一步，否则虽然是"无事"，却是死寂没有生气的，也是违反自然的。所以老子的思想并不是把所有的发展都否定了，变成了一种虚无主义。"道生一，一生二，二生三，三生万物。"（第四十二章）这是道的变化，也是自然的现象。我们所要努力的不是去打断这一发展，使其不变不化，而是要体察这变化的原理，顺着这生生的历程而发展。而我们体察的地方，乃是在"毫末""累土""足下"的细微发端之处。

圣人无为故无败

"为者败之"的"为者"是对应于前面的"为之"而来，但这两个"为"字，却正好相反。前面的"为"是"为之于未有"的无为，而此处的"为"，乃是为之于已有的施为，是指好大喜功，凭一己之意而妄为。同样，"执之"也是对应于前面的"治之"而来，但"治之"是"治之于未乱"的消散政道，而"执之"却是治之于已乱之后的刑法之治。王弼注说："当以慎终除微，慎微除乱。而以施为治之，形名执之，反生事原，巧辟滋作，故败失也。"所谓"慎终除微"，就是以恬淡无为，从根本上化除欲望，使人们自化，这是无为的境界；所谓"慎微除乱"，就是在"化而欲作"时"镇之以无名之朴"（第三十七章），使问题很容易地消解打掉，而不致成为大麻烦。反之，如果不能从细微处解决问题，等到问题严重时，再动刀动斧，大力进行改革，或徒执外在的刑法，来压制人心，自然是成事不足，败事有余了。

"民之从事"，这是借譬一般人的做事，由于只看到大的、远的，而忽略了开始时的细微处，因此根基不固，当然是功败于垂成了。照理说，老子前文都在强调开始的细微之处，应该是重"慎始"的，为什么此处又讲"慎终如始"？其实这里正是强调想要慎终，必须慎始。真正能够慎始，必然能由慎始而慎终，一路慎到底。这里的"慎"字和前一章的"难"字意义相同，可是常为读者所忽略。因为一般人喜欢老子的自然无为，乃是由于他们憧憬那种飘逸的生活，这种心理便会使他们只往简易方便去想、去求，而忽略了自然无为的后面，还有一个"慎"字、"难"字。他们看到"慎"、看到"难"，好像这样便不自然，而失去了那种大而化之的超逸的风格。其实治国之道，并不是纸上谈兵那么容易。圣人知道其"难"，而慎其始、慎其终，才能化难为易、迎刃而解。所以这个"慎"字才真正写出了老子"无为之治"的用心。

圣人之所以不欲不学

这句话以下，是本章的结语。正写出如何慎始、慎终，如何"为之于未有""治之于未乱"。这里首先揭出的是"欲不欲"。第一个"欲"字当作动词用，只是说明心理上的欲求，并非不好的欲望。"不欲"虽然可解作"无欲"，但在此处乃指不是欲望的东西。这个"不欲"的"不"，含有超越的意思，如"天地不仁"

的"不"。也就是指圣人所欲的，不是可欲的东西，如"难得之货"等。这和第三章的"不贵难得之货""不见可欲"意旨相通。

"学不学"的第一个"学"是学习的学。第二个"不学"的"学"乃是"绝学无忧"（第二十章）的"学"。所谓"不学"并不是真的放弃学习，而变得无知无识。而是所学的，超乎一般的知识之学，达到至德的境界。这在佛学上，也有类似的境地，叫作"无学"，即指觉行圆满，不须再修学的意思。所以在这里的"不学"，已由知识转化成德行，于是老子才接着说"复众人之所过"，即由至德以帮助人们改过而向道。

前面，通过了"不欲"，圣人把自己的欲净化了，使他所想所见的，已不受欲的污染，而对任何问题的解决，都能从精神的层面来着眼。通过了"不学"，圣人把自己所得的知识转化为智慧或至德，而能感化人心，开发了人们心性中的至德良知。这样，圣人才真能顺着万物的本性，辅助万物生生不已的发展。所以说圣人的"无为""无执"，就是圣人不以自己的意见去加于万物，凭一己的欲望、知识而施为。圣人之所以"慎"，就是谨慎于不用一己的私见来看问题，这样，在源头上便无欲无私，问题自然能迎刃而解了。

新语

承接着前文的知难，本章说的"四事"，都是我们日常生活中最普通，而大家都易知的事。譬如"其安易持"，指我们心中安静的时候，容易把得定；"其未兆易谋"是指心念未起时，我们容易解决它；"其微易散"，好比我打了个喷嚏，立刻喝姜汤，容易打散寒气；"其脆易泮"，譬如我们清除积污，在它薄弱时易除，积垢增厚，便很难清理了。这些都是我们在生活中容易遇到和看得见的事实，老子却把它们作"为之于未有"的无为，"治之于未乱"的无事的注脚。

到了后半段，强调圣人的"欲不欲""学不学"，这和老子在前一章讲的"事无事""为无为"是同一笔法。老子不是过于理想化，要人们无欲、无学，他承认人民有欲，但这个欲最高的境界是"不欲之欲"。他承认人们要学，但这学的最高层次是"不学之学"，即不局限于知识的智能，而是德性的智慧。这种智慧，不是另有它的存在，而是"辅万物之自然"，即顺着万物的自然变化而走，所以本文最后又归于自然，总结一句，就是无为无事，就是顺自然。

第六十五章

古之善为道者，非以明民，将以愚之。

民之难治，以其智多。

故以智治国，国之贼；

不以智治国，国之福。

知此两者，亦稽式。

常知稽式，是谓玄德。

玄德深矣，远矣，与物反矣，然后乃至大顺。

语译

古代善于用道的人，他们不强调小聪小明，使人民竞求智巧。相反的，却使人民掩其聪明，谦退如愚。人民之所以不容易治理，乃是因为他们那种钩心斗角的智巧太多。所以国君如果强调以"智"治国，使人民竞求智巧，而自己又专任智巧，这样便会给国家带来祸害。相反的，不以这种智巧来治国，便会给国家带来幸福。知道这一祸一福的现象，便能深刻体会舍智重愚的原理。能够永恒地了解这个原理，便会达到"玄德"的境界。"玄德"

是深不可识的，却又是无远弗届的。"玄德"，是超离一般物欲之知，而能与万物真性共返于大道的自然之境。

要义

1. 本章首段强调为道者不在用知。
2. 最后主张顺物自然。

老子是愚民政策吗

首先，我们必须对这个"善为道"的"善"字特别注意。因为这个"善"字是指善于运用，那么这里的"道"就不是道体的道，而是指运用的"道"。就道体来说，是超于"善"与"不善"、"明"与"愚"的，但在道的运用上，却必须透过了相对法，并超越了相对法。但老子对于相对法的运用，乃是由"反"面来着手的，所谓"反者，道之动。弱者，道之用"（第四十章）。因此在"明"和"愚"的相对中，老子便抓住了这个"愚"字。在《老子》中"明"字出现了几次，都作正面的解释，而且境界很高，有如佛家的智慧或觉悟。如"明白四达"（第十章），"知常曰明"（第十六章、第五十五章），"不自见，故明"（第二十二章），"自见者不明"（第二十四章），"是谓微明"（第三十六章），"见小曰明"（第五十二章）。可是在这里"明"与"愚"的相对，使这个"明"变成了负面意义的"明"，如王弼所注："明，谓多见巧诈，蔽其朴也。"这是指知识伎巧的"明"，相反的，这个"愚"，由于是老子所运用的，因此也就被赋予了正面的意义，如王弼所注：

"愚谓无知守真，顺自然也。"这是王弼就整个老子思想来注这句话，所以才不至于把"愚之"当作愚民政策。可是后代的法术之士，却以这句话为借口，故意使民无知愚昧，易于控制，甚至演变成了焚书坑儒的惨剧，这岂是老子的本意？

这里的"智"和前面的"明"对照，是指的智巧，人民的智巧越多，国家越不容易治理，这是一个事实，也是一个历史的发展。因为古代社会生活简朴，人民思想单纯，当然容易治理。可是后来，人口增加了，社会复杂了，各种智巧也应运而生。国君以一人之智，要想对付那么多人的智巧，当然是愈加不易的。然而这毕竟是一个历史发展的事实，要如何才能化难为易，这便是老子政治思想的主旨。

当人民生活素朴，社会平安时，国君当然没有理由以"智"治国，平添事端。可是当人民"化而欲作"，智巧滋生时，国君如果以"智"治国，是否能解决问题呢？老子的答案是否定的，他称这种做法是"国之贼"，也就是国家的祸患。这里用一个"贼"字，正写出了为政者偷去了人民素朴之心，以"智"贼乱了社会。王弼注说："当务塞兑，闭门，令无知无欲。而以智术动民，邪心既动，复以巧术防民之伪。民知其术，防随而避之。思惟密巧，奸伪益滋。"这里写出了国君和人民相斗以"智"的现象。庄子说："知出乎争。"（《人间世》）正是此意。

玄德的深远

"稽式"之"稽"，王弼注为"同"，"式"是规则。河上公与其他很多注本作"楷式"。"稽"与"楷"字虽异，但意义并无不同。

这是指前面两者，一为"贼"、一为"福"。虽然祸福不同，但我们深体所以有此不同，却可以发现一个共同的原则，就是"古之善为道者，非以明民，将以愚之"。可是为什么老子又接着说："常知稽式，是谓玄德"，把前面谈论治国之事又归结到"玄德"上面呢？我们如果不经心地读这段话，往往忽略了这一转语的重要性，因为它一方面，把"智"提升到"德"上来；另一方面写出了"非以明民，将以愚之"的真意义。因为这说明了"愚之"并非真正使人民愚昧无知，而是以"玄德"为境界的一种无为之治。"玄德"的意义，据第五十一章的解释是"生而不有，为而不恃，长而不宰"，在这一前提下，所谓"愚之"，绝不是君主有意要使人民愚昧，易于控制。而是君主不强调"智"，不用自己的"智"，所以"使民愚之"，也是君主的自愚，正是所谓"绝圣弃智"（第十九章）的意思。老子在这里提出了"玄德"，可以说替"使民愚之"作了最好的注脚。

"玄德"的深，是因为它的"微妙玄通，深不可识"（第十五章），所以不是一般知识所能了解；"玄德"的远，是因为它的"大曰逝，逝曰远"（第二十五章），所以不是以名相可以执着的。"与物反矣"的"反"，正和"反者，道之动"（第四十章）的"反"相同。约有两义：一是相反的反，如司马光的注："物情莫不贵智，而有玄德者独贱之。虽反于物，乃顺于道。"一是复返的反，如庄子所说："性修反德，德至同于初。同乃虚，虚乃大。合喙鸣，喙鸣合，与天地为合，其合缗缗，若愚若昏，是谓玄德，同乎大顺。"（《天地》）王弼也注为："反其真也。"这两层意思前后衔接，与物相反的反，是指与一般世俗的"智"相反；与物共返的反，是指任顺物性，而不以"智"去宰制。总之，这是指"玄德"的"绝圣弃智"，而"同于大通"（《庄子·大宗师》），所以老子接着说："然后乃至大顺"，"大顺"即"大通"，也就是道的自然。这是说"玄德"不以"智"去对付人民，而与人民归真返朴，合于大道的自然。

新语

本章有一个重点就是"愚"字，由于"非以明民，将以愚之"一句，常被人误为老子是愚民政策。首先我们要认清老子的"愚"字并非完全负面的意思，像今天责人以"愚笨"。老子在第二十章用过一次"愚"字，如"我愚人之心也哉"，这是自愚，虽属自嘲，但是针对一般人的以才智而自夸，竞逐于外的一种反面的说法，因老子常说"正言若反"，他说愚、说弱都是一个道理。不过在这里的"愚"是用于治道上，正可以用第三章的"不尚贤，使民不争"乃至"常使民无知无欲"来对照，常使民"无知"，不正是"非以明民，将以愚之"的诠释吗？

最后本章归于"玄德"，可见"使民愚之"绝非极权暴政的愚民政策，而是一种最高深的德治，不仅领导者本人有"玄德"，而使民不以知相斗，而由愚以归于德。所以"无知无欲"不是在"知"和"欲"上做文章，而要在"德"上来转化。

第六十六章

扫一扫，
进入课程

江海所以能为百谷王者，以其善下之，故能为百谷王。

是以欲上民，必以言下之；

欲先民，必以身后之。

是以圣人处上，而民不重；

处前，而民不害。

是以天下乐推而不厌。

以其不争，故天下莫能与之争。

语译

江海之所以能为百谷之上，为万川所归趋，就是因为它的善于自处于最低下的地方。因此要能在人民之上为君主，必须在言语上谦下于民。要能在人民的前面为先导，必须设身处地在人民之后。这样一来，圣人虽然实际上在人民的上面，但人民不感觉他的负荷之重；虽然在人民的前面，但人民却不会感觉到他挡住了前路，因此天下万物都乐于推崇他，而不会厌弃他。这就是由于他不和人民争，天下万物也不会和他争了。

要义

1. 本章首先以江海来譬喻君主的处下能容。
2. 最后强调不争之德。

江海之所以能容纳百川

"百谷王"是指百谷都以它为归趋。以江海来说，就是指百谷中的溪流都流向江海。而它们之所以能如此，就是因为江海所处的是最低的地方。老子在这里强调这个"下"字，也就是谦下的意思。

君主自处于百姓之后

"上民"是指在人民之上，为人民的君主。"以言下之"并不是真正地在人民之下，而是在言语上谦虚，自置于下。如自称"孤、寡、不谷"（第四十二章）和"愚人之心"（第二十章）。"先民"是指在人民之前，为人民的先导。"以身后之"，并不是指真正的不知不觉、后知后觉，而是设身处地在人民之后。如"进道若退"（第四十一章）。这不是真正的退，而是不自以为是、不自以为有见。

实际上，圣人有人君之位，是处人民之上，处人民之前。可是由于他言语上的谦让，没有作威作福，使人民没有感觉有任何在上的负担。由于圣人以无为而治，虽然他为人民在事先解决了问题，但人民不感觉他的所作，反而感觉是他们自己作的，这样人民便不会感觉有任何阻碍在他们的前面。

能立于不争之地

"争"是争名之好、利之丰、位之高。如果我们自处低下，不与人争，因此也就没有人与我们争。试想我们处低下，又有谁与我们争处低下？我们自称愚昧，又有谁与我们争愚昧？我们"生而不有，为而不恃，长而不宰"，又有谁与我们争"不有""不恃""不宰"。所以唯其不争，才是置身无可争之地，对己身来说，是最安全之地；对万物来讲，却是不争不竞，同归于大顺。

新语

本章重在"不争"两字。这两字在第八章赞美水之德时，曾用过，如"夫唯不争，故无尤"，此处却说，"以其不争，故天下莫能与之争"。我们综合老子"不争"的思想，有以下几个特色：

（一）你不争，是因为你处下，所以别人不会和你争。一般人都是向上争的，没有人争着要处下。能懂得处下是一种德，没有人会和你争处下之德的。这是本章的主旨。

（二）你做了很多功德，但你不争名位，所以你的功德可以发挥真正的作用，不致为人妒忌，而有后患，这是第八章的主旨。

（三）你一争，就把你推向争竞之地，虽然你一时也能凭你的才智得胜，但人才辈出，你终有一天会被人击败的。

（四）人之所争，大多不外名和利，这两者是糖衣包装的毒物，我们争到结果，糖衣退尽，争到的却是有毒的苦果。

（五）一争，你便动了争念。接着而来的是念念不忘争，把你的才智全部投了进去，你的心也不得安宁。你还没有在外和人争，自己已先打垮了自己。

第六十七章

扫一扫，
进入课程

天下皆谓我道大，似不肖。

夫唯大，故似不肖。

若肖，久矣其细也夫。

我有三宝，持而保之。

一曰慈，二曰俭，三曰不敢为天下先。

慈，故能勇；

俭，故能广；

不敢为天下先，故能成器长。

今舍慈且勇，舍俭且广，舍后且先，死矣！

夫慈，以战则胜，以守则固。

天将救之，以慈卫之。

语译

　　天下之人都说我所求的道太大，好像什么都不像似的。其实正因为它的大，才什么都不像。如果它像什么，它就是小东西了。我的道有三个法宝，我善守而不失。第一个是慈心，第二个是俭德，第三个是不敢为天下人的先导。因为有慈心才能有大勇；有俭德才能运用得广大；不敢为天下人的先导，才能成就万物而被它们视为尊长。现在如果我们舍弃了慈心，而只讲勇斗；舍弃了俭德，而想运用得广；舍弃了谦退于后，而要争先，这是走上了死路。三宝之中慈心最重要，在战斗中有慈心，便能赢得最后的胜利。在保国安家中有慈心，便能使家国安固不摇。天道如要救人，必定给予他慈爱之心，使他能自救。

要义

1. 本章首先讲道的大，是大在它的没有形体。
2. 接着从"三宝"而归结到一个"慈"字。

道大得不像个东西

河上公、景龙等注本，第一句为"天下皆谓我大"，意义不如王弼注本的"天下皆谓我道大"。因为没有这个"道"字，这句话就成了赞美老子本人之大了，与老子的思想不合。所谓"我道大"，是指我所求所行的道"大"。这与第二十五章的"字之曰道，强为之名曰大"的"大"相同。先就这个"道"来说，因为这个"道"的大，是"大曰逝，逝曰远，远曰反"（第二十五章）。所谓"反"是反于物的，当然与物不肖。"肖"是像的意思，"不肖"就是不像物，也就是没有物的形相，因为有了形相，便滞于一形一相。最高的山、最深的海，都是有形有相的，都不足以语道之"大"。因为有形有相之大，都是在时空之内，而"道"却是超时空的。

再就"我道"来说，老子在此处不只言"道"，而说"我道"，多加了这个"我"字，仍然是有用意的。前代学者魏源、姚鼐等忽略了这个"我"字，以为这几句话与下文的"我有三宝"等思想不连贯，因此，把这几句话合在上章之后（魏源），或独立成一章。殊不知"我道"的"我"字与下文"我有三宝"的"我"字实际上是文义相贯的。因为"我道"是讲我对道的运用，这是就现象界来说的，而"不肖"也就是指被一般人看作退缩不前、不够气派。所以这几句话与下文的意思也是连贯的。

我有三宝

这三宝中"俭"和"不敢为天下先"与前文的"不肖"意义相承。"俭"，即"治人事天莫若啬"（第五十九章）的"啬"，看起来是吝啬，如"广德若不足"（第四十一章），因此似"不肖"。"不敢为天下先"，即不和别人争贤争能，也即第四十一章所谓"进道若退""大白若辱""建德若偷"的意思，所以看起来更是"不肖"。然而"慈"和"不肖"似乎不合。这个"慈"字在《老子》中共出现在三章中，其他两章为："六亲不和，有孝慈"（第十八章），"绝仁弃义，民复孝慈"（第十九章）。这两章中的"慈"都是指伦理上父母对儿女的"爱"的意思。而此处的"慈"，显然超出了伦理的范围，河上公的注是："爱百姓如赤子。"也就是把父慈，推到国君的爱民。但这种爱民的"慈"不可能被视为"不肖"。我们推求老子此处用"慈"字可能有两种意思，一是指慈爱万物，被一般人视为太过软弱，而讥为妇人之仁。如《左传》"子鱼论战"上记载的临阵三原则:"君子不重伤,不禽二毛。古之为军也,不以阻隘也。"另一是《庄子》所谓的"大仁不仁"(《齐物论》)。"大仁"即是"慈",这和《老子》第五章的"天地不仁,以万物为刍狗,圣人不仁,以百姓为刍狗"相通。这两种现象都显示了"慈"虽大,但正因其大,所以不像一般人所想象,而被误为"不肖"。

这三宝不只是老子的理想,实际上,在中国历史上却时常被运用在政术上。最显明而有成效的,就是汉文帝的"黄老之治"。首先他废除秦的酷法,如连坐等,这是慈;他常穿草履上殿,他的慎夫人裙不拖地,这是俭;他以一封信,言词极为婉转,而纾解了南越王赵佗之乱,这是"不敢为天下先"。可见老子的这三宝,看似平淡无奇,却为汉初帝王所实践,创造了汉初黄老之治的伟业。

《老子》全书戒强梁,主张柔弱胜刚强,所以这里的"勇"绝不是好强斗狠的小勇,而是"仁者无敌"的大勇。"仁者"的无敌,不是以武力制人,而是以道德化人。老子的"慈"是大仁,是自己对万物的无欲,却又能真正的关怀万物、生养万物,这是老子讲的"慈"。由于这种"慈"的无欲,才是真正的大勇,这在佛学称为"无畏",佛陀被尊称为"大慈",又为"大勇",也就是这种意思。

"俭",是节省、节约,一般都是指金钱或物资。但老子的"俭",正如第五十九章中的"啬",除了节省金钱、物资外,还有不浪费精神的意思。所以"俭"是收敛之德。在《易经·否卦·象辞》便说:"否,君子以俭德辟难。"而伊川注为:"以俭损其德，辟免祸难。"可见这个"俭"正是老子"损之又损，以至于无为"的意思。唯有能俭损，"无为而无不为"，才能用广、德广。

"不敢为天下先"，就是"谦"。也就是前一章所谓的"善下之""以言下之""以身后之"。关于"成器长"三字，前人注说不一，河上公注："成器长谓得道人也。"似嫌附会。王弼注："能立成器为天下利，为物之长也。"这是把成器与长分开，他注出了成就万物的意思，颇有深度。至于考据家计较在"成器长"上加一"为"字，如俞樾、马叙伦等，便无关乎老子的思想内容。不过近人的注解，都把"器长"合成一词，当作官长或万物之长。但如参照后文"舍后且先"，那么"器长"，应解作万物的先导。另外有一解，如果我们引用第四十一章"大器晚成"一语，"不敢为天下先"是"后其身"，是能"晚"，那么"成器长"就是成"大器"。这样一来"能勇""能广""能大"也是文义相贯的。

慈的伟大力量

没有慈的勇是匹夫之勇，因为他没有仁心，不是为了救人，只凭一时的意气用事。这正是老子一再告诫的"强梁者不得其死"（第四十二章），没有俭的广是好大喜功的广，是"厌饮食，财货有余"的"盗夸"（第五十三章），这正是老子告诫的"开其兑，济其事，终身不救"（第五十二章）。不知后的先，是争名争利的争先恐后，知进而不知退，知强而不知弱，这正是老子告诫的"物壮则老，谓之不道，不道早已"（第五十五章）。所以这三条路都是"死路"。

前面谈三宝，最后却独重一个"慈"字，细体老子的用意，并非无由。先就字义来说，"慈"可以涵盖"俭"和"不敢为天下先"。因为慈于物，当能"俭"；慈于人，自能"不争"，而"不敢为天下先"。再从文义的对应来说，本章开首说"我道大，似不肖"，这个"慈"正可代表"我道大"的特色，而"俭"和"不敢为天下先"却似不肖，所以在结论中以"慈"来强调我道之大。最后，就老子的言论来说，他讲无为自然，天地不仁，因此常给人的感觉是"太上忘情"，好像老子是主张无情的，而忽略了老子内心深处对天地万物的关怀之情。这个"慈"字才真正写出了老子思想的精神。所以本章以"慈"为总结，实在是有道理的。

然而为什么老子说"慈"，却用"以战则胜，以守则固"的战争术语来比喻呢？这个原因，无独有偶的，可以在《易经》中找到。《易经·谦卦》本是讲谦让的，可是在六爻中却两次大谈侵伐与用兵，如《谦六五》："利用侵伐，无不利。"《谦上六》："利用行师，征邑国。"这并不是说《易经》鼓励侵伐和用兵，而是表明"谦"并不是退的，而是进的。即使在战争中，谦更能发挥其作用。同理，此处"慈"用之于战事，无论以战以守，都是无不利的。其实我们深体老子的苦心，"慈以战则胜"，并不是鼓励去杀人，以武力制胜。而是用"慈"去化解暴戾之气，以达到止战的目的，这是"慈"的伟大力量。慈应付战争有如此功效，对于保卫自己的家国，使人民安居乐业，更是最重要的安定力量。最后老子说："天将救之，以慈卫之。"河上公注得好："天将救助善人，必与慈仁之性，使能自当助也。"这是说并不是天道以它的慈爱去救人，而是说天道把这个慈爱之心交给他们，使他们通过了慈爱而自救。

新语

本章为什么从"我道大，似不肖"说起？因为一般人看道都很大，无所不包，无所不容。即使《老子》一书，在第一章中便说，"道可道，非常道"，便把这个道抬到语言文字之外，好像它是如此超越，给人一个无法形容的感觉。所以此处说"不肖"就是指大得无法形容。但这个"不肖"还有一个不好的意思，我们常说不肖子孙，指子孙的不孝，不像父母的伟大。这个"不肖"的不好的意思是自我的批评，也是谦卑之意，这点正可贯穿到下文的"三宝"。在这"三宝"中，"俭"和"不敢为天下先"，都不是"大"，而是"不肖"。因为俭给人的印象，常常是小气，"不敢为天下先"便显得卑弱了。至于"慈"字，在佛学是一个伟大的慈悲心，慈是慈爱众生，悲是悲天悯人。两者合在一起，当然伟大。不过老子当时的慈只是父母对子女的爱，仍然属于私情，与佛教及基督教的大爱不同，所以父母的慈爱一般都被看作软性的，所以老子才反转来说，"慈故能勇"，这也表示一般人的慈都欠缺勇猛的精神。

所以这"三宝"就一般人来说，都是偏于保守的、卑弱的，不像道那样的大气磅礴，令人景仰，但老子却把一般人视为普普通通的行为，当作道的伟大功能，可以在我们的生活中实践出来。

最后老子为什么又归结为一个"慈"字？这是老子把这个慈的私情扩充到大爱。后来佛教传到中国后，用了"慈悲"两字，可能就是借用了老子的"慈"字。老子此章说的"慈故能勇"，佛教不也是说佛是大慈，也是大勇吗？所以本章用"慈"字结尾，就是因为慈的正面意义才把这个道由"不肖"拉回到"至大"的境界。

第六十八章

扫一扫，
进入课程

善为士者不武，善战者不怒，善胜敌者不与，善用人者为之下。是谓不争之德，是谓用人之力，是谓配天古之极。

语译

一个善于修道的人，绝不表现出好武的样子；一个善于处理战事的人，绝不轻易地冲动发怒；一个善于克敌制胜的人，绝不动辄和对方往来争竞；一个善于运用人才的人，往往谦卑自牧。这叫作不和别人争斗的德行，也叫作能运用别人的力量。这即是顺天道的自然，也是古代善于修道的人的最高境界。

要义

1. 本章首段举兵家、政治家的用反为例。
2. 最后强调如何由用反而回归大道。

兵家的不武、不怒及不与

"善为士者不武"，王弼注说："士，卒之帅也；武，尚先陵人也。"焦竑注说："古者车战为士，甲士三人，在车上。左执弓，右持矛，中御车掌旗鼓，皆欲其强武。"这两注都是把"士"当作将帅或武士，单就这一句话，或这一章来说，并不错。但《老子》第十五章也说："古之善为士者，微妙玄通。"第四十一章又说："上士闻道，勤而行之。"可见此二处的士，绝不是将帅武士之流，而是有知识之士的通称，犹今天所谓知识分子或读书人。在这一句中，"士"和"武"对称，固然可解作将士，但通观《老子》全书，把这个"士"解作上士，或第一等有智慧的人士，更能把本章从战阵用兵的层面提升上来，而解作有智慧的人士处理类似战争的问题。"不武"，是指不尚武力，不耀武扬威。这与第十五章的"微妙玄通"也是相合的。

"善战者不怒"，"善战"字面意义当然是指兵家的善于作战，但老子根本的思想是反对战争的。虽然他在第三十章、三十一章中曾提到战争，但都是持批评态度的；虽然他也引证兵家之言，但却是借兵家的理论以纠正兵家之失。譬如这句话里的"不怒"，便是对善战者一种批评的诠释。因为一般的战争都是意气用事、好强斗狠的表现。许多好战者训练士兵就像训练好斗的野兽一样，使他们对敌人易于发怒，这是将帅的善用心理战术。而将帅本身却不能冲动，否则便将受制于人，而不能冷静地运用策略，所以就兵家来讲，善战者是"不怒"的。然而老子此处强调"不怒"，还有更深一层的意义，因为"不怒"，便能心平气和。如果大家都能心平气和地解决问题，还有什么战争可言。所以这"不怒"两字正写出了"善战者"的不好战，以"不怒"来止战。

"善胜敌者不与"，在字面上也是指战阵对敌之事。"不与"，王弼注为"不与争也"。陶鸿庆《读老子札记》说："王注本作'与争也。'后人之不达其义，臆增不字耳。"后人高亨更直解"与"为"斗"字。其实"与"字本身并无争斗之意。在《老子》第八章中曾说："与善仁。"这里的"与"是指相交、交往或交际的意思。"善胜敌者"的"不与"，乃是指他的不与敌人相较，也即比较军力、武器。《老子》中一再强调"柔弱胜刚强"（第三十六章）。柔弱之所以能胜刚强，绝不是与刚强较力。就兵家而言，真正的胜利，往往不是取决于兵多或武器良好，而是取决于将帅的是否能用智、士兵的是否能守律。但老子还不是强调后者，因为这仍是争斗之事。老子真正重视的乃是第六十七章的"慈"字，所谓"慈，以战则胜，以守则固"。也就是真正胜敌者，以"慈"去化解敌意。"不与"就是不与对方以仇敌相对。

善用人的君主懂得如何处下

"善用人"并不是利用别人，而是指有智慧的领导人正确利用人才。"为之下"就是"欲上民，必以言下之"（第六十六章），即是以谦虚用人。

"是谓不争之德"，这句话是重点，点出了这个"德"字，使兵家和政治家的权术一转而为道家的不争之德。"不武"是因为不争，"不怒""不与""为之下"也都是由于不争。这不争乃是来自德性的自然。

"是谓用人之力"，河上公注："能身为人下，是谓用人臣之力。"这是把这句话当作"善用人者为之下"一语的注脚。当然就兵家或政治家来说，这也是一种权术。但老子崇尚自然。不争之德是从自然上来的，同样，用人之力，也是顺万物之能力。如水之就下，火之燃上。君主之所以能无不为，也就是不自用其力，而充分地运用万物之力，使它们各依其性得以发展。

为什么要配天

"是谓配天古之极"，这句话近代学者都认为"古"是衍文，原句为"配天之极"。如俞樾说："疑古字衍文也。'是谓配天之极'六字为句，与上文'是谓不争之德'、'是谓用人之力'文法一律。其衍"古"者，《尚书·尧典》郑注曰：'古，天也。'此经他本有作'配古之极'者，后人传写误合之耳。"虽然"配天之极"，于义并无不妥，但王弼与河上公本皆作"配天古之极"。尤其河上公注本把这句话分作两部分来注。在"配天"下注说："能行此者，德配天地。"在"古之极"下注说："是乃古之极要道也。"这样的分注仍然有它的道理，因为"配天"，是总括"是谓不争之德，是谓用人之力"两句话，说明它们是顺乎自然的。这是把"用人之力"从权术的层面，提升到自然的境界。至于"古之极"的"古"字，在《老子》中经常出现，如："执古之道"（第十四章），"自古及今，其名不去"（第二十一章），"古之所谓"（第二十二章），"古之所以贵此道者"（第六十二章），"古之善为道者"（第六十五章），从这些"古"字来看，除了代表时间外，多半是指修道者来说，这和本章第一句的"善为士者"正好对应。所以"古之极"，可以说是总括全章，指的"古之善为道者"的以此为"极"，即以"配天"为最高修养境界。

新语

本章前面三句话中的"善为士""善战者""善胜敌者"，都是就兵家来说的，但"不武""不怒"和"不与"，已含有用道的功能了。所以接着说，"善用人者为之下"把前面三句转入政道，而归结为不争之德，这又回到老子思想的主旨了。这里的"用人之力"仍然属于无为的政术，虽然讲无为，但不免有用术之患，所以它必须回归到"配天古之极"。

这最末一句应分成两点，一是"配天"，一是"古之极"。"配天"是顺天道的自然。这是指前面用兵、用术者在用了之后，不能久假而不归，如战国时期很多用兵、用术者，最后却死于他们的用术上。前面我们讲"反者，道之动"的"反"有二义：一是相反；一是复返。也就是说用了相反相成之理达到目的后，又必须超越得到的成就，才是功成、身退的天道。最后老子补上一句"古之极"，乃是说明这种做法并不容易，古人中也只是有智能、有德行的人才能做得到。

第六十九章

扫一扫，
进入课程

用兵有言：

"吾不敢为主而为客，不敢进寸而退尺。"

是谓行无行，攘无臂，扔无敌，执无兵。

祸莫大于轻敌，轻敌几丧吾宝。

故抗兵相加，哀者胜矣。

语译

用兵的军事家曾说过："我不敢采取主动，而宁愿退居被动；我不敢争那一寸之土，而宁愿退让一尺之地。"这也就叫作用兵行军，却没有行列。击退敌人，却不用臂力。使敌人就范，却不露出任何仇敌之意。

军队所依靠的，却不是兵器。最大的祸患就是轻敌，因为一有轻敌之心，便失去了前面我们所讲的三宝。两军对垒之时，往往是有哀矜之心者获胜。

要义

1. 本章举兵家之言为例来说明用"反"之理。

2. 最后的"哀者胜矣"一句又回归老子的本意。

兵家也在讲一个"无"字呢

"用兵"指的是兵法，但不一定是指战国时的兵家。近代学者常以此推论老子引用兵家之言，而断定《老子》之书写于战国末年，这并不合乎事实，因为有战争，就有兵法，老子只是引用他当时或前代的用兵之言而已。

"吾不敢为主而为客"，这在兵家来说，就是不主动出击，而以逸待劳。"主"是指像主人似的倡于先，"客"是指像客人似的随于后。老子的哲学不强调雄先，而主张守雌，正和用兵之言相合。至于吴澄所注："为主，肇兵端以伐人也。为客，不得已而应敌也。"这完全把兵家的战略一转而为老子对兵家的看法了。

"进寸"是指争一寸之土，"退尺"是指退一尺之地。这是说不愿争一小片土地，而宁愿退让较多的土地。这在兵家来说，是以退为攻，或以退为进的战术，使敌方自陷于困境，就像我国第二次世界大战期间的抗日策略。但在老子思想来说，却是强调"不争"和"退让"之德。

行"行"，王弼注："行陈"，即军队的行阵或行列。"行无行"的第一个"行"是动词，指的行军或用兵布阵；第二个"行"是名词，指的行列的形式。这是指善于用兵者，其行军布阵没有一定的形式。但我们须注意老子以下数句，是针对前面两句兵家之言的演绎，它们的意义是双关的，一方面可作兵家之言来用，而另一方面却是以道家思想来消融了兵家的好战之病，所以"行无行"的"无行"两字又是对前面"行"字的否定。它的意思就是行军而无军可行，布阵而无阵需布。也就是真正道家的行军却敌，根本不需动用军队。这句话与前一章的"善为士者不武"相合。

"攘无臂"，《说文解字》："攘，推也。"是用手臂推物的意思，引申可为却敌，如"尊王攘夷"的"攘"字。又《老子》第三十八章"攘臂而扔之"，这个"攘"字指奋臂。合而言之，"攘"是奋臂以却敌的意思。在兵家言，就是不用短兵相接，凭肉搏的臂力以却敌。但老子此处却暗示了奋臂却敌而无臂可举，这正是前一章所谓"善战者不怒"的意思。

"扔无敌"，近代学者根据傅奕、陆希声、吴澄、魏源等版本，把这句话移在下一句之后，而为"执无兵，扔无敌"。同时，他们也从王弼的注文认为王弼的版本原来也是如此倒置的。不过这种前后句的对调，意义上并无出入。至于河上公，也和王弼相同，所以本书仍依旧文为注。

"扔"和"攘"相对，"攘"是推之使去；"扔"则是引之使来。"扔"字如第三十八章的"攘臂而扔之"，是指使对方就范，跟随于我的意思。"无敌"是指没有敌意，也就是不使对方加深对我的仇恨，严加防范。在兵家来言，就是涣散对方的军心，使敌人的士兵趋向于我。在《老子》来说，就是前一章所谓的"善胜敌者不与"，即不与对方敌意相待，也即第六十七章的"慈"字，"以战则胜，以守则固"。

"执无兵"，此处"执"字有两解：一是指自己的执持，即自己军队所依靠的；一是指对敌方的执持，即控制对方的军队。"无兵"，就是不用兵器。合而言之，就是用兵以克敌制胜而不用兵器。和前文"行无行"相对，此处"执无兵"，即"兵无兵"。在老子思想来说，"执无兵"即"无执"，也即是从根本上破除"用兵"的观点。

轻敌是失败的原因

"轻敌"两字，傅奕本作"无敌"。陶绍学说："王弼注曰：'非欲以取强，无敌于天下也。'则王本亦作无敌。今作轻字，殆后人所改。"如果此处改为"无敌"两字，则与前文"扔无敌"的"无敌"意义不相贯，因为前面的"无敌"是正面的意思，而此处的无敌却是负面的意思。其实这个"轻"字极为紧要，老子一再说："轻则失本"（第二十六章），"轻诺必寡信"（第六十三章）。因为对万物一有轻视、轻忽之心，便是自大、自高，便不能以虚待物、以慈对人。这里所谓"几丧吾宝"的"宝"就是第六十七章的"三宝"。因为轻视万物，便会不"慈"、不"俭"；轻视别人，便会争而为天下先，所以老子特别要指出轻敌之为患。轻敌不仅是兵家的大忌，而轻敌背后的那种傲慢自大，正是一切祸患的根源。

"抗兵相加"，王弼注："抗，举也；加，当也。"是指实力相当的两军对垒战。"哀者胜矣"，"哀"字有三方面的意义：一是和第三十一章的"杀人之众，以悲哀泣之"相关，以战争为不得已之事，为了自卫，为了救人，而以悲哀的心情来应战；二是直承前面的"轻敌"两字，说明了心情之凝重；三是和"吾宝"有关，也就是哀矜万物，而有慈心。综合这三方面的意义，这里的"哀"字有

"慈"的意思，但不用"慈"而用"哀"，是因为本章借兵家的话来发挥，如果直接用"慈"字，反而显得不伦不类。事实上，在骨子里，老子用一个"哀"字正是纠正了用兵者的好战、好杀之性。

新语

本章继前章仍以兵家为例，不过他说"为客""退尺""无行""无兵"已从用兵之道而进入老子不争之德了，最后结论的"抗兵相加，哀者胜矣"虽也为兵家用语，但一个"哀"字已写出了老子的道家心怀。

兵家之盛虽然在老子之后的战国时期如吴起、孙子等才表现出来，但老子之前早有兵家，如周文王用姜太公的善于用兵，后来才能助武王灭纣。在本章中老子虽明指兵家之言，但他却从兵家之言中去发掘出属于他的思想，最后这个"哀"字，虽然来自兵家的"骄兵必败"。但老子用哀却有深意，我们不以兵家来说"哀"，完全以老子思想来看这个"哀"，有以下各义：

（一）能知哀，便不会骄，这是老子"富贵而骄，自遗其咎"（第九章）的思想。

（二）能知哀，自必处卑弱之地。

（三）能处哀，便不与人争。

（四）哀是一种惊惕之心，是使人不致麻木。

哀有悲之意，和前面的慈，结合而成慈悲。

第六十九章

509

第七十章

扫一扫，
进入课程

吾言甚易知，甚易行。

天下莫能知，莫能行。

言有宗，事有君。

夫唯无知，是以不我知。

知我者希，则我者贵。

是以圣人被褐怀玉。

语译

我的话非常易知，非常易行。可是天下的人却不能知，不能行。

我所讲的话是有本源的，我所说的事是有原则的。这也就是我所强调的：我能做到无知，便不为人所知。

知道我的人越少，便越是珍惜我自己的。所以圣人虽然内怀才德如宝玉，外面却罩以粗衣，不求人知。

要义

1. 本章首先说老子的思想是易知，易行的。
2. 最后归结为不求人知。

老子的话甚易知甚易行

老子思想，承继中国哲学的精神，注重人生的实践，这与西方哲学的穷索知解，以及与印度哲学的醉心玄秘完全不同。在《易经·系辞传》第一章中，便首揭天地乾坤之道说："乾以易知，坤以简能。易则易知，简则易从。"这说明了天道垂象而易知，地道生物而易从。天道的垂象，四时的运化，一般人都能感受得到，所以易知；地道的生物，种瓜得瓜，种豆得豆，贩夫走卒都能依照而为，所以易从。老子思想取法于天地，所谓"人法地，地法天，天法道，道法自然"（第二十五章），最后又归于自然，因此也是易知易行的。王弼注说："可不出户窥牖而知，故曰甚易知也。无为而成，故曰甚易行也。"如果以知解的方法来穷索天地之道，诚然是难知的，如宗教神学的烦琐、科学知识的深奥。但老子讲天地之道，乃是重在实行，所以从"行"的角度来说，却是易知易行的。我们试看古代的农夫，顺天地之道而种植，他们又何须知道天地存在的奥秘。

由于老子讲的话都重在于行，因此天下之人所以"莫能知，莫能行"的原因，不是因为老子讲的话太深奥莫测，而是在于他们自己在"行"上出了问题。这问题就在一个"欲"字上。这一点王弼注得很清楚，他说："惑于躁欲，故曰莫之能知也。迷于荣利，故曰莫之能行也。"就是这个"欲"，使我们对于易知易行的道理，不愿去知，不愿去行。譬如四十六章："祸莫大于不知足，咎莫大于欲得。"这话岂有不能知、不能行的，可是天下滔滔，不为名来，即为利往，偏偏就是要往祸咎中钻，正如庄子所慨叹的："福轻乎羽，莫之知载；祸重乎地，莫之知避。"（《人间世》）福比羽毛还要轻，岂有载不动的？可是人们就是不知道去载。原因也是出在一个"欲"字上。试看，在世界上又有哪个人不是想要追求幸福？尽管他们所谓幸福的定义不同，可是他们一有"想要"，便有了欲，他们越想越要，欲望也越多，于是幸福反而离他们越远了。这不是幸福之难知难行，而是他们的欲望使他们背道而驰，因此越求，反而越远了。

"言有宗，事有君"，这两句话有两层意义：一是指老子之言和所讲的事是有本源的；一是此处所宗所君，乃是引出下一句话。先就第一层意义来说，"宗"是本，"君"是主。王弼注说："宗，万物之宗也。君，万物之主也。"什么是"万物之宗"？《老子》在第四章中说："道冲而用之，或不盈。渊兮似万物之宗。"可见这个"万物之宗"就是指的"道"。那么万物之主，也是万物之宗，当然也就是"道"了。不过本句，却是在讲"言"、讲"事"。"言"和"事"，都是就"用"上来说的。正如第四章是指"冲而用之，或不盈"的"渊"，像万物之宗，所以这个"宗"，就"用"来说，是指的冲虚。同样是这个"君"字，在第二十六章说："静为躁君。"所以就"用"来说，是指的虚静。因此此处"言有宗，事有君"，都是指的虚静。"虚"是无欲"静"，是无为，这也正是老子立言之宗、处事之君。至于第二层意义，乃是转托出下一句话，说明老子讲的话是易知易行，但天下却不能知不能行。

无知是深藏不露的功夫

"夫唯无知，是以不我知"，先就第一层意义来说，本章第一句讲"易知"，此处讲"无知"，文义转变好像不一贯。但如果我们了解前两句"言有宗，事有君"是说的虚静，那么，此处讲"无知"便有脉络可寻了。老子并不是讲了许多知识的大道理，却又说易知。老子之言，直接就在说"无知"。此处"无知"有两解：一是不自以为知，也就是"不自见，不自是"（第二十二章），这个"知"和"欲"是孪生的，老子常说"无知无欲"（第三章）；二是不强调知，不追求知，而处身于无为虚静。所以这个"无知"也和"德"连在一起。所谓"学不学，复众人之所过"（第六十四章），"不学"就是无知，就是虚静之德。所以老子此处是说：他所讲的话是无为虚静的"无知"，所以一般好求知解的人，便无法了解他立言的大意。再就第二层意义来说，即是指自认无知，不要有意显耀，让别人知我，这本是易行之事，可是大家却都做不到。

对于这个"则我者贵"的"则"字，前人解释多有差异，传统的注解，把这个"则"字当作连接词用，如王弼："唯深，故知之者希也。知我益希，我亦无匹。故曰：'知我者希，则我者贵也。'"河上公："希，少也，唯达道者，乃能知我，故为贵也。"这些注解讲"我贵"，以"我为贵"，似与老子虚静无欲之旨相悖。所以近代学者把这个"则"字解作动词"效法"的意思，如任继愈："则我者，取法我的。"接着他们又把"贵"解作"稀少"，如蒋锡昌："物以稀为贵，则贵亦稀也。"这样一来便成为"效法我的人很少"了。可是把"则"字当作连接词用，在《老子》中很普遍，如第三、第二十八、第三十一各章，而把"则"字当作动词用，在《老子》中却没有他例。其实我们如果统观《老子》全书，老子绝没有以"我"为贵的想法。而本章首说"吾言甚易知"，明明是在讲老子所说的道，或所论处事的态度，而不是在谈论如何有意不让人知，以达到以"我"为贵。其实老子此处的"贵"，不是带有负面意义的显贵的"贵"，而是《老子》中常用到的贵重的"贵"。如第五十六章、第六十二章一再强调的道"为天下贵"。所以这里"我者贵"的贵，乃是指不求人知地珍惜自我。这是贵我如贵道，也就是好好地修养自己，以求合道。《老子》第二十章说："我独异于人，而贵食母"。"贵食母"就是"贵道"，而该章一再强调"无知"，所呈显的不求人知的思想正可作此处两句话的注脚。

"被褐"是用粗布衣服遮住自己。在《中庸》里也引《诗经》所谓"衣锦尚𧜅"（第三十三章）来说明把粗布衣服加在锦绣之外，以表示"恶其文之著也"，正可和这里的思想相通。所以"被褐"是不求人绚，也就是"无知"。"无知"并非真正的愚昧无知，而是自己有知而不自以为知，这一点在下一章有更充分的发挥。"怀玉"，是身怀珍宝。这就是"我贵"的"贵"。王弼注说："被褐者，同其尘；怀玉者，宝其真也。圣人之所以难知，以其同其尘而不殊，怀玉而不渝，故难知而为贵也。"以同尘宝真来释被褐怀玉，虽然很清楚，但以"难知"来说"为贵"，却易被人误解而在难知上做功夫。其实老子一开头便说"吾言甚易知，甚易行"。只是老子劝大家要遮盖一点自己的光芒，所谓宝剑要放在剑鞘内。可是大家却一味地表现自己，生怕别人不知。所以"圣人被褐怀玉"只是不求人知，而不是使人难知。人之所以难知，乃是他们的欲望使他们不愿意如此去做，因此变得难知。其"难"在他们自难，而不是圣人言教之难知，圣人行止之难学。

新语

本章第一句，"吾言甚易知，甚易行"，说出了老子写《道德经》的心声。这有以下几方面可以解释：

第一，他写《老子》一书并不是想要著书立说，精练字句，传之千古。所以才有这么一个故事，说他出关时，守关的县令劝他留点话给大家，于是他才写了五千字的《老子》，这说明他写这本书是匆匆而为，把心中的想法直率地表达出来，所以用的都是易于沟通的语句。

第二，老子书中的文字也是非常简易平实的，我曾用《老子》一书作为西方学生初学中文的课本，对学生来说并无困难，全书五千字，除掉重复的以外，仅有八百多字，其中只有二三个古字，其余的，小学生都认识。

第三，《老子》一书除第一章较玄妙，其余各章，如能把握老子思想要点，都可迎刃而解，譬如他强调的运用方法和修养功夫，不外处柔、守朴、归静、不争，以及似婴儿、江海，等等，都是简单易懂的。所以实行起来并不困难，可是为什么大家不能行呢？问题出在一个"知"上。

"知"就老子原意来说，是为了"行"，所以"知"要简易，不要在"知"上表现自己，结果"知"反而成为真正可行的阻碍了。所以本章的重点是"无知"。这里的"无知"是讲不要以"知"为高深，不要以"知"来夸耀自己的才能。总结来说不要以自己的"知"加在《老子》一书上，使《老子》一书成为知解之书，成为哲学观念的作品，而忘了简易的实行功夫。

第七十一章

扫一扫，
进入课程

知不知，上；

不知知，病。

夫唯病病，是以不病。

圣人不病，以其病病，是以不病。

语译

有"知"，而不执着这种"知"，乃是最上的境界。相反的，不"知"，却自以为"知"，乃是一种毛病。只有知道这种毛病是毛病，才能避免犯这种毛病。圣人之所以没有这种毛病，是因为他以这种毛病为毛病，所以才能避免这种毛病。

要义

1. 本章首先讲有知而不自以为知。

2. 最后强调圣人的不自以为知。

不以为自己有知是第一等人才

"知不知，上"，这句话有两解，一是指"知"达于"不知"之境，如《庄子·齐物论》："知，止其所不知，至矣！"这是把"不知"当作玄深无穷的境界，而为"知"的理想。这种说法，和《老子》第六十四章"学不学"的旨趣相同。但这个"不知"就是对"知"的超越，因此在"知"的追求上，如不走向神秘之途，便有所转化。老子的思想便是强调这种转化的，这也就是把"知"止于"不知"之后，而转化为实践的德。如《庄子·大宗师》说："以其知之所知，以养其知之所不知，终其天年而不中道夭者，是知之盛也。"这里用"养"字，而不用"知"字很重要，因为"以知其知之所不知"，仍然是靠"知"的推理而发展的，可是"以养其知之所不知"，却是用修养或德行来进入这"不知"的境界。以上这种解释显然比较玄深。另外一解是有所知，却不自以为知，如河上公说："知道，言不知，是乃德之上也。"这是把"不知"两字当作否定词，和第三十八章"上德不德"的"不德"是同一旨趣。这种解释显然比较清楚易懂，但我们不能忽略了河上公说："是乃德之上也。"可见这仍然是从知进入了德的范围。因为就"知"来说，"知"就是知，"不知"就是不知。有知却自不以为知，这不是知，而是德。前代哲人都有这种思想，如希腊哲人苏格拉底说："我只知我的无知。"孔子说："吾有知乎哉！吾无知也。有鄙夫问于我，空空如也。"（《论语·子罕》）

不知而以为知是天下人的通病

"不知知，病"，这句话承上句，意思很清楚，许多人不知，却自以为知，当然是一种毛病。《老子》此处不用"下"字，如："不知知，下"，与前句的"上"字相对，因为"不知知"，根本是一种错误，而且是大家常犯的毛病。以"病"字来强调，更显出这是一种心理上、德行上的病态。

圣人不以知为知

"夫唯病病，是以不病"，此处第一个"病"是动词，指"以为病"的意思，第二个"病"就是前面的"不知知"的"病"。固然有些人是强不知以为知，但老子真正的用意还不在于此。因为真正明白自己"不知"，而偏以为自知的人并不算太多。最大多数的人都是有某一程度的"知"，或某一方面的"知"，但他们的这种"知"是不完全的，是有限的，如果执之而以为"真知"，便是大错。这有两种情形，一是很多人的"知"，对于真实也许有他们自己的看法，这些看法之于他们的经验，有深浅的不同，但并不究竟。譬如对人生的看法，有的人悲观，有的人乐观；有的人消极，有的人积极。这只是两极的分法，其实，在悲观与乐观、消极与积极之间还有诸多不同程度的看法。无论这些看法如何，它们对人生都是一种体验、一种反应，到了最后也许如庄子所说，到了六十年而知五十九年之非（《庄子·则阳》），才知道以前所以"知"的却是不知，但这些小知毕竟是一种知，只是没有成熟而已。第二种是很多人都有特殊局部的知，譬如科学家的"知"，他们的研究、他们的发明，不能不说是"知"，而且这种知在某一范围内也是相当正确的。如医药真能治病，这都是我们必须承认的"真"，尽管佛家说所有的"相"都是虚妄的，但对于我们这个虚妄的身体，吃了某药，能治某病，却又是屡试不爽的。但科学的"知"，仍然只是某一部分的"知"，如果以此"知"为"真知"，去概括一切的"知"，去评断一切的"知"，便又将变成一种"不知"了。譬如科学对宗教、哲学、艺术来说，仍然显得它的"知有所限"。这并不是说科学不如宗教、哲学、艺术，而是说它们各有所知。如果它们能以个别的知去融会其他的知，则它们便能突破小知，而向大知进展；相反的，以它们个别的知去蔑视其他的知，则它们便由小知而沦为不知了。

综合以上两种情形，可见老子的"病病"，所指的"病"乃是那种以"小知"为"真知"、为"大知"，而不知道自己所"知"不够究竟，所"知"有限的毛病。

圣人的"不病"，并不是他的不以"无知"为"知"，而是他了解"知"的有限性，而不执着于"知"。正如王弼所注："不知知之不足任，则病也。"所以圣人的"不病"，不是真的不知，而是不病于"知"。在这里我们可以勾画出三个层次如下：

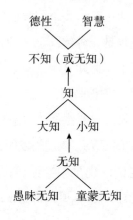

最下层次的"无知"是一般人常犯的毛病，这可分两种情形，一是真的没有知识，如未受教育的童蒙；一是有一点知识，却用得不当，而成为愚昧无知。中间层次的"知"范围很广、很复杂，有小知，有大知，有各种不同领域的专门知识。到了最上层的不知或无知，这是圣哲的境界，也有两种情形，一是指真知或智慧，超越了相对性的"知"；一是"知"转化成了"德"。所以圣人的"无知"，不是指"知"的有无，而是用知的态度，是一种德行。"不病"就是以"德行"来讲的。

新语

本章继承前一章的"无知"而来，说明有知而不自以为知的道理。如果是无知而以为自己有知，这是一般人的通病，因为他们的无知，就是由于他们的自以为知。如果是无知，他们知道自己的无知，就不是真正的无知了，因为他们知道自己的无知，这已经属于一种知了，而不算是无知。

较难得的是，有知而不自以为有知，这是真正的谦下。这种态度已不只是一个"谦"字而已了，因为他们留了很大的空间，可以让自己向前和向上发展。孔子说，"好学近乎知"（《中庸》），这种好学的态度是谦，也是不自以为有知，才能使自己日新又新，无限地发展。

第七十二章

扫一扫，
进入课程

民不畏威，则大威至。
无狎其所居，无厌其所生。
夫唯不厌，是以不厌。
是以圣人自知不自见，自爱不自贵。
故去彼取此。

语译

人民不畏惧你的威权时，那么最大的威权惩罚就会降临到你自己身上。所以不要轻视人民的物质生活，不要厌弃人民的生命精神。唯有你不厌弃他们，他们才不会厌弃你。所以圣人能知道自己，而不显耀自己的见识；爱惜自己，而不以自己为尊贵。他远离自见自贵，而取法自知自爱。

要义

1. 本章首先讲明君不以威权统御百姓。
2. 最后强调圣人的不自见、不自贵。

人民真的不怕威权吗

"民不畏威，则大威至"，"威"是威权，是指君主的威权。一般来说，人民是怕政治的威权的，可是一个君主如果过分膨胀他的威权，使得人民受迫害，忍无可忍，以致起而反抗。那么更大的"威"，便会降临到君主身上了，这里的"大威"，即指的天威，也指天的惩罚，如王弼所注："任其威权，则物扰而民僻。威不能复制民，民不能堪其威，则上下大溃矣。天诛将至，故曰：民不畏威，则大威至。"

然而把"大威"解作"天威"是否有违老子思想中天道自然的天？首先我们看下面两章的"天之所恶"（第七十三章），"常有司杀者，杀"（第七十四章），都是指"天"的疾恶和司杀的功能。但我们要注意，这里并不是把"天"看作宗教中的上帝，是有意志，可以宰制人的。相反的，老子的"天"是自然的，但"自然"并不是"没有作用"的代名词。自然的作用乃是来自因果必然的运行。所以一个君主弄到"民不畏威"的地步，这个"天威"的到来，其实是民怨的到来，因此"大威"，是"天威"，也是"民威"。老子不用"天""民"两字，而用"大"，乃是说明这种力量之大，以促使君主的警惕。

"无狎其所居"，这里的"其"对应前一句的"民"字，是指的人民。王弼、河上公都把它解作君主自己，如王弼注："清净无为谓之居，谦后不盈谓之生。"便显得过于玄妙，不够具体。其实"狎"是狎玩，含有轻视的意思。"无厌其所生"，"厌"是"厌饮食"（第五十三章）的"厌"，是把饮食当作猎物，任情肆虐、享受的意思，所以"厌"字也含有轻视、玩弄，以至于"厌恶"的意思。这正好由"厌饮食"的"贪厌"，到后来变成饮食无味的"厌恶"是相同的历程。"居"和"生"相对，"居"是所住，是指物质的生活，如"安其居"（第八十章），"生"是所生，是指生命的存续，如"道生之"（第五十一章）。所以这两句话是指君主不要轻视人民的物质生活，不要厌弃人民的生命存在与发展。

"夫唯不厌，是以不厌"，前面的"不厌"是指君主的不厌弃人民的生命。这里的"不厌"，当然也包括了"不狎其所居"。因为讲生命，当然也包括了生活。后面的"不厌"是指人民的不厌弃君主的生命。这正和本章开首的"民不畏威，则大威至"相对照。

圣人不自见、不自贵

结尾这几句话粗看起来，似乎与前文不类。"自知"是知道自己"，"自见"是执着自己的见解。"自爱"是爱惜自己，"自贵"是把自己看得很尊贵。一个"自见""自贵"的人，往往看重自己，而看低别人。这在一般人来说，就会利用别人、欺负别人；这在君主来说，就会逞一己之欲，而草菅人命。相反的，"自知""自爱"的人，便会因反省自己，而关怀别人；爱惜自己，而尊重别人。老子之所以用这几句话作结，也就是从根本上劝君主要"自知""自爱"，老子的本意与孔子"修己以安民"相同，但老子只是重内省，并不说太多有关修养道德的话。

新语

在韩非的法家思想中，重视法、术、势三者的相辅，其中势就是指国君在高位的威权可以使百姓慑服。老子的思想正好相反，不主张国君以威权来控制百姓。

在本章中，老子有两句话，"自知不自见，自爱不自贵"，这两句话重视的就是"自知"和"自爱"，所谓"自知"在老子书中有以下各义：

（一）知道自己的无知，这是继承上一章的看法。

（二）知道自己的缺点，加以修正。

（三）知道自己做得不够好，而不责备别人。

（四）遮盖自己的才知，不要夸耀自己。

"自爱"的爱，在十三章中曾说过，即"爱以身为天下"。在老子思想中，也有以下各义：

（一）保养自己的身心。

（二）不要好强斗狠，伤害自己。

（三）不要争外在的名利。

（四）不要时时想长生不老，反而速死。

（五）懂得自爱，珍惜自己，才能真正知道爱人。

第七十三章

扫一扫，
进入课程

勇于敢则杀，勇于不敢则活。

此两者，或利或害，天之所恶，孰知其故？

是以圣人犹难之。

天之道，不争而善胜，不言而善应，不召而自来，繟然而善谋。

天网恢恢，疏而不失。

语译

勇而敢作敢为，毫无顾忌，是死亡之路。勇而有所不为，慈哀谦弱，便是生存之路。以上两条路，都是勇，却由于"敢"而受害，由于"不敢"而得利。天之所以不喜欢"勇而敢"，又有谁知道其中的原因呢？圣人在此特别关注而重视之。天道虽然不和万物相争，却是永远的胜利者。它虽然不用语言表达，但对万事万物的效验却是如响斯应的。它并不有意去吸引万物，而万物却必然地归趋于它。它宽缓得像无思无虑，可是它的安排却周全细密。天道的网罗虽宽大得看不见，可是天下万物却没有什么能逃得过去。

要义

1. 本章先强调匹夫之勇的为患。
2. 最后主张崇尚天道的不争之德。

匹夫之勇是死路

"勇"在儒家，是一种德行。"勇者不惧"（《论语·子罕》），这是立足于德性上，勇于行善，而无惧于个人的得失忧患。在老子思想中，以刚强为戒，所以"勇"并没有受到推崇。老子把"勇"和"慈"拉在一起，所谓"慈故能勇"（第六十七章），使"勇"软化，否则"舍慈且勇"（第六十七章）便是死路一条。"勇于敢"的"敢"是"不怕"。"不怕"不是德性上的"不惧"，而是斗狠的，是不顾一切逞强态度。这正是"舍慈且勇"的死路。"勇于不敢"，便是有所顾忌，便是"以慈卫之"，便是生之路。

"此两者"，指前两者，"杀"是害，"活"是利。但一般人看不到最后的利害，只知道目前的"勇于敢"，是英勇刚强，能克服一切；而"勇于不敢"，是懦弱退却，容易被淘汰。多少人相信达尔文的进化论，但他们只知道弱肉强食的一面，而不了解优胜劣败的真正意义。事实上，达尔文的学说对自然的描写，只是一种基于某一个立场的看法，未必能诠释整个宇宙。而一般人应用这种理论，更是随心所欲地曲意附会，又哪里能了解事实的真相？所以老子要说："天之所恶，孰知其故？"然而老子的"天"，不是神明，不是有意志、有好恶的，为什么还要说"天之所恶"呢？其实，老子这话，是就人对天的了解来说的。"天之所恶"，即"天之好恶"，人没有办法完全清楚"天之好恶"，因为"天"根本没有好恶，所谓"天法道，道法自然"（第二十五章），所以天也是自然的。天之所好恶，或利或害，根本是产生于万物自身发展的必然。不向万物自身去找原因，而向天去追究好恶，当然是"孰知其故"了。

圣人体认天道

此处和第六十三章的"圣人犹难之"意义相同。并不是圣人想知，而感觉困难，而是圣人深知它的重要，特别小心，不敢轻易而为。如王弼所注："圣人之明，犹难于勇敢，况无圣人之明，而欲行之也。"也就是说圣人对于天道之自然，深知它的变化之妙，而不敢以己意草率而为。

天道是法乎自然的，它绝不与万物相争。由于它的不争，万物也就无从与它争，因此它永远不是万物争竞的对象，也就常立于不败之地。然而天道的"不争"并非放弃它的功能，相反，它的自然功能却一直继续地发展，所以最后即使万物与它相争，它仍然顺着它的路子而自然地发展，这就是它的"善胜"。

《老子》第二十三章说："希言自然。"天道自然，所以天道是希言的。"希言"只是就人们听不到来说的，如"听之不闻名曰希"（第十四章）。其实天道根本是不言的。"不言"是指天道不借言语来表达它的意思，换句话说，也就是天道没有主动的要求。天道的作用乃是万物的自然发展，如王弼注说："顺则吉，逆则凶，不言而善应也。"所以吉凶由于自取，天道并不需要讲话，其应验却是不爽的。

"不召而自来"，王弼注说："处下则物自归。"在《老子》中常用"地""江海"来说明处下的道理。"地"和"江海"虽然不是"天"，但这种"处下"而万物"自归"的作用，却是天道在现象界的作用。不过"处下"只是"不召而自来"的一种现象而已。"天道"无所不在，其理无所不通。虽然天道并不有意要万物归向于它，但理有必然，万物的发展自然地归于天道。

天网空洞，却无一事一物被遗漏

"繟"字，《释文》："繟，音阐。坦，吐旦反。梁王尚、钟会、孙登、张嗣本有此坦，平大貌。河上作坦，宽也。"焦竑说："繟，音阐，舒缓也。王作坦，严（严遵）作默，不如作繟为长。""繟"的舒缓正表示天道的无心。"谋"是预算，也就是预先安排一切。天道的无心，好像没有知虑。可是天道在现象界的作用，却早在"道生一"的开始时，便成为万物变化的原则。也就是说这些原则，是从最早生化时就已具有，并不是在万物创生之后，天道才事事物物去安排这些原则。就像日出日落，日往月来，都是早就设定好的，不需要每天去安排。所以在现象界的一切，早就依循天道的原则来行动。事实上，这些原则就是天道本身，又哪里有一个外在的天道在预谋安排一切？

"恢恢"是宽大的意思，"天网"和"法网"不同。"法网"是愈细愈密，愈能绳人以法，可是最细最密的法网，仍然有不少的人钻法律的漏洞，非但不会受到法律的制裁，法律反而为他们所利用，变成他们为恶的工具。天道却不然，它"不争""不言""不召""繟然"。它根本无欲、无声、无意、无心，又哪里有"网"在张罗？所以天网宽大得根本是无形的。然而"疏而不失"，却没有一事一物能逃得过去，因为"天网"不是写在书上、公布在法堂内。"天网"就是事事物物生存发展的原则，就像佛家的"业"，每个人自己制造，每个人自己领受，虽然看不见、摸不到，却没有一个人能够逃得了。

新语

本章最重要的一句话是"天网恢恢，疏而不失"，这里的"天网"是重点。在《庄子》中，描写刑罚有三种：一是外刑，指犯了法律，遭受到刀兵的处罚；二是内刑，指做了坏事，内心不安，受阴阳不和之苦；三是天刑，是指人的生死的刑罚，这是人所不能免的，只有顺其自然了。老子此处的"天网"，对应法网来说，是指自然的变化，如比照庄子的说法，这里的"天网"可以包括《庄子》中的内刑和天刑，这是我们无法逃避的。

至于老子的"天网"，那就是天道，对于天下万物的影响，它没有形迹，没有主持者，因为一切祸福罪咎都是由人自招的。前面说"勇于敢则杀"，不是外有执法者要杀他，而是他不在乎事情之当与不当，凭一己之好勇而逞强的，一定走向死路。天道没有在外面做判断，所以说"不言""不召""繟然"，这一切都是自招，自然是无所遗漏了。

第七十四章

扫一扫，
进入课程

民不畏死，奈何以死惧之！

若使民常畏死，而为奇者，吾得执而杀之，孰敢？

常有司杀者，杀。

夫代司杀者，杀，是谓代大匠斲。

夫代大匠斲者，希有不伤其手矣。

语译

当人民求生无门而不怕死的时候，再以死来威胁他们，又有什么用呢？假定使人民都有求生之路，而不愿去死，这时，再有作奸犯科的人，把他抓起来，处以死刑，这样，便不会再有作奸犯科的人了。真正永恒的具有司杀责任的，如天道，才能用杀。越俎代庖去司杀的人，就像替大匠来砍物一样。替大匠砍物的人，很少有不自伤其手的啊！

要义

1. 本章首先写高压政策的不当。

2. 最后强调任物自然。

人民真的不畏死吗

人民几乎没有不怕死的，只要有一丝生路，都会求生的。因为怕死求生是人的本能。可是当人民的生路被暴君切断了的时候，他们便铤而走险，不再怕死。但他们这样做，也是为了死中求生，仍然是怕死，仍然是求生。在这个时候，暴君再以死来恐吓他们，当然是不可能的了。所以这句话是假设的条件语句，是说假使国君胡作乱为，逼得人民求生无门，而不再怕死时，又怎能再以死来吓阻他们。

"奇者"，王弼注："诡异乱群谓之奇也。"也就是好标新立异，破坏法纪的人。这句话表面上看起来似法家之言。我们必须深体其意，找出老子思想微言大义来。其中的关键乃在"若使民常畏死"一句。如何才能"使民常畏死"，这并不是指多立刑法，使人民知惧，因为前文明明说"奈何以死惧之"。所以这里的"使民常畏死"，必另有深意。人之所以畏死，是由于生命有意义、生存有乐趣。因此人君"使民常畏死"，就是为人民多开生路，使他们求生有门，自然就不会轻死了。在这样一个条件下，如果还有人要作奸犯科，这是他们的自寻死路，所谓"自作孽，不可活"。

"常有司杀者，杀"，这句话有两层意思，第一层是指的掌法的人，也就是法律本身，因为法律才有生杀之权。但强调法律并非老子思想的主旨，所以本句的第二层意思是指的"天道"。河上公注说："司杀者，天。居高临下，司察人过，天网恢恢，疏而不失也。天道至明，司杀者常，犹春生、夏长、秋收、冬藏，斗杓运移，以节度行之。"河注的前半段，把天神格化了，似与老子的精神不合，而后半段讲自然，正是老子思想的主旨。因为"天道"的司杀，就像法律一样，它没有预存的好恶，完全是由于人们自己自然地或走生门，或入死路。但我们不说它是法律，而说它是天道，因为法律是人为的，尤其在古代，法律为人君的喜好所左右。至于"天道"，则是宇宙的大法，没有人能改变，没有人能逃避。正是所谓"天网恢恢，疏而不失"。

不要自夸替天行道

"大匠"就是"天道"。"大匠"的用斤并非破坏器皿，而是完成器皿。尤其天道的作用在生生，这里所谓"天道"的司杀，并不是天道的好杀。相反的"司杀"就是掌管杀戮之事，也就是控制杀戮之事。换言之，也就是为了广开生路，减少杀戮。所以真正"司杀"司得好，就是没有杀戮。就法律来说，其最终的目的，就是不用法律，史书上屡言"刑措"，就是不用刑法的意思。这是法律的终极意义，何况"天道"好生，以慈救人。可是君主"代大匠斫"，就是自以为是天子、天的代言人。他们的"杀"，只是凭己意而为，或借他们所左右的法律而为。纵使他们做得很公正，但也只做到"杀"的一面，而不像"天道"的运作，根本是自然的、是生生的。

新语

本章承前章说明在上位者没有权利操纵百姓的生死，必须一切顺天道，而让人民自化。

这章就今天来说，我们可以反省现代的科学发展。很多科学家和崇尚科学的人，常常自许科学能征服天然，他们是戡天主义，或征服自然者。其实时至今日，很多科学家已慢慢地自觉到科学要征服天然可能有问题，因为我们已经发现自然界的反扑，使我们束手无策，虽然仍有些科学家认为我们可以有新发明，能解决难题，其实这只是一种预想，是否能应付，谁也无法判断。在《易经·坎卦》中曾说"天险不可升"，也就是说我们不要自以为强，而冒犯天道上的那个不可逾越的界限，过此界限便是天险，即"代大匠斲者，希有不伤其手矣"，最后受害的可能还是人类自己了。

第七十五章

扫一扫，进入课程

民之饥，以其上食税之多，是以饥。

民之难治，以其上之有为，是以难治。

民之轻死，以其上求生之厚，是以轻死。

夫唯无以生为者，是贤于贵生。

语译

　　人民饥馑，是由于在上位的人收税太多了，使得他们不能免于饥馑。人民难治，是由于在上位的人有为而干扰，使得他们起来相抗，因而难治。人民不怕死，是由于在上位的人过分追求自己生活的丰厚，使得人民求生无门，以致铤而走险。所以在上位的人如果不一味地追求自己的生存，才是真正爱惜自己的生存，这比一般只求贵生的人要高明多了。

要义

1.本章首揭政术苛税的违道。

2. 劝在上者不要以自己之生为重。

"苛政猛于虎"就是由于重税

在古代，人民的"饥"，有两个主要的原因，一是天灾，一是人祸。天灾如水旱等灾，虽然是外在的灾害，不能避免，但这些灾害并非常有，而且人为的努力，也可减少这些灾害的影响，减轻人民"饥"的程度。至于人祸，如暴君的无道、战火的摧残，往往造成了饥荒连年。前者，如秦始皇的筑长城、隋炀帝的开运河，后者如战国时期的诸侯兼并，以及外族的侵入。然而这些人祸还是载于史册，大家有目共睹。另外还有一种人祸却是很普遍的，就是老子所谓的"其上食税之多"。不要说暴君的横征暴敛，就是一般君主稍事逸乐，略重税收，然后层层剥削，在下的农民便不堪重负了。吕吉甫说："一夫之耕足以食数口，则奚至于饥哉？而至于饥者，非以其上食税之多，故饥耶。"其实，古代多为数口之家，一夫之耕也仅足以暖饱，如果在上的人稍重税收，他们便会陷于穷困了。古代的政治家、哲学家都重视人民的经济生活，如管仲便认为"衣食足则知荣辱"（《管子·牧民》），孔子也强调："足食、足兵，民信之矣。"（《论语·颜渊》）可是自春秋以下的君主们为了自己的"好货"，不顾民生，甚至连孔子的学生冉求，也替富于周公的季氏聚敛，致使人民在没有天灾与暴君的情况下，仍然常过饥寒的生活了。

上一句批评苛税，道理易见。接下来的指责"其上之有为"，却是老子特有的思路。因为一般的政治都强调"有为"，为什么"有为"反而人民难治呢？这就必须先了解"有为"两字在老子思想中的意义。在《老子》中，"有为"是"自然"的相反。在君主本身来说，就是自以为有知，就是好动；对人民来说，就是政令繁、赋税多、法网严。这是"有为"地干扰人民的生活，使得人民求生不易，以至于运用他们的才智来应付政令、逃避税法。不得已时还要铤而走险，这不正是"有为"，反而造成了"难治"的结果吗？

"轻死"即是前一章"民不畏死"的意思。人民因求生无门，才铤而走险。人民之所以求生无门，乃是因为在上位的人"求生之厚"。"求生"本是人的基本欲望，无可厚非，但求生之"厚"，则是过分强调自己的生存，而忽视人民的生活；过分追求自己的生活享受，而轻视人民生活的幸福。因此，往往是国库的藏货越充实、王宫的设施越华丽，人民的生活就越困苦，以至于求生无门而轻死。

不要只贵重自己的生命

"贵生"是以自己的生存为贵，刻意营求，以满足个人的生生之厚，而不顾人民的生活，甚至牺牲人民的幸福。这是逼人民铤而走险，即所谓"民不畏威，则大威至"，结果，反而使自己的生存产生问题，所以老子劝君主说"无以生为"。这并不是说要君主不爱惜自己的生命，而是不只以自己的生命为贵。换句话说，以人民的生命为重，自己的生命也与人民的生命共长。王弼注说："言民之所以僻，治之所以乱，皆由上不由下也，民从上也。"王弼抓住了贯穿全章的"其上"两字，说明了一切乱源在于上位的人，这是问题的症结，君主如真能"无为"，天下也就无不为了。

新语

本章先从"民之饥""难治""轻死"说起，原因是在于上位者的"食税""有为""求生之厚"，所以真正能使人民安居乐业，就在于上位的人不要以自己的生命为重。这个道理很清楚，但在上位的人太重视自己的生活和生命，很难让他们反省。

最后一句"夫唯无以生为者，是贤于贵生"，老子为了劝君主不要贵生，故讲"无以生为者"，这里老子不直接批评在上位的人"食税"，而只讲"无以生为者，是贤于贵生"。这"无以生为"的含义较深，是从修养功夫上劝君主，不要以自己的生为唯一目标，反而能使自己真正的贵生。

第七十六章

扫一扫，
进入课程

人之生也柔弱，其死也坚强。

万物草木之生也柔脆，其死也枯槁。

故坚强者，死之徒；

柔弱者，生之徒。

是以兵强则不胜，木强则兵。

强大处下，柔弱处上。

语译

人有生命时，肌肤是柔弱的，死了之后，却变得僵硬坚强。万物草木等有生命时，枝条是柔脆的，死了之后，却变得枯槁坚硬。

所以说坚强是死亡之路，柔弱是生命之路，正因如此，所以兵力强大，反而不能赢得胜利。树木强大，反而遭受刀兵之害。这正说明了强大处下势，柔弱却能占上风。

第七十六章

539

要义

1. 本章首先提出"柔弱"是生生的路子。
2. 最后强调"处下"的功夫。

柔弱是生的象征

这是以形躯为喻，人有生命的时候，肌肤柔软，能屈能伸，卷舒自如，可是死亡后，身体却坚硬而不能屈伸。在《老子》中，有时"弱"字单独用，有时"柔弱"连言。"弱"本是负面的字义，在单独用时，老子故意说弱，以矫正一般人好强的习性，可是"柔"却是正面的字义，也是一般人所喜好的，《易经》中便说刚柔相济。事实上老子的弱却是以柔为内容的。弱之所以能胜强，正因为它的"柔"而不可折。

"脆"和"弱"一样，是一般人不喜欢的，因为"脆弱"易折，但"脆"而能"柔"，却是生命发育的表现。当一个生命初生时，无论是婴儿、幼苗，在外部来看，都是非常脆弱的，可是就内部来看，却充满了生命力，正如春风吹又生，生命力的发育，是莫之能御的。

柔弱者生的路子

"死之徒"，是死之属，即死之路。坚强是指外表的刚强。就人来说，是好强斗狠，是"勇于敢"，所以会走上死路。相反的，"柔弱"是能屈能伸，是"勇于不敢"，所以能够保全自己，走上生生之途。

"是以兵强则不胜，木强则兵"，这两句近代学者都有考证，如俞樾说："木强则兵，于义难通。河上公本作木强则共，更无义矣。《老子》原文作'木强则折'，因折字阙坏，止存古旁之斤，又涉上句兵强则不胜而误为兵耳。'共'字则又'兵'字之误也。《列子·黄帝》引老聃曰：'兵强则灭，木强则折。'即此章之文，可据以订正。"俞氏为了迁就《列子》所引，作了太多的假设，既说"阙坏"，又说"涉上句之误"，这是考据家惯用的方法，但太多假设，便会流于牵强附会。而《列子》所引也不足以为据，因古人所引未必一字不改，而且《列子》一书作者便有问题。即使以《列子》引文和王弼注本之文相比较，"兵强则灭"，文义直率，远不如"兵强则不胜"委婉而有深义。因为"不胜"，除了也兼有"灭败"的意义外，它更含蓄地表示虽赢了战争，也不是最后的胜利。譬如《老子》第三十六章说："柔弱胜刚强"，并不是指柔弱与刚强正面厮杀，打败了刚强；而是指柔弱以其特殊的功能，得到最后的胜利。这个原因很多，或由于柔弱的耐性，或由于柔弱的"慈"的本质，或由于"刚强"的自取灭亡，总之，这个"胜"字并不需要正面的交锋。从这一观点再回头来看"兵强则不胜"的意义，当然比"兵强则灭"深远多了。其次再说"木强则兵"也比"木强则折"较有深意。"兵"是指兵器，《老子》中常有此用法，如："执无兵"（第六十九章），"虽有甲兵"（第八十章）。此处的"兵"作动词用，指受兵器的砍伐，有"山木自寇"（《庄子·人间世》）的意思。所以这两句话不必动用考据家的刀剪，意义已很清楚。"兵强""木强"的"强"都是自己走上了死亡之路。

"强大处下，柔弱处上"，这里"处下"，与老子"以静为下"（第六十一章）的处下不同。后者是指谦下的德行，而前者只是指居下位、处下风，含有不好的意思。王弼注为"木之本"，这与老子原意不符。至于河上公注："与物造功，大木处下，小物处上。大道抑强扶弱，自然之效。"虽然意思较好，却仍然不免执着在树木的比喻上，如果照王弼所注，"柔弱"是枝条，那么处下坚强的树根被砍伐之后，柔弱的枝条岂能独存？所以此处仅以树木为喻，始终不够周延。为了避免这一误导，这里的"处下""处上"，只是一种描写，指强大反而居下，柔弱反能为上。

新语

本章专讲柔弱的重要，"柔弱"两字分开来说，柔和弱不同，"柔"字多正面的意思，"弱"字一般来说都是负面的意思。"弱"字如何扣紧了"柔"字而转为正面的意思，我们在前面已分析过。本章最重要的一句是"柔弱者，生之徒"值得我们关注。

我曾说过老子的语句有知识语和功夫语，就"柔弱者，生之徒"来说，不是知识语，因为我们一般说柔弱，都是就弱来说，即使柔也是指柔软和柔小。但在实际经验上我们常看到柔弱者被人欺负，被人征服，往往是"死之徒"，如何反而说是"生之徒"呢？即使本章第一句说"人之生也柔弱"，也只是就生命的发展来说的。可是"柔弱者，生之徒"却是功夫语，要是把知识转成功夫来用，如何用呢？假如我们正处于弱者的位置，弱如中医的虚弱，是负面的意义，我们如何转化这个弱，功夫就是把这个弱转化成柔，或在"弱"字里找出柔的性能，这样就可以走上"生之徒"了。譬如举我个人的例子，我到美国来讲学，我拿的中国国家博士，没有在美国留学和生活过，我的英文当然不如美国人，或连留美的中国学者都不如，显然是弱。如何转化为柔弱？我在教《老子》时，在老子文章中的每个字下面，加上英文翻译，这是其他所有英译的老子著作中所没有的。别人的英文虽好，但我的做法却扣紧了老了的原文，学生可以自己根据我的做法而自己翻译，他们很喜欢这样翻译，所以我的《老子英译》一书，卖点很好。接着我知道自己的英文很弱，我就利用这个弱点，多用简单的词句，平实的解释，针对学生的需要，避开了传统各种深奥的解释，这样反而能与学生交流。所以我班上很多学心理学的学生，常就生活中的心理问题提问，反而促使我在写《老子解义》一书时，对任何的解释，都先要反问自己。这里我只是就自己的一点经验来说明何为"柔弱者，生之徒"。要转化柔弱，并不是躺在柔弱里，就可以走出生路来，而是要知道自己的弱点，加以转化，才能是"生之徒"，这种转化就是功夫。

第七十六章

第七十七章

扫一扫，
进入课程

天之道，其犹张弓与！

高者抑之，下者举之；

有余者损之，不足者补之。

天之道，损有余而补不足；

人之道则不然，损不足以奉有余。

孰能有余以奉天下？唯有道者。

是以圣人为而不恃，功成而不处，其不欲见贤。

语译

　　天之道，好像扣弦于弓的作用。把弓的高凸处压低，把弓的低凹处推出。弦太长了，把它修短；弦太短了，把它增长。天之道是损除有余的，而增补不足的。人之道却不然，它是消损那已经不足的，而拼命去追求供奉那有余的。谁能用有余来奉献给天下，恐怕只有行道的人才能做到吧！所以说只有圣人能为天下而为，却不自以为有为；为天下而成就功业，却不自以为有功。他们顺自然，而不愿表现自己的才智。

要义

1. 本章讲天道的平衡性。

2. 最后强调不要坚持一己的功劳和贤能。

天道的作用像拉弓一样

"张弓"，《说文解字》："张，施弓弦也。"弓是由两片有弹性的竹条做成，竹条两端系着坚韧的弦，当上弦的时候，弓的两端往上凸处须把它压下，而弓当中处本来是往下凹的，却须把它往上顶出，然后才能把弦扣好，这是所谓"高者抑之，下者举之"。当扣弦时，弦太长，则把它修短；弦太短，则把它续长，这是所谓"有余者损之，不足者补之"。

"天之道，损有余而补不足"，以上只是借张弓为喻，此处讲天道才是正题。天道为什么损有余而补不足？如果经过天道的"损"和"补"之后，世界上岂不是没有了"有余"和"不足"？其实，就天道本身来说无所谓有余或不足，就自然界本身来说也无所谓有余或不足。"有余"或"不足"，乃人对自然作用的认识与诠释，以及人为力量或欲念干扰之后所造成的现象。譬如多雨成灾、无雨成旱，这本是自然界的两种现象，尽管多雨的区域，如某些丛林沼泽，自有它们的生物。干旱的地方，如不少的沙漠地带，也有它们的生物。但对于人和大多数的生物，雨水调和却是生命繁衍的温床，所以就人来说，这种"有余"和"不足"的调和乃是生命之道，也即是天道。所以人认定的天道，就是"损有余""补不足"的。至于在生生的发展中，有时呈现了"有余"或"不足"，就像"多雨"或"干旱"一样，只是"天"的现象，而不是"天"之道。就如第二十三章所谓的"飘风""骤雨"一样，虽然也是"天地"之所为，但这只是偶然的现象，而不是"损有余""补不足"，使万物和谐而生长的天道。

人的心理就是不知平衡的重要

这里的"人之道"，并不是顺天道的人道，而是反乎天道的人为之道。天道是自然的，人之道却是反自然的。人之道所以反自然，乃是"人之欲"在作祟。所谓"损不足以奉有余"，在政治上，就如第七十五章所说的"民之饥"，是"不足"；"上食税之多"，就是"奉有余"，因为君王的"求生之厚"，拼命聚敛，使本已不足的人民更不足，使早已有余的王室更有余。在个人来说，就如第四十四章的"甚爱必大费，多藏必厚亡"，名与货本已多余，可是却无止境地贪求，精神体力本已不足，可是为了名利，却不顾牺牲精神体力。这就是我们一般人所行之道——损不足以奉有余。

"有道者"，顺乎自然。这里不说"不足"以奉天下，因为自己本已不足，又如何能奉天下。譬如墨家者流"摩顶放踵，利天下而为之"，这种牺牲的精神只有少数殉道者可以做到，可是要求大多数人效法，却行不通，所以庄子批评说："其生也勤，其死也薄。其道大觳，使人忧，使人悲，其行难为也！恐其不可以为圣人之道！反天下之心，天下不堪，墨子能独任，奈天下何！离于天下，其去王也远矣！"真是一针见血。至于说"有余以奉天下"，初看起来，好像很简单，我有"有余"的钱，用它来救济别人。其实世界上究竟有多少人能做到？问题不在这个道理简不简单，而是因为这个"不知足"的"欲"，没有人感觉"有余"，即使他们有"有余"的钱，他们还是感觉"不足"，而且是永远感觉"不足"。只有"知足"才能使人感觉"有余"，即使没有太多的钱，也能因"知足"，把仅有的一点余钱，以奉天下。当然以上用钱为喻，只是一个例子，老子的"有余"，不只限于财货，而另有较深较广的意义，举凡个人的才智、成就都是"有余"。这些东西可以弥补自己的不足，但当我们用它们来奉天下时，非但不会使自己不足，相反的，更会使自己有余，所以是越"奉天下"，而自己也越"有余"。

圣人不喜欢表现自己

"见贤"的"见"即"现"的意思，王弼注："示其贤"即表现自己。此处"为""功成""贤"是有余，而"不恃""不处""不欲见"是不占为己有，不为了自己而求，这就是"奉天下"。《老子》本章，从"天之道"来批评"人之道"，最后再归结到"圣人之道"。整个关键在一个"欲"字。无欲便能自然，自然就有损有余而补不足的作用。我们为社会、为世界做了很多有价值的工作，这是建功立业。这些功业是"有"，既然是"有"，就很容易变为"有余"，变为"有余"之后，也就很可能"物极必反"，而变了质，走上了与原先相反的路。在历史上，很多人在开始时建功立业，可是功成之后，恃功而骄，不是因受妒忌而亡身，便是因自大而失德。所以老子最后说"不欲见贤"，使我们知道在外面愈"有余"，往往是内在愈"不足"。此时就应该消解外面的"有余"来充实内在的"不足"。这是"天道"的自然，但在人，却是一种转化的功夫。

新语

本章是老子唯一的一章把"天之道"和"人之道"放在一起来对比，就本章文意，天道当然是自然，人之道是人为或一般人的心理现象，在本章来说前者是自然的，是平衡的，是正面的意思，而后者是不平衡的，是负面的意思。

把这章用于今天的生活，我们的生活大致可分精神和物质两方面，就"天之道损有余而补不足"来说，"有余"是丰富的物质生活，我们要能转化，用有余的物质生活来补精神生活的欠缺。我这里说"转化"两字，而不用减损物质生活，因为今天物质生活是科学之所赐，譬如汽车可以代步，手机可以帮助沟通，我们不能像某些学者故意不用车，不买手机，甚至到山林中去生活，以为可以回归自然。我在此处说"转化"，是说把科学在好的方面的发明能转而补助精神生活，如医药、交通等，使我们的精神生活和物质生活相得益彰。

第七十八章

扫一扫，
进入课程

天下莫柔弱于水，而攻坚强者莫之能胜，以其无以易之。

弱之胜强，柔之胜刚，天下莫不知，莫能行。

是以圣人云：

受国之垢，是谓社稷主；

受国不祥，是谓天下王。

正言若反。

语译

天下没有比水更柔弱的了，可是攻击坚强的东西却没有什么能赢得了水，这是因为它们无法改变水的性状。这道理天下无人不知，却都不能依它而行。

所以圣人说："愿接受天下最污垢的人，可以作社稷之主。愿承受天下一切不祥灾祸的人，可以为天下之王。"这些正面的道理听起来好像反面的一样。

要义

1. 本章首先指出水是最柔弱的东西。

2. 最后强调圣人自处于下流污垢的地方。

天下还有比水更柔弱的吗

水是天下最柔弱的东西，注入圆，就为圆；注入方，就为方。决于东，就东流；决于西，就西流。它柔弱得没有一定的形体和方向。可是为什么"攻坚强"者，"莫之能胜"呢？"攻坚强者"，是指那些刚强得可以摧破一切坚强之物者，却永远也胜不了水。"以其无以易之"，王弼注说："水之柔弱，无物可以易之也。"这是说正因为水是最柔弱的，最刚强的东西也无法改变它。我们固然可用外力使它变圆、变方，可是外力一除之后，它又回复到原形——没有固定的形体，却可以变成各种不同的形体。

"莫之能胜"，这个"胜"字，不是指以武力打败对方的"胜利"，而是由于"无以易之"，使对方无能为力的"胜利"。这道理，大家都能懂，却就是不肯实行于己。譬如大家都知道"退一步海阔天空"，可是就不肯退那一步。大家都知道"吃亏就是占便宜"，可是当我们吃亏时，就是咽不下那口气。

圣人自处在污垢与不祥的地方

"垢"是污垢。"社"本是地神，"稷"本是谷神，两者都是和土地有关。而土地是最低下的，也是污垢堆积之所，所以说是

"受国之垢"。又"社稷"合言，本是指司谷之神。由于古代以农立国，所以"社稷"也是指国家。这是指君主必须处最低下的地方，才为人民所归，就像"江海所以能为百谷王者，以其善下之"（第六十六章）。"不祥"是指灾祸等不好的事。《论语》中引尧舜的话说："尧曰：'咨尔舜，天之历数在尔躬，允执厥中，四海困穷，天禄永终。'"又："予小子履，敢用玄牡，敢昭告于皇皇后帝，有罪不敢赦，帝臣不蔽，简在帝心。朕躬有罪，无以万方。万方有罪，罪在朕躬。"（《尧曰》）这正是把"不祥"归给自己的谦虚之德。本章从水的柔弱，说到圣人的谦虚，最后再归到"正言若反"的结论。"正言若反"是《老子》中常用的成语，表面意思是正面的话好像是反面的意思。这不是老子的故弄玄虚，乃是"反者，道之动"（第四十章）的自然现象。

新语

本章的两句关键语"弱之胜强，柔之胜刚，天下莫不知，莫能行"。"莫不知"是知识语，从老子以水为喻解释"弱之胜强，柔之胜刚"，大家听上去当然容易了解，所以才说"莫不知"。我们也常以滴水穿石为喻，因为这也是大家有目共睹，可以了解的。但为什么"莫能行"，因为这句话不是知识语，而是功夫语，没有下功夫，又岂能达到这种境界？就以滴水穿石来说，如何可能一、二滴水可以穿石，而是这水一滴一滴，滴了不知多久，才能在石上滴出一个洞来，这就是功夫。

弱当然不强，柔当然不刚，但弱如何能胜强？柔如何能胜刚？这不是在知识层面我们一听便可以掌握的，因为知识即使我们了解了，也还只是一种知识，是没有用，也不会产生效果的，必须能运用，能用弱胜于用强，用柔胜于用刚，这就是要用功夫；同样"受国之垢"不能成为好的国君，"受国不祥"并不能王天下。国君必须真正能知道垢和不祥的道理，能用垢用不祥，来转化它们，才能真正成为圣君明主。所以"正言若反"不只是故弄玄虚，或好作标新立异之说，而是有深意，须下功夫的。

第七十九章

扫一扫，
进入课程

和大怨，必有余怨，安可以为善？

是以圣人执左契，而不责于人。

有德司契，无德司彻。

天道无亲，常与善人。

语译

当大怨已成时，再求去调和大怨，必然余怨犹存，又怎能称得上是善策？所以圣人只守自己的那半张契约，做自己应该做的，而不去责备和要求别人。真正有德的人像守契约一样，做自己该做的，而没有德行的人，却像管税法的人一样，只要求别人交税。天道对于万物没有偏爱，但它却常和善人在一起。

要义

1. 本章首先讲不要制造怨仇。

2. 最后强调"天道无亲"。

"怨怨"相报何时了

"和"作动词，指调和、和解。这里说"大怨"，可见怨恨累积得极为深重，以致无法排解，按照老子的思想，在怨恨尚未有形时，很容易使其不生，所谓"其未兆易谋"（第六十四章）。当怨恨已生，还不大的时候，可以"报怨以德"（第六十三章），也容易化解掉。可是等怨恨积到大得无法化除时，正是所谓"民不畏威，则大威至"（第七十二章），这时候民怨沸腾，即使在上位者表示友好，人民也不会信任，所以余怨犹存，很难做到彼此了解、毫无疑虑的程度。《老子》此处特别说"大怨"，很显然是指暴政的草菅生命，使人民求生无门。这才是"怨"之大者。

契约的公平性

"契"是契约。为什么特别标明"左契"？前人注解多半在强调"左契"与"右契"的不同。执"右契"的人是凭契券来取物，执"左契"的人是等别人来取物。所以此处"左契"的意思是指圣人只给物于人，而不责备别人或求回报于人。但由于后面一句只说"司契"，所以我们不必在"左""右"上作太多文章。圣人的"执左契"，乃是指圣人只管他那一半的契约，做他那一部分该做的工作，而不去责备或要求旁人。其实人与人的关系就像契约，孔子所谓"君君、臣臣、父父、子子"就是一种契约。君拿左契，臣拿右契；父拿左契，子拿右契。每个人如果都能做好自己分内的工作，就像左契右契便相合无间，他们之间的关系便和谐一致。否则不履行自己这一半契约的规定，而一味要求别人对你负责，这便失去了契约的公平原则。

税法吃人

"彻"，是一种税法，如《论语·颜渊》："盍彻乎？"郑注："周法什一而税，谓之彻。彻，通也。天下之通法。"《孟子·滕文公上》："周人百亩而彻。"赵注："耕百亩者彻取十亩以为赋，彻犹取也。""司彻"就是管税收的人。"司契"和"司彻"对言，前者是指只重自己应尽的工作，后者却是注重别人是否尽责。

天道没有亲疏之私

"亲"是指亲近的关系，也指关爱。天道是以自然为体的，它和万物没有特殊亲疏的关系，它对万物也没有特别关爱的情感，因为它对万物都是一视同仁的。可是为什么又"常与善人"呢？这并不是天道有意去帮助善人，而是善人的善行，自然走在天道的一边。因为"善"符合生生之德，而天道就是以生生为德的。所以天道的这种"常与善人"是无为而自然的。

新语

本章意思已很清楚，重点在最后一句"天道无亲，常与善人"。对于这句话，我们要了解如何做。先说天道是自然的，这个"自然的"有四种意思：

（一）天道不是上帝有权威性。

（二）天道不是神明有判是非的力量。

（三）天道不是外在于人，要我们遵循它。

（四）天道没有意识，没有爱和恨。

　　由于天道是如此的自然，因此天道根本不外于人，而是在人之中，我们的一举一动，一言一行都在天道的自然之中。宗教上有所谓善有善报，恶有恶报，这也是自然的。但老子的"常与善人"并非天道有亲于善人，而是勉励人多行善事，自然会走向天道一边。

第八十章

扫一扫，
进入课程

小国寡民，使有什伯之器而不用，使民重死而不远徙。

虽有舟舆，无所乘之；

虽有甲兵，无所陈之；

使人复结绳而用之。

甘其食，美其服，安其居，乐其俗。

邻国相望，鸡犬之声相闻，民至老死不相往来。

语译

理想的社会是：国家小，人民少。纵使有各种复杂的器物，也没有地方来应用。使人民都爱惜自己的生命，而不追名逐利，远走他乡。虽然有船有轿，也没有必要去乘坐；虽然有防备的兵器，也没有机会使用。使人民都归于结绳而治的素朴生活。人们都以他们所有的食物为美味，都以他们所穿的衣服为华丽。他们都安于所居的环境，都乐从他们的风俗习惯。他们和邻近的国家面对面的相望，彼此能听到对方的鸡犬之声，可是他们到了老死也不需要互相往来。

要义

1. 本章首揭小国寡民的政体。
2. 最后强调真正素朴的生活。

"小国寡民"究竟指的是什么

王弼注说："国既小，民又寡，尚可使反古。况国大民众乎？故举小国而言也。"这似乎正好弄错了老子的意思。因为老子原意是指"小国寡民"较国大民众容易为治。因为国大则事繁，民众的生活便不单纯，所以老子特别强调"小国寡民"。可问题是老子所处的是大国众民的社会，而依历史的发展，国越来越大，民越来越众，又如何可能变成"小国寡民"呢？如果说这种"小国寡民"只是老子的理想社会，那么这是一个永远无法实现的理想，老子思想岂不是变成了空谈。其实不然，河上公注说："圣人虽治大国，犹以为小，俭约不奢泰。民虽众，犹若寡少，不敢劳之也。"这正是老子"治大国若烹小鲜"（第六十章）的意思。

虽然就本章文义来说，并不是在谈治国的方法，但"小国寡民"的理想社会却是表达了老子无为自然的思想。许多学者把这种社会推溯到尧舜禹汤之前，认为老子是赞美太古的社会，是复古的思想。其实老子的思想并不是向后看的，而是向前看的。尽管他们生活得无忧无虑、无欲无知，但老子的思想却不是针对他们而言的。相反，老子正是要在"大国众民"中谈"小国寡民"。

就今天的社会结构来看，"小国寡民"是理想的，但正因为是理想的，才是未来的，才对今天的社会有启发的作用。

"什伯之器"按俞樾说："什伯之器，乃兵器也。《后汉书·宣秉传》注曰：'军法五人为伍，二五为什，则共其器物。'其兼言伯者，古军法以百人为伯。《周书·武顺》：'五五二十五曰卒，四卒成卫曰伯。'是其证也。什伯皆士卒部曲之名。"这段文字把"什伯之器"，解作兵器，似乎证据凿凿。不过仍有一些问题值得推敲。第一点，此处"什伯之器"，如果是兵器，与下文"虽有甲兵"，似嫌重复。第二点，按"什伯"的编制，可见军队的人数不算少，这与"小国寡民"不符。还有一点值得我们注意的是河上公注本作"使有什伯人之器而不用"。河上公虽然把"什伯"和"人"字分开来注，似乎生硬不贴切。但最近马王堆出土的《帛书老子》却作"使有十百人器而勿用"（隶书本）及"使十百人之器毋用"（小篆本）。这里的"十百人"却耐人寻味。因为"十百"指数目。虽然"十百"的数目不算大，但对"小国寡民"的社会来说，也不算少了。这"十百人之器"究竟指的什么？我们可以说它是泛言各种生活上的器具，因为国大民众，礼乐必繁，所以各种生活上的器物，如服饰、礼器及各种谋生工具必多。但"小国寡民"，自然就用不着这些器物了。我们这样的解释，在意义上，要比专指兵器来得较为开阔而有涵盖性。

"重死"不是怕死，而是看重生命。"看重生命"不是借外在物质来装饰自己的"贵生"，而是爱惜生命的本质，不让欲望来污染它。所谓"远徙"，就是为了追名求利，奔走他乡。在古代农业社会，安土重死的观念是很普遍的。一般人不是因战火，便是由于经商或求知，才远走他乡。但在老子"小国寡民"的社会，一切已足，所以没有远徙的理由。"远徙"之所以和"重死"连在一起，乃是因为古代交通不便，旅途险恶，生离往往形同死别。所以爱惜生命的人，不愿随便远徙。

"陈"是陈列，也就是用之于战阵。此处"舟舆""甲兵"都是"什伯之器"，都是使人轻死，而远徙的。其实在原始的"小国寡民"的社会中，根本不需要"舟舆"和"甲兵"，因此他们也没有"舟舆"和"甲兵"。"舟舆"和"甲兵"，是人为的制作，是人类迈向文明，同时也走向复杂社会的象征。老子此处"虽有舟舆""虽有甲兵"，可见不是指原始的"小国寡民"的社会，而是在已有了文明制度的"大国"，已有了复杂关系的"众民"之后，而希望回复到单纯朴实的生活境界。

素朴的生活

"结绳"，一般都指结绳记事，以代表文字，这是指人类在创造文字以前的社会，如《易经·系辞》上说："上古结绳而治，后世圣人易之以书契。"（《下传》第二章）这个时期，大约在伏羲（孔安国主张），或神农（许慎）。但还有另一种解释如："作结绳而为网罟，以佃以渔。"（《易经·系辞下传》第二章）可见"结绳"也可解作渔猎的生活方式。然而，在这里我们要注意的是：老子并不是要反对文字，要回复到原始的社会，老子所要强调的是一种素朴的生活方式。

"甘其食"不是喜欢好吃的，而是以自己的粗茶淡饭为好吃。"美其服"不是喜欢漂亮的衣服，而是穿着粗布衣服也觉得很自在。"安其居"是安于自己的居处，而不求名求利，向外追逐。"乐其俗"是乐于相沿的风俗人情，而不标新立异，追求刺激。老子这简单的几笔，把这个理想的社会写得非常平淡而合情。这比起《庄子·马蹄》所描写的："故至德之世，其行填填，其视颠颠。当是时也，山无蹊隧，泽无舟梁；万物群生，连属其乡，禽兽成群，草木遂长。是故禽兽可系羁而游，鸟鹊之巢可攀援而窥。夫至德之世，同与禽兽居，族与万物并，恶知乎君子小人哉！"显然是较为平实而近情。因为老子所描写的，就是一个很普通的乡居生活。在中国古代的农村社会中，也是很普遍的现象。所以老子的理想并非高远不可及，只是现实中我们因忽略而丧失了它罢了。

这几句是写国与国之间的关系。照理说是非常复杂的，可是老子写来，却似描写村落与村落之间的关系。自周室衰微，诸侯群起，国与国之间，更是以利害相交，互相兼并。针对这一乱象，无论是强调尊王攘夷，或高唱讲信修睦，都未必是釜底抽薪的办法。所以老子只淡淡几笔，以描写乡村之间的宁静，来化除诸侯国之间的钩心斗角。王弼注："无所欲求。"河上公注："其无情欲。"都是一针见血地抓住一个"欲"字，因为诸侯国间一切的乱源，就在一个"欲"字。"大国众民"之难治，也在于他们的欲多。如果能化除这个"欲"，那么虽处"大国众民"，犹如"小国寡民"。国与国、人与人之间的关系，如"邻国相望，鸡犬之声相闻"，也就是指声气相通；而"民至老死不相往来"，也就是指不以利害相交，不以欲求相往来。

第八十章

新语

本章讲"小国寡民"，可是老子所在的周朝是周天子的大国，今天我们所处的也都是大国，如何可能变"小国寡民"？可见本章讲的不是现实，而是一个理想的社会。

这个理想社会是不用制作器皿，没有舟车之便，过着结绳捕兽，水中抓鱼的素朴生活，他们是"甘其食，美其服，安其居，乐其俗"的，使我们想起了陶渊明的《桃花源记》。这位渔夫从山洞中进入的村庄便完全是老子描写的理想社会，当这位渔夫走出洞穴，一路作记号，回去后便告知太守，太守派人去搜寻却杳无踪迹，这说明了这种"小国寡民"并不在人间，而是在我们的心中。然而老子在全书接近结尾时，写了这一章，其用意何在？老子身处周朝，这时诸侯已群起，互相争斗，烽火四起，每次征战，人民死伤无数。老子哀叹"大军之后，必有凶年"（第三十章），饥荒随之而起，人民真是求生无门。《老子》本章中只用了寥寥数十字把大国之间的纷争化成如此安宁平静的素朴生活，我们今天处在国际间的武器竞争中，人类究竟该何去何从，实在值得深思啊！

第八十一章

扫一扫，
进入课程

信言不美，美言不信。

善者不辩，辩者不善。

知者不博，博者不知。

圣人不积，既以为人，己愈有；

既以与人，己愈多。

天之道，利而不害；

圣人之道，为而不争。

语译

真实的话语往往不在说得漂亮，话说得漂亮往往不见得真实。真正的善行不需要言辞来辩护，依靠辩护的行为不一定是真正的善行。有真知的人，不必什么都懂；什么都懂的人，并不一定有真知。圣人绝不为了自己而积藏，为人做得越多，自己反而越有；给予别人越多，自己越富。天之道生生不已，永远地利益万物，绝不会对万物有害。圣人取法天道，永远为人服务，而绝不与人相争。

要义

1. 本章首先强调不要只讲好听的话。
2. 最后强调圣人之道重在为人。

好听的话未必可靠

"信言"是有真诚、有实质的话语。"不美"是不华丽。"真诚"来自内心，"实质"本于事实。这两者都不需要靠外在的文字来修饰。因为往往表面上的话说得越好听，越缺乏内心的真诚；文字描写得越漂亮，越远离事实的真相。当然也有"信言"是美的，也有"美言"是信的，但它们的美是来自内心的真诚。如诸葛亮的《出师表》，是美而有信的。

老子此处说的"美"，乃是只求外在的美丽，而缺乏内在的真实。本章是《老子》的最后一章，而这句话与第一章的"道可道，非常道"正好呼应。这不正表示了老子在前面所言的一切，句句实在，而不求文辞的华美？这样，也许还能对不可道之道，尽一点真实的表达之诚。

真正有善德的人不靠强辩

"善者"是德之善。"德之善"是顺乎自然，合乎大道，而不自以为善，也不求人知我为善的。因此只在于切实的去行，而不需要言辞去说明、去申辩。老子说："上士闻道，勤而行之；中士闻道，若存若亡。"（第四十一章）真正的"善者"，是勤而行之。

"辩者"，则信道不笃，行道不实，对于道的体验是若存若亡的。我们常说真理越辩越明，可是在西洋哲学史上，又有多少真理是靠辩而明的？西洋哲学讲究逻辑，善于思辨，可是自古至今，他们的善辩，却变成了观念的游戏。这个问题的关键就在于"辩"是在讲理，而"善"是在实行。"辩"就不好处来说，往往流于强辩、虚伪的辩，因此言辞的辩反而成了掩饰错误或作恶的工具。《老子》第二章所谓："皆知善之为善，斯不善已。"就是这种毛病。"辩"就好的方面来说，最多把这个善之理辩清楚了，像西洋的伦理学，把这个"善"理分析得很清楚，可是那仍然是纸上谈兵的观念，与真正的"善"行却无关。所以"善"在于行，而不在于辩。要靠辩来表达的"善"，已经不是真正的"善"了。

什么都知道的人未必有真知

这里的"知"是正面的意思，是指的真知。在《老子》中，"真知"有两个前提：一是知"道"，即真正深切地了解"道"；二是行"道"，即切切实实地依照"道"而行。就知"道"来说，"道"的本体是不可捉摸的，但"道"的作用，在"一"、在"无"，这是基本的原理，这个原理把握不住，而向外求知，只是一些片面知识的堆砌而已。因此知得越多，反而离"道"越远，这正是《老子》第四十七章所说的："其出弥远，其知弥少。"《庄子·天下》中描写惠施："惠施多方，其书五车"，可称得上"博"了，但"其道舛驳，其言也不中"，显然不是真知。再就行"道"来说，"博"是知识的累积，所谓"为学日益"（第四十八章），但为道却在"日损",损掉欲望。所以只知道累积知识的"博",而不能消解由知识累积而成的执着,不能化知识而为德行,便不是真知。

圣人不藏私

"圣人不积",这句话照本章的文理来说,是一个关键,具有承先启后的作用。前面讲"信言""善者""知者",都是就一般的理来说的,而此处突然说"圣人",可见这句话是一个总结,而说明了如何去实行。因为按照《老子》的文势,最后说到圣人,都含总结之意。可是这个"不积"和前面的"不博"固然有点渊源,但与"不美""不辩"又有什么关联呢?这个"积"是"藏"的意思,也就是"藏于己"。把货物藏于己,就是贪货;把名望藏于己,就是爱名。贪货爱名,就是多欲。所谓"积"或"藏",所求的就是欲。求"美"、求"辩"、求"博"也是为了去积这个"名"、去"藏"这个"欲"。所以不是真正的"信",不是真正的"善",不是真正的"知"。"圣人不积"就是"虚",就是"虚"其心、"虚"其欲,才能使言"信",才能使行"善",才能使"知"真。所以"不积"是前文到此的一个总结。归结到圣人"虚"的功夫。诚如《庄子·天下》描写老子说:"人皆取实,己独取虚。无藏也故有余。"

与人为人越多,自己反而越有越多

这两句话诠释了"圣人不积"的精神。"不积"是由于"虚"的作用,使自己"无藏"却"有余"。譬如货物,如果只知占有,不能应用流通，这些货物的价值便等于零，名有实无。这些货物如只为一人所用，其价值只有一人的价值；相反的，如用这些货物去利益众人，则这些货物便发挥了更大的价值。再以知识来说，如果学到一种知识而不能应用，这种知识便是死知识。如果只以这种知识为己所用，而不愿传人，这种知识也就逐渐失去了作用。我们古代有很多特殊的知识，可是很多人都视之为私藏，只愿传自己家人，不愿传给别人，于是只传了几代，便成了绝学，以致失传于世。

相反的，我们如果把这种特别的知识与心得传给别人，有其他人的切磋或传播，反而更增进和发扬了这种知识。同时因别人的研究，更刺激自己努力，而有更新的成果。所以"不积"，使我们不滞于一相、执于一偏，而能借"为人""与人"，使我们得到更多、成就更大。

天之道利而不害，圣人之道为而不争

这是全书的最后两句，由天之道去证圣人之道，这正是老子思想的范式。天之道的生养万物是自然的、无为的。天之道并非有意去利益万物，所以万物也不会受害，所谓"不可得而利，不可得而害"（第五十六章）。圣人之道法乎天道，他们虽然"为"，但却是"为人"的为、"与人"的为。他们"为"得越多，自然所得也越多，又哪里有闲情去与别人争。《老子》全书讲"无为"，最后一句话，却说个"为"字，圣哲的用心，于此可见一斑。

新语

　　本章是《老子》最后一章，老子在这章中非常平易地落到现实中，讲我们生活中的事物，他提到言语，不求美妙；他说善行，不在乎外在的名声；他讲知识，不在乎博古通今，能知一切；他强调圣人，不在乎自己的圣知、功业，故不藏于己，不积以为多。

　　接着两句"既以为人，己愈有；既以与人，己愈多"，这一反老子前面的守朴、处静、无欲，而直接说"为人""与人"，这是老子正面地超越了许多自然无为的言论，而像道德家一样，劝大家"为人""与人"，这是老子苦口婆心，由内心而发，溢于言表。

　　最后归于结尾一句："圣人之道为而不争"，老子全书讲"无为"，最末一句却讲"为"，只是不争，这也可见《老子》全书的眼目，就在这里。

我读《老子》的一点儿心路历程

　　《老子》的注解，自古至今，至少也有几百种。这对于专研该书的学者来说，的确是一笔很丰富的资产，但对于一个只希望了解《老子》的真义，而能用之于自己生活思想上的读者，这些纷纭复杂的考证和妙绝言铨的玄谈，往往会使他们望而却步，感觉越多越惑。在这种情形下，我实在没有必要再多写一本《老子》注解，使读者徒增困惑。可是，最近我却连写了两本，一本是前两年出版的英文翻译的《老子浅解》；一本就是目前的这本。为了自我解嘲，我只有话说从头，谈谈我研读《老子》的一点心路历程，也许可以说明这两本书的写作，也是不由自主的。

　　使我接触老子思想的第一本书，是高亨的《老子正诂》，那是 1953 年间，我无意间在旧书摊上买到了这本书，视为至宝。我对老子其人其书毫无所知，选择这本书也是因为别无选择，我把它当作唯一的《老子》注解，幸好这本书的考证尚称简要、客观。我当时的思路便顺着它走，每次看到作者对《老子》原文的错简有新的发现时，我都极度兴奋，好像自己也发现了老子思想的秘密似的。事实上，我当时对考证之学一无所知。后来，进入师大国文系，虽然也学了一些文字训诂的知识，但对这套学问，我并没有很大的兴趣。那时教《老子》一课的是先师张起钧教授，他从哲学的方法来研究老子思想，对我的启发很大。记得大学二年级我修了他的《哲学概论》，在暑假时，我曾以练习写作的心情草就了一本十万字左右的《先秦思想》，该书内容空泛，当然至今没有出版。我把论老子思想的一章，约二万余字，拿去请他指正。可是却被他当头棒喝，指责我该文一半的篇幅论老子生平和《道德经》成书年代，全是考据之学，而不是研究哲学思想的正途。他的话对我此后的影响很大。不过他当时对我在该文中论老子思想部分却只字不提，想必是认为我入门之路已偏，其余的就不值一看了。后来关于思想部分，我曾抽出来，用"老子思想的相对论"为题，投稿于某杂志，这是我发表的第一篇学术性论文。该文从逻辑或考证的角度来看，没有什么大问题，也就是说四平八稳，眼睛是眼睛，鼻子是鼻子，但就是没有精神，没有血脉。

在我大三那年，林语堂博士到师大演讲，文学院的学生都被派出席，他的题目是有关"老子其人其书的问题"，事后曾在报上发表，我针对他的论点也写了一篇长文转给他。蒙他不弃，在该文中写了很多眉批，与我讨论。当时，我崇拜林博士幽默的小品文，却感觉他考证《老子》的文字和他的写作风格不协调。当时，我还有一个奇想，他是一位博学有名学者，而我只是一个大三的学生，对于老子其人其书的问题，也只是看了几本书而已，可是却能和他讨论，且谁是谁非，尚很难断定。其实，这场论战不知有多少学者参与，至今都无定论。如果一直都没有结论，岂非大家都在摸象。像这样的学问，只靠资料的搜集，欠缺人生的体验和生命的热力，实在不值得花太多的时间去研究。这时候，我正开始在报刊上发表哲学性的小品文，后来集为《人与路》《人与桥》《束稻草》三书。起钧老师很喜欢这些散文，一再劝我在这方面发展，并邀我合写《中国哲学史话》一书。所以此后我便走上专门研究哲学思想的路子。在这条路上，也有类似考证之学的毛病，就是把观念讲得太抽象，像电影里的武侠动作，真是"高去高来"，光听招式的名称，便令人目瞪口呆，不知所云。也就是说，哲学思想变成了观念的游戏，而不切人生。当然这也不是我所乐从的，所以此后我的路子乃是结合文学与哲学，尽量用活泼的文字，表达思想的精神。

1969年间，我开始在大学教课，第一门是《中国哲学史》，第二门就是《老庄哲学》。在老子课中，用的版本是《老子》王弼注。我发现王弼真是研究老学的天才，二十岁出头的小伙子，居然能写下不朽的著作。他虽然是根据每章每句作注，但整本书的注语却自有其一贯的体系，而且是表里相合的。什么叫"表里相合"？很多的注解都是在文字外面转，而没有从思想里面去发挥。譬如他们写"无为"，只知赞叹"无为"的伟大，或在字面上解释"无为"的意义，而不能从思想里面去说明为什么要"无为"。可是王弼的注却不然。例如《老子》第十章："生之，畜之。生而不有，为而不恃。"很多的注都是着眼在"生而不有，为而不恃"上强调"创造万物而不占有"是如何伟大；"完成功业而不自我居功"是如何的超越。可是王弼却注"生之"为"不塞其原"，注"畜之"为"不禁其性"。接着注"生而不有，为而不恃"而说："不塞其原，则物自生，何功之有？不禁其性，则物自济，何为之恃？"他认为"生之"只是不干涉物性，让万物各凭它们的本性而生。"畜之"只是不阻断万物的路子，让万物各依它们的才能而发展。这说明了"生"是万物的自生，本来不该占"有"；"为"是万物的自为，本来不应"恃"。这是从根本上的了解，这才是古今第一流的注。我在课堂中，就是以王弼的注，为学生打开《老子》深一层的意义。同时也因王弼的注写下了许多自身的体验。这些心得也是我来美国后撰写两本《老子》注解的动机和蓝本。

自 1977 年来美后，我教授《老子》的课程未曾间断。不过在国外教老子和国内不同，因为所有的考证和注解都用不着，只有直接从英文的翻译和学生所提的问题中去发挥。但应该以谁的翻译为范本？陈荣捷博士的译本很好，林振述博士的译本较新。林氏是起钧老师在北大的同学，是位新诗人，来美教学四十余年。在我出国前一年，他动手翻译《老子》王弼注。由起钧老师的介绍，和我以书信方式讨论王弼注的许多问题，他的翻译是第一本英文的王弼注。照理说，我应以他们两人的翻译为范本，可是学生们大半备有一本最通俗的译本（由 Gia-Fu Feng 和 Jane English 合译），该书每章都有译者自摄的风景图片，及《老子》原文的草书，这些图片和《老子》该章内容并不相符，可是拍得很艺术，所以非常流行。我在台湾时，便买过它的翻印本，可见销售之广。但该书比起陈、林二书来，相差甚远。另外还有一译本（Witter Bynner 译）也很流行。有一位心理治疗的医生泰德（Ted Gabbay）曾个别跟我学中国哲学经典八年之久，初见面时，他能朗朗上口地把该译本一字不漏背出。该书第一句便把《老子》的"道"译作"存在"。后来另一位心理学的学者根据该书，而大谈老子的存在主义思想。对于这些书中的种种错译和误解，我不能不一一予以纠正，可是不懂中文的学生，又凭什么了解我所说的是老子的原意呢？尤其我当时的英文还在"牙牙学语阶段"，学生们又如何能相信我纠正他们的英译是正确的呢？于是迫不得已，我想出了一个方法，就是在《老子》原文的每个字下面，译出一二个重要的英文意思。这样，学生便可逐字地了解整句中文的大概意义，而他们也就有自信去判断有些译本的太过离谱儿。那些译本就英文来说是振振有词，可是一比照《老子》原文，就不知所云了。后来我把这部分，加上自己的新译和注脚，便成为我的《老子英译》一书。所以这本书，完全是迫于环境，为了教学的方便而写的。

在我撰写《老子英译》的当时，出版了英文的《中国哲学术语》一书。这本书和我后来写的《新译老子解义》有点儿关系。本来我准备撰写一本英文的中国术语字典。每个术语注明出处和简单的定义。可是当我撰写第一个术语"一"时，便发现这样的写法有问题。譬如老子思想中的"一"，很多注解都说是指的"道"，这一个"道"字便把读者搪塞了过去，可是我当时却自问：如果"一"就是"道"的话，老子为什么不直说"道"，而说"一"？同时第四十二章"道生一，一生二"，岂不变成了"道生道，道生二"了吗？显然老子在"道"与"二"之间插入了这个"一"是有作用的。由于这个原因，使我不得不对这些术语，作较为详细的分析。

这种对术语的分析和我在美国的教学相配合。因为西方学生和中国学生不同，他们勇于发问。尤其他们对中国的哲学文化欠缺基础的认识。他们读《老子》，只有以《老子》中的术语为钥匙，作单向的切入。不像中国学生，早就有这种熏陶，而且还可以从小说、戏剧等其他方面受到影响。因此西方学生的许多问题，初看起来很单纯，可是回答起来却并不简单。有时候，逼得我只能从头说起，在根源上去求证；有时候又迫使我换一个角度，从新的视角来探讨；有时候，也使我发现传统注解所没有注意到的问题。举两个例子来说吧！

第一个例子，关于"自然"一词，是《老子》一书的中心思想。对中国学生来说，我在台湾教《老子》七八年，学生都没有问过"自然"是什么？虽然他们也并不一定了解得很真切，但他们也许觉得这样简单的问题，不好意思问。因为他们从中国的文学艺术中知道外在的自然之美，他们也从中国的哲学修养中了解自性的自在之乐。可是西方学生却不然，他们经常提出对"自然"两字的质疑，不是把"自然"和外在的物质环境纠缠在一起，而这个环境，又多半被达尔文的弱肉强食渲染得血淋淋的；便是把"自然"和内在自发的本能混为一谈，而他们所谓的本能又和来自西方宗教的"原罪"思想，及弗洛伊德的唯性的心理观连在一起，而成为欲望的温床。所以中国学生对"自然"两字是想当然的"任性而游"，而西方学生却是自以为是的"任欲而行"。由于这个原因，我发现只把"自然"解作"自己如此""自性如此"是不够的，这个定义并不错，却没有深入、没有内容。

第二个例子，是关于前面曾提到的"一"的问题。在老子的修养功夫中讲"抱一"，如"载营魄抱一，能无离乎"（第十章），"圣人抱一为天下式"（第二十二章）。但如何去"抱一"？如果把"一"解作"道",那么"抱一"等于"抱道",这个问题很容易被打发掉,因为传统的注解都是这样说的。可是他们并没有进一步交代清楚如何去"抱道"。"道"是没有形象与实质的,又如何能去"抱"呢?所以把"抱一"解作"抱道",只能模糊地避过问题,而不能切实地解决问题。我认为"抱一"的功夫,要在"道生一,一生二"的这个"生"字上下手。不能"生"的"抱一",便是"抱一"而"死"。

前面提到的那位心理治疗医生,对中国哲学也有相当的认识,每次碰到这个"一"字,便很开心,而且若有所悟地大谈"天人合一""物我合一""内外合一"。起初我觉得他有此认识已很不错,因为西方人的心理被二元化的观念割裂已久,所以他们遇到中国哲学里的"合一"的思想便很新奇,如有所突破似的。可是日子久了,我发现他对"一"的偏爱,反而使他变得执"一"而不化。这种毛病在中国哲学史上也不少,譬如这个"道"字在孔子和老子思想中都有活泼泼的生机,可是到了后来,很多学者大谈其"道",把"道"说成什么都是,什么都不是,结果变成了糊涂一片。同样,在中国佛学里谈空论禅,最后都变成了空谈,变成了口头禅。为了针砭这个毛病,所以每次当他谈到"合"时,我都要追问一句,如何"合一"?这样使他能进一步去了解"一"不是静止不动的,不是糊涂不分的,"一"是能生的,而且必须能"生二",这样才不是死的"一",才有生化的功用。所以谈"抱一"必须把握住这个"生"机。《易传》和儒家思想都讲"生",这个"生"虽然是一样的,但由"抱一"而生的老子思想,必然和儒家思想有所不同。因此只谈"抱一"的"生"还不够。《老子》

在第四十二章中，先说："道生一，一生二，二生三，三生万物。"接着又说："万物负阴而抱阳，冲气以为和。"可见老子认为万物之生，是由冲气而来的。"冲气"就是冲虚之气。唯有冲虚之气的作用，阴阳才能和谐，否则阴过盛，便会侵阳；阳过壮，也会害阴。这个冲虚之气，就人生来说，就是"少私寡欲"，否则气不能虚，欲便会强。每个人都膨胀自己的欲望，都独占了路，不让别人走，或一定要别人跟着自己走，这样人与人之间互不相让，社会便没有祥和之气，又如何能生生不息地发展？所以真正的"抱一"乃是怀抱冲虚之气，而使万物都能各遂其"生"。这一个"虚"字、一个"生"字，才是老子"抱一"思想的功夫所在。

由以上两个例子，我发现《老子》书中有很多地方是值得我们去深入推敲和体验的。同时也觉得自己的那本英译《老子浅解》还须加以补充说明。所以我又情不自禁地写了这本书，以不断自问的方式，把问题一层层地剥开。有些问题也许不是老子始料所及，但却是通过了他的提示，用现代人的思考，面对现代人的环境而开展出来的。

总之，这些都是个人研读《老子》，和学生讨论《老子》的一点儿心得体验。由于十几年来在海外漂泊，很少和国内读者接触，而自己一生受惠于老子，受惠于先师，所以也就把它当作自己探讨老子的一点儿心路历程，野人献曝地公诸同好。

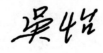

写于旧金山

参 考 书 目

解老、喻老	韩非
老子注	王弼
音注河公老子道德经	河上公
道德经古本篇	傅奕
老子解	苏辙
道德真经注	吴澄
老子翼	焦竑
道德经解	释憨山
老子本义	魏源
老子平议	俞樾
读老札记	易顺鼎
老子道德经评点	严复
老子校诂	马叙伦
老子校诂	蒋锡昌
老子正诂	高亨
老子校释	朱谦之
老子	陈柱
老子探义	王淮

老子斠证译释   张扬明

新译老子读本   余培林

刊误王弼注   石田羊一郎

老子王注校正   波多野太郎

帛书老子   （马王堆出土）

老子哲学   张起钧

禅与老庄   吴怡

周易注   王弼、韩康伯

易经系辞传解义   吴怡

四书集注   朱熹

说文解字   许慎

老子英译   陈荣捷

老子王弼注英译   林振述

老子浅解   吴怡

中国哲学关键词 50 讲（中英文）   吴怡

———————— 道善元国学馆新经典丛书 ————————

毓老师说论语（修订版）	爱新觉罗·毓鋆　讲述
毓老师说中庸	爱新觉罗·毓鋆　讲述
毓老师说庄子	爱新觉罗·毓鋆　讲述
毓老师说大学	爱新觉罗·毓鋆　讲述
毓老师说老子	爱新觉罗·毓鋆　讲述
毓老师说易经（全三卷）	爱新觉罗·毓鋆　讲述
毓老师说（礼元录）	爱新觉罗·毓鋆　讲述
毓老师说吴起太公兵法	爱新觉罗·毓鋆　讲述
毓老师说公羊	爱新觉罗·毓鋆　讲述
毓老师说春秋繁露（上、下册）	爱新觉罗·毓鋆　讲述
毓老师说管子	爱新觉罗·毓鋆　讲述
毓老师说孙子兵法（修订版）	爱新觉罗·毓鋆　讲述
毓老师说易传（修订版）	爱新觉罗·毓鋆　讲述
毓老师说人物志（修订版）	爱新觉罗·毓鋆　讲述
忧患：刘君祖讲易经忧患九卦	刘君祖
乾坤：刘君祖讲乾坤大智慧	刘君祖
刘君祖完全破解易经密码（全六册）	刘君祖
一代大儒爱新觉罗·毓鋆	许仁图
说孟子	许仁图
哲人孔子传	许仁图
毓老师讲学记	许仁图
子曰论语（上下册）	许仁图

刘君祖经典讲堂（全十卷）	刘君祖
中国哲学史话	张起钧　吴　怡
禅与老庄	吴　怡
逍遥的庄子	吴　怡
易经应该这样用	吴　怡
易经新说——我在美国讲易经	吴　怡
老子新说——我在美国讲老子	吴　怡
庄子新说——我在美国讲庄子	吴　怡
中国哲学关键词50讲（中英文）	吴　怡
易经哲学精讲	高怀民
易经与中医学	黄绍祖
论语故事	（日）下村湖人

更多名家音视频课程，敬请关注我们的公众号
在这里，彻底学懂中国传统文化